ALFONS RECKERMANN

# DEN ANFANG DENKEN

Die Philosophie der Antike in
Texten und Darstellung

BAND II

Sokrates, Platon und Aristoteles

FELIX MEINER VERLAG
HAMBURG

PHILOSOPHISCHE BIBLIOTHEK BAND 626

Bibliographische Information der Deutschen Nationalbibliothek

Die Deutsche Nationalbibliothek verzeichnet diese Publikation in der Deutschen Nationalbibliographie; detaillierte bibliographische Daten sind im Internet abrufbar über ‹http://dnb.d-nb.de›.

ISBN 978-3-7873-2152-0

Band 1: *Vom Mythos zur Rhetorik* (ISBN 978-3-7873-2151-3)
Band 3: *Vom Hellenismus zum Christentum* (ISBN 978-3-7873-2153-7)

Frontispiz: Raffael, Die Schule von Athen (Ausschnitt), Rom, Stanzen des Vatikan

 Satz: Type & Buch Kusel, Hamburg. Druck und Bindung: Druckhaus Nomos, Sinzheim. Werkdruckpapier: alterungsbeständig nach ANSI-Norm resp. DIN-ISO 9706, hergestellt aus 100 % chlorfrei gebleichtem Zellstoff. Printed in Germany. *www.meiner.de*

*Werner Beierwaltes*
*zum achtzigsten Geburtstag*

# Inhaltsübersicht

BAND II

SOKRATES, PLATON UND ARISTOTELES

BAND I

VOM MYTHOS ZUR RHETORIK

BAND III

VOM HELLENISMUS ZUM CHRISTENTUM

# II.

# SOKRATES, PLATON UND ARISTOTELES

## Die klassische Gestalt der griechischen Philosophie als Verbindung der *quaestio de rerum natura* mit der *quaestio de vita et moribus*

### A | *Sokrates (ca. 470–399)*

> sed ab antiqua philosophia usque ad Socratem, qui Archelaum, Anaxagorae discipulum, audierat, numeri motusque tractabantur, et unde omnia orerentur quove reciderent, studioseque ab iis siderum magnitudines, intervalla, cursus anquirebantur et cuncta caelestia. Socrates autem primus philosophiam devocavit e caelo et in urbibus conlocavit et in domus etiam introduxit et coëgit de vita et moribus rebusque bonis et malis quaerere.
>
> Cicero, *Tusculanae disputationes* V 10.

Platon hat Sokrates mit wirkungsgeschichtlich überwältigendem Erfolg zum Vorläufer seines eigenen Denkens und damit zur Leitfigur der klassisch gewordenen Gestalt griechischer Philosophie stilisiert. Das von ihm gezeichnete Bild wird deshalb leicht mit dem Original verwechselt. Dass wir bis heute nicht mit der in diesem Fall besonders wünschenswerten Genauigkeit wissen, wie Sokrates wirklich gewesen ist und was er als Philosoph tatsächlich gelehrt hat, liegt aber nicht nur am Unbestimmtheitsgrad der uns zugänglichen literarischen Quellen[1], sondern letztlich an der Ungewöhnlichkeit seiner Person und seiner Lebensführung. Wenn Alkibiades ihn am Schluss des platonischen *Symposion* jeder Vergleichbarkeit mit anderen Personen entzogen wissen will[2], so ist das auch ein Indiz dafür, dass Sokrates schon früh die Macht der Mythenbildung auf sich gezogen und gerade dadurch das öffentlichkeitswirksame Bild von dem, was ein Philosoph ist, bis in die Gegenwart intensiver beeinflusst hat als jeder andere.

Sokrates scheint ungewöhnliche Gegensätze in seiner Person vereinigt zu haben. Durch seine Verweigerung gegenüber dem Medium der Schrift knüpft er an den älteren Typus des Weisen an, der die Anfangsphase griechischer Kultur mit der Macht des direkt gesprochenen Wortes geprägt hat[3]. Durch seine Konzentration auf Fragen der sittlichen Lebensführung und vor allem durch die *Art* des Fragens, die auf rationaler Begründung und allgemeiner Rechtfertigung insistiert, antizipiert er den Typus des modernen Intellektuellen, des Aufklärers und Kritikers. Durch die Radikalität seiner Kritik an der Polis, die wir bis heute als Vorbild für ein freies bürgerliches Leben bewundern, hat er dem Denken die Kraft zugetraut, sich von der Sphäre des Politischen zu trennen und ihr gegenüber eine Wahrheit eigenen Rechts geltend zu machen. Dass Sokrates die Gesetze Athens auch dann befolgt hat[4], als dies den eigenen Tod bedeutete, und nichts getan hat, um der Vollstreckung des gegen ihn ausgesprochenen Urteils zu entgehen[5], hat oft für eine Form moralischer Kompromisslosigkeit gegolten, die sich ausschließlich den Normen der Wahrheit und der Gerechtigkeit verpflichtet weiß. Durch die Erweiterung des auf ihn bezogenen Spruchs des Apollon zu einem für jedermann gültigen Gebot zur Selbsterforschung[6] hat er einen Begriff des Göttlichen geltend gemacht, den seine Mitbürger leicht als Atheismus oder im juristisch fassbaren Sinn als »Asebie« diskriminieren konnten[7]. Er antizipiert damit eine Verbindung von Reflexivität und Religiosität und zusammen damit eine *theologia naturalis*, die als wahre Einsicht in die Natur des Göttlichen zu allen Vorstellungen Distanz hält, mit denen die *theologia poetica* des Mythos und die *theologia politica* des von den Bürgern gemeinsam gefeierten Kultes die Reinheit dieser Natur überlagern[8].

Die Bedeutung des Sokrates bleibt für alle Zeit hauptsächlich mit dem Prozess verbunden, in dem er von seinen Mitbürgern der Gottlosigkeit angeklagt und zum Tod durch den Schierlingsbecher verurteilt worden ist. Im 19. Jahrhundert steht dieses Ereignis sogar für eine weltgeschichtliche Wende. Für Hegel zeigt sich darin der Gegensatz zwischen antikem und modernem Bewusstsein, die für ihn bereits in der griechischen Polis miteinander kollidieren. Dabei antizipiert Sokrates das christlich-moderne Prinzip der

Wahrheit und Rechtlichkeit »des seiner selbst gewissen Geistes«[9], während Athen noch der ›unbefangenen Sittlichkeit‹ verhaftet ist, die das überlieferte Gute reflexionslos als das Wahre anerkennt. Im Konflikt zwischen Athen und Sokrates geht es deshalb nicht um die Kollision zwischen Recht und Unrecht, sondern um eine Auseinandersetzung, bei der beide Parteien »gegeneinander gerechtfertigt sind.«[10] Ihr Streit ist jedoch ein unübersehbares Indiz dafür, dass die antike Polis schon aus sich selbst in eine Periode der Auflösung übergegangen ist. Sokrates steht »an der Spitze« einer allgemeinen »Veränderung.«[11] Und Athen setzt sich mit sich selbst auseinander, wenn es den Bürger verklagt, der »an die Stelle des delphischen Gottes« und seines »Orakels« mit dem »Selbstbewusstsein des Menschen« einen »neue(n) Gott« in die Polis einführen will[12]. Die Bürger erklären Sokrates zunächst »für schuldig«, ohne ihn zum Tode zu verurteilen, und räumen ihm damit »die Freiheit« ein, »sich selbst die Strafe zu bestimmen«, die er im Blick auf die ihm verfahrensgerecht zuerkannte Schuld für angemessen hält. Das Todesurteil gegen ihn reagiert in der Sicht Hegels lediglich darauf, dass Sokrates es gewagt hat, »dem richterlichen Ausspruch sein Gewissen« »entgegenzusetzen« und damit der »Majestät des Volks« die Qualität einer sittlichen Macht abzusprechen[13]. Indem er sich als der Einzelne der Polis entgegenstellt und dafür den Tod auf sich nimmt, wenn er ihn nicht sogar bewusst provoziert[14], tritt das »Prinzip der subjektiven Reflexion« als das weltgeschichtlich Neue in Erscheinung, das die griechische Sittlichkeit nicht »ertragen« konnte und deshalb an ihm zerbrechen musste. Nietzsche versucht sich an einer anderen, aber ebenfalls weltgeschichtlichen Deutung der Gestalt des Sokrates. Der *sterbende Sokrates* entfesselt für ihn die Wirkungsmacht einer im Kern atheistischen Kultur selbstbezüglicher Rationalität und vernichtet damit die Grundlagen der ihr vorausgehenden tragischen Kultur, die mit ihren Trugbildern des schönen Scheins die unheimliche Unergründlichkeit naturhafter Wirklichkeit verdeckt und dadurch erst die Kontinuität menschlicher Lebenszustimmung möglich gemacht hat. Das Bild des *musiktreibenden Sokrates* steht dagegen für die Selbstbegrenzung der von ihm begründeten Kultur des Wissens, die damit wieder Raum schafft für dionysisch sanktionierte Wirkungsmächte, die allein das Leben heilen können, das im Bann des Nihilismus, der vermeintlich unausweichlichen Folge sokratischer Wissenskultur, vom Tode bedroht ist. Auch wenn man Nietzsches Konstruktion nicht folgt, die Sokrates zum »Wendepunkt und Wirbel der so genannten Weltgeschichte« stilisiert[15], so ist auch sie noch ein Indiz für die Irritation, die bereits seine Zeitgenossen veranlasst hat, das, wofür Sokrates stehen mag, in Form vieldeutiger, in sich ambivalenter Bilder zu verarbeiten. Die folgende Darstellung achtet auf die besondere Stellung des Sokrates zwischen ›alter‹ und ›neuer‹ Philosophie, die ihm in diesen Bildern zugewiesen wird. Für Cicero hat Sokrates den Gesamtcharakter der Philosophie radikal verändert, indem er sich von ihrer Gestalt als Naturphilosophie distanziert und sie dadurch ›gezwungen hat‹, als ethisch-politische Philosophie in den Häusern und Städten der Menschen anwesend zu sein[16]. Diese Veränderung kann gegensätzlich bewertet werden, positiv als Vermenschlichung der Philosophie, als Überwindung ihrer vermeintlich hypertrophen Anfangsgestalt und damit als Initialzündung zu ihrer Vollendung, aber auch negativ als ihre unzulässige Rationalisierung und letztlich zum Scheitern verurteilte Individualisierung (Nietzsche). Als anti-naturphilosophischer Ethiker tritt Sokrates bei Xenophon auf, so dass er in deutlicher Abweichung vom Sokrates-Bild Platons das Konzept politisch-rhetorischer Vernunft verkörpert. Aristophanes hingegen sieht Sokrates als zeitgenössischen Repräsentanten der alten Naturphilosophie, der mit dem Konzept von Dialektik und Rhetorik, das er auf ihrer Grundlage entwickelt, die religiösen und sittlichen Überzeugungen der Polis unterminiert. In Platons *Phaidon* ist Sokrates eine Gestalt des Übergangs, die in der Auseinandersetzung mit der ›alten‹ Naturphilosophie eine ›neue‹ Form des Denkens findet, in der Ethik und Metaphysik aufeinander angewiesen sind. Das Bild, das die akademische Skepsis von Sokrates entwirft, knüpft dagegen an Platons *Apologie* an, indem sie das Eingeständnis des *nihil scire* als Vollendung des menschlichen Wissens versteht. Was also muss man wissen, wenn man weiß, dass man nichts wirklich weiß, und was weiß man, wenn man sich dazu verpflichtet weiß, diejenigen des Nichtwissens zu überführen, die von sich behaupten, Wissen zu besitzen? Muss man dafür nicht wenigstens ein Wissen von der Natur des menschlichen Wissens in Anspruch nehmen und so auch ein Wissen darüber, wovon sich diese Natur unterscheidet? Wie also kann das Wissen, dass man *nicht* weiß, andere davon überzeugen, dass genau dies das höchste menschlich erreichbare Wissen ist?

## 1. Xenophons Sokrates befürwortet die Konzentration auf die *quaestio de finibus bonorum et malorum*

In den *Memorabilia Socratis* zitiert Xenophon[17] den Kernsatz aus der Anklageschrift gegen Sokrates, nach dem er »Unrecht tut«, weil »er die Götter nicht anerkennt, welche die Polis anerkennt, dagegen andere neuartige göttliche Wesen einführt« und mit seinen Reden »die jungen Menschen verdirbt« (I 1, 1)[18]. Das Bild, mit dem Xenophon diesen Behauptungen entgegentritt, stützt sich auf den besonderen Begriff des Wissens, den Sokrates nach seiner Auffassung nicht nur gelehrt, sondern als handelnde Person auch verkörpert hat. Danach steht »Wissen« für eine Gattung des Könnens, von der es mehrere Arten gibt. Man gewinnt sie aus der dualen Grundunterscheidung zwischen dem Wissen, das »die Götter den Menschen zum Erkennen und Unterscheiden überlassen« (I 1, 9), und dem, was sie »sich selbst vorbehalten« (I 1, 8)[19]. Dieser Grundunterscheidung folgen im Bereich des menschlichen Wissens drei inhaltsbezogene Unterteilungen, die in sich wieder drei Teile aufweisen. Die Form, in der sich die Menschen auf sie beziehen, folgt dagegen erneut einer dualen Unterscheidung, nämlich derjenigen von »erlernen« und »erbitten.« Da die dynamische Bewegung des Erlernens von einem Wissen darüber kontrolliert werden muss, »in welchem Umfang ein wahrhaft Gebildeter mit jedem Gegenstand vertraut sein sollte« (IV 7, 2), folgt die Einstellung zum Wissen der dualen Unterscheidung zwischen unbegrenztem und begrenztem Streben nach Wissen. Das Wissen des richtigen Maßes für das eigene Tun ist jedoch kein einfaches Zählen, Messen oder Wiegen, sondern setzt voraus, dass man weiß, was »ein wahrhaft Gebildeter« ist. Die drei Hauptformen des menschlich zugänglichen Wissens und ihre wichtigsten Unterteilungen sind dann die folgenden[20]:

1. Das erlernbare Wissen in Bezug auf das, was gezählt, gemessen oder gewogen werden kann, also das mathematisch strukturierbare Wissen (I 1, 9).
   Wenn sich dieses Wissen zu den Disziplinen der Arithmetik, Geometrie und Astronomie entfaltet, können sie in zweifacher Weise betrieben werden:
   a) als Untersuchung, die sich auf Mathematisches um seiner selbst willen bezieht, und
   b) als Untersuchung, die dieses Wissen in menschliche Handlungszusammenhänge integriert.

Xenophons Sokrates akzeptiert mathematisches Wissen nur in Form des handlungsbezogenen Problemlösungswissens[21].

2. Das erlernbare praktische Wissen, zum einen
   (a) das technische Herstellen von Gegenständen und zum anderen
   (b) das praktische Gestaltungswissen, das
      (1) zur Verwaltung eines Hauses (Ökonomik),
      (2) zur Leitung einer Polis (Politik) oder
      (3) zur Führung des Heerwesens (Strategik) befähigt (I 1, 7).
3. Das nicht erlernbare, aber von den Göttern zu erbittende mantische Wissen, das sich auf zukünftige Ereignisse, insbesondere

auf Handlungsfolgen des praktischen Verwaltungs-, Leitungs- und Führungswissen bezieht (I 1, 9).

Die Einteilung des mantischen Wissens folgt also einmal derjenigen des praktischen Gestaltungswissens (2 b) und hat dann drei Teile, das andere Mal den Gegenständen, die als Zeichen für eine Mitteilung der Götter an die Menschen gelten, und hat in dieser Hinsicht vier Teile:

(a) Deutung des Vogelflugs,
(b) Auslegung von Orakelsprüchen,
(c) Beobachtung von Zeichen im Sinne von Prodigien und
(d) die Opferschau (I 1, 3).

Dem menschlichen steht das nicht unterteilbare Wissen von dem gegenüber, was sich die Götter als das Wichtigste überhaupt (τὰ μέγιστα) selbst vorbehalten, so dass es von Menschen weder zu erlernen noch zu erbitten ist (I 1, 8). Infolgedessen entgeht ihnen die Fähigkeit, die *quaestio de rerum natura* wahrheitsgemäß und vollständig zu beantworten[22]. Nur die jeweils angemessene Entfaltung der Arten des den Menschen zugestandenen Wissens führt zur Vollkommenheit ihres Lebens. Sokrates, der sich ausschließlich der *quaestio de finibus bonorum et malorum* zuwendet, verkörpert also Xenophons eigenes Konzept politisch-rhetorischer Vernunft. Seine Voraussetzung ist der Begriff des Menschen als eines Mängelwesens, dem für die Realisierung seines Lebens nur begrenzte Mittel zu Verfügung stehen. Dazu gehört aber unstrittig die Fähigkeit, die verschiedenen Arten des Wissens richtig zu unterscheiden und zielgerecht einzusetzen. Da Kräfte, die in die Realisierung unerreichbarer Ziele investiert sind, für das Streben nach erreichbaren Zielen nicht mehr zur Verfügung stehen, bedeutet ihre Fehlinvestition eine fatale Schwächung der eigenen Ressourcen. Wissen, das von sich weiß, dass es sich unter Knappheitsbedingungen auf das Notwendige und Erreichbare beschränken muss, ist eine besondere und zwar die wichtigste Art der Gattung des praktischen Gestaltungswissens. Es bezieht sich nicht auf einzelne Ziele und damit auf externe Güter, sondern auf ein intrinsisches Gut, nämlich auf die richtige Selbstpositionierung des Wissens im Zusammenhang der menschlichen Lebensführung. Unter dem Titel »Besonnenheit (σωφροσύνη)« steht es der unsinnigen Raserei (μανία, bzw. δαιμονᾶν) gegenüber, die entweder Notwendiges für unnötig oder Unnötiges für notwendig, Unerreichbares für erreichbar oder Erreichbares für unerreichbar hält. Das Verkennen des Notwendigen kennt wieder zwei Formen: eine, die das eigene Können als omnipotente Kraft überschätzt, und eine andere, die es unterschätzt. Wenn das Wissen die Extreme abergläubischer Ängstlichkeit und hybrider Phantastik vermeiden will, muss es realisieren, dass es als praktisches Gestaltungswissen wesentlich auf Zukunft gerichtet ist und sich deshalb des eigenen Gelingens nie sicher sein kann. Indem es mit der Entfaltung seiner selbst das Bewusstsein seiner Grenze verbindet, transformiert es sich zu einer Frömmigkeit, die ein integraler Teil des Wissens ist, das sich in der richtigen Weise auf seine eigenen Fähigkeiten bezieht. Frömmigkeit ist nicht das Resultat einer Furcht, die eigene Ängste auf die Götter projiziert und sie dadurch dem Menschen als Ungeheuer und Tyrannen entgegentreten lässt. Sie ist vielmehr Ausdruck der Hoffnung, dass die Götter den Menschen, die sie als überlegene »Spender von Gütern« (Hesiod) anerkennen, auch ihrerseits freundlich entgegenkommen und ihnen durch »Zeichen« mitteilen, was sie von sich aus nicht wissen können[23]. Richtige Frömmigkeit verwirklicht sich deshalb als Bitte um mantisches Wissen. In ihr kommt nämlich die Einsicht in die systematische Unvollständigkeit des menschlich-praktischen Gestaltungswissens zum Ausdruck, die weder durch mathematisches noch durch technisches Wissen auszugleichen ist. Als Bitte um das, was als Mut, Zuversicht oder Tapferkeit über unvermeidliche Unsicherheiten hinweg trägt, ist Frömmigkeit im Kern Ausdruck einer umfassenden Selbsterforschung, ohne die, wie Xenophons Sokrates in Übereinstimmung mit demjenigen der *Apologie* Platons betont, das Leben nicht gelebt zu werden verdient.

Für Xenophons Sokrates besteht die Spitze des menschlichen Könnens in einem selbstbezüglichen Wissen. Es stützt sich zwar auf logische Unterscheidungen, verwendet aber das damit verbundene Messen, Abwägen und Unterscheiden allein dazu, die Kraft des Wissens richtig in die eigene Lebensführung zu integrieren. In seiner besten Gestalt ist das menschliche Leben deshalb ein umfassendes Vernünftigsein, das die Potentiale für sein Gelingen durch richtige Selbsteinschätzung so vollständig wie möglich zur Wirkung bringt, statt sie durch eine fehlerhafte Einschätzung so weit zu schwächen, dass es von der Gegenkraft des Wahnsinns bestimmt wird. Es ist deshalb Ausdruck der Raserei, wenn einige Bürger Sokrates so anklagen, dass er zum Tode verurteilt wird. Er verdient vielmehr genau die Lobrede, die Xenophon in den *Memorabilia Socratis* vorträgt und dabei zeigt, dass Sokrates das höchste Gut der Kalokagathie verkörpert, das alle Bürger erreichen können, wenn sie nur seine Lehren beachten und seine Lebensführung als nachahmenswertes Vorbild empfinden. Der folgende Textauszug fasst alles Lob zusammen, das niemand mehr als Sokrates verdient.

21 · Xenophon, *Memorabilia Socratis* I 1, 6–16[24]

---

(6) »[...] das [im Sinne der Kalokagathie] Notwendige riet (συνεβούλευε) er ihnen [seinen Freunden] genau so zu tun, wie es seiner Meinung nach am besten zu tun sei; soweit jedoch der Ausgang unbekannt sei, veranlasste er sie, aus Vorzeichen zu erkunden, ob es getan werden solle. (7) Auch die, welche Häuser und Städte wohl zu verwalten wünschten, sollten auf Weissagungen achten, wie er meinte. Er glaubte allerdings, ein Zimmermann, ein Schmied, ein Landwirt zu werden oder jemand, der die Menschen regieren oder dergleichen Tun beurteilen könne, oder ein Rechenmeister, ein Hausverwalter oder ein Heerführer zu werden, all das sei eine Sache des Wissens und mit menschlicher Einsicht erfassbar. (8) Das Wichtigste dabei

aber – so sagte er – behielten die Götter sich selbst vor, und nichts davon sei den Menschen offenbar. Denn auch wer sein Feld gut bestellt habe, wisse nicht, wer ernten werde, und wer sein Haus schön gebaut habe, wisse nicht, wer darin wohnen werde, und dem Heerführer sei nicht bekannt, ob seine Kriegsführung von Nutzen sein werde, und dem Politiker sei nicht bekannt, ob seine Führung der Polis von Erfolg begleitet sei, und wer eine schöne Frau heirate, um an ihr Freude zu haben, dem sei unbekannt, ob er durch sie Ärger erfahren werde, und wer sich mit den Mächtigen in der Polis verschwägere, wisse nicht, ob er durch sie seine Heimat verlieren werde. (9) Die aber, welche etwa glaubten, dass nichts davon die Sache der Götter sei, sondern dass alles der menschlichen Einsicht zukomme, die betrachtete er als solche, die verrückt sind. Als Verrückte bezeichnete er aber auch jene, welche sich um Vorzeichen bemühten in solchen Dingen, welche die Götter den zum Lernen befähigten Menschen zum Unterscheiden überlassen hätten, so etwa, wenn jemand im Zweifel sein sollte, ob es besser sei, einen des Lenkens Kundigen zum Fahren zu nehmen als einen Unkundigen, oder lieber einem erfahrenen Steuermann die Führung eines Schiffes anzuvertrauen als einem, der das nicht versteht, oder wer in solchen Dingen, die man durch Zählung oder Messung oder Wägung wissen könne, dies von den Göttern erfragen wollte, die hielt er für Frevler. Er meinte also, man müsse lernen, was die Götter zum Erlernen und alsdann zum Tun bestimmt hätten; was aber den Menschen unbekannt sei, das sollten sie durch Beachtung der Vorzeichen von den Göttern zu erfahren suchen; denn die Götter gäben denen Zeichen, denen sie gnädig gesinnt seien.

(10) So tat gerade er stets alles in voller Öffentlichkeit. Am frühen Morgen nämlich ging er zu den Säulenhallen und Turnschulen, und wenn der Markt sich füllte, war er dort zu sehen, und auch den Rest des Tages war er immer dort, wo er mit den meisten Menschen zusammensein konnte. Und er sprach meistens, und wer nur wollte, dem stand es frei, ihm zuzuhören.

(11) Doch niemand konnte jemals den Sokrates etwas Gottloses oder Unheiliges tun sehen oder reden hören. Er unterhielt sich auch nicht über die Natur des Weltalls (περὶ τῆς τῶν πάντων φύσεως), im Gegensatz zu den meisten anderen, die etwa danach forschten, wie der von den Sophisten[25] so genannte Kosmos seiner Natur nach beschaffen sei und welchen notwendigen Gesetzen alle Himmelsvorgänge unterworfen seien, sondern er erklärte die, welche sich über solche Dinge Gedanken machten, für töricht. (12) Zunächst fragte er sie, ob sie etwa glaubten, schon genügend Wissen über die menschlichen Dinge zu besitzen, und darum nun dazu übergingen, sich um solche Dinge zu kümmern, oder aber ob sie meinten, das Rechte zu tun, wenn sie die menschlichen Dinge unbeachtet ließen und dagegen das Göttliche betrachteten. (13) Er wunderte sich auch darüber, dass es ihnen nicht einleuchte, dies sei für Menschen nicht erfassbar (οὐ δυνατόν ἐστιν ἀνθρώποις εὑρεῖν), denn auch die, welche sich am meisten einbildeten auf ihre Ansicht über diese Dinge, meinten untereinander nicht dasselbe darüber, sondern ständen den Wahnsinnigen gleich mit ihren Behauptungen gegeneinander. (14) Von den Wahnsinnigen nämlich fürchteten die einen nicht einmal das wirklich Furchtbare, die anderen dagegen hätten sogar Furcht vor dem, was vollkommen harmlos sei; und den einen scheine es nicht schimpflich zu sein, mitten in einer Menschenmasse alles Mögliche auszusprechen oder zu tun, den anderen erscheine es nicht einmal möglich, überhaupt unter die Menschen zu gehen; die einen hätten weder vor einem Tempel oder einem Altar noch sonst vor etwas Göttlichem Ehrfurcht, die anderen dagegen verehrten sogar Steine sowie beliebige Holzblöcke und Tiere. So scheine denn auch den einen, die über die Natur des Weltalls nachgrübelten[26], das Seiende nur Eines zu sein[27], den anderen aber der Zahl nach unbegrenzt Vieles[28]; den einen scheine alles in unablässiger Bewegung zu sein[29], den anderen dagegen scheine nichts jemals bewegt zu werden[30]; die einen meinten, alles entstehe oder vergehe[31], die anderen

dagegen, dass nichts jemals entstanden oder vergangen sei[32]. [...] (16) So sprach er sich also über jene aus, die sich mit solchen Dingen beschäftigten. Er selbst aber unterhielt sich immer über die menschlichen Dinge (περὶ τῶν ἀνθρωπείων) und untersuchte, was fromm und gottlos, schön und hässlich, gerecht und ungerecht ist, was Besonnenheit (σωφροσύνη) und Torheit, Tapferkeit und Feigheit sind, was eine Polis ist und ein Politiker, was eine Herrschaft und ein Herrscher über Menschen, sowie über das andere, durch dessen Wissen die Menschen nach seiner Meinung tüchtig und gut seien[33], während sie bei Unwissenheit darüber mit Recht als Sklavenseelen bezeichnet würden.«

---

## 2. | Sokrates und die *quaestio de rerum natura*

### a) *Der Sokrates des Aristophanes als Naturforscher und sophistischer Rhetor*

Platons Sokrates wendet sich in seiner Verteidigungsrede nicht nur gegen die ihm vorgehaltene Anklageschrift, sondern mehr noch gegen die, »welche viele von euch schon als Kinder an sich gelockt und überredet, mich aber beschuldigt haben ohne Grund, als gäbe es einen Sokrates, einen weisen Mann, der den Dingen am Himmel (τὰ μετέωρα) nachgrüble und auch das Unterirdische (τὰ ὑπὸ γῆς) alles erforscht habe und die schwächere Rede zur stärkeren mache.«[34] Sie sind deshalb seine »wirklich furchtbaren Ankläger«, weil die, »die das hören, leicht meinen, wer solche Dinge untersuche, glaube überhaupt nicht an Götter.«[35] Als Ankläger in diesem Sinn nennt er namentlich den Komödiendichter Aristophanes (445–385), in dessen *Wolken* – aufgeführt im Jahre 423[36] – »ein Sokrates vorgestellt wird, der sich rühmt, in der Luft zu gehen und viele andere Albernheiten vorbringt, wovon ich weder viel noch wenig verstehe« (*Apol.* 19 c–d). In der Tat zeigt diese Komödie einen Sokrates, der in seiner »Denkerei gelehrter Seelen (94: ψυχῶν σοφῶν φροντιστήριον)« – Fragen nachgeht, die man auch in der groben Karikatur, in der die Komödie sie gattungsgerecht anspricht, nur der *quaestio de rerum natura* zuordnen kann[37]. Das Entscheidende an dem dort vorgestellten Bild des Philosophen bezieht sich jedoch auf dessen Lebensweise, die sich von der Welt der Polis in der Hoffnung entfernt, Zugang zu der ihr vermeintlich übergeordneten Welt des von Natur aus Seienden zu gewinnen[38]. Die Polis erwächst dem Boden, den ihre Bürger seit langem – wie die Athener meinen, von Anfang an[39] – bewohnen und bearbeiten, den sie primär im Blick haben, wenn sie Landwirtschaft, Handel und Politik betreiben, und den sie ganz als den ihren betrachten, weil er ihnen von den Göttern – Athene und Poseidon[40] – als ihr Lebensort zugewiesen ist. Wer das von Natur aus Seiende untersucht, setzt sich deshalb dem Verdacht aus, die normativen Voraussetzungen der Polis, insbesondere den Glauben an ihre Götter und an die Wahrheit der eigenen Rechtsvorstellungen untergraben zu wollen. Bezeichnenderweise hält sich Sokrates in seinem Phrontisterion, wenn er beim Denken in einer Hängematte liegt, *oberhalb* des Erdbodens auf. Luft und Äther müssen deshalb der Boden werden, auf dem *er* sich bewegen kann (225: ἀεροβατεῖν), was voraussetzt, dass sein Denken seinem vornehmsten Gegenstand so nahe kommt und ähnlich wird, dass es alles, was den Erdboden überragt (τὰ μετέωρα πράγματα), nach der Regel, dass Gleiches nur durch Gleiches erkennbar ist, »richtig« deuten kann[41] (228). Unter derselben Voraussetzung kann er sich auch dem Bereich *unterhalb* des Erdbodens (188: τὰ κατὰ γῆς) zuwenden, der von dem Grund, auf dem Polis lebt, ebenso weit entfernt ist wie die Luft. Der Sokrates der *Wolken* verkörpert ein Denken, für das die Wirklichkeit, die im Konzept politisch-rhetorischer Vernunft als Seiendes gilt, *nicht* ist, während für den Anhänger dieses Konzepts nicht ist, was im Phrontisterion des Sokrates als das in Wahrheit Seiende betrachtet wird. Die Komödie des Aristophanes stellt also unvermeidlich die Frage nach dem Daseinsrecht dessen, der über das, was für die Polis ist, hinwegsieht, als wäre es nicht.

An die Stelle dessen, was für die Polis *ist*, tritt bei Sokrates mit der Luft und ihren undefinierbaren, ihr Aussehen ständig wechselnden Gestalten eine Macht essentieller Ambivalenz, die nur für diejenigen wirklich sein kann, die als »Müßige« (vgl. 316 und 334) nicht in die konkreten Lebens-, Arbeits- und Entscheidungszusammenhänge eines Hauses oder einer Polis eingebunden sind. Die Götter des Sokrates sind die »hochheiligen Wolken« (269), die in der Komödie des Aristophanes sogar als *dramatis personae* auftreten. Als Inbegriff des Luftig-Flüssigen, das alles werden kann, was es auch immer nur will (348: γίγνονται πάνθ' ὅτι βούλονται), verkörpern sie die Macht des Chaos, das schon bei Hesiod[42] die »Leere« und damit die Absenz jeder Bestimmtheit bedeutet (424). Die olympischen Götter werden deshalb vom aitherischen Wirbel (379: αἰθέριος δῖνος) der ›jonischen Naturphilosophie‹[43] genau so ins Nichts versetzt wie Zeus seinen Vater Kronos entmachtet hat, so dass für Sokrates »kein andres göttliches Wesen existiert denn allein diese heiligen Drei: das Chaos, die Wolken, die Zunge« (423 f.). Da Gleiches aus Gleichem hervorgeht, verleiht die Weisheit (σοφία), die bei den Wolken ist (412), ihren Verehrern genau das, was ihrem luftig-wässrigen, trügerisch und ständig die eigene Gestalt wechselnden Wesen im Bereich des Denkens und Sprechens ähnlich ist[44]: die leichtfertige Wendigkeit einer redselig-aufschneiderischen Rhetorik, wie sie ins bekannte Zerrbild der Sophistik gehört. Als die Kunst, die jedem bestimmten Satz (λόγος) einen anderen entgegenstellt, der ihm widerspricht (321: ἀντιλογῆσαι), kann sie in beliebiger Weise »Gesetzesentwürfe durchsetzen beim Volk mit glänzender Mehrheit«, aber auch in jedem Privatprozess »das Recht verdrehen« (432 ff.), so dass derjenige, der diese Kunst beherrscht, bei *jedem* »Tun und Beschlüsse Fassen (πράττων καὶ βουλεύων) mit der Zunge kämpfend den Sieg erringt« (419).

In der Komödie, die als solche nur Orte des falschen Lebens kennt, wird natürlich auch die Polis, von der sich Sokrates absetzt, im Zustand des Verfalls dargestellt. Dafür steht der Bürger Strepsiades, ein Bauer einfachster Herkunft (43 ff.), der durch seine Vermählung mit der Tochter einer wohlhabenden Stadtbürgerfamilie[45] und durch ihren gemeinsamen Sohn Pheidippides in eine Lebenssituation gerät, die er mit eigenen Mitteln nicht mehr bewältigen kann. Vor allem die Pferdeleidenschaft, die seinem Sohn in den Kreisen der jungen Schickeria Athens eine gewisse Reputation verschafft, treibt den Vater in eine ruinöse Schuldenfalle. In dieser Situation entwickelt er den Plan, seinen Sohn in das Haus des Sokrates zu schicken, damit er dort »die Kunst der starken und ... der schwachen Rede« in sich aufnimmt, die, weil sie Starkes schwächt und Schwaches stärkt, auch die legitimen Ansprüche der Gläubiger des Strepsiades zunichte machen kann (112 f.). Da sich Pheidippides dem Ansinnen seines Vaters widersetzt, muss dieser sich selbst dem Unterricht in der Kunst rabulistischer Rhetorik aussetzen, was natürlich an seiner unglaublichen Dummheit mehr als jämmerlich scheitern muss. Zum vermeintlichen Glück für ihn ist sein Sohn jedoch nach einem zweiten Überredungsversuch bereit, Sokrates um Unterricht in der Kunst zu bitten, die allem und damit auch »allem Gerechten widerspricht« (888).

Die Polis ist in den *Wolken* nicht mehr der Ort eines von den Bürgern gemeinsam anerkannten, göttlich sanktionierten Rechts. Vielmehr zeigen die Spannungen im Verhältnis des Strepsiades zu seiner Frau und zu seinem Sohn, aber auch zu seinen Gläubigern und zu Sokrates, dass die Gegensätze zwischen agrarischem und urbanem Leben, zwischen Tradition und Innovation, Wissen und Unwissenheit, Reichtum und Armut, Grundbesitz und Geld, von Mann und Frau sowie von Eltern und Kindern die Einheit der Polis bedrohen. Dass die Polis selbst zum Ort normativer Gegensätzlichkeit geworden ist, zeigt vor allem der Wettkampf zwischen starker und schwacher Rede, dessen Ausgang darüber entscheiden soll, ob sich Pheidippides in die Kunst der starken oder der schwachen Rede einführen lassen will. Der Sohn des Strepsiades steht damit genau an dem Scheideweg, an dem sich Herakles in der bekannten Dichtung des Prodikos von Keos befunden hat[46], wobei sich Pheidippides, wie es der Gattung der Komödie entspricht, natürlich für die schlechte Sache, also die Kunst der ungerechten Rede und damit für das von Herakles zurückgewiesene Laster entscheidet.

Das, was die gerechte Rede als Tüchtigkeit bezeichnet, ist für die gegenwärtige Polis nur noch fernste Vergangenheit. Lediglich im Rahmen eines längst veralteten Erziehungssystems (961: ἀρχαία παιδεία) sind Rechtlichkeit (962: τὰ δίκαια) und Besonnenheit (ebd.: σωφροσύνη) die entscheidenden Tugenden, die vom »Heroengeschlecht der Marathonkämpfer« (986) ein letztes Mal in die Tat umgesetzt worden sind. Marathon (490 v. Chr.) markiert also eine mentale Grenzscheide zwischen Vergangenheit und Gegenwart, so dass vorher war, was danach nicht mehr ist, und nachher ist, was vorher noch gar nicht hat sein können. Für ein solches Bewusstsein hat sich spätestens mit der Schlacht von Salamis (480 v. Chr.) eine neue Sitte durchgesetzt, der Athen den Aufstieg zur Hegemonialmacht Griechenlands mit weltpolitischem Aktionsradius verdankt. Die Sitte, die sich mit Salamis durchsetzt, verabschiedet sich von dem Gebot, den Boden, auf dem man von Natur aus lebt, mit dem eigenen Leib zu verteidigen. Sie gestattet es hingegen, die eigene Polis und ihre Heiligtümer dem Feind zur Zerstörung zu überlassen, die nicht-kämpfende Bevölkerung auf nahe gelegene Inseln zu evakuieren und sich ganz auf den Kampf der eigenen gegen die persische Marine zu konzentrieren. Athens Macht beruht seitdem nicht mehr auf der Tüchtigkeit eines adligen Hoplitenheeres, sondern auf der Handlungsfähigkeit seiner sozial durchmischten Seestreitmacht[47] und einer demokratisch orientierten Verfassungspolitik, die auch den Bürgern weitgehende politische Partizipationsrechte zusichert, die zuvor eher peripher an den Entscheidungsprozessen der Polis Anteil hatten. Dort setzt sich deshalb eine Ethik durch, die über das rechtlich Verbindliche nach dem Maß eigener Interessen disponiert und damit einer Ethik des an unverfügbaren Normen orientierten Rechts die Geltungsgrundlage entzieht.

Die Darlegung der »schwachen Rede« als der Protagonistin der neuen Ethik kulminiert deshalb in dem Satz, dass es ein Recht im Sinne von Geboten der Dike, der traditionellen Gottheit des Rechtlichen, gar nicht gibt (902). Sie unterstützt damit den Satz des Sokrates, dass Zeus nicht ist (367). Der ätherische Wirbel, der den König der Götter und Menschen entmachtet hat, richtet seine Kraft, die alle Stabilitäten auflöst, auch gegen das alte Recht, das im Redewettkampf der *Wolken* von der »starken Rede« verfochtenen wird. Gegen sie will die »schwache« beweisen, dass Zeus, der höchste Gott der alten Sitte, mit der Verbannung seines Vaters unter den Tartaros (904 f.) und seinen Liebesaffären (1080 f.) selber gegen die Sittlichkeitsregeln der »starken Rede« verstoßen hat, dass die Heroen, denen sich die Marathonkämpfer verwandt fühlten, keineswegs die Tugendhelden gewesen sind, als die sie im Mythos vorgestellt werden, und dass sogar Herakles, den Prodikos für seinen mühevollen Weg zu sittlicher Vollkommenheit lobt, ein ›Liebhaber warmer Bäder‹ (1051) gewesen ist, die der Protagonist der »starken Rede« als Mittel der Verweichlichung tadelt, und dass Peleus, dessen Vermählung mit Thetis für das Goldene Zeitalter einer Verbindung von Göttern und Menschen steht[48], wegen seiner Besonnenheit (σωφροσύνη) von seiner Gemahlin verlassen wird, »weil er sich schlecht gehalten / im Bett und aufgelegt nicht war, die ganze Nacht zu schäkern« (1068 f.), und dass Homer, der Dichter des heroischen Zeitalters und der wichtigste Erzieher Griechenlands, Nestor und »noch andre kluge Männer« wegen ihrer Zungenfertigkeit lobt, mit der sie auf dem Markt als Redner glänzen konnten (1056 f.). Die Exempla, die von der Tradition her die Position der »starken Rede« stützen, werden von der »schwachen Rede« so gründlich in den von ihr aktivierten Wirbel hineingezogen, dass sie daraus als Exempla des Ungerechten im Sinne der alten Sitte wieder auftauchen. Sie zeigen deshalb, dass das Gute nicht durch Besonnenheit zu erreichen ist (1061 f.), sondern nur so, dass mit »der Triebe Macht, die die Natur uns schenkte« (1075), eine Macht des Wechsels und Werdens die eigene Lebensführung bestimmt. Der Imperativ der schwachen Rede: »Bediene dich der Natur (1078: χρῆσθαι τῇ φύσει)!«, setzt das Schöne der »starken Rede« zum »Hässlichen« herab und erhebt das, was für die starke das Hässliche war, zu dem, was ihr Wettkampfgegner als »das Schöne« lobt (1020).

Das Duell dieser Reden motiviert Pheidippides dazu, sich von Sokrates in die Kunst der ungerechten Rede einführen zu lassen. Von dem, was dabei geschieht und gesprochen wird, erfahren die Zuschauer ebenso wie Strepsiades nichts. Lediglich das, was Pheidippides redet und tut, nachdem er das Phrontisterion des Sokrates wieder verlassen hat, lässt sich als Indiz für das verstehen, was er dort gelernt hat. Bei der Feier seines Lernerfolgs soll Pheidippides nach dem Wunsch seines überglücklichen Vaters Verse von dessen alten Lieblingsdichtern Simonides und Aischylos vortragen, obwohl sie die Sache der alten Tugenden vertreten. Sein Sohn beschimpft daraufhin beide als schlechte Vertreter ihrer Zunft und trägt stattdessen das »geistreich Elegante (τὰ σοφά)« der »Neueren« vor, nämlich die Verse aus dem für uns verlorenen Drama *Aiolos* des Euripides, die schildern, dass »der Bruder ... seiner Mutter Kind, die eigne Schwester, schändet« (1370ff.). Als Strepsiades sich weigert, den Euripides daraufhin als »weisesten (σοφώτατον) der Dichter« zu loben (1377), kommt es zu einem Handgemenge, bei dem der Sohn den Vater »stößt«[49] und droht, mit seiner Mutter ebenso verfahren zu wollen. Im anschließenden Rededuell behauptet Pheidippides, das Recht selbst habe ihn veranlasst, Gewalt gegen seine Eltern anzuwenden[50], während Strepsiades plötzlich als der letzte, wenn auch chancenlos unterlegene Vertreter der »starken Rede« auftritt, die solche Handlungen unter Berufung auf einen überall geltenden, weil göttlich beglaubigten Nomos (1420) als Unrecht tadelt (1444). Durch die von ihm rezitierten Euripides-Verse erscheint Pheidippides als das komische Äquivalent zum Ödipus des Sophokles. Dessen unbewusster ›Fehler‹ wird allerdings ins Maßlose gesteigert, weil Pheidippides die elementarsten Tabus, die der Rechtlichkeitsordnung des Hauses und der Polis zugrunde liegen, mit Absicht verletzt und dies auch noch öffentlich als das Gerechte ausgibt. Dass aber selbst auf diese Weise das, wofür der von Sokrates belehrte Pheidippides steht, immer noch nicht scharf genug gefasst ist, zeigt die Antwort, die er der Berufung seines Vaters auf das alte göttliche Recht entgegensetzt.

22 · Aristophanes, *Nubes* (»Die Wolken«) 1421–1429[51]

---

»Ist es nicht ein Mensch gewesen, der das Gesetz (νόμος) als erster gesetzt hat, einer wie du und ich, und durch seine Rede die Alten überzeugt hat? Ist es dann mir weniger erlaubt, den Söhnen ein neues Gesetz zu geben, das für die Zukunft gilt und ihnen gestattet, ihre Väter zu schlagen? Die Schläge, die wir erhalten haben, bevor dieses Gesetz gültig war, lassen wir auf sich beruhen und geben ihnen ohne Aufgeld die von uns erlittenen zurück. Sieh dir doch einmal die Hähne an und andere solche Tiere, wie die sich an ihren Vätern rächen! Und worin unterscheiden die sich denn von uns, außer darin, dass sie keine Abstimmungen durchführen, die sie schriftlich [als Rechtssätze] festhalten?«

---

Pheidippides muss bei Sokrates gelernt haben, dass jeder Nomos auf menschlicher Erfindung, Einsetzung und Durchsetzung beruht. Gesetzgeber sind weder die Götter noch die Heroen, sondern Menschen wie Strepsiades und Pheidippides. Zwischen ihnen besteht ein reines Machtverhältnis, bei dem die Verbindung von physischer und geistiger Durchsetzungsfähigkeit von einer Kraft der Natur abhängt. Die Behauptung des Strepsiades, es gebe unabhängig davon ein allgemein geltendes Recht, ist aus der Perspektive des Pheidippides nur ein Mittel, mit dem der Schwächere den Überlegenen daran hindern will, ihm gegenüber seine Stärke geltend zu machen. Das Verhältnis zwischen Menschen ist für Pheidippides-Sokrates das von Ungleichen, unter denen es allein der jeweils stärkeren Macht zukommt, sich gegen die schwächere durchzusetzen. Menschliches Zusammenleben beruht auf der Differenz naturhafter Machtverhältnisse und damit auf einem *bellum omnium contra omnes*, so dass die soziale Welt die Wirklichkeit radikalen Werdens und des ständigen Wechsels ihrer Gestalten darstellt. Da jede physische Kraft genau das tut, was sie kann, gibt es in dieser Welt keine Tabus und damit auch kein unbezweifelbares Recht oder Gesetz. In ihr ist es deshalb natürlich und richtig, dass die Söhne, wenn sie stark genug sind, ihre Väter entmachten und sich mit ihren Geschwistern oder gar mit der eigenen Mutter paaren.

Gegen seine Gläubiger wollte Strepsiades die Macht eines Wirbels einsetzen, der die eigene Schwäche im Sinne des alten in die Stärke des neuen Rechts verwandelt. Er setzt damit, ohne dass er dies weiß, einen Prozess in Gang, in dem er letztlich die Macht dieses Wirbels an sich selbst erleidet und erst dann erkennt, dass die Entfesselung seiner Dynamik das Ende der Polis als Rechtlichkeitsgemeinschaft bedeutet. Der Schluss der Komödie besteht deshalb darin, dass Strepsiades die Macht dieses Wirbels gegen denjenigen richtet, der ihn entdeckt und durch seine Lehre im Raum der Polis wirksam gemacht hat. Als Stellvertreter dafür agiert das Feuer, mit dem der Vater des Pheidippides das Haus des Sokrates in Brand steckt. Zusätzlich muss der dadurch zur Flucht gezwungene Sokrates als der Schwächere das Geschlagenwerden durch den Stärkeren erleiden, das er, wie Aristophanes suggeriert, selber als die Grundkraft des von Natur aus Seienden ausgegeben hat. Sokrates ist bei ihm ein zeitgemäßer Vertreter ›jonischer‹ Naturphilosophie und damit der wortmächtige Apologet einer naturhaft fundierten Macht, die mit ihrem anomischen Potential die Rechtlichkeitsordnung der Polis und ihrer Häuser angreift. In dieser Sichtweise mag es gerecht sein, Sokrates zu beschuldigen, dass er mit der Macht ›ungerechter‹ Rede die Basis des politischen Zusammenlebens seiner Mitbürger untergräbt. Es würde dann aber nicht beachtet, dass die Polis, die Sokrates richtet, sich nicht mehr auf göttlich-unveränderliches Recht stützt, sondern auf das, was ihr aus der Situation ihrer Wirklichkeit als das Gerechte erscheint, während Sokrates, so wie er in Platons *Apologie* sich darstellt, für die Norm göttlich sanktionierter Gerechtigkeit nach einer neuartigen Fassung sucht, die auch in der reflexiv fundierten Lebensform der Polis, wie sie sich in der Zeit nach Salamis ausgebildet hat, überzeugen kann.

### b) *Platons Sokrates begründet eine Naturphilosophie, die zugleich zeigt, wie man leben soll*

Gehört der historische Sokrates tatsächlich in den Kontext ›vorsokratischer‹ Naturphilosophie? Was bedeutet es dann, dass er bei Platon sowohl bestimmte Reflexionsformen der Naturphilosophie als auch eine bestimmte Erscheinungsform der Rhetorik kritisiert und damit die Intention des Autors der *Wolken* zu teilen scheint?[52] Hat Aristophanes das, was Sokrates wirklich wollte, böswillig oder aus Unkenntnis verzerrt? Oder folgt er einem Impuls des Sokrates, wenn er dessen Eigennamen dazu verwendet, massenwirksam diejenigen zu kritisieren, die nach Meinung der Öffentlichkeit den Gattungsnamen des Sophisten oder des Philosophen mit Sokrates geteilt haben?

Die philosophische Position des Sokrates ist angesichts der Quellenlage nicht genau zu bestimmen. Allenfalls seine Stellung zur Naturphilosophie lässt sich ansatzweise klären, wenn man die von Cicero aufgenommene doxographische Formel *Archelaum, Anaxagorae discipulum, audierat* (*Tusc.* V 10)[53] mit der Stelle in Platons *Phaidon* zusammenbringt, an der Sokrates unmittelbar vor seiner Hinrichtung auf seine philosophische Entwicklung zurückblickt. Er führt sie dort auf eine Bewegung zurück, die von einem naturhaften Grundtrieb des Begehrens getragen wird und bei ihm die besondere Form des Strebens nach der Erkenntnis des Grundes annimmt, durch den ›jegliches entsteht, vergeht und ist‹ (*Phaed.* 96 a). Aus diesem Verlangen wendet er sich zunächst der jonischen Naturphilosophie zu, die jedoch sein Begehren nicht befriedigt. Er stößt deshalb ihre Sätze wie einen Fremdkörper wieder von sich ab, ohne zu wissen, wo er das, was er sucht, finden kann. Bei seinen unruhigen Streifzügen durch Athen hört er zufällig Worte, die irgendjemand (sein anonymisierter »Lehrer« Archelaos?) aus einem Buch des Anaxagoras vor sich hinliest und die bei Sokrates sofort den Eindruck erwecken, sie könnten wirklich das sein, wonach er verlangt. Nachdem er auch diese Sätze mit seinem Begehren nach Wissen durchdrungen hat, wird ihm klar, dass sie ebenfalls seiner Erwartung nicht gerecht werden. Durch das Zusammensein mit ihnen gewinnt er allerdings die Kraft, in einem dritten Ansatz das Objekt seiner Sehnsucht aus sich selbst heraus zu finden, so dass er den Rest seines Lebens in der Hoffnung führt, mit dem, was er am meisten liebt, auch über den Tod hinaus verbunden zu sein. Das, was Sokrates über Anaxagoras findet, ist Platons Welt der Grundformen aller Wirklichkeit, im Blick auf die er sowohl die Fragen der Naturphilosophie als auch diejenigen beantwortet, die die beste Form des menschlichen Lebens betreffen. Aus der methodischen Reflexion auf diese Zusammengehörigkeit der *quaestio de rerum natura* und der *quaestio de vita et moribus* entsteht die klassische Gestalt der griechischen Philosophie. Von ihr behauptet Platon, dass er sie ohne Sokrates nicht hätte entwickeln können und dass dieser nicht sein Vorläufer geworden wäre, wenn er sich nicht mit Anaxagoras auseinandergesetzt hätte. Platon versteht seine ›Ideenlehre‹ als das Resultat einer *translatio studii.* Sokrates hat sich eine schon in Anaxagoras wirksame Qualität des Wissens angeeignet und durch Eigenes so weit verstärkt, dass Platon als der Dritte die darin enthaltene Kraft vollständig entfalten kann.

Durch Anaxagoras findet Sokrates den »natürlichen Ort« seines Lebens[54]. Das ist in Wirklichkeit nicht die Polis, in der er geboren ist, sondern der »überhimmlische Ort (ὑπερουράνιος τόπος)«, den nach seiner Auffassung »von den Dichtern hier« niemand »nach Würden besingen« kann[55], weil dies nur demjenigen möglich ist, der ihn als seinen eigenen kennt. Der wirkliche Lebensort des Sokrates weist nicht nur über die Grenze der Polis und der griechischen Kultur, sondern auch über die des sichtbaren Kosmos hinaus. Die Differenz der Lebensorte impliziert eine Verschiedenheit der Lebenseinstellungen und damit der Formen des Eros, in denen Menschen nach dem streben, was ihnen als das Gute erscheint. Die Gegensätzlichkeit zwischen der Lebensorientierung Athens und der des Sokrates erfährt im *Phaidon* ihre äußerste Zuspitzung. Auf der Handlungsebene des Dialogs erfüllen die Sätze des Sokrates über seine Entwicklung zum Philosophen die Bitte seiner Freunde, die Zeit, in der sie mit ihm im Gefängnis auf die Vollstreckung des Todesurteils warten, zu einer Rede über die Unsterblichkeit der Seele zu nutzen und damit zu zeigen, dass der Tod in Athen für Sokrates nicht das Ende von dem bedeutet, wofür er als Philosoph steht. Seine Ausführungen beginnen folgendermaßen:

23 · Platon, *Phaidon* 96a–96c[56]

---

[96a] »In meiner Jugend nämlich, o Kebes, hatte ich auf seltsame Weise ein Begehren[57] nach jener Weisheit (σοφία), welche man die Naturkunde (περὶ φύσεως ἱστορία) nennt; denn es dünkte mich ja etwas Herrliches[58], die Ursachen (τὰς αἰτίας) zu wissen, wodurch jegliches *entsteht* und wodurch es *vergeht* und wodurch es *besteht*[59], und hundertmal wendete ich mich (μετέβαλλον) bald nach oben (ἄνω), bald nach unten (κάτω), indem ich bei mir selbst zuerst dergleichen überlegte: [96b] ob, wenn das Warme und Kalte in Fäulnis gerät, wie einige gesagt haben, Tiere sich bilden? Und ob es wohl das Blut ist, wodurch wir denken, oder die Luft oder das Feuer? Oder wohl keines von beiden, sondern das Gehirn uns Wahrnehmungen (αἰσθήσεις) gewährt des Hörens und Sehens und Riechens und aus diesen dann Gedächtnis und Vorstellung entstehen und aus Erinnerung und Vorstellung (δόξα), wenn sie zur Ruhe kommen, dann auf dieselbe Weise Erkenntnis (ἐπιστήμη) sich bildet? Und wenn ich wiederum das

Vergehen von allem diesem betrachtete und die Veränderungen (πάθη) [96c] am Himmel und auf der Erde, so kam ich mir am Ende dieser ganzen Untersuchung so untauglich vor, dass gar nichts darüber geht.«

---

Sokrates spricht zu Beginn seiner Rede von der elementar-naturhaften Vorgabe seiner Tätigkeit als Philosoph. Von ihr weiß er, (1) dass eine solche Vorgabe alles Lebendige bestimmt, insofern es ohne Eros kein Leben gibt, dass sie (2) bei ihm in einer *Sonderform* auftritt, die von ihrer »normalen« Verwirklichung, wie sie sich im Streben nach sinnlicher Lust, Ehre, Ansehen, Reichtum, politischer Gestaltungsmacht etc. zeigt, auf unerklärliche Weise abweicht und dass sie (3) auch als Sonderform des *Eros* mit dem Zusammenhang des natürlichen Lebens verbunden bleibt.

Die Beschreibung dessen, was Sokrates seit seiner Jugend in Bewegung versetzt hat, ist so angelegt, dass man dabei eine Grundform von ihrer konkreten Realisierungsform unterscheiden kann. Der *Grundform* nach will Sokrates die Ursache wissen, durch die »jegliches entsteht, vergeht und besteht.« Ihre erste *Realisierungsform* ist das »Verlangen nach jener Weisheit, welche man die Naturkunde nennt.« Durch das Wissen der Ursache für alles Entstehen, Vergehen und Bestehen will Sokrates sich auszeichnen, so dass sein Begehren auch ein Streben nach Exzellenz ist. Da er in seiner Umgebung bald hören konnte, dass es so etwas wie »Naturkunde« gibt, wendet er sich dorthin, um sein Begehren durch das Wissen vom Grund allen Werdens, Bestehens und Vergehens des von Natur aus Seienden zu befriedigen. Die soeben getroffene Unterscheidung zwischen Grund- und Realisierungsform wird im Text nicht explizit eingeführt[60], ist aber vorausgesetzt, weil man nur so nach dem richtigen Verhältnis zwischen Verwirklichung und Intention fragen, eine bestimmte Realisierung von ihrer Intention ablösen oder nach einer anderen Verwirklichung suchen kann, die vollständig oder wenigstens besser mit der Grundform des Begehrens übereinstimmt.

Grund- und Realisierungsform stehen sich wie Allgemeines und Besonderes gegenüber, wobei sich das Allgemeine nur im Besonderen zeigen kann. Dies kann auf angemessene und unangemessene Weise geschehen, so dass zwischen Allgemeinem und Besonderem ein Spannungsverhältnis besteht, das durch die Wahl des »richtigen« Besonderen beruhigt werden muss. Bei Sokrates herrscht zwischen der Grund- und der ersten Realisierungsform seines Eros ein Missverhältnis. Die Bewegung, in der er nach Wissen strebt, schlägt deshalb in Extreme aus, was das geradlinige Voranschreiten zu ihrem Ziel verhindert[61]. Am Ende des Durchgangs durch die erste Realisierungsform seines Strebens nach dem, was für ihn das Beste ist, steht deshalb eine fundamentale Erschütterung seines Selbstbewusstseins, nämlich das Empfinden, aus *seiner* und damit zugleich aus *aller* Natur herausgetreten zu sein und deshalb vom eigenen Leben und Denken keinen sinnvollen Gebrauch (οὐδὲν χρῆμα) mehr machen zu können[62].

Sokrates weiß allerdings, warum er in den Zustand der Depression geraten ist. Die Naturphilosophie, von der er in satirischer Verkürzung einige beliebig ausgewählte Sätze anführt[63], thematisiert bestimmte materielle Zustände (Warm- und Kaltsein) oder Elementarqualitäten (Luft, Feuer) und erklärt auf dieser Basis »Veränderungen am Himmel und auf der Erde« wie die Entstehung des animalischen Lebens oder, wofür sich Sokrates besonders interessiert, diejenige des menschlichen Denkens. Dabei verstehen einige das Denken als einen besonderen physiologischen Vorgang, der mit materiellen Zuständen direkt verbunden ist, andere als den bestimmten Zustand innerhalb eines Übergangs von heftigeren zu ruhigeren Bewegungszuständen innerhalb des Gehirns, der mit dem Wahrnehmen beginnt und über das Erinnern und Meinen in den relativ ruhigsten Zustand des Wissens übergeht. Die Lektüre dieser Sätze kann im Übrigen noch heute in methodischer Hinsicht für die Auseinandersetzung mit einer materialistisch-naturalistisch orientierten Philosophie des Geistes hilfreich sein.

Grundsätzlich kennt diese Naturphilosophie nur Veränderungen innerhalb eines homogenen Kontinuums, also innerhalb einer einzigen materiellen, in sich bewegten Grundform. Ein Denken, für das Alles ein bewegtes Eines ist, erkennt im Zusammenhang der Natur weder spezifische Differenzen noch das besondere Sein eines Grundes, durch den jegliches besteht, entsteht und vergeht. Weil Sokrates aber genau danach sucht, durchstreift er im Zustand verstärkter Unruhe Athen, hält aber plötzlich an, als er irgendwo jemanden trifft, der laut, wie damals üblich, aus einem Buch etwas vorliest, von dem er sagt, es sei von Anaxagoras. Die Begegnung mit seiner Philosophie beschreibt Sokrates wie folgt:

24 · Platon, *Phaidon* 97b–99a

---

[97b] »Aber als ich einmal jemanden lesen hörte aus einem Buche, wie er sagte, vom Anaxagoras, dass die Vernunft (νοῦς) [97c] das Anordnende (ὁ διακοσμῶν) ist und aller Dinge Ursache (πάντων αἴτιος), erfreute ich mich an dieser Ursache, und es schien mir auf gewisse Weise sehr richtig, dass die Vernunft von allem die Ursache ist, und ich gedachte, wenn sich dies so verhält, so werde die ordnende Vernunft (ὁ νοῦς κοσμῶν) auch alles ordnen (πάντα κοσμεῖν) und jegliches stellen (ἕκαστον τιθέναι), so wie es sich am besten befindet. Wenn nun einer die Ursache von jeglichem finden wollte, wie es entsteht (γίγνεται) oder vergeht (ἀπόλλυται) oder besteht (ἔστι), so dürfe er nur dieses daran finden, wie es gerade diesem am besten sei zu bestehen oder sonst etwas zu erleiden (πάσχειν) oder zu tun (ποιοῦν). Und demzufolge [97d] gezieme es dem Menschen nicht, nach irgendetwas anderem zu fragen, sowohl in Bezug auf die gesamte Frage als auf alles andere, als nach dem Trefflichsten und Besten (τὸ ἄριστον καὶ τὸ βέλτιστον), und derselbe werde dann notwendig auch das Schlechtere wissen, denn die Erkenntnis (ἐπιστήμη) von beiden sei dieselbe. Dies nun bedenkend, freute ich mich, dass ich glauben konnte, über die Ursache der Dinge

einen Lehrer gefunden zu haben, der recht nach meinem Sinne wäre, den Anaxagoras, der mir nun auch sagen werde, ob die Erde flach ist oder rund, und wenn er es mir [97e] gesagt, mir dann auch die Notwendigkeit der Sache und ihre Ursache dazu erklären werde, indem er auf das Bessere zurückginge und mir zeigte, dass es ihr besser wäre, so zu sein; [...] und wenn er mir dies deutlich mache, war ich schon ganz entschlossen, dass ich nie mehr eine andere Art von Ursache (αἰτίας ἄλλο εἶδος) begehren wollte. Ebenso war ich entschlossen, mich nach der Sonne gleichermaßen zu erkundigen [98a] und nach dem Monde und den übrigen Gestirnen wegen ihrer verhältnismäßigen Geschwindigkeiten und ihrer Umwälzungen und was ihnen sonst begegnet, woher es doch jedem besser ist, das zu verrichten und zu erleiden, was jeder erleidet; [...] [98b] und also glaubte ich, indem er für jedes einzelne und alles insgemein den Grund nachwiese, werde er das Beste eines jeglichen (τὸ ἑκάστῳ βέλτιστον) darstellen und das für alles insgesamt Gute (τὸ κοινὸν πᾶσιν ἀγαθόν). Und für vieles hätte ich diese Hoffnung nicht weggegeben; sondern ganz emsig griff ich zu den Büchern und las sie durch, so schnell ich nur konnte, um nur aufs Schnellste das Beste zu erkennen und das Schlechtere.

Und von dieser wunderbaren Hoffnung (ἐλπὶς θαυμαστή), o Freund, fiel ich ganz herunter, als ich fortschritt und las und sah, wie der Mann mit der Vernunft gar nichts anfängt und auch sonst gar nicht Gründe anführt, die sich beziehen auf [98c] das Anordnen der Dinge, dagegen aber allerlei Luft und Äther und Wasser vorschiebt und sonst vieles zum Teil Wunderliches. Und mich dünkte, es sei ihm so gegangen, als wenn jemand zuerst sagte, Sokrates tut alles, was er tut, mit Vernunft, dann aber, wenn er sich daran machte, die Gründe anzuführen von jeglichem, was ich tue, dann sagen wollte, zuerst dass ich jetzt deswegen hier säße, weil mein Leib aus Knochen und Sehnen bestehe und die Knochen dicht seien und durch Gelenke voneinander geschieden, die Sehnen aber so eingerichtet, [98d] dass sie angezogen und nachgelassen werden könnten, und dass sie die Knochen umgäben nebst dem Fleisch und der Haut, welche sie zusammenhielten. Da nun die Knochen in ihren Gelenken beweglich seien, so bewirkten die Sehnen, wenn ich sie nachließe und anzöge, dass ich jetzt imstande sei, meine Glieder zu bewegen, und aus diesem Grunde säße ich jetzt hier mit gebogenen Knien [...], wobei er ganz vernachlässigt, die wahren [98 e] Ursachen anzuführen, dass nämlich, weil es den Athenern besser gefallen hat, mich zu verdammen, deshalb es auch mir besser geschienen ist, hier sitzen zu bleiben, und gerechter, die Strafe geduldig auszustehen, welche sie angeordnet haben. Denn, beim Hunde, schon lange, [99 a] glaube ich wenigstens, wären diese Sehnen und Knochen in Megara oder bei den Böotiern durch die Vorstellung des Besseren in Bewegung gesetzt, hätte ich es nicht für gerechter und schöner gehalten, lieber, als dass ich fliehen und davongehen sollte, der Polis die Strafe zu büßen, die sie anordnet.«

---

Während der erste Teil der Rede des Sokrates (Text 23) ausschließlich die Unruhe seines Suchens nach Wissen zum Ausdruck bringt, besteht diese Redepassage aus zwei Teilen, von denen der erste die zeitlich begrenzte Erfahrung einer Befriedigung, der zweite hingegen ihren Umschlag ins Gegenteil beschreibt. Die Worte, die Sokrates in freudige Hoffnung auf Einsicht in die Ursache für das Werden, Bestehen und Vergehen eines jeglichen versetzen, beziehen sich auf das Zentrum der Philosophie des Anaxagoras, nämlich auf den Begriff der Vernunft (νοῦς), die als das Prinzip der Natur auch der Grund ihrer Ordnung ist[64].

Sokrates interpretiert die Aussagen des Anaxagoras über die göttliche Vernunft als Theorie der *Grundform* aller Ordnung. »Vernunft« ist immer das, was den Zusammenhang eines Ganzen in seinen Teilen gestaltet. Der Begriff »ordnende Vernunft« besteht also nicht aus zwei für sich selbständigen Teilen, sondern »ordnen« bezeichnet das, was »Vernunft« ihrem Wesen nach tut.

»Ordnung« wird dabei als ein Ganzes verstanden, das sich über individuelle Teilfunktionen verwirklicht. Genauer gesagt ist sie *der* Zusammenhang eines Ganzen, in dem alle Teilfunktionen so »gestellt« sind, wie es für sie in Bezug auf sich selbst und auf das Ganze am besten ist. Die einzelnen Teile eines Ganzen lassen sich durch ihr Werden und Vergehen und durch die raum-zeitlich limitierte Form ihres Bestehens charakterisieren, womit zugleich festliegt, was sie im Zusammenhang ihrer Ordnung »tun« und »erleiden«. Da innerhalb eines Ordnungsganzen keine Teilfunktion ausschließlich durch Tun (*actio*) oder Leiden (*passio*) bestimmt ist, resultiert die jeweilige Verteilung von Tun und Leiden – und damit auch *deren* Werden, Vergehen und Bestehen – ausschließlich aus der besonderen Stellung jeder Teilfunktion innerhalb des Ganzen, zu dem sie gehört. Nur vom Ganzen selbst kann man nicht sagen, dass es von den Teilen, in denen es sich umsetzt, etwas erleide. Das Ordnungsganze ist in Relation zu seinen Teilen ausschließlich *Tun*, während seine Teile den Zusammenhang, in dem sie stehen, dadurch an sich erleiden, dass sie ihn durch ihr funktional begrenztes Tun umsetzen.

In der Regie Platons entwickelt Sokrates im Blick auf Anaxagoras einen holistischen Begriff von Ordnung. Mit ihm ist ein Begriff des Wissens verbunden, das im Herstellen seiner eigenen Form als begrifflicher Ordnung den Zusammenhängen selber ähnlich ist, die es als Ordnungsverhältnisse erschließt[65]. Eine holistische Ordnung ist keine Addition oder Synthese aus Teilen, die gegenüber dem Ganzen ihres Zusammenhangs selbständig und unabhängig wären. Teile sind vielmehr das Individuelle eines Ganzen, das sich notwendig durch individuelle Funktionen umsetzt. Ganzes und Teil sind im Begriff holistischer Ordnung komplementäre Größen, wobei dem Ganzen als dem Ordnungs*zusammenhang* ein *natürlicher* Vorrang gegenüber seinen Teilen zukommt. Innerhalb eines *vollkommenen* Ganzen gibt es keine Ordnungslücken. Alle seine Teile sind *notwendige* Funktionen ihres Zusammenhangs, der seinerseits keine »Stelle« aufweist, die nicht eine seiner *notwendigen* Funktionen wäre. Sämtliche Ordnungen sind als holistische Einheiten ihrer Form nach gleich. Als ein vollständig artikuliertes und insofern autarkes Ganzes ist jede Ordnung ein Gutes und Richtiges, so dass im Wissen einer Ordnung immer das Wissen eines Guten enthalten ist. Insofern das Wissen der Regeln für eine *bestimmte* Ordnung ein Wissen der Grundform *jeder* Ordnung einschließt, weil nur von ihr her diese und jede andere einzelne Ordnung gut ist, bezieht sich jedes Wissen von Ordnung auf eine Grundform des Guten. Da mit dem Wissen der Voraussetzungen für das Gegebensein einer guten Ordnung notwendig das Wissen von ihren weniger vollkommenen Realisierungen verbunden ist, besteht das Wissen eines Ordnungszusammenhangs als eine Einheit, die sich auf das Beste einer und jeder Ordnung, das dafür Schlechteste und auf sämtliche Zwischenwerte bezieht, die gegenüber dem Besten schlechter und gegenüber dem Schlechtesten besser sind. Dabei lässt sich das Wissen des Besten einer *bestimmten* Ordnung als das Wissen einer *Realisierungs*form von Ordnung, das Wissen des Besten *jeder* Ordnung als das Wissen ihrer *Grund*form und das Wissen der Zwischenwerte, die nicht die ideale Form, sondern nur eine konkrete Ordnung betreffen können, als das Wissen von den *Beziehungen* zwischen Grundform und Realisierungsformen von Ordnung verstehen.

Vorausgesetzt ist dabei, (1) dass das, was in Wahrheit ist, grundsätzlich als Ordnung besteht, (2) dass Ordnung grundsätzlich erkennbar ist, (3) dass wahres »Wissen« von seiner eigenen Verfassung her das das Wissen von Ordnung bedeutet, (4) dass das Wissen von Ordnung der eigenen Form nach ebenfalls ein Ordnungszusammenhang und (5) der Begriff »Ordnung« grundsätzlich durch den des Guten zu ersetzen ist. Auf der Grundlage dieser Voraussetzungen lässt sich der Gesamtzusammenhang des von Natur aus Seienden als die Maximal- oder Optimalform von Ordnung und Gutheit verstehen und jede demgegenüber kleinere Ordnung als eine ihrer Realisierungsformen. Insofern der Zusammenhang des menschlichen Lebens, unabhängig davon, ob man ihn aus individueller oder sozialer Perspektive betrachtet, nur unter der Voraussetzung gut ist, dass er eine Ordnung verwirklicht, besteht eine natürliche und notwendige Beziehung zwischen der metaphysisch-kosmologisch ambitionierten Antwort auf die *quaestio de rerum natura* und der ethisch-politisch ambitionierten Antwort auf die *quaestio de finibus bonorum et malorum*. Da der Zusammenhang des von Natur aus Seienden von einer Grundform (Idee) des Guten getragen ist, enthält er auch die Norm des Guten für die Gestaltung des menschlichen Lebens. Im Blick auf diese Überlegung entwickelt Platon die Grundform der klassischen griechischen Philosophie, wenn nicht sogar der Philosophie überhaupt, und zwar in der Weise, dass in ihr lebendig bleibt, was Sokrates unmittelbar vor seinem Tod über seine Auseinandersetzung mit Anaxagoras berichtet.

Im zweiten Teil des in Text 24 vorgestellten Redeabschnitts spricht Sokrates von der Enttäuschung, die ihn bei seiner fortschreitenden Anaxagoraslektüre befallen hat. Sie hatte zunächst die Hoffnung hervorgerufen, die Frage, von welchem Grund her alles wird, vergeht und besteht, definitiv klären zu können, so dass Sokrates ›schon ganz entschlossen war, nie mehr eine andere Art von Ursache zu begehren‹. Ihre Erkenntnis hätte ihn aus der Depression befreit, in die er durch die Sätze *der* Naturphilosophen geraten war, die er in der ersten Phase seines philosophischen Unterrichts kennen gelernt hatte. Von Anaxagoras hatte er erwartet, er werde die Fragen der traditionellen Naturphilosophie nach der Gestalt der Erde und der Himmelskörper, nach den Geschwindigkeitsverhältnissen zwischen ihren Bewegungen und der Form ihrer »Umwälzungen« im Blick auf den Zusammenhang beantworten, aus dem heraus die innere Notwendigkeit ihrer Formen und Bewegungen verständlich wird. Genau diese Erwartung wird enttäuscht, wenn Anaxagoras das konkrete »Anordnen der Dinge«, also die Verwirklichung ihrer Ordnung, von solchen Faktoren aus erklärt, die mit dem zuvor entwickelten Begriff des νοῦς nichts zu tun haben.

Das, was Sokrates bei Anaxagoras vermisst, erläutert er im Blick auf seine augenblickliche Lebenssituation. Sie kann nur aus dem Zusammenhang verstanden werden, der in spezifischer Weise die Ursache dafür ist, dass er jetzt im Gefängnis auf seine Hinrichtung wartet. Dafür kann nicht sein Leib verantwortlich sein, obwohl auch er ein durchartikuliertes Ganzes aus Knochen, Gelenken, Sehnen, Fleisch, Haut und den damit gegebenen Bewegungsmöglichkeiten darstellt. Der wirkliche Grund für die Situation des Sokrates ist vielmehr die Tatsache, dass es zunächst »den Athenern besser gefallen hat«, ihn zu verurteilen, und es daraufhin ihm »besser geschienen ist, [...] die Strafe geduldig auszustehen, welche sie angeordnet haben«. Das Gute ist immer ein in sich konsistenter Zusammenhang von Einzelheiten. Er beruht im Bereich der Natur auf menschlich unbeeinflussbarer Notwendigkeit. Zusammenhänge der menschlichen Lebensgestaltung sind demgegenüber auf eine Tätigkeit der »Seele« zurückzuführen, die aus verschiedenen und variabel miteinander zu verbindenden Kräften wie Affekten, Trieben, Wünschen, Vorstellungen, Gewohnheiten und vernunftbestimmten Überlegungen besteht. Das Ergebnis einer »Wahl des Besten« beruht deshalb für die ›Seele‹ nicht auf Notwendigkeit, sondern kann je nach dem Mischungsverhältnis zwischen den daran beteiligten Kräften sehr unterschiedlich ausfallen. Die Polis Athen orientiert sich an einer für sie verbindlich gewordenen Vorstellung des Besten, wenn sie Sokrates als jemanden beurteilt, der ihr Leben von Grund aus angreift. Sokrates hingegen hält allein die kontinuierliche Prüfung seiner selbst und anderer im Blick auf sittliche Vollkommenheit für das Beste, so dass seine »Wahl des Besten« von derjenigen seiner Mitbürger fundamental abweicht. Das, wofür Sokrates steht, würde seine Konsistenz verlieren, wenn er jetzt als bereits Siebzigjähriger durch ungesetzliches Handeln, das er zuvor immer als ein Übel getadelt hat, die bloße Verlängerung seines Lebens als das für ihn Beste wählen würde. Die Tatsache, dass die Athener im Blick auf ihre »Wahl des Besten« konsistent gegen Sokrates gehandelt haben, zwingt ihn dazu, die eigene ›Wahl‹ dagegen zu halten und die ihm auferlegte Strafe zu erleiden.

Wenn das Beste bei Menschen auf einer »Wahl« der Seele beruht, ist der offene Streit darüber die einzige Möglichkeit, die verschiedenen normativen Vorstellungen, die im Raum der Öffentlichkeit wirksam sind, darauf hin zu prüfen, ob sie das Beste wirklich treffen. Auch Sokrates beruft sich in diesem Redeabschnitt für seine Wahl des Besten nicht auf objektives Wissen, sondern auf die Meinungskraft (δόξα) seiner Seele. Die Differenz der Meinungen ist für ihn, solange er sich als Bürger in Athen frei bewegen konnte, der Ansatzpunkt dafür gewesen, ihre Qualität im Blick auf die Gründe zu betrachten, die man für sie ins Feld führen kann. Nachdem die Athener entschieden haben, was in Bezug auf Sokrates für sie das Beste ist, kann diese Meinung nicht mehr der Gegenstand einer ergebnisoffenen Diskussion sein. Sokrates bleibt deshalb nur die Möglichkeit das, was er zuvor durch Reden bewirken wollte, durch sein Handeln fortzusetzen. Nur wenn er in Athen für ein Gutes steht, das mit dem, was die Athener dafür halten, nicht identisch ist, kann deutlich werden, dass mit dem Urteil der Polis über ihn der Streit über das wirklich Beste nicht beendet ist. Die einzige Möglichkeit, den Streit, den er immer für den wichtigsten gehalten hat[66], fortzusetzen und für die Zukunft offen zu halten, macht es notwendig, dass Sokrates jetzt im Gefängnis sitzt.

Für Philosophen sind erotische Erfahrungen hauptsächlich solche des Lesens, Sprechens und Denkens. In sie investieren sie ihre gesamte affektive Energie, die andersgeartete Liebhaber auf das richten, was für sie das Wichtigste ist. Keine oder zumindest kaum eine Liebe ohne mühsame und irritationsanfällige Suche nach dem, woran man das eigene Begehren binden kann, keine auch ohne Trennung von dem, mit dem man glaubte, schon endgültig verbunden zu sein, keine ohne innere Krise mit der Gefahr des Selbstverlusts, in der sich der Eindruck festsetzt, zur Liebe und damit zum Leben überhaupt nicht fähig zu sein[67]. Nur gute

Liebhaber können solche Krisen produktiv verarbeiten. Zu ihnen gehört Sokrates, der durch die zeitweilige Bindung seines Eros an die Worte des Anaxagoras über den νοῦς die innere Form für sein eigenes Streben nach Gutem findet. Indem er in diese Form hineinwächst, löst er sich von dem Teil der Lehre des Anaxagoras, der von dem, was an ihrem Anfang steht, keinen »Gebrauch« mehr macht. Indem Sokrates sich die Qualität aneignet, die in den ersten Sätzen des Anaxagoras enthalten ist, wird sein Eros so weit gestärkt, dass er im Voranschreiten des eigenen Gedankens von ihr genau den »Gebrauch« machen kann, zu dem sein Vorgänger nicht in der Lage war. In seiner Abweichung von Anaxagoras erweist sich Sokrates nicht als ein beliebig vagabundierender Liebhaber, sondern als derjenige, der dem, was Anaxagoras als das Erste gedacht hat, treuer ist als dieser selbst.

Sokrates beschreibt die Gedankenbewegung, mit der er diejenige des Anaxagoras weiter führt, durch die Metapher der zweiten Fahrt (δεύτερος πλοῦς). Darunter konnte die antike Nautik entweder das mühsame Rudern bei Windstille verstehen, das sie so vom leichteren, aber auf den Zufall fremder Hilfe angewiesenen Segeln am Wind unterschied, oder aber eine Fahrt, die den Nutzen aus einer früheren zieht und dadurch von vornherein sicherer verläuft[68]. Die »zweite Fahrt« ist dann nicht, wie oft übersetzt wird, die zweitbeste, sondern gegenüber einer früheren sogar die bessere. Wenn man sich an die erste Bedeutung dieser Metapher hält (das eigene Rudern), besteht das Bessere in der selbst kontrollierten Methodik des Vorwärtskommens, wenn man sich an die zweite hält (die bereits auf Erfahrung beruhende Fahrt), besteht der Gewinn darin, dass Sokrates jetzt die Fragen der alten Naturphilosophie so stellen kann, dass sie mit einer rational fundierten Methode zu beantworten sind. Naturphilosophisches Wissen ist dann nicht mehr die Summe eines gegenständlichen Wissens, das sich möglichst auf alle oder die wichtigsten Einzelphänomene der Natur bezieht, sondern ein Wissen von Ordnungsregeln, mit denen jedes beliebige Einzelne als Teil eines Zusammenhangs verstanden werden kann. Sokrates gelingt eine Umorientierung seines verstehenden Blicks, der sich von *Gegenständen* der Natur und den direkten Aussagen über sie entfernt, und sich stattdessen auf begrifflich konturierte Ordnungsformen richtet. Dass er damit nicht die transzendentalphilosophische Wende Kants antizipiert, wie dies die neukantianische Platoninterpretation Paul Natorps unterstellt[69], wird daran deutlich, dass Ordnungsformen für Platons Sokrates das allein wirklich Seiende sind, und Denken wie bei Parmenides und Heraklit das Sein so erschließt, wie es von sich her ist. Sokrates schildert seine »zweite Fahrt« wie folgt:

25 · Platon, *Phaidon* 99a–100d

---

[99a] »Also dergleichen Ursachen zu nennen ist gar zu wunderlich; wenn einer sagte, dass, ohne dergleichen zu haben, Sehnen und Knochen und das was ich sonst habe, ich nicht imstande sein würde, das auszuführen, was mir gefällt, der würde richtig reden. Dass ich aber deshalb täte, was ich tue, und es insofern mit Vernunft täte, aber nicht wegen der Wahl des Besten, [99b] das wäre doch gar eine große und breite Untauglichkeit der Rede, da sie nicht imstande wäre, zu unterscheiden, dass bei einem jeden Dinge eines die Ursache ist, und ein anderes jenes, ohne welches die Ursache nicht Ursache sein könnte; [...] [99c] [...] Ich nun wäre, um zu wissen, wie es sich mit dieser Ursache verhält, gar zu gern jedermanns Schüler geworden; da es mir aber so gut nicht wurde und ich dies weder selbst zu finden noch von einem anderen zu lernen vermochte, [99d] willst du, dass ich dir von der zweiten Fahrt, wie ich sie durchgeführt habe zur Erforschung der Ursache eine Beschreibung gebe, o Kebes? – Ganz über die Maßen, sprach er, will ich das.

– Es bedünkte mich nämlich nach diesem, da ich aufgegeben hatte, die Dinge (τὰ ὄντα) zu betrachten, ich müsse mich hüten, dass mir nicht begegne, was [99e] denen, welche die Sonnenfinsternis betrachten und anschauen, begegnet. Viele nämlich verderben sich die Augen, wenn sie nicht im Wasser oder sonst worin nur das Bild anschauen. So etwas merkte ich auch und befürchtete, ich möchte ganz und gar an der Seele geblendet werden, wenn ich mit den Augen nach den Gegenständen sähe und mit jedem Sinne versuchte, sie zu treffen. Sondern mich dünkte, ich müsse zu Gedankenbestimmungen hinüberfliehen (εἰς τοὺς λόγους καταφεύγειν) und in diesen das wahre Wesen der Dinge anschauen (τῶν ὄντων τὴν ἀλήθειαν). Doch vielleicht ähnelt das Bild auf gewisse Weise nicht so, [100 a] wie ich es aufgestellt habe. Denn das möchte ich gar nicht zugeben, dass, wer das Seiende in Gedankenbestimmungen (ἐν λόγοις) betrachtet, es mehr in Bildern (ἐν εἰκόσι) betrachte, als derjenige, der es in den Dingen (ἐν ἔργοις) betrachtet. Also dahin wendete ich mich, und nachdem ich jedes Mal die Gedankenbestimmung zugrunde lege [ὑποτίθεσθαι = an den Anfang einer Überlegung setzen], die ich für die stärkste halte, so setze ich, was mir mit diesem übereinzustimmen (συμφωνεῖν) scheint, als wahr – es mag nun von den Ursachen die Rede sein oder von was nur sonst –, was aber nicht, als nicht wahr. Ich will dir aber noch deutlicher sagen, wie ich es meine; denn ich glaube, dass du es jetzt nicht verstehst. – Nein, beim Zeus, sagte Kebes, nicht eben sonderlich. – Ich meine es eben so, fuhr er fort, gar nichts Neues, [100 b] sondern was ich schon sonst immer und so auch in der eben durchgeführten Rede gar nicht aufgehört habe zu sagen. Ich will nämlich gleich versuchen, dir die Art von Ursache (τὸ εἶδος τῆς αἰτίας) aufzuzeigen, womit ich mich beschäftigt habe, und komme wiederum auf jenes Abgedroschene zurück und fange davon an, dass ich voraussetze, es gebe ein Schönes an und für sich (τι καλὸν αὐτὸ καθ' αὐτὸ) und ein Gutes (ἀγαθόν) und Großes und so alles andere, woraus, wenn du mir zugibst, dass es *sei*, ich dann hoffe, dir die Ursache zu zeigen und nachzuweisen, dass die Seele unsterblich ist. – [100 c] So säume nur ja nicht, sprach Kebes, es durchzuführen, als hätte ich dir dies längst zugegeben.

– So betrachte denn, fuhr er fort, was daran hängt, ob dir das ebenso vorkommt wie mir. Mir scheint nämlich, wenn irgendetwas anderes schön ist außer jenem selbst Schönen (αὐτὸ τὸ καλόν), es wegen gar nichts anderem schön sei, als weil es teilhabe (μετέχει) an jenem Schönen, und ebenso sage ich von allem [anderen, also dem Guten, Großen etc.]. Räumst du diese Ursache ein? – Die räume ich ein, sprach er. – Und so verstehe ich denn gar nicht mehr und begreife nicht jene andern gelehrten Gründe; sondern wenn mir jemand sagte, [100 d] dass irgendetwas schön ist, entweder weil es eine blühende Farbe hat oder Gestalt oder sonst etwas dieser Art, so lasse ich das andere, und halte mich einfach und kunstlos und vielleicht einfältig bei mir selbst daran, dass nichts anderes es schön macht als eben jenes Schönen, nenne es nun Anwesenheit (παρουσία) oder Gemeinschaft (κοινωνία), wie nur und woher sie auch komme, denn darüber möchte ich nichts weiter behaupten, sondern nur, dass vermöge des Schönen alle schönen Dinge schön werden.«

---

Diese Textpassage erlaubt einen weiten Vorblick auf das, was im heutigen, von Missverständnissen allerdings nicht freien Sprachgebrauch Platons ›Ideenlehre‹ heißt, obwohl der Terminus ›Idee‹ im *Phaidon* erst an späterer Stelle – ab 104 b, von da an aber kontinuierlich – verwendet wird. Das Sein einer ›Idee‹ wird der Gattung des Ursacheseins zugeordnet, in der Sokrates als besondere Arten das wirklich Ursächliche von dem unterscheidet, was für dessen Wirkung als Ursache eine äußere Voraussetzung darstellt. Anaxagoras hatte eine derartige Unterscheidung nicht vorgenommen und deshalb im zweiten Teil seiner naturphilosophischen Ausführungen die notwendige Voraussetzung für etwas mit dem gesamten Begriff des Ursacheseins gleichgesetzt[70]. Die wirkliche Ursache für das Bestehen eines Einzelnen ist das Ganze eines Zusammenhangs, der vieles Einzelne miteinander verbindet (99 c: ξυνδεῖν) und dauerhaft zusammenhält (ebd.: συνέχειν). Sie ist deshalb für den von ihr begründeten Zusammenhang das »Gute und Richtige (ebd.: τὸ ἀγαθὸν καὶ δέον)«. So legt beispielsweise der Plan eines Gebäudes seine Form bis in jede Einzelheit fest, wobei klar ist, dass ein solcher Plan ohne das Hinzukommen anderer Arten von Ursache nicht als Ursache für das Bestehen eines Hauses wirksam werden kann. Solche ›hinzukommenden‹ Ursachen sind jedoch aus philosophischer Perspektive ohne Interesse. Wichtig ist vielmehr die Erkenntnis *der* Art von Ursache, die diesen Begriff deswegen intensiver als andere erfüllt, weil sie im Zusammenwirken mit anderen Arten von Ursache als einzige nicht durch eine andere ersetzt werden kann. Die Mauern eines Bauwerks können aus verschiedenem Material errichtet werden. Die Steine, aus denen sie bestehen, können größer oder kleiner sein. Die Handwerker, die das Gebäude errichten, können durch andere ersetzt werden. Das Gebäude kann auch dann entstehen, wenn an die Stelle des ursprünglichen Auftraggebers ein anderer tritt, der das Bauvorhaben übernimmt. Demgegenüber muss der Plan im Vorgang des Bauens derselbe bleiben, wenn das Bauwerk in der geplanten Form in die Wirklichkeit treten soll. Insofern ist der Plan der vorrangige Grund für das Vorhandensein und für die individuelle Ordnung eines Hauses, so dass man nur von ihm aus seinen Zweck oder seinen ›richtigen Gebrauch‹ bestimmen kann.

Sokrates bezeichnet die von ihm gesuchte Art von Ursache auch als den »Logos« einer Sache, den er vom Einzelding selbst (τὰ ὄντα, τὰ πράγματα, τὰ ἔργα) und von dessen Abbild (εἰκών) unterscheidet. Auch das Abbild ist nicht der Gegenstand, den es abbildet, ohne deswegen seine Ursache zu sein. Wenn man sich einer räumlichen Metaphorik bedient (vgl. 101 d–e), befindet sich das Abbild »unterhalb«, der Logos »oberhalb« eines Dings, wobei sich in der räumlichen Ordnung hierarchische Verhältnisse ausdrücken, die nicht auf Willkür, sondern auf einer »natürlichen« Regel beruhen. Ein individuelles Ding hat gegenüber seinem Abbild zwar mehr, aber immer noch kein hinreichendes Sein, weil es allein aus ihm selbst – *individuum est ineffabile* – nicht verstanden werden kann. Nur wenn wir es mit einem anderen Ding vergleichen und dabei prüfen, ob es mit ihm gemeinsame Merkmale aufweist oder nicht, können wir es auf den Zusammenhang beziehen, in dem es mit anderen Dingen in Verhältnissen der Ähnlichkeit und Unähnlichkeit steht. Ein solcher Zusammenhang hat mehr *Sein* als die einzelnen Dinge, die zu ihm gehören. Wer das Ganze dieses Zusammenhangs kennt, bezieht sich dabei notwendig auf den Logos oder die Ordnungsregeln, die eine bestimmte ›Wesenheit (101 c: ἰδία οὐσία)‹ charakterisieren. Das Einzelding, das zu ihr gehört, ist also ein Abbild dieser Wesenheit. Wir können ein Bauwerk nur dann als Bauwerk identifizieren, wenn wir von seiner Wahrnehmung in der Wirklichkeit oder einem Bild davon zu einem Zusammenhang von Ordnungsregeln »hinüberfliehen«, die für Gebäude überhaupt charakteristisch sind, und dann davon wieder den Blick auf das einzelne Haus oder das Bild von ihm zurücklenken. Nur so erkennen wir es als die individuelle Verwirklichung der Wesenheit eines Bauwerks und wissen dann (1), ob es beispielsweise ein Wohnhaus, eine Markthalle oder ein Tempel und (2), ob es etwa das Haus des Perikles, die Markthalle in Korinth oder der Parthenon auf der Athener Akropolis ist.

Sokrates macht auch klar, dass der Logos von etwas uns nicht so einfach entgegentritt wie das Einzelding oder ein Abbild davon. Die Begegnung mit Dingen und Bildern ist eine Sache der räumlichen Nähe oder des Erinnerungs- und Vorstellungsvermögens in Bezug auf sie. Der Logos eines Einzeldings hingegen muss in einer gedanklichen Konstruktion eigens angesetzt werden. Wenn Sokrates sagt, das jeweils Stärkste sei als der jeweilige Logos zu setzen, so zeigt sich allein schon an dieser Formulierung, dass bei der Setzung einer begrifflichen Bestimmung Alternativen bestehen. Auch bei einem Bauwerk können wir ja nicht nur die allgemeine Form für Gebäude ansetzen, sondern beispielsweise auch die Begriffe des Großen oder des Artefakts. Die Wahl des Logos hängt also vom Kontext ab, aus dem heraus wir uns auf etwas Bestimmtes beziehen. Wenn wir das Einzelding, das ein Bauwerk ist, primär hinsichtlich seiner Größe mit anderen Bauten vergleichen wollen, ist der Logos des Großen der in diesem Zusammenhang stärkste, wenn wir es in einer anderen Situation vom Teil einer Theaterkulisse unterscheiden wollen, wird der Logos der Bewohnbarkeit als einer bestimmten Form des Gebrauchs von etwas der stärkere sein. Es kann auch vorkommen, dass wir den Logos von etwas, das wir nicht genau genug wahrnehmen, probeweise ansetzen müssen. Dabei hilft es, dass mit einem Logos bestimmte charakteristische Merkmale verbunden und andere von ihm ausgeschlossen sind, so dass wir eine Tür, die sich bei genauer Betrachtung als das Bild auf einer Fläche erweist, dem Logos eines Gemäldes und nicht dem eines Bauwerks zuordnen. Allgemeine Formen, die wir beim Verstehen von Zusammenhängen ansetzen, müssen jedenfalls für uns solange modifizierbar, revidierbar und austauschbar sein, bis der Logos gefunden ist, der den Zusammenhang, den wir zu verstehen suchen, vollständig trägt.

Wenn man bedenkt, dass Platons Sokrates ›Logos‹ und ›Idee‹ synonym verwenden kann, dann wird deutlich, dass der Terminus ἰδέα Grundformen des Wirklichen bezeichnet, die sich nur einer gezielten Aktivität des Denkens erschließen. Sie werden in ihrem Sein nicht durch das Denken begründet, sondern sie werden dem Denken als die faktisch wirksamen Kräfte der Konstitution von Ordnungszusammenhängen ›sichtbar‹. Grundformen sind im Unterschied zu gestalthaft konkretisierten Formen durch ein reines Selbstverhältnis definiert. Sokrates sagt deshalb in Bezug auf die Grundform des Schönen, sie sei ein »Identisches in Bezug auf sich selbst (αὐτὸ καθ' αὑτό)«, wobei der erste Teil dieser Formel (αὐτό) ihre Identität, der zweite (καθ' αὑτό) den Bezug auf sich selbst ausdrückt. Er verwendet damit einen starken Begriff von Sein, in dem so etwas wie Autarkie, Absolutheit und Souveränität zum Ausdruck kommt. Und weil nur ein solches Sein des Schönen *wirklich* ist, kann Sokrates dafür auch die einfachste aller möglichen Formulierungen verwenden, nach der sie nichts anderes ist als eben »das Schöne (τὸ καλόν)«.

Diese Bezeichnungsform gilt auch für andere ›Ideen‹. Wenn etwa die allgemeine Form von Gebäudehaftigkeit der Ordnungsgeber für sämtliche Bauwerke ist, kann sie weder mit einem bestimmten Gebäude noch mit der denkbaren Summe konkreter Bauten noch mit einem bestimmten Gebäudetyp identisch sein. Zwischen der Grundform und ihren Realisierungsformen besteht eine prinzipielle Differenz. Nur wenn die allgemeine Form eines Bauwerks nicht als das verstanden wird, was mit konkreten Gebäuden gleich ist, sondern als das nur mit sich selbst Gleiche »jenseits« oder »oberhalb« ihrer individuellen Realisierungen, lässt sie sich als der tragende Grund für konkrete Bauwerke verstehen. Ein vollkommener Architekt kennt die Grundform von Gebäudehaftigkeit. Im Blick auf sie entwirft er nicht nur ein einzelnes Haus oder Einzelformen für eine bestimmte Gattung von Gebäuden, sondern er findet von ihr aus den Plan für jedes beliebige Bauwerk, und zwar so, dass sie alle ihren Zweck erfüllen und deshalb als gelungen bewundert werden. Wir können keinen Architekten nennen, der die Grundform von Gebäudehaftigkeit *erfunden* oder als erster Bauwerke aus ihr abgeleitet und damit die Praxis des Häuserbauens *gestiftet* hätte. Die Baumeister aller Kulturen partizipieren vielmehr in unterschiedlicher Weise an einer *allgemeinen* architektonischen Kompetenz, die nicht der Besitz eines Einzelnen ist und die niemand auch nur annähernd vollständig in allen ihren Konkretionsmöglichkeiten auseinanderfalten kann. Der einzelne Architekt hat Anteil an einer allgemeinen Fähigkeit der menschlichen Natur, so dass er mit seinem subjektiven Können eine objektive Kraft oder ein allgemeines Prinzip der Formbildung zur Wirkung bringt.

Die einzelnen Realisierungen einer Grundform können verschiedene Merkmale aufweisen, wobei Sokrates in Bezug auf Realisierungsgestalten der Idee des Schönen von »blühender Farbe oder Gestalt oder sonst etwas dieser Art« spricht. Das einzelne Schöne unterliegt einer real unausschöpfbaren Variabilität von Merkmalen, die an ihm unterschiedlich verteilt sein können und mit dem Werden zugleich dem Vergehen ausgesetzt sind. Wir können deshalb beispielsweise zu jedem beliebigen Zeitpunkt eine Person, wenn die Voraussetzungen dafür gegeben sind, als schön bezeichnen, obwohl sich ihr Aussehen von demjenigen anderer Personen unterscheidet, die wir zuvor als schön bezeichnet haben oder danach so bezeichnen werden. Es wäre unsinnig, den Bedeutungsumfang des Prädikats »ist schön« durch eine Liste von Merkmalen oder von Regeln für ihre Verbindung festzulegen, zumal da wir nicht nur das Aussehen von Personen, sondern auch nicht-menschliche Lebewesen, Landschaften, Artefakte, Handlungen und vieles andere als schön bezeichnen. Sokrates empfiehlt deshalb als Systematisierungsmöglichkeit für die Verwendung des Prädikats »ist schön« eine Redeweise, die gegenüber komplizierten Merkmalslisten kunstlos und einfältig erscheint, weil sie sich auf ganz natürliche Weise mit dem Wesen des Schönen verbindet: Nur wegen der Anwesenheit der Grundform des Schönen ist etwas schön, wobei Sokrates den Begriff »Anwesenheit in« auch durch »Gemeinschaft mit« und »Teilhabe an« umschreibt. Wenn man bei der Verwendung dieser Begriffe auf die Relationen zwischen Grund- und Realisierungsform achtet, muss man sagen: Die Grundform ist in ihrer Realisierungsform anwesend (παρουσία), zwischen der Grund- und der Realisierungsform, aber auch zwischen den verschiedenen Realisierungsformen einer Grundform besteht Gemeinschaft (κοινωνία), während die Realisierungsform an der Grundform Anteil (μέθεξις) hat oder nimmt.

Sokrates nennt als Grundformen das Schöne, das Gute und das Große, etwas später auch das Eine und das Viele (101 c). Er deutet dabei an, dass Grundformen, obwohl sie durch einen reinen Selbstbezug definiert sind, nicht parataktisch nebeneinander stehen. »Oberhalb« des konkreten Hauses, das in schöner Weise gelungen ist und seinen Zweck gut erfüllt, »steht« die Idee der Gebäudehaftigkeit, »oberhalb« von ihr die Idee des Großen, »oberhalb« des Großen, die Idee des Schönen und »oberhalb« davon die Idee des Guten. Zugleich »stehen« »oberhalb« des Hauses die Ideen der Einheit und der Vielheit, ist das konkrete Haus doch *eine* Verwirklichung von *vielen*, die innerhalb eines bestimmten Gebäudetypus und erst recht innerhalb der allgemeinen Form von Gebäudehaftigkeit möglich sind. Das Thema der Beziehungen zwischen Grundformen wird im *Phaidon* durch den Hinweis des Sokrates angesprochen, dass man in der Lage sein muss, den Logos, den man für das Verstehen eines bestimmten Zusammenhangs ansetzt, auf einen ihm gegenüber »höher« gelegenen zurückzuführen (101 d). Die Kunst, die derartige Zusammenhänge klärt, ist die Dialektik. Sie wird im Platon-Kapitel des vorliegenden Buches genauer vorzustellen sein. Hier sollte nur gezeigt werden, dass Platons Sokrates die Philosophie nicht erst vom Himmel auf die Erde holen musste, damit sie sich dort Fragen der menschlichen Lebensführung zuwenden kann. Vielmehr stellt er die *quaestio de rerum natura* so, dass damit die Antwort auf die *quaestio de vita et moribus* dem Ansatz nach schon mitgegeben ist, und zwar aus der Überzeugung, dass ethische Fragen ohne Bezug auf diejenigen nach dem Grund und der Ordnung des von Natur aus Seienden keine plausible Antwort finden können.

### c) *Der Skeptiker Sokrates*

Platons Sokrates entfaltet den Begriff eines Wissens, das sich auf allgemeine Formen und die zwischen ihnen bestehenden Ordnungsverhältnisse bezieht. Sie sind die Wahrheitsgaranten, die jedem Wissen konkreter Ordnungsverhältnisse zugrunde liegen. Zugleich verdeutlicht dieser Begriff des Wissens, dass seine Gegenstände an einer Grundform des Guten partizipieren. Das Wissen des Sokrates erschließt die Wirklichkeit als das, was sie als komplex durchstrukturierter Zusammenhang von Ordnungsformen von sich aus ist. Wie verhält sich dieses Bild vom wissenden Sokrates zu seiner Selbstcharakterisierung in Platons *Apologie*, in der er für sich als spezifisch menschliche Weisheit (20 d: ἀνθρωπίνη σοφία) das Wissen beansprucht, »weder viel noch wenig weise«

zu sein (21 b: οὔτε μέγα οὔτε σμικρὸν σύνοιδα ἐμαυτῷ σοφὸς ὤν)? Er weiß sich darin denen überlegen, die als Politiker, Dichter oder Handwerker den Ruf eines Weisen genießen. Im Hintergrund dieser Selbstcharakterisierung steht ein Wissen vom Ordnungszusammenhang zwischen einzelnen Arten des Wissens, in dem der »menschlichen Weisheit« eine bestimmte Stelle zukommt. Wenn Sokrates sich wirklich »durch eine gewisse Weisheit« auszeichnet, muss er deshalb zeigen, dass das, worüber er als sein besonderes Gut verfügt, tatsächlich Weisheit ist und wie sie als menschliche von der besonderen Art göttlicher Weisheit zu unterscheiden ist (20 e: εἰ δε τίς ἐστιν σοφία, καὶ οἷα).

Der inzwischen verstorbene Freund des Sokrates, Chairephon, treuer Anhänger der demokratischen Partei[71], deren Repräsentanten jetzt über den Philosophen zu Gericht sitzen, hatte auf die Frage, ob jemand weiser sei als Sokrates, vom Delphischen Orakel eine verneinende Antwort erhalten. Apoll, der in Delphi durch den Mund der Pythia spricht, ist als Gott die Instanz vollendeten Wissens, das alle seine besonderen Formen und deren Zusammenhang überblickt. Wenn der Spruch des Gottes Sokrates die spezifisch menschliche Weisheit zuordnet, weiß er deshalb auch, dass sie gegenüber der göttlichen Weisheit, die »das Schöne und Gute« vollkommen kennt (21 d), »sehr weniges nur wert ist oder gar nichts« (23 a). Genau in diesem Punkt besteht Einhelligkeit zwischen dem göttlichen Wissen Apolls und der Selbsteinschätzung des Menschen Sokrates, der daraufhin sein Leben damit verbringt, Ansprüche auf vollkommenes Wissen, die innerhalb der Polis auftreten, als Anmaßung zu entlarven. Die Polis erhält damit die einmalige Chance, zwei Tüchtigkeiten miteinander zu verbinden, die sich de facto häufig ausschließen, nämlich Handlungsfähigkeit und konstante Selbstprüfung oder anders ausgedrückt: Macht und Gerechtigkeit. Sokrates ist Bürger genug, um seiner Polis diese Möglichkeit zur Verbesserung der Grundlage ihres Lebens ohne Rücksicht auf sein individuelles Wohlergehen zur Verfügung zu stellen.

An die Relativierung des menschlichen Wissens durch göttliche Weisheit knüpft auch das Sokratesbild der so genannten jüngeren Akademie an. Darunter versteht man die von *Arkesilaos* (ca. 315–241) begründete und später noch einmal vor allem durch *Karneades* (ca. 214–129) innerhalb der Akademie zur Wirkung gebrachte Platondeutung. Sie stützt sich in der Hauptsache auf das Sokrates-Bild der Frühdialoge Platons, nämlich auf seine als *Aporetik* bezeichnete Gewohnheit, die Wissensansprüche anderer zu kritisieren, ohne eine eigene Lehrmeinung geltend zu machen. An dieser Stelle geht es nicht um das philosophische Konzept der akademischen Skepsis[72], sondern lediglich um ihr Bild von Sokrates, das für uns am leichtesten in Texten Ciceros greifbar ist. Unbeachtet bleibt hier auch, wie Cicero seine eigene philosophische Position im Blick auf die Form von Skepsis bestimmt, die lange Zeit in der von Platon gegründeten Akademie das Bild seiner Philosophie geprägt hat. Cicero hält jedenfalls an einer Untersuchungsmethode fest, die zur jüngeren Akademie gehört und damit auch zu einem Sokrates, der sich als Philosoph nach der juristischen Prozessregel des *in utramque partem disserere* mit gegensätzlichen Lehrmeinungen auseinandersetzt, ohne eine eigene vorzutragen[73].

Im ersten allein erhaltenen Buch seiner auf vier Bücher angelegten *Academica posteriora* entwickelt Marcus Terentius *Varro* (116–27), der gelehrte Freund Ciceros, den Philosophiebegriff der akademischen Skepsis im Blick auf die Lehrtradition Platons und auf Sokrates, der sich als Dialektiker in der Behandlung philosophischer Streitfragen an die Regel des *in utramque partem disserere* bindet.

## 26 · Cicero, *Academica posteriora* I 15–16[74]

---

(15) »Nach meiner Überzeugung (und darin stimmen alle überein) hat Sokrates als erster die Philosophie von den verborgenen und durch die Natur selbst verhüllten Dingen (*a rebus occultis et*

*ab ipsa natura involutis*), mit denen die Philosophen vor ihm beschäftigt waren, weggeführt und sie zum alltäglichen Leben hingewendet (*ad vitam communem adduxisse*); er begann nach Tugenden und Lastern, überhaupt nach dem Guten und Schlechten zu fragen (*de bonis rebus et malis*) und war der Ansicht, die Welt der Gestirne sei entweder zu weit entfernt für unser Erkenntnisvermögen oder aber, selbst wenn man etwas über sie in Erfahrung bringen könnte, dass diese Erkenntnis nichts dazu beitragen könnte, sittlich gut zu leben. (16) Dieser Sokrates pflegt in fast allen seinen Gesprächen, die von denjenigen, die ihn hörten, vielfach und ausführlich niedergeschrieben worden sind, in der Weise zu diskutieren, dass er selbst keine festen Behauptungen aufstellt (*ut nihil affirmet*), nur andere widerlegt und erklärt, er wisse selbst nichts, außer dem einen, dass er nichts wisse; er sei den anderen aber darin überlegen, dass diese zu wissen meinten, was sie nicht wissen, während er selbst nur das eine wisse, dass er nichts wisse (*ipse se nihil scire id unum sciat*); deshalb – so glaube er – sei er auch von Apollon der weiseste aller Menschen genannt worden, weil dies die einzig mögliche Menschenweisheit (*hominis sapientia*) sei, dass man nämlich nicht meine, etwas zu wissen, was man nicht wisse. Während er dies beharrlich behauptete, konzentrierte sich sein ganzes Reden darauf, die Tugend zu loben und die Menschen zum Streben nach der Tugend aufzufordern, wie man es den Schriften der Sokratesschüler, vor allem denjenigen Platons, entnehmen kann.«

---

Auch im Sokrates-Bild der akademischen Skepsis dominiert ein Begriff des Wissens, der im Sich-selbst-Wissen gipfelt. Aus diesem Wissen resultiert bei Platon die Einsicht, die Sokrates in seiner *Apologie* festhält, dass nämlich das höchste Gut des *menschlichen* Lebens (38 a: μέγιστον ἀγαθόν) in der Unterredung »über die Tüchtigkeit (ebd.: ἀρετή)« und damit in einer Praxis kontinuierlicher »Selbsterforschung« besteht. Nur in ihr tritt menschliches Leben mit sich in die Beziehung, in der es sich vom göttlichen Leben unterscheiden und zugleich die Grundform des Guten erkennen kann, die ihm die Norm seines Gelingens vorgibt. Da ein Leben ohne das höchste Gut nichts wert ist, gilt für Menschen die Regel, dass »ein Leben ohne Selbsterforschung [...] gar nicht verdient, gelebt zu werden« (ebd.). Jedes Leben, in dem eine seelische Kraft wirkt, entwickelt aus sich heraus notwendig Vorstellungen von »gut« und »schlecht«. Wenn die Seele diese Vorstellungen nicht ständig prüft, entstehen in ihr leicht irrige Auffassungen, wie etwa die, dass der Tod das größte Übel sei. Aus dem richtigen Sich-selbst-Wissen lässt sich aber sicher schließen, dass Menschen zu »Dingen in der Unterwelt« keinen wissenden Zugang haben und deshalb auch nicht wissen können, ob der Tod für sie nicht »das größte ist unter allen Gütern« (29 a). Wer den Tod als das größte Übel fürchtet, hätte Recht, wenn er genau wüsste, was der Tod ist, und infolgedessen auch, ob und in welchem Maße er zu fürchten ist. Die Furcht vor dem Tod als dem größten Übel ist also im Kern das Resultat der falschen Meinung, in Bezug auf etwas Wissen zu besitzen, von dem es für Menschen kein Wissen geben kann. Aus dem menschlichen Sich-selbst-Wissen geht jedoch sehr wohl das Wissen hervor, es sei ein Übel und daher auch schändlich, »gesetzwidrig zu handeln.« Dieses Wissen ist nämlich eine besondere Form des ihm übergeordneten Wissens, es sei ein Übel, »dem Besseren, Gott oder Mensch, ungehorsam zu sein«. (29 b)[75] Von daher öffnet sich in Platons *Apologie* das Wissen des Sokrates nicht nur zu einer Ethik des individuellen und sozialen Lebens, sondern im Unterschied etwa zu Xenophons *Memorabilia Socratis* zu einem Wissen des Guten und der Vielfalt seiner richtigen Konkretisierungsformen.

In der akademischen Skepsis hingegen entfaltet sich das Sich-selbst-Wissen des Sokrates zu einem Tugendwissen, das sich wie beim Sokrates des Xenophon vom Wissen der *rerum natura* distanziert, entscheidend aber zur Praxis einer Auseinandersetzung mit philosophischen Streitfragen, die das menschliche Wissen durch die Einsicht, dass es in Bezug auf das ›Wesen‹ der Dinge kein Wahrheitskriterium besitzt, in den Ruhezustand der vollständigen Urteilsenthaltung versetzen will. Wie dieser Zustand mit der von Cicero beschriebenen »göttlichen Beweglichkeit des Geistes« zusammenhängt, wird im Kapitel, das dieser philosophischen Position und dem von ihr vertretenen Konzept des Wissens gewidmet ist, genauer zu klären sein (Bd. III, S. 106 ff.).

d) *Der Grund für die Divergenz der Sokrates-Bilder*

Vielleicht ist der Grund für die Vielfalt und Verschiedenheit der Sokrates-Bilder in der Tat die weitgehende Unvergleichbarkeit seiner Lebensführung und seiner Reden gewesen. Bezeichnenderweise hat Platon dem Politiker Alkibiades am Schluss seines *Symposion* eine Rede in den Mund gelegt, in der es darum geht, ein Bild des philosophischen Lebens zu zeichnen und dabei dessen Fremdheit gegenüber den Lebenswelten zu betonen, die in der Polis weithin anerkannt sind. Im *Phaidon* geht es um einen Sokrates, der aufgrund seiner Natur und durch die ihr gemäße Auseinandersetzung mit Anaxagoras in den Ordnungszusammenhang allgemeiner Formen wie in seinen ›natürlichen Ort‹ hineinwächst. Die Alkibiades-Rede erweitert dieses Bild, indem sie den Lebensort des Philosophen aus der Perspektive anderer Lebensorte als ›Unort‹ charakterisiert. Das Leben des Sokrates ist für Alkibiades der Inbegriff maximaler Irritation. Nur im Zustand der Trunkenheit kann er aussprechen, dass das von Sokrates verkörperte Leben das beste ist und das eigene, das sich an die vermeintliche Glanzwelt der Polis gebunden hat, demgegenüber keinerlei Wert besitzt. Alkibiades will aufgrund seines genuin politischen Eros in der führenden Polis Griechenlands der Erste sein, was ihm leicht gelingt, weil ihm dort die allgemeinen »Ehrenbezeugungen des Volkes« widerstandslos die Position des Herrn verschaffen. In der Nähe des Sokrates spürt er jedoch eine andersartige Macht, zu der er aus Eigenem keinen Zugang findet. Dennoch sieht er in ihr ein so hohes Gut, dass er lieber als Knecht des Sokrates die Teilhabe daran ›erleiden‹ will als durch eigenes Handeln die Welt der Politik zu beherrschen. In dem Zwiespalt, den er in der Nähe zu Sokrates erleidet, empfindet er seine bisherige Lebensführung deshalb als ein Übel[76]. Die Lebenskrise, die bei ihm im unentschiedenen und unbeherrschbaren Gegeneinander von höchstem Schmerz und höchster Lust zum Ausdruck kommt, kann er – anders als Sokrates[77] – nicht aus eigener Kraft verarbeiten. Er reagiert auf sie lediglich durch den abrupten Wechsel von Flucht und Scham, der in ihm eine solche Verstörung auslöst, dass er öffentlich gesteht, einerseits immer wieder den Tod des Sokrates und damit das Nichtsein der Philosophie gewünscht und andererseits erfahren zu haben, dass dieser Wunsch von dem Wissen überlagert war, dass für ihn der Tod des Sokrates »noch bei weitem schmerzlicher« wäre als dessen lebendige Präsenz in der Polis.

Dazu passt es, dass Alkibiades Sokrates als die Person beschreibt, die anders als die führenden Politiker seiner Zeit mit keinem einzigen der bekannten Heroen des griechischen Lebens vergleichbar ist. Vergleichbarkeit ist das Gegenteil von überraschender Einmaligkeit, und die Welt des Vergleichbaren ist deshalb so strukturiert, dass man in ihr orientierungssicher leben kann. Alkibiades lebt mit dem Gefühl eigener Größe in der Welt, in der die Personen reden und handeln, die Griechenland als die überragend Großen anerkennt. Sokrates verkörpert jedoch eine andersartige Welt, vor der diejenige, in die Alkibiades drängt, jede Bedeutung zu verlieren scheint.

Es kann hier nicht darum gehen, die Hintergründigkeit des Alkibiades-Bildes in Platons *Symposion* auszuloten. Natürlich geht es dabei zentral um den Gegensatz von Philosophie und Politik, aber auch um das Verhältnis zwischen einer Kultur der rationalen Selbstkontrolle und einer Kultur der Exzessivität. Die Dimension des Exzessiven tritt dort in drei Formen auf, (1) in der alkoholischen Intoxikation des Alkibiades, (2) in der nicht direkt angesprochenen, aber eindeutig mitgemeinten Überspanntheit der von ihm betriebenen Machtpolitik, die im Zusammenbruch Athens endet, und (3) im göttlichen ›Wahnsinn‹ philosophischer Reden, die nach Alkibiades ihre Hörer in dionysisch-ekstatische Verzauberung versetzen. Diese Unterscheidungen stehen im Zusammenhang mit der im *Phaidros* geführten Diskussion über die Bedeutung des Wahnsinns (μανία) für die menschliche Lebensführung[78]. Für Platon ist Normalität niemals das Beste, allenfalls das Zweit- oder Drittbeste für das menschliche Leben, ohne dass dies heißen müsste, jede Abweichung von ihr sei deshalb schon das Bessere. Das gilt vielmehr nur für die Formen des *göttlichen* Wahnsinns und unter ihnen vor allem für die Philosophie[79]. Da sie sich auf das bezieht, was dem normalen Auge entgeht, nämlich auf Grundformen des Seienden, wirkt das Verbundensein mit ihnen aus der Perspektive des gewohnten Lebens wie ein Exzess. Als Angehöriger der politischen Welt kann Alkibiades zwar anerkennen, dass in der Philosophie eine bessere Gestaltungskraft wirksam ist als in einem Perikles. Er vergleicht die Reden des Sokrates deshalb hinsichtlich ihrer Wirkung auf ihn mit dem Flötenspiel des Marsyas und dem Gesang der Sirenen und gibt damit zu, dass sie ihn mit einer Macht der Natur in Verbindung bringen, die mächtiger und besser ist als die Welt der politischen und sozialen Regeln. Dennoch kann der *homo politicus* den Raum des philosophischen Lebens nicht wirklich betreten. Das Begehren, Herr zu sein, ist bei ihm stärker als das Begehren, im Zustand des in Wahrheit Guten zu sein. Ihm bleibt deshalb auch unbewusst, dass seine Charakteristik des von Sokrates geführten Lebens und seiner Reden ebenso den ›Ideen‹ zukommt, denen das Denken des Philosophen vorrangig zugewandt ist. Die Einzigartigkeit des Sokrates mag Alkibiades wie eine individualpsychologische Besonderheit vorkommen, ist aber in Wirklichkeit die Konsequenz einer Lebensführung, die dem, was sie als das höchste Gut erstrebt, so ähnlich wie möglich geworden ist. Weil Sokrates weiß, dass das in Wahrheit Beste der Grundformen des Seienden mit keinem anderen Gut verglichen werden kann, ohne sie dadurch in ihrem besonderen Rang zu zerstören, wählt er zur Verdeutlichung dessen, was das beste Leben ist, Reden, die demjenigen, der sie von außen betrachtet, unbedeutend und lächerlich vorkommen. Alkibiades erkennt zwar, dass sie in Wirklichkeit Bilder göttlicher Tüchtigkeit enthalten, kann aber nicht wissen, warum das so ist. Sokrates hingegen weiß, dass er sich auf das in Wahrheit Gute nach einer Regel der Ähnlichkeit bezieht, wenn er es durch Bilder andeutet, die für die Bürger der Polis nichts bedeuten. Sie enthalten deshalb für diejenigen, die sie nicht verstehen können, einen künstlich eingebauten ›numerus clausus‹. Dahinter steht die Überlegung, dass nur in dem, was der Welt der Normalität entgegensteht, das in Wahrheit Gute zu finden ist, allerdings nur dann, wenn man mit Sokrates zwischen menschlich defizitärem und göttlich nobilitiertem Abweichen von der Kultur rationaler Selbstkontrolle unterscheiden kann, der sich die Bürger Athens verpflichtet wissen.

## 27 · Platon, *Symposion* 215 d–216 c und 221 c–222 a

*Alkibiades:* » [...] Ich wenigstens, ihr Männer, wenn ihr dann nur nicht glauben wolltet, dass ich ganz und gar betrunken wäre, wollte es euch auch mit Schwüren bekräftigen, was mir selbst dieses Mannes Reden angetan haben und noch jetzt antun. [215 e] Denn weit heftiger als den vom Korybantentanz Ergriffenen pocht mir, wenn ich ihn höre, das Herz, und Tränen werden mir ausgepresst von seinen Reden; auch sehe ich, dass es vielen anderen ebenso ergeht. Wenn ich dagegen den Perikles hörte oder andere gute Redner, dachte ich wohl, dass sie gut sprächen, dergleichen begegnete mir aber nichts, noch geriet meine Seele in Unruhe darüber und in Unwillen, dass ich mich in einem knechtischen Zustand befände. Von diesem Marsyas[80] aber bin ich oft so bewegt worden, [216 a] dass ich glaubte, es lohnte nicht zu leben, wenn ich so bliebe, wie ich wäre. Und du wirst nicht sagen können, Sokrates, dass das nicht wahr wäre. Ja auch jetzt noch bin ich mir sehr wohl bewusst, dass, wenn ich nur meine Ohren hergeben wollte, ich mich nicht würde halten können, dass mir nicht dasselbe begegnete. Denn er nötigt mich einzugestehen, dass mir selbst noch gar vieles mangelt und ich doch, mich vernachlässigend, der Athener Angelegenheiten besorge[81]. Mit Gewalt also, wie vor den Sirenen die Ohren verstopfend, fliehe ich aufs eiligste, um nur nicht immer sitzen zu bleiben und neben ihm alt zu werden. [216b] Und mit diesem allein unter allen Menschen ist mir begegnet, was einer nicht in mir suchen sollte, dass ich mich nämlich vor jemandem schämen könnte; indes vor ihm allein schäme ich mich doch. Denn ich bin mir sehr gut bewusst, dass ich nicht imstande bin, ihm zu widersprechen, als ob man das nicht tun müsse, was er anrät, sondern dass ich nur, wenn ich von ihm gegangen bin, durch die Ehrenbezeugungen des Volkes wieder überwunden werde. Also laufe ich ihm davon und fliehe, und wenn ich ihn wieder sehe, schäme ich mich wegen des Eingestandenen [216c] und wollte oft lieber sehen, er lebte gar nicht; geschähe es aber etwa, so weiß ich gewiss, dass mir das noch bei weitem schmerzlicher sein würde, so dass ich gar nicht weiß, wie ich es halten soll mit dem Menschen. [...]

[221c] [...] Viel anderes und Bewundernswürdiges könnte man gewiss noch vom Sokrates rühmen. Allein in anderen Bestrebungen kann man wohl leicht von anderen dasselbe sagen; wie aber er durchaus keinem Menschen ähnlich ist weder von den alten noch von jetzigen, das ist ganz bewundernswert. Denn wie Achilleus war, so könnte man wohl auch den Brasidas[82] und andere darstellen, und wie Perikles, so den Nestor und Antenor[83], [221d] und so gibt es noch andere, und auf ähnliche Art könnte man Vergleiche für andere finden; wie aber dieser Mensch in seiner Wunderlichkeit (ἀτοπία = Ortlosigkeit) ist, er selbst und seine Reden, so würde einer auch von fern nichts ähnliches finden, weder bei den Jetzigen noch bei den Alten, wenn ihn nicht jemand, wie ich eben tue, mit keinem Menschen vergleichen will, sondern mit den Silenen und Satyrn, ihn und seine Reden. Und dies habe ich gleich zuerst noch übergangen, dass auch seine Reden jenen [221e] aufzuschließenden Silenen äußerst

ähnlich sind[84]. Denn wenn einer des Sokrates Reden anhören will, so werden sie ihm anfangs ganz lächerlich vorkommen, in solche Worte und Redensarten sind sie äußerlich eingehüllt, wie in das Fell eines frechen Satyrs. Denn von Lasteseln spricht er, von Schmieden und Schustern und Gerbern und scheint immer auf dieselbe Art nur dasselbe zu sagen, so dass jeder [im Umgang mit philosophischen Reden] unerfahrene und unverständige Mensch über [222 a] seine Reden spotten muss. Wenn sie aber einer geöffnet sieht und inwendig hineintritt, so wird er zuerst finden, dass diese Reden allein inwendig Vernunft (νοῦς) haben, und dann, dass sie ganz göttlich sind und die schönsten Götterbilder von Tugend in sich enthalten und auf das meiste von dem oder vielmehr auf alles gerichtet sind, was dem, der gut und edel werden will, zu untersuchen gebührt.«

---

## B | *Platon (428–348)*

> *»Und ist nicht auch klar, dass von Gerechtem und Schönem viele nur, was so scheint, wenn es auch nicht ist, tun und haben und dafür angesehen sein wollen. Gutes aber genügt niemandem nur scheinbares zu haben, sondern jeder sucht, was gut ist, und den Schein verachtet hierbei schon jeder.«* Platon, *Rep.* 505 d

Platons Philosophie ist entscheidend durch die Begegnung mit Sokrates geprägt. Als derjenige, der exemplarisch die Macht ›wahrhafter Philosophie‹ verkörpert, ist er der Hauptredner in den meisten seiner Dialoge. Und weil er die Philosophie im öffentlichen Raum verkörpert, ist das gegen ihn verhängte Todesurteil für Platon kein individuelles und daher zufälliges Ereignis, sondern die notwendige Folge eines elementaren Konflikts zwischen politischer und philosophischer Lebensführung. Wie Athen für die griechisch-zeitgenössische Welt der Politik steht, die sich im Übergang vom 5. zum 4. Jahrhundert in einer tiefen Krise befindet, so steht Sokrates für die Philosophie, die sich auf den unzerstörbaren Zusammenhang vollkommener, göttlich fundierter Ordnung bezieht. Im tödlichen Konflikt zwischen der ›wahrhaften‹ Philosophie und der Polis liegt deshalb alles Recht bei Sokrates, alles Unrecht bei Athen. Ihr Protogesetzgeber Solon hatte seine Stadt zu einem Ort der Versöhnung von Gerechtigkeit und Macht gestalten wollen[85]. Platon diagnostiziert das Scheitern dieses Projekts, wenn er die Rechtsverfassung der gegenwärtigen Polis wegen ihrer einseitigen Bindung an den Faktor »Macht« als Institution des Unrechts brandmarkt. Das Gerechte der ›wahrhaften‹ Philosophie kann durch ihre Bindung an ein göttlich Gutes zwar nicht ins Gegenteil umschlagen, wirkt aber gerade deswegen in der demokratisch ausgerichteten Polis als ein Fremdkörper. Der Prozess gegen Sokrates und seine Hinrichtung sind im Sinne athenischen Rechts korrekt, so dass die Polis im Vollzug ihres Rechts den Tod ihres gerechtesten Bürgers verursacht und sich damit als Ort des Unrechts erweist. Platon zieht aus dieser Diagnose die Konsequenz, die Qualität des Guten und des Gerechten, die in Sokrates als Person verkörpert gewesen ist, auf eine Institution zu übertragen, um sie vor dem Zugriff der Polis so weit zu schützen, dass sie ihre Wirkungsmacht in der Öffentlichkeit dauerhaft geltend machen kann.

Platon hat der Philosophie eine Institution gegeben, die ihrer Form nach eine *Einheit in der Zweiheit* darstellt[86]. Sie verwirklicht sich darin als die Einheit einer auf sich selbst bezogenen und einer nach außen gerichteten Bewegung. Zentrum ihrer Selbstbewegung ist die um 387 gegründete Akademie, die Platon als Lebensgemeinschaft des Lernens, Lehrens und Forschens[87] der Sophistik und der um 390 gegründeten Schule des politisch ambitionierten Rhetors Isokrates entgegenstellt. In der Akademie wird die ›wahrhafte Philosophie‹ dem *mündlichen* Unterricht, also der *esoterischen* Lehre anvertraut. Dieser Begriff hat nichts mit dem zu tun, was man im heutigen Sprachgebrauch unter »Esoterik« versteht, sondern bezeichnet als Ableitung vom Ortsadverb ἔσω

(»innerhalb«) nichts anderes als die Lehre, die *innerhalb* der Akademie stattfand. Weil sie mündlich vorgetragen wurde, heißt sie auch *ungeschriebene Lehre*. Die Institution der Philosophie besteht aber ebenso aus dem Corpus der platonischen Dialoge. Sie richten sich an Leser *außerhalb* der Akademie, so dass man die darin enthaltene Philosophie in der Ableitung vom Ortsadverb ἔξω (»außerhalb«) als Platons *exoterische* Lehre bezeichnet[88]. Der Beginn seiner schriftstellerischen Tätigkeit wird nach allgemeiner Auffassung auf die Jahre unmittelbar vor der Akademiegründung angesetzt[89]. Da »außerhalb der Akademie« »innerhalb der Polis« bedeutet, kann man in der Publikationsfolge der Dialoge die Absicht erkennen, die Begabtesten vor allem unter den jüngeren Bürgern für die Auseinandersetzung mit philosophischen Fragen zu gewinnen. Die Apologie und die frühen Dialoge wenden sich an Leser, die primär am Schicksal des Sokrates interessiert sind und sich von ihm zu einem Nachdenken über Fragen anregen lassen, die ihnen bereits aus dem Leben »innerhalb der Polis« vertraut sind. So stellt etwa der *Euthyphron* die Frage nach der Frömmigkeit, der *Laches* die nach der Tapferkeit, und im *Charmides* wird untersucht, was die Tugend der »Besonnenheit« bedeutet, die für das Selbstverständnis der Polis als Gemeinschaft des Rechts von grundlegender Bedeutung ist. Im *Euthydemos* wird darüber gestritten, was ein junger Mann lernen soll, wenn er als Erwachsener etwas taugen will, während im *Lysis* über Freundschaft und im *Protagoras* über sittliche Tüchtigkeit insgesamt sowie darüber gesprochen wird, ob man sie lernen kann oder nicht.

Da Sokrates diese Fragen nicht definitiv klärt, werden die frühen Dialoge häufig als *aporetisch* bezeichnet. Hinter ihrer aporetischen Form stehen aber nicht der Unwille oder gar das Unvermögen des Sokrates und ebenso wenig ein Lernprozess Platons, der noch nicht ans Ende gekommen wäre. Sie verweist vielmehr auf das Faktum einer mentalen Differenz innerhalb Athens, die zur Folge hat, dass Antworten auf normative Fragen, die »innerhalb der Polis« gegeben werden, den Streit darüber keineswegs beenden. Der politische Streit über sie ist nicht nur die Folge der Begegnung mit der andersartigen Welt der Perser, sondern eher noch das Ergebnis der eigenen Geschichte. Die Entwicklung zur Demokratie, die Umstellung des Militärwesens vom adligen Hoplitenheer auf die »bürgerliche« Flotte, die daraus resultierende Erweiterung eigener Handlungsmöglichkeiten, die zugleich den Gegensatz zu anderen griechischen Städten, insbesondere zum oligarchisch verfassten Sparta, verschärfen, mögen stichwortartig andeuten, was mit dieser Geschichte gemeint ist. Der auf dem Markt angebotene Rhetorikunterricht der Sophisten, der dem Einzelnen versprach, auch in einer sich rasch verändernden Welt die Position des Herrn behaupten zu können[90], ist ein weiteres Zeichen dafür, dass Sokrates die Fragen, über die er in den frühen Dialogen Diskussionen anzettelt, im Inneren der Polis vorfindet. Die Aporetik der Dialoge weist zwar als das Kunstprodukt ihres Autors über die Irritationen hinaus, die das Bewusstsein der dort agierenden Personen bestimmen, ist aber im Kern Ausdruck einer genau bedachten Annäherung der Philosophie an eine Polis, in der normative Fragen zum Gegenstand offenen Streits geworden sind.

Der ideale Leser der Frühdialoge konnte sich nicht mehr einfach als parteiischer Teilnehmer an der Auseinandersetzung über Grundfragen der eigenen Lebensführung verstehen. Ihm war vielmehr bewusst, dass eine rein politische Antwort auf sie ihre Klärung eher verhindert als befördert. Von daher konnte er sich durch die Lektüre der *mittleren* Dialoge (*Menon*, *Phaidon*, *Phaidros*, *Symposion*, *Politeia*) Schritt für Schritt in einen Zusammenhang einführen lassen, der die Streitfragen »innerhalb der Polis« auf die Ebene einer begrifflichen Reflexion transponiert. Die entscheidenden Stichworte dafür lauten »Ideenlehre« und »Dialektik«. Leser, die diesen Ansatz überzeugend fanden, konnten sich in den *späten* Dialogen (*Theaitetos, Kratylos, Parmenides, Sophistes, Politikos, Philebos*) dazu anhalten lassen, das Konzept der Ideenlehre durch erkenntnistheoretische, sprachphilosophische, prinzipientheoretische und ontologische Überlegungen zu unterstützen, und schließlich dazu übergehen, sich auf der Grundlage des *Timaios* und der *Nomoi* mit Detailfragen der Naturphilosophie und der politischen Gesetzgebung auseinanderzusetzen[91].

Der Leser, der sich bei seiner Lektüre in etwa an die Publikationsfolge der Dialoge Platons hält, verlässt in seinem Denken den Raum der Polis und betritt stattdessen einen andersartigen Raum der Reflexion. Dieser Schritt wird dadurch nahe gelegt, dass die Polis nicht mehr die Macht der ›unbefangenen Sitte‹ (Hegel) verkörpert, sondern mit dem Streit über ihre normativen Grundlagen selbst schon eine reflexive Gestalt angenommen hat, in der sich ihre Einheit in die selbstzerstörerische Zweiheit des Gegensatzes zwischen aristokratisch-oligarchischer und demokratischer Gruppierung aufzulösen droht. Nach Platon soll die Philosophie nicht als handelnde Partei in diese Auseinandersetzungen eingreifen, sondern in einem eigenständigen Raum der Reflexion einen Zusammenhang von Regeln aufbauen, von dem aus die Polis wieder in einen Zustand der Ordnung gebracht werden kann. Für Platon kann eine Polis nur »gut verwaltet« sein, wenn ihre Regierenden mit einem Leben vertraut sind, das als dasjenige »der echten Philosophie« »besser ist als das Regieren« (*Rep.* 520 e–521 a). Nur wenn sie trotzdem in die Polis »herabsteigen«, können sie diejenigen aus der Position der Gesetzgebung verdrängen, die aufgrund ihrer Armut »an tüchtigem und vernunftgemäßem Leben« das Streben nach Gutem nur als den Kampf um politische Macht kennen und sich deshalb bis hin zum Bürgerkrieg »entzweien um die Obergewalt, als ob sie ein gar großes Gut wäre« (ebd. 520 c)[92].

Im Blick auf diese Zusammenhänge wäre es unsinnig, zwischen *esoterischer* und *exoterischer* Lehre einen Gegensatz zu konstruieren. Sie sind vielmehr verschiedene Teile der *einen* Philosophie, die nicht nur in ihrer institutionellen Form, sondern auch von ihrem Wesen her Einheit in der *Zweiheit* ist. Es gehört zu ihr selbst, dass sie aus der Einheitlichkeit ihrer auf sich bezogenen Bewegung in die Dimension der Zweiheitlichkeit übergeht, die für Handlungsräume charakteristisch ist. Sie reflektiert in ihrem *esoterischen* Zentrum auf die Beziehung von Einheit (ἕν) als dynamischem Faktor der Einheitsbildung und »unbestimmter Zweiheit (ἀόριστος δυάς)« als dem gegenteiligen Faktor der Erzeugung von Mannigfaltigkeit, die sie als Prinzipien der Konstitution aller Wirklichkeit versteht. Dabei macht sie deutlich: Die Idee des Guten ist nicht dadurch das höchste Prinzip des Seienden, dass sie als stärkste Partei in das Gegeneinander dieser Prinzipien eingreift, sondern gleichsam als ›Übereinheit‹ so wirkt, dass sie sich durch kontinuierliche Kooperation verbinden, durch Zwischengestalten aufeinander beziehen, sich miteinander verflechten und dadurch einen kontinuierlich mit sich selbst verknüpften Ordnungszusammenhang allgemeiner Formen begründen. In ähnlicher Weise soll auch die Philosophie als Macht der Einheitsbildung in der Welt der Vielheit wirken und dadurch verhindern, dass dort Vielheit in bürgerkriegerisch-selbstzerstörerische Gegensätzlichkeit übergeht.

Die Unterscheidung zwischen Esoterik und Exoterik hat ihren Grund aber auch im natürlichen Vorgang des Lernens, das am Anfang das Erlernen von Regeln ist, die man exoterisch-schriftlich festhalten kann, während am Ende die Vertrautheit mit einer Sache steht, die jede fixierbare Regelhaftigkeit an Genauigkeit und Reichhaltigkeit überbietet. Eine Reflexion auf diesen Zusammenhang findet man in der von Sokrates im *Phaidros* artikulierten Kritik am Verfahren schriftlich verfasster Lehre, die äußerlich und deshalb vor allem in der Philosophie unzureichend bleibt, weil wirkliches Wissen ein Vertrautsein mit seinem ›Gegenstand‹ voraussetzt, das gleichsam von selbst in der Seele wachsen muss, um dann aus ihr heraus wirksam werden zu können. Von daher ist die mündlich-esoterische der schriftlich-exoterischen Lehre überlegen, weil es hier dem ›Lehrer‹ in direkter Kommunikation gelingen kann, die ›Samenkörner‹ in der ›Seele‹ des Schülers so ›anzupflanzen‹, dass sie sich durch gemeinsame Pflege zu reifer ›Frucht‹ entfalten[93].

Unter dem Namen Platons sind außer den etwa 35 Dialogen auch 13 Briefe überliefert, die fast alle als »unecht« bewertet werden[94]. Lediglich die Briefe sechs und sieben, gelegentlich noch Brief acht, gelten als möglicherweise »echte« Platontexte. Sie enthalten aber auf jeden Fall platonisches Gedankengut, so dass niemand bestreitet, sie seien im Umkreis Platons verfasst worden. Das gilt insbesondere für den 7. Brief, in dem Platon oder ein Autor, der in seinem Namen spricht, erklärt, warum er die Philosophie so konzipiert, dass sie die entscheidende Gegenkraft zur Politik darstellt.

## 28 · Platon, *Epistula* VII 324b–326b

[324b] »[...] Damals, als ich jung war, ging es mir so wie vielen: Ich glaubte, sobald ich mein eigener Herr wäre, sofort an die öffentlichen Angelegenheiten der Stadt herangehen zu müssen[95]. [324c] Und es ergaben sich für mich in den Dingen der Stadt Umstände folgender Art: Da viele die damalige Verfassung (πολιτεία) ablehnten, erfolgte ein Umsturz (μεταβολή), und aus diesem Umsturz gingen einundfünfzig Männer als Leitende hervor, elf in der Stadt, zehn im Piräus – beide Kollegien waren zuständig für den Markt und was es sonst in beiden Orten [324d] zu verwalten gab –, und dreißig setzten sich als Leiter mit höchster Vollmacht [wörtlich: als Selbstherrscher: αὐτοκράτορες] ein[96]. Von denen waren einige mir verwandt oder bekannt, und so forderten sie mich denn sofort auf mitzumachen, als wäre das meine Sache[97]. Und was mir geschah, war bei meiner Jugend nicht verwunderlich: Ich glaubte nämlich, sie würden die Stadt aus ihrem ziemlich rechtlosen Leben (ἔκ τινος ἀδίκου βίου) zu einer gerechten Art (ἐπὶ δίκαιον τρόπον) führen und sie so verwalten[98]; daher beachtete ich eifrig, was sie tun würden. Doch als ich sehen musste, wie diese Männer in kurzer Zeit die vorherige Verfassung noch als Gold erscheinen ließen – unter anderem wollten sie auch [324e] meinen lieben älteren Freund Sokrates, den ich nicht zögere, den gerechtesten seiner Zeit zu nennen, zusammen mit anderen ausschicken, einen Mitbürger gewaltsam zur Hinrich-

tung zu holen, [325a] damit er denn an ihren Taten Anteil hätte, ob er wollte oder nicht; doch er widersetzte sich, nahm lieber die größten Gefahren auf sich, um nur nicht Mittäter bei ihren gottlosen Werken zu werden[99] –, wie ich also das alles ansehen musste und noch vieles andere dieser Art, da befiel mich Abscheu, und ich zog mich aus diesen üblen Dingen heraus. Nach nicht langer Zeit[100] wurden die Dreißig gestürzt und mit ihnen die ganze damalige Verfassung. Wieder zog mich – nicht mehr so heftig, aber doch – [325b] das Verlangen, die öffentlichen Aufgaben der Stadt zu betreiben. Nun ist auch in jener aufgewühlten Zeit vieles geschehen, was man verabscheuen müsste (und es ist ja nicht verwunderlich, wenn in Zeiten des Umsturzes die Vergeltung für erlittene Angriffe härter ausfällt[101]); und doch gingen, die damals an die Macht kamen, mit großer Zurückhaltung vor. Durch unglückliche Umstände wiederum holten einige der neuen Machthaber unseren Freund, jenen Sokrates, vor Gericht [325c] und erhoben eine äußerst ruchlose Anklage gegen ihn, die am allerwenigsten Sokrates verdiente: Wegen Gottlosigkeit nämlich klagten ihn einige an, andere stimmten für schuldig und ließen ihn hinrichten – ihn, der damals an dieser ruchlosen Heimführung eines ihrer damals mit ihnen verbannten Freunde nicht hatte teilnehmen wollen, als es ihnen selbst in der Verbannung schlecht ging[102]. Wie ich mir dies nun anschaute: die Menschen, die die Angelegenheiten der Stadt besorgten, und die Gesetze und die Gewohnheiten (ἔθη) – je mehr ich das durchschaute und zugleich an Alter zunahm, desto schwieriger kam es mir vor, eine Stadt richtig zu [325d] verwalten. Denn es schien ohne Freunde und zuverlässige Parteigänger nicht zu schaffen [zu sein] – die waren unter den alten Bekannten nicht ohne weiteres zu finden (denn unsere Stadt lebte nicht mehr nach den Sitten und Gewohnheiten der Väter), und andere, neue zu gewinnen, war allenfalls unter größten Schwierigkeiten möglich –, und der Verfall der Gesetzgebung und der Sitten nahm in einem unglaublichen Maße zu, [325e] so dass mir, anfangs noch voll Eifer, öffentliche Aufgaben anzugehen, wenn ich das betrachtete und sehen musste, wie es drunter und drüber ging, schließlich schwindelig wurde. Ich habe dann zwar nicht aufgehört, darüber nachzudenken, wie es einmal besser werden könnte [326 a] mit diesen Verhältnissen und der Verfassung der Stadt insgesamt; für das Handeln habe ich jedoch immer [nur] auf [günstige] Gelegenheiten gewartet. Schließlich musste ich an allen heutigen Städten erkennen, dass sie insgesamt eine schlechte Verfassung haben – denn [das,] was ihre Gesetze betrifft [ausmacht], ist nahezu unheilbar, wenn nicht eine wunderbare Zubereitung (παρασκευὴ θαυμαστή) auf glückliche Umstände (τύχη) trifft –, und ich musste zum Lobe der wahren Philosophie (ὀρθὴ φιλοσοφία) sagen, dass allein sie es ist, die einsehen lässt, was alles gerecht ist sowohl im politischen als auch im privaten Leben. Daher werden die Geschlechter der Menschen (τὰ ἀνθρώπινα γένη) [326 b] nicht vom Elend erlöst, bevor entweder die Gattung der auf rechte und wahrhafte Art Philosophierenden an die politischen Ämter gelangt oder die politischen Machthaber durch göttliche Fügung (θεῖα μοῖρα) wahrhaft zu philosophieren beginnen.«[103]

---

Für die folgende Überlegung wird, um die sprachliche Formulierung zu erleichtern, angenommen, dass Platon den 7. Brief selbst verfasst hat. Der Brief thematisiert, wenn man ihn als ganzen betrachtet, (1) Erfahrungen bei seinen insgesamt drei Fahrten nach Sizilien im Umkreis der Tyrannen von Syrakus[104], (2) die philosophische Begegnung mit den in Unteritalien auch in politischer Hinsicht einflussreichen Pythagoreern (Archytas von Tarent) und deren teils massive Bedrohung durch die dortigen Machthaber[105] sowie (3) die Kriterien des Unterrichts in »wahrhafter Philosophie« (*Ep. VII* 340 b–343 d). Diese Themen werden im Folgenden nicht berücksichtigt, weil es allein darum geht zu verstehen, warum Platon das Verhältnis von Politik und Philosophie als Gegensatz aufbaut.

Sein Rückblick auf die Entscheidung für die »wahrhafte« Philosophie ist offensichtlich nach dem Modell der Rückschau des Sokrates auf seine Entwicklung zum Philosophen im *Phaidon* konzipiert[106]. Der Schreiber des 7. Briefes ist der alte Platon, der als junger Mann von dem Begehren getrieben war, die öffentlichen Angelegenheiten seiner Stadt zu betreiben, und nicht wie Sokrates vom Streben nach philosophischem Wissen. Durch die Umstände, die er in seiner Stadt antrifft und die er insgesamt als Übel (325 a: τὰ κακά) beschreibt, schwächt sich dieses Begehren nach und nach ab. Die Schlüsselformulierungen für das, was er im politischen Raum Athens wahrnimmt, sind »Umsturz«, »gottlose Werke«, »Erschütterung« und »Verfall« im Sinne eines sich kontinuierlich beschleunigenden Verderbens (325 d). In der Polis wirkt also ein Prozess der Zerstörung, von dem Personen, Institutionen und allgemeine Lebensverhältnisse (»Menschen«, »Gesetze« und »Sitten«) in gleichem Maße betroffen sind. Die Perspektive, aus der Platon diesem Verfall zusieht, ist die seiner vollständigen Isolation, also die ungünstigste, die man sich überhaupt für jemanden ausdenken kann, der sich von dem Drang (325 e: ὁρμή, 325 b: ἐπιθυμία) »gezogen« (325 a) fühlt, »öffentliche Aufgaben anzugehen«, weil das natürlich »ohne Freunde und zuverlässige Parteigänger« nicht möglich ist. Die Krise der Polis treibt deshalb denjenigen, der sie aus ihrer Ungerechtigkeit »zu einer gerechten Lebensweise« führen will, in einen Zustand, in der das Bessermachen nur die Form eines dauerhaften Untersuchens (325 a: σκοπεῖν), aber nicht die des Handelns annehmen kann. Die Verunsicherung, in die Platon dadurch gerät, kann er nur dadurch überwinden, dass er sein Zusehen, genaues Betrachten, Übersehen und Durchschauen in ein Denken (326 a: νοεῖσθαι) umformt, das in einer begrifflichen Überlegung die Ursachen des von ihm beobachteten Verfalls benennt.

Dabei wird der folgende Zusammenhang deutlich: Die Schlechtigkeit der politischen Verhältnisse Athens hängt mit einer durchgängigen Schlechtigkeit in der Verfassung aller damaligen Poleis zusammen, die ihrerseits auf einem Übel des menschlichen Lebens insgesamt beruht. Weil alles, was für das öffentliche und private Leben das Gerechte ist, nur aus der Perspektive ›wahrer Philosophie‹ zu erkennen ist, kann nur ein Angehöriger des Geschlechts der wahrhaft Philosophierenden das Grundübel des menschlichen Lebens erkennen und beheben, findet dafür aber innerhalb des Geschlechts der Menschen nicht die Unterstützung der Mehrheit. Aus dem inhaltlichen Gegensatz zwischen dem, was aus der Perspektive »wahrhafter Philosophie« und dem, was aus anderer Perspektive als das Richtige erscheint, ergibt sich also die Notwendigkeit philosophischer Herrschaft über das Geschlecht der Menschen, sei es dadurch, dass die »wahrhaften Philosophen« politische Herrschaft ausüben oder das Geschlecht der »Machthaber in den Städten wahrhaft zu philosophieren beginnt.«[107] Aus der Überlegung zum Größenverhältnis zwischen den »Geschlechtern der Menschen« und dem »Geschlecht der auf rechte Art Philosophierenden« sowie zum Spannungsverhältnis zwischen Philosophen und ›politischen Machthabern‹ ergibt sich die Folgerung, dass die Heilung des Übels, das dem Verdorbensein der politischen Verhältnisse zugrunde liegt, ein Zusammenwirken menschlicher und göttlicher Kräfte voraussetzt.

Platon führt die Übel in den politischen Verhältnissen Athens auf die Herrschaft des Schlechteren über das Bessere zurück und benennt damit als ihren Grund einen Fehler, der erkennbar und deshalb grundsätzlich vermeidbar ist. Seine Korrektur ist aber nur aus einer Position möglich, die über die politische Handlungsebene und die dort wirksamen Gesetzmäßigkeiten hinausweist. In sie kann nur jemand hineinwachsen, der als Mensch zugleich dem Geschlecht »der auf rechte Art Philosophierenden« angehört, so dass er mit einer Wirklichkeit verbunden ist, in der das Bessere über das Schlechtere regiert. Nur in der Verbindung mit der Wirklichkeit des Besseren lässt sich das in Wahrheit Gerechte für das private und öffentliche Leben sowie der Grund dafür erkennen, dass in den gegenwärtigen politischen Verhältnissen das Schlechtere über das Bessere herrscht.

Platons Diagnose der politischen Übel operiert also mit dem Begriff richtiger Ordnung. Die Natur des Seienden insgesamt ist ›Ordnung‹, in der das Bessere das Schlechtere regiert. Das menschliche Leben ist mit diesem Zusammenhang nur in seiner naturalen Dimension und im rein funktionalen Handeln sicher verbunden[108]. In Bezug auf die bewusste Lebensgestaltung tritt die *eine* menschliche Natur jedoch in verschiedene Gattungen auseinander, die von dem, was für sie das Beste ist, entweder, wie die Mehrheit, gar keine besonderen oder, wie die Politiker und die Philosophen, gegensätzliche Vorstellungen haben. Das Leben der Menschen wäre in seiner normativen Gestaltungsdimension in Ordnung, wenn auch dort das Bessere über das Schlechtere herrschen würde. Weil diejenigen, die das Bessere dafür kennen, gegenüber den anderen, die es nicht kennen, nicht nur in der Minderheit sind, sondern von der Mehrheit und den politischen Machthabern an der Realisierung ihres Wissens gehindert werden, hat die Erkenntnis dessen, was für das bewusst gestaltete menschliche Leben das Gerechte ist, in einer Polis entweder gar keine oder keine hinreichende Wirkungskraft.

Platon hat aus seiner Diagnose der Spannung zwischen Politik und Philosophie nicht die Konsequenz eines Quietismus gezogen, der die Beseitigung des vorgefundenen Übels allein von göttlicher Fügung erwartet. Als einzig denkbare Voraussetzung für dessen Heilung nennt der 7. Brief allerdings eine komplexe Kraft: das Zusammenwirken zweier verschiedener Instanzen, einer menschlichen, die sich durch ›wunderbare Zubereitung‹ in einen Zustand des Guten gebracht haben muss, und einer ›göttlichen Fügung‹, die zu ihr noch hinzuzutreten hätte. Platons Philosophie konzentriert sich auf die Entfaltung der menschlichen Seite dieses Zusammenwirkens. Sie erfordert zunächst die Entmachtung derer, die das menschliche Leben allein aus ihrem Streben nach politischer Dominanz gestalten. Nur wenn ›wahrhafte Philosophie‹ die Stelle der Gesetzgebung innehat, kann das, was für die menschliche Natur das Beste ist, das Leben insgesamt bestimmen. Es kommt für das Verständnis dieser Aussagen alles darauf an, die Begriffe »Philosoph« und »wahrhafte Philosophie« in ihrer ausschließlich normativen Bedeutung aufzunehmen. Sie wollen nicht bestimmte Personen oder ein bestimmtes Fachwissen privilegieren, sondern die Funktion beschreiben, die erfüllt sein muss, wenn das in Wahrheit Gerechte in der sozialen Welt anwesend sein soll. Es muss dann mit analytischer Konsequenz als ein Bestimmtes gewusst und von denen, die dieses Wissen haben, in den Zusammenhang des menschlichen Lebens eingeführt werden.

Der noch den Frühdialogen zugehörige *Gorgias*, dessen Titelgeber wir bereits als einen der Hauptvertreter des Konzepts politisch-rhetorischer Vernunft kennen gelernt haben[109], stellt sich in besonderer Weise dem Thema des Gegensatzes von Philosophie und Politik. Die Nachzeichnung der Kampfhandlung, die dieser Text thematisiert, zeigt, wie wichtig diese Auseinandersetzung für die Entfaltung dessen ist, was Platon unter dem Leben ›wahrhafter Philosophie‹ versteht.

## 1. Platons *Gorgias* oder der Kampf des Sokrates mit dem Konzept politisch-rhetorischer Vernunft

Die Handlungsebene des *Gorgias* besteht aus einem Redewettkampf zwischen Sokrates und drei Vertretern des Konzepts politisch-rhetorischer Vernunft, bei dem Platon zwar auf der Seite des Sokrates steht, aber auch dem Gegner Gelegenheit gibt, seine Kampfmittel einzusetzen. Dabei wird der Auftritt der Gegner des Sokrates so organisiert, dass ihr erster Protagonist Gorgias zwar großsprecherisch, aber zu schwach agiert, um Sokrates niederzuringen. Er wird deshalb von seinem Schüler Polos und dieser nach einer zweiten Kampfrunde aus demselben Grund von Kallikles, einem weiteren Anhänger des Gorgias, abgelöst. Dabei verändert sich das, was gegen Sokrates vertreten wird, von einem Konzept politisch ambitionierter Rhetorik, das sich noch, wenn auch schwach, an eine Norm des Rechtlichen bindet, zu einer aggressiven Theorie der Macht, die jede ethische Komponente von sich abweist. Die Seite des Sokrates wird hingegen so organisiert, dass seine Eingangsfrage nach der besonderen Kunst des Gorgias nach und nach von anderen Themen überlagert wird. Dabei geht es insbesondere um eine Systematisierung der Künste, die in einer Polis auftreten, um die Analyse von Handlungszielen, um die Rolle des Tyrannen, die Bedeutung der Gesetze, den Unterschied von Recht und Unrecht oder von Tun und Leiden und schließlich um das Verhältnis von Philosophie und Politik. Auf diese Weise wird aus der Perspektive konkreter Fragen, die innerhalb der Polis auftreten, allmählich diejenige nach der besten menschlichen Lebensführung eingeführt, die Sokrates als die wichtigste bezeichnet, über die man sich überhaupt streiten kann. In Kategorien der Rhetorik ausgedrückt bedeutet das: die anfänglich dominierende *quaestio finita* nach der besonderen Kunst des Gorgias wird von ethischen Fragen überlagert, die zur Gattung der *quaestio infinita* gehören, und diese leiten über zur *quaestio maxima*, nämlich zum Streit darüber, wie man als Mensch überhaupt leben soll.

Die einzelnen Kampfgänge dieser Auseinandersetzung enden mit der vollständigen Niederlage der Gegner des Sokrates, so dass im letzten Viertel des Textes nur noch der Sieger spricht und dabei nach der unerbittlichen Regel aller Kriegsführung mit dem Verlierer machen kann, was er will. Sokrates führt deshalb in einem von ihm entworfenen Gedankenbild seinen letzten Gegner Kallikles widerstandslos zu Minos, Radamanth und Aiakos[110], die der Mythos als wissende und gerechte Richter kennt und deshalb den Richtern in der Polis als die besseren gegenüberstehen. Es ist deshalb Ausdruck göttlich beglaubigter Gerechtigkeit, wenn sie jeden, der nach der Empfehlung des Kallikles lebt, mit einem langen, wenn nicht unbefristeten Aufenthalt im Tartaros bestrafen, die von Sokrates empfohlene »Übung in der Gerechtigkeit und jeder anderen Tugend« (527e) hingegen als die beste Form menschlicher Lebensführung auszeichnen.

Wir werden uns im Folgenden vor allem solchen Partien des *Gorgias* zuwenden, in denen ein Analyseverfahren vorgestellt wird, das Sokrates bei der Behandlung fast aller Themen schon der Frühdialoge verwendet, nämlich das Verfahren dihairetisch-dialektischer Unterscheidung. Darüber hinaus geht es um die für Platons Denken charakteristische Verbindung von anthropologisch-psychologischen und ethisch-politischen mit theologisch-metaphysischen Fragen. Die Ausführungen folgen den drei Waffengängen des Sokrates mit Gorgias, Polos und Kallikles.

a) *Sokrates und Gorgias*

Nach einem glanzvollen Redeauftritt des Gorgias in Athen, bei dem er seine unbestrittene Meisterschaft in der Redeart des *genus demonstrativum* eindrucksvoll vorgeführt hat, will Sokrates wissen, worin das besondere Vermögen (δύναμις) seiner Kunst (τέχνη) besteht und was das ist (τί ἐστιν = quid sit), was er öffentlich ankündigt und lehrt (447c). Dabei macht er stillschweigend eine Voraussetzung, die den weiteren Verlauf der Auseinandersetzung bestimmt: Das, was etwas ist, also das Wesen oder der Logos von etwas, zeigt sich an dem, was es leistet. Die Frage nach dem Wesen von etwas ist deshalb weitgehend identisch mit der Frage nach seiner Qualität oder dem Guten, das von ihm ausgeht.

Gorgias versteht seine Kunst als *ars optima* und als *ars generalis*, d.h. als die beste und vornehmste, die es überhaupt gibt, und als Protokunst, weil sie alle anderen Künste aus sich erzeugt und deshalb auch deren Wirkungskräfte (δυνάμεις) unter sich zusammenfasst (456a). Da jede Kunst etwas herstellt, muss das Produkt der Kunst des Gorgias das höchste Gut für alle Menschen sein (451d: τὰ μέγιστα, τὰ ἄριστα). Er versteht darunter keine natürlichen Güter wie Gesundheit oder Schönheit oder das soziale Gut ökonomischer Prosperität (451e), sondern das, was aus der Perspektive des Konzepts politisch-rhetorischer Vernunft in der Tat das Beste ist, nämlich in einer Polis frei zu sein und über die anderen zu herrschen, statt von ihnen beherrscht zu werden (452 d)[111].

Die Kunst des Gorgias befindet sich im Verhältnis zu anderen Formen des menschlichen Könnens auch deshalb in einer privilegierten Position, weil sie ihre Materie und ihre Gestaltungsformen allein aus sich selbst, nämlich aus Reden erzeugt und deshalb nicht auf externe Mittel wie »Handgriffe«, eine ihr fremde Materie oder auf Instrumente einer anderen Kunst angewiesen ist (450 b–c). Reden erzeugen in der Seele ihrer Hörer das Überzeugtsein (453 a), aus dem heraus sie letztlich die Herren darüber sind, was in einer Polis als das Gerechte und Ungerechte gilt (454 b). Da der »gute Redner« (449 a) sämtliche *genera dicendi* beherrscht, kann er »gegen alle und über alles so reden, dass er beim Volk am meisten Glauben findet« (457 a), und zwar unter der ausdrücklichen Voraussetzung, dass eine Menge in der knappen Zeit, in der sie Handlungsprobleme lösen muss, das dafür benötigte Gut nicht durch ein methodisch aufgebautes Wissen erreichen kann, auf das sich beispielsweise die Mathematik stützt (455 a). Gorgias lehrt seine Kunst allerdings nur zu Zwecken der Selbstverteidigung, nicht zum Angriff (456 e), so dass er auch sagen kann, er lehre sie »zu rechtlichem Gebrauch« (457 c). Damit bietet er Sokrates eine willkommene, von ihm auch sofort ausgenutzte Gelegenheit zum Gegenangriff, weil sein Gegner von dem, was das Rechtliche ist, ein Wissen beansprucht, das nicht mit rhetorischem Können identisch ist[112].

Platon ist bei seiner Organisation der Auseinandersetzung zwischen Sokrates und Gorgias nicht daran interessiert, die Voraussetzungen, von denen her Gorgias die Rhetorik als Kunst aller Künste definiert, vollständig darzustellen oder nach ihrem möglichen Recht zu fragen. Man tut Platon kein Unrecht, wenn man darin eine strukturelle Ungerechtigkeit wahrnimmt, deren Grund nicht ohne weiteres einleuchtet. Hier halten wir nur fest, dass er die Antworten des Gorgias so führt, dass man darin Grundzüge des Konzepts politisch-rhetorischer Vernunft wieder erkennt. Sokrates fragt natürlich nicht ohne Vorbedacht nach dem Anteil des Wissens bei der rhetorischen Herstellung von Überzeugungen und kommt dabei zu dem ernüchternden Ergebnis, dass die Rhetorik das Können eines Nicht-Wissenden ist, das er gegenüber anderen Nicht-Wissenden geltend macht (459 d). Unter dieser Voraussetzung wäre sie nicht nur nicht die beste, sondern überhaupt keine Kunst, sondern bestenfalls als bloßes »Erfahrensein«, »Bestrebung« oder »Übung« eine schwache Vorform davon. An dieser Stelle übernimmt Polos die Auseinandersetzung mit Sokrates. Er definiert die Rhetorik erneut als Fundamentalkunst menschlicher Lebensgestaltung, weil mit ihrem Auftreten die Schwelle zwischen einer Welt des Zufalls und dem bewusst gestalteten Leben überschritten wird[113]. Um das eigene Können nicht einer fremden Instanz unterzuordnen, hatte Gorgias ein Zugeständnis gemacht, das die Voraussetzung des Konzepts politisch-rhetorischer Vernunft aufhebt. Indem Polos offen zur Voraussetzung des Nicht-Wissens steht, erscheint die Rhetorik wieder als etwas Schönes. Sie begründet dann nämlich die Dimension der Künstlichkeit überhaupt und erzeugt darin die prototypischen Erfahrungen des Angenehmen (462 c: χάρις und ἡδονή), ohne die ein Mängelwesen, das von Natur aus eher gegenteilige Erfahrungen macht, sein Leben nicht führen kann.

b) *Sokrates und Polos*

In der Auseinandersetzung mit Polos geht es auf der Handlungsebene darum, den Anspruch der Rhetorik zurück zu weisen, sie sei die beste aller menschlichen Künste. Sokrates verbindet damit ein voraussetzungsreiches Übungsstück in der Kunst synoptisch-dihairetischer Dialektik. Dieser Kunst, die er der Philosophie zuordnet, liegt die natürliche Fähigkeit der Vernunft zugrunde, Verschiedenes als Einheit zu überschauen (Synopsis) und Einheiten in ihre konstitutiven Teile zu zergliedern (Dihairesis). Dabei trägt er Folgendes vor[114]:

## 29 · Platon, *Gorgias* 463a–d

*Sokrates*: [463a] »[…] Mich dünkt also, Gorgias, es gibt ein gewisses Bestreben, das kunstgerecht zwar nicht ist, sondern dasjenige einer mannhaften Seele, die richtig zu vermuten weiß[115] und von Natur aus stark ist in der Behandlung von Menschen[116]. [463b] Das Haupt (τὸ κεφάλαιον) davon nenne ich Schmeichelei. Diese Bestrebung nun scheint mir viele und verschiedene Teile zu haben, wovon einer auch die Kochkunst ist, welche für eine Kunst zwar gehalten wird, wie aber meine Rede lautet, keine Kunst ist, sondern nur eine Übung und Fertigkeit. Von derselben betrachte ich als weitere Teile die Redekunst, die Kosmetik und die Sophistik, vier Teile also für vier Gegenstände. Wenn also Polos mich ausfragen will, so tue er es. [463c] Denn noch hat er mir nicht abgefragt, welcher Teil der Schmeichelei ich meine, dass die Redekunst sei; sondern ohne zu bemerken, dass ich dies noch nicht beantwortet, fragt er schon weiter, ob ich sie nicht für etwas Schönes halte. Ich werde ihm aber nicht eher antworten, ob ich die Redekunst für etwas Schönes oder etwas Unschönes halte, bis ich ihm zuvor geantwortet habe, was sie ist. Denn das wäre nicht Recht, Polos. Also wenn du es erfahren willst, so frage, welcher Teil der Schmeichelei ich dann meine, dass die Redekunst sei.
*Polos:* So frage ich denn, und antworte du, was für ein Teil. [463d]
*Sokrates:* Ob du auch wohl verstehen wirst, wenn ich antworte? Nämlich nach meiner Erklärung ist die Redekunst von einem Teil der politischen Kunst das Schattenbild (εἴδωλον).«

In der Auseinandersetzung mit Sokrates konzentriert sich Polos auf die Streitfrage, ob die Rhetorik ein Gut oder ein Übel ist, und bewertet sie dabei als »etwas Schönes« (462c). Eine Darstellung der Voraussetzungen, unter denen diese Aussage ein Argument wäre, nämlich die schlüssige Folgerung aus einem oder mehreren Vordersätzen, gibt Polos nicht. Sie ist deshalb als bloße Behauptung für jeden leicht angreifbar, der die Entscheidung über das Gegebensein einer Qualität davon abhängig macht, was dieses Gegebene von sich her ist. Die Antwort darauf setzt wieder ein Wissen des Zusammenhangs voraus, in dem das, wonach gefragt wird, eine bestimmte Stelle innehat. Polos behauptet, die Rhetorik gehöre in den Zusammenhang der Kunst und nehme dort die erste Stelle, in Platons Metapher, diejenige des »Kopfes« ein. Polos definiert »Kunst« nach der Vorgabe des Konzepts politisch-rhetorischer Vernunft als Herstellung von dem, was als das Angenehme (462c) grundsätzlich etwas Gutes ist. Sokrates konstruiert dagegen einen anderen Zusammenhang. Er versteht die Kunstdefinition des Polos als den »Kopf« eines Wirkungskontextes, den er durch die Umbenennung der »Herstellung eines Angenehmen« in »Schmeichelei« als ein Übel charakterisiert. Ein Zusammenhang besteht, was Platon auch mit seinem anaxagoreisch geprägten Begriff von Ordnung (τάξις) zum Ausdruck bringt,[117] aus mehreren in sich verschiedenartigen »Gliedern« oder »Teilen«, die mit ihrem »Kopf« nach der Regel der Homogenität einen in sich konsistenten Organismus bilden. Zur Schmeichelei gehören für Sokrates als »Teile« neben der Kochkunst die Kosmetik sowie die Rhetorik und die Sophistik. Wenn das richtig ist, dann muss die Rhetorik von der besonderen Stellung her definiert werden, die ihr im Zusammenhang des Schmeichelns zukommt.

In der Regie Platons bleibt für Polos unverständlich, was Sokrates zur Explikation von Zusammenhängen und zu ihrer Bedeutung für die Definition von etwas vorträgt. Sokrates kann ihn deshalb widerstandslos mit einem noch größeren Zusammenhang konfrontieren, der nicht nur verschiedene, sondern neben »richtigen« auch »falsche« Teile aufweist. »Richtige« Teile konkretisieren den Zusammenhang, in dem sie stehen, während »falsche« ihn verzerren oder zerstören. Als »Kopf« des größeren Zusammenhangs nennt Sokrates die politische Kunst. Die Rhetorik wäre dann als »richtiger« Teil der Schmeichelei zugleich ein »falscher« Teil des

Könnens, das bei der Begründung und Erhaltung einer politischen Gemeinschaft zum Tragen kommt.

Hinter der politischen Kunst steht als noch größerer Zusammenhang das methodisch bewusste »Herstellen eines Guten.« Da »Kunst« nur im Kontext *menschlicher* Natur auftritt, die sich als Einheit von Leib und Seele verwirklicht, verzweigt sich die Grundform ihres Könnens zu zwei Realisierungsformen, zur Herstellung des Guten für den Leib und zur Herstellung des Guten für die Seele, mit der hier die Fähigkeit des Bedenkens und Beurteilens von Zusammenhängen gemeint ist. Da sich Leib und Seele als störungsanfällige Organismen in zwei unterschiedlichen Grundzuständen befinden können, in dem der Ordnung und Gesundheit oder in dem der Unordnung und Krankheit, teilt sich die Herstellung des Guten für den Leib in die Gymnastik, die den gesunden Leib stabilisiert, und in die Medizin, die eingetretene Störungen seiner Ordnung zu beseitigen sucht. Nach derselben Regel teilt sich die Herstellung des Guten für die Seele in die Gesetzgebung, die den Ordnungszustand des sozialen Lebens erzeugt, und in die Rechtspflege, die analog zur Medizin auf Störungen dieser Ordnung so reagiert, dass das Gut des gemeinschaftlichen Lebens dadurch nicht beschädigt wird. Gymnastik und Gesetzgebung stellen ein vollkommenes Gut her, weil sie ein schon bestehendes verstärken, Medizin und Rechtspflege hingegen erzeugen ein konditionales Gut, das nur unter der Voraussetzung eines zuvor eingetretenen Schadens gut ist.

Da die Künste als »Herstellerinnen des Guten« an einen Zusammenhang gebunden sind, in dem mit der Seele eine Kraft des Wahrnehmens, Bedenkens, Beurteilens und Gestaltenwollens wirksam ist, bleibt ihr Blick auf das Gute grundsätzlich irrtumsanfällig. Ein Irrtum tritt ein, wenn das Gute, das hergestellt werden soll, ausschließlich oder zu stark in einer Gestalt wahrgenommen wird, die das Gute nicht wirklich ist, sondern nur so aussieht, als ob sie es wäre. Im Blick auf diese Überlegungen verdeutlicht Sokrates, was für ihn die Rhetorik ist.

## 30 · Platon, *Gorgias* 464c–465a

*Sokrates:* [464c] »[...] Diese vier nun, welche immer mit Hinsicht auf das Beste (πρὸς τὸ βέλτιστον) die Angelegenheiten, jene beiden das Beste des Leibes, diese beiden das Beste der Seele, besorgen, bemerkt nun die Schmeichelei; nicht erkennt sie, sage ich, sondern sie spürt und trifft sie nur (στοχάζειν), teilt sich nun selbst in vier Teile [464d] und stellt sich nun an, dasjenige zu *sein*, worin sie sich verkleidet[118]; auf das Beste aber gar nicht denkend, fängt sie durch das jedesmal Angenehmste den Unverstand[119] und hintergeht ihn so, dass sie [die Schmeichelei] ihm scheint, überaus viel wert zu sein. In die Heilkunst verkleidet sich die Kochkunst und stellt sich an zu wissen, welches die besten Speisen sind für den Leib. Wenn dann ein Arzt oder ein Koch sich vor Kindern und auch vor Männern, die ebenso unverständig wären wie Kinder, um den Vorzug streiten sollten, wer von den beiden sich auf heilsame und schädliche Speisen verstände, [464e] würde der Arzt unweigerlich Hungers sterben. Schmeichelei nun nenne ich das und behaupte, es sei etwas Schlechtes, [465a] o Polos, denn zu dir sage ich dies, weil es das Angenehme zu treffen sucht (στοχάζειν) ohne das Beste. Eine Kunst aber leugne ich, dass es sei, sondern nur eine Übung (ἐμπειρία), weil sie keine Einsicht hat von dem, was sie anwendet, was es wohl seiner Natur nach sei und also den Grund von einem jeden nicht anzugeben weiß; ich kann aber nichts als Kunst bezeichnen, was eine unverständige Sache ist (ἄλογον πρᾶγμα) [...].«[120]

---

Sokrates geht in der Auseinandersetzung mit Polos von der Annahme aus, dass menschliches Leben von der Natur nicht reich genug ausgestattet ist, um auf die Dimension der Künstlichkeit verzichten zu können. Der Grundform nach ist menschliches Leben eine Sorge für sich, also das Herstellen oder Wiederherstellen des Besten für die Seele und für den Leib. Eine Komplikation bei der Realisierung dieser Selbstsorge tritt dadurch ein, dass die Herstellung von Gutem ihren Grund in der »Seele« hat, deren Kräfte nach Sokrates der binären Differenz von Meinen und Wissen unterliegen. Eine derartige Ambivalenz in der Bezugnahme auf Gutes kommt im Konzept politisch-rhetorischer Vernunft nicht vor, weil diese Bezugnahme dort ausschließlich an das Meinen und Vermuten der Seele gebunden ist. Für Sokrates hingegen ist die beste Bezugnahme darauf ein Wissen, aus dem das »Herstellen des Besten« notwendig folgt. Das, was aus der Kraft des Meinens und Vermutens als das Beste hervorgeht, bezeichnet er deshalb polemisch als Pseudo-Herstellung (προσποίησις) des Guten. »Seele« ist für ihn aufgrund der Verschiedenheit ihrer Kräfte nicht vor der Gefahr geschützt, dass sich die zweitbeste (Meinen, Vermuten) von ihrer besten Kraft abspaltet und so ein Riss entsteht, der die Fähigkeit zerstört, Meinungen auf den Prüfstand des ihnen überlegenen Wissens zu stellen.

Sokrates stützt sich in seiner Argumentation auf einen differenzierten Begriff von »Kunst«. Nicht jede auf Wissen beruhende Herstellung von etwas, wie beispielsweise das Kochen, erfüllt für ihn die Bedingung, »Kunst« zu sein. Das gilt vielmehr nur für ein »Herstellen des Guten«, das den Gesamtzusammenhang überblickt, in dem es wirksam werden soll, und deshalb »Einsicht hat, von dem, was sie anwendet«. Die »Herstellung des Besten« für den kranken Leib ist Sache der Medizin. Ihr ist die Kochkunst insofern ähnlich, als auch sie mit dem Hunger einen physischen Mangelzustand beseitigen will. Dabei achtet sie aber nicht auf den Zustand dessen, der ihr Angebot annimmt, so dass sie als Kochkunst weder wissen kann noch muss, was der Genuss eines Gerichts für den leiblichen Zustand dessen bedeutet, der es zu sich nimmt. Der Vorgang der Nahrungsaufnahme gehört in einen Zusammenhang, in dem die Unterscheidung zwischen ›heilsam‹ und ›schädlich‹ wichtig sein kann. Sokrates meint keineswegs, dass das in Wirklichkeit Gute immer das Unangenehme, sondern lediglich, dass das Angenehme mit dem Guten nicht immer identisch ist. Man könnte auch sagen: Das Können des Kochs ist nur solange »Kunst«, wie sich das Gericht noch nicht im Mund des Genießers befindet. Danach aber kann nur ein anderes Wissen darüber entscheiden, ob das Angebot des Kochs für den körperlichen Zustand des Genießenden tatsächlich gut ist. Weil die Kochkunst zu diesem Wissen von sich her keinen Zugang hat, fällt sie im Zusammenhang der Nahrungsaufnahme auf den Status einer ›unverständigen Sache‹ zurück. Das, was eine Kunst und was bloße ›Hantierung‹ ist, entscheidet sich also im Blick auf das Gesamtziel, das innerhalb eines bestimmten Handlungskontextes den »Kopf« bildet. Nur ein Wissen, das diesen »Kopf« erfasst, weiß auch, welche ›Teile‹ mit ihm notwendiger-, möglicher-, wünschenswerterweise oder überhaupt nicht zu verbinden sind. Das Angenehme muss sich als besondere Konkretisierungsform des Guten der Kontrolle durch den Blick auf seine eigene Grundform, das Gute selbst, stellen. Wenn das nicht geschieht, verkleidet sich das Angenehme in die Grundform des Guten, ohne es wirklich zu sein. Menschen, die aus Sorge um sich nach Gütern streben, können das Angenehme nur dann vom Guten unterscheiden, wenn sie die entscheidenden Zusammenhänge ihres Lebens einigermaßen vollständig übersehen. Nur in diesem Fall sind sie »Erwachsene«, während sie sonst wie »Kinder« die Probleme ihres Lebens nicht aus eigener Kraft bewältigen können.

Sokrates will zeigen, dass notwendige und in sich vernünftig strukturierte Zusammenhänge gestört werden, wenn schlechtere Formen des menschlichen Könnens die besseren Kräfte aus der Stelle verdrängen, die ihnen von ihrer Funktion her darin faktisch zukommt. Das ist im Beispiel des Sokrates etwa dann der Fall, wenn jemand die Kosmetik, die dem menschlichen Leib lediglich den äußeren Anschein gibt, schön und gesund zu sein, der Gymnastik vorzieht, die den Körper tatsächlich im Zustand seiner Kraft erhält. Die Definition des Zusammenhangs von Kochkunst, Kosmetik, Medizin und Gymnastik ist allerdings nur das Vorspiel für eine Definition der Sophistik, hier verstanden als Inhaberin der Redekunst des *genus deliberativum*, und der Rhetorik, mit der an dieser Stelle die Inhaberin der Redekunst des *genus iudiciale* gemeint ist. Die Sophistik ist dann der Gesetzgebung nur ähnlich, weil sie den Zustand der Polis so nimmt, wie er gerade ist, und von daher Regelungen empfiehlt, die ihre Bürger als angenehm empfinden. Richtige Gesetzgebung wäre demgegenüber die Angelegenheit einer Kunst, die das, was für eine Polis wirklich das Beste ist, mit begrifflicher Sicherheit weiß und deshalb ihren Bürgern beispielsweise eine Erziehung abverlangt, die sie auch dann auf Ziele wie Besonnenheit und Tapferkeit verpflichtet, wenn dies mit Unannehmlichkeiten verbunden ist. Das Leben in einer Polis ist zwar generell angenehmer als ein Zusammenleben von Menschen ohne gemeinsame Rechtsvorstellungen. Die Polis verteilt auf ihre Bürger auch immer wieder Angenehmes, aber sie würde ihre eigenen Grundlagen zerstören, wenn sie sich primär als eine Instanz zur Verteilung von Vorteilen definieren und von ihren Bürgern vorrangig in dieser Rolle wahrgenommen würde. Analog gilt im Blick auf die Rhetorik, dass sie die Grundlagen einer Rechtsgemeinschaft zerstört, wenn sie jedem, der Rechte verletzt, die Annehmlichkeit eines Freispruchs oder einer bloß symbolischen Strafe in Aussicht stellt.

Die polemischen Volten, mit denen Sokrates seine Überlegungen zu Einteilungsprinzipien von »Künsten« vorträgt, verfolgen das Ziel, den Leser in die Kunst philosophisch-dialektischer Argumentation einzuführen. Dabei ist der polemische Kontext selbst Teil dieser Einführung, zeigt dies doch, dass die Dialektik nicht die Grundform, sondern lediglich eine Konkretisierungsform der Philosophie ist. Sie muss deshalb von ihrer Grundform, dem Wissen des Guten, an die Stelle gebracht werden, die ihr im Zusammenhang der Entfaltung des philosophischen Wissens tatsächlich zukommt. An dieser *Gorgias*-Stelle geht es aber nicht um das Spannungsverhältnis zwischen »Wahrheit« und »Methode«, das damit angedeutet ist, sondern primär um die Entwicklung eines angemessenen Bewusstseins davon, was es heißt, etwas zu definieren. Jede Definition von etwas setzt ein Bewusstsein des Zusammenhangs voraus, in dem das zu Bestimmende als Teilfunktion auftritt. Einzelnes kann nicht einfach durch sich selbst definiert werden, sondern nur aus einem Blick, der sich vom Ganzen eines Zusammenhangs auf Einzelnes und von ihm aus wieder auf das Ganze richtet. Nur so lässt sich zeigen, was das Einzelne in seinem Unterschied zum Ganzen und zu jedem anderen »Teil« desselben Zusammenhangs ist.

Im *Gorgias* soll verdeutlicht werden, dass man Ordnungszusammenhänge unterschiedlich aufbauen kann. Die Behauptung eines bestimmten Zusammenhangs setzt deshalb entweder die Negation eines anderen oder seine Integration in einen übergeordneten voraus. Die Konstruktion des richtigen Zusammenhangs ist deshalb der Form nach die Angelegenheit eines Streits zwischen Alternativen. Dafür setzt Sokrates eine Kunst ein, die ihre Konstruktionen an der *Natur* eines Zusammenhangs orientiert. So ist die These von Überlegenheit der Medizin über die Kochkunst nicht dadurch richtig, dass sie ihrer Gegenthese widerspricht, sondern dadurch, dass nur die Medizin das Gute im Blick hat, um das es bei menschlicher Nahrungsaufnahme ›von Natur aus‹ geht. Dialektisches Denken ist eine Kunst, die sich in der Freiheit ihrer Bewegung auch von der Natur bestimmter Zusammenhänge entfernen kann. Aber nur, wenn sie im Nachdenken über sich selbst die interne Ordnung bestimmter Zusammenhänge in sich aufnimmt, kann sie die Probleme klären, die dort auftreten.

Mit dem Begriff des »Kopfes« oder der Grundform eines Zusammenhangs ist der Begriff eines seiner Natur nach Guten verbunden, das verschiedenes Einzelne zu einem Ganzen formt. Der Begriff des Guten, der sowohl für Platons Konzept von Dialektik als auch für seine Ideenlehre von entscheidender Bedeutung ist, wird im *Gorgias* durch eine weitere Übungseinheit stabilisiert. Dabei geht es um die Analyse von Handlungen, die wir sprachlich durch den Begriff des Wollens bezeichnen. Gezeigt werden soll, dass der Ausdruck »Wollen« ein »Wollen des Guten« meint. »Handeln« als Umsetzung eines Gewollten bedeutet dann immer die Verwirklichung eines Guten. Die Zusammenhänge, die der normale Sprachgebrauch bei der Verwendung dieser Ausdrücke voraussetzt, werden von Sokrates folgendermaßen erläutert:

## 31 · Platon, *Gorgias* 467c–468e

[467c] S(okrates): »Denkst du denn, dass die Menschen dasjenige wollen, was sie jedesmal tun? Oder vielmehr jenes, um deswillen sie dasjenige tun, was sie tun? Wie etwa die Arznei einnehmen von den Ärzten, denkst du, dass sie dasjenige wollen, was sie tun, Arznei nehmen und Schmerzen haben, oder jenes, das Genesen, um deswillen sie sie nehmen? – P(olos): Offenbar das Genesen. [467d] – S: So ist auch bei den Schifffahrttreibenden und bei denen, die auf ein anderes Gewerbe ausgehen, das, was sie wollen, nicht dasjenige, was sie jedesmal tun. Denn wer will wohl zu Schiffe sein und in Gefahr schweben und Händel haben? Sondern jenes, denke ich, um deswillen sie zu Schiffe gehen: das Reichwerden wollen sie; denn um des Reichtums willen gehen sie zu Schiffe. – P: Allerdings. – S: Ist es nun nicht ebenso mit allem, wenn jemand etwas um eines anderen willen tut, so will er nicht das, was er tut, sondern das, um deswillen er es tut? – P: Ja. – [467e] S: Gibt es nun wohl etwas, das nicht entweder gut wäre oder übel oder zwischen beiden, also weder gut noch übel? – P: Sehr notwendig, Sokrates. – S: Sagst du nun nicht, dass gut die Weisheit ist und die Gesundheit und der Reichtum und das Übrige der Art, übel aber das Gegenteil davon? – P: Ja. – S: Weder gut noch übel aber, meinst du, sei dergleichen, was bisweilen mit dem Guten zusammenhängt, bisweilen mit dem Übel, [468a] bisweilen mit keinem von beiden? Wir sitzen und gehen und laufen und schiffen, und wiederum wie Stein und Holz und anderes dergleichen. Meinst du nicht dies? Oder nennst du etwas anderes weder gut noch übel? – P: Nein, sondern dieses.

S: Tun sie nun dieses Mittlere um des Guten willen, wenn sie es tun, oder das Gute um des Mittleren willen? – P: Das Mittlere doch wohl um des Guten willen. – [468 b] S: Dem Guten also nachtrachtend gehen wir, wenn wir gehen, und zwar in der Meinung, dass es besser sei, und wenn wir im Gegenteil stehen, so stehen wir um des nämlichen willen, des Guten. Oder nicht? – P: Ja. – S: Also töten wir auch, wenn wir jemand töten, und vertreiben und berauben des Vermögens, in der Meinung, es sei uns besser, dies zu tun als nicht? – P: Das gebe ich zu. – S: Haben wir nun nicht zugestanden, was wir um eines anderen willen tun, dieses selbst [468 c] wollten wir eigentlich nicht, sondern nur jenes, um deswillen wir es eigentlich tun? – P: Unbedenklich. – S: Also wollen wir nicht hinrichten und des Landes verweisen und des Vermögens berauben so schlechthin an sich (ἁπλῶς)[121]; sondern nur, wenn uns dergleichen nützlich ist, wollen wir es tun, ist es uns aber schädlich, dann wollen wir es nicht. Denn nur das Gute wollen wir, wie du behauptest, das weder Gute noch Üble aber wollen wir nicht, noch auch das Üble. Dünkt dich, dass ich Recht habe, Polos, oder nicht? Warum antwortest du nicht? – P: Recht.

[468 d] S: Wenn wir also hierin einig sind, so wird, wenn jemand einen anderen hinrichten lässt oder aus der Polis vertreibt oder des Vermögens beraubt, sei es ein Redner oder ein Tyrann, in der Meinung, es sei für ihn selbst besser, es aber in der Tat schlimmer für ihn ist, dieser zwar tun, was ihn gut dünkt, nicht wahr? – P: Ja. – S: Aber wird er auch tun, was er will, wenn es doch ein Übel für ihn ist? Was antwortest du nicht? – P: Nein also, er scheint mir nicht zu tun, was er will. – S: Kann man also wohl sagen, ein solcher habe Macht in der Polis, [468 e] wenn doch mächtig sein, wie du einräumtest, etwas Gutes ist? – P: Man kann es nicht sagen. – S: Recht also hatte ich, als ich sagte, es könne wohl gar ein Mensch, der in der Polis etwas ausrichtet, was ihm bedünkt, dennoch nicht mächtig sein noch auch ausrichten können, was er will.«

Sokrates überträgt in diesem Textabschnitt das in der Mathematik praktizierte und hier in der Anmerkung 121 beschriebene Analyseverfahren der *elementatio* auf Handlungszusammenhänge und setzt damit voraus, dass auch in Handlungen zahlhafte Strukturen zum Ausdruck kommen. Handlungen sind komplexe Größen. Man kann sie auf einen einfachen Kern zurückführen und diesen dann durch die Hinzufügung anderer Größen zu der komplexen Einheit erweitern, die diese Handlung ist. Wenn wir einzelne Handlungen wie ›die Arznei einnehmen‹, ›zu Schiffe sein‹, ›in Gefahr schweben‹, ›sitzen‹, ›laufen‹ oder ›stehen‹ durch Hinzufügung des Ausdrucks *ich will* als die Realisierung unseres Willens beschreiben, so ist diese Beschreibung unvollständig. Wenn man nämlich annimmt, dass Arznei Einnehmen etwas Unangenehmes ist, beruht der mit diesem Ausdruck als handelnd gesetzte Wille in Wirklichkeit auf einem Genesenwollen, das darin unausgesprochen bleibt, und dieses wiederum auf einem Wollen des Guten, das nur dann gut ist, wenn jemand an einer bestimmten Krankheit leidet, die er loswerden will, um wieder gut leben zu können. Der scheinbar einfache Ausdruck »ich will die Arznei einnehmen« lautet also in seiner komplexen Gestalt: Ich will grundsätzlich und immer, dass es mir gut geht (= *elementum primum, esse simplex*, τὸ ἁπλοῦν oder ἄτομον εἶδος, das letzte, nicht weiter begründungsfähige Worumwillen oder Handlungsziel), und weil ich jetzt krank bin, will ich möglichst bald und unter Verwendung der dafür angemessenen Mittel gesund werden (*elementum secundum*, erste πρόσθεσις = Zusatzform) und deswegen will ich jetzt diese Arznei einnehmen trotz ihrer unangenehmen Nebenwirkungen (*elementum tertium*, zweite πρόσθεσις = Zusatzform).

Der Ausdruck ›die Arznei einnehmen‹ bezeichnet also keinen einfachen Willen, sondern den bestimmten Teil eines in sich natürlich gegliederten und deshalb nicht willkürlich modifizierbaren Gesamtwillens, der normalerweise unausgesprochen bleibt. Wenn jedoch auf der Handlungsebene Missverständnisse auftreten, kann man sie nur klären, wenn man sich auf die Gesamtordnung oder das Einheitsprinzip eines Wollens bezieht und ihm eine bestimmte Handlung als das dazu passende ›Zweiheitliche‹ zuordnet. Wer beispielsweise die Einladung seines Freundes zu einer Flasche Wein mit der einfachen Begründung ablehnt, er wolle lieber Arznei zu sich nehmen, würde als unfreundschaftlich oder verrückt gelten, wenn er nicht erklären könnte, er sei krank und deshalb gezwungen, anstelle des ihm angebotenen Weines Arznei einzunehmen. Und wer von sich einfach sagen würde, ich will Händel haben, in Gefahr schweben oder sitzen, würde als Raufbold, Masochist oder pathologischer Inaktivist eingeschätzt werden, es sei denn, er könnte klar machen, dass er nur so bestimmte Ziele erreichen kann, die ihm aus guten Gründen wichtig sind.

Die Pointe der von Sokrates praktizierten Analyse sprachlicher Ausdrücke für Handlungen besteht darin, dass sie mit dem Willen zum Guten eine unhintergehbare Grund- oder Einheitsform allen Wollens und Handelns erschließt. Dabei hat der Begriff des Guten zunächst eine rein formale Bedeutung, was nichts anderes besagt, als dass er analytisch schon im Begriff des Wollens oder Handelns enthalten ist. Ohne Zielvorstellung keine Handlung. Keine handlungsmotvierende Zielvorstellung ohne die Vorstellung eines Guten und daher Erstrebenswerten. Ein dem Wollen des Guten entgegengesetztes Wollen des Schlechten gibt es nicht, weil der Blick auf Schlechtes ein darauf bezogenes Streben nicht auslösen kann. Der einfache, uneingeschränkt wirksame Grund für das Vollziehen oder Unterlassen von Handlungen ist ein Wollen des Guten, das durch die Verbindung mit Zusatzformen zur Ursache für eine bestimmte Handlung oder ihre Unterlassung wird. Der einfache Wille des Guten nimmt also in solchen Zusatzformen die ihm entsprechende oder aus ihm hervorgegangene Form einheitlicher Zweiheitlichkeit an. Da aus Gutem nur Gutes hervorgeht, ist auch das Üble, das man zum Erreichen eines bestimmten Gutes in Kauf nimmt, in Wirklichkeit ein (konditionales) Gut.

Für die Ideenlehre Platons sind diese Überlegungen grundlegend. Dazu an dieser Stelle nur so viel: Sprach- und handlungsanalytische Überlegungen wollen die »Seele« dazu anleiten, ihren Blick von der Außenseite einer Handlung oder einer sprachlichen Bezeichnung auf deren Innenseite zu richten. Der Blick auf etwas Bestimmtes erfasst normalerweise nicht die Einheit eines *esse simplex*, sondern die eines *esse compositum*, das schrittweise auf sein *elementum primum* zurückgeführt werden muss. Das *elementum primum* ist der in sich ruhende Grund (Einheitlichkeit), an den sich die Zusatzformen (Zweiheitlichkeit) anschließen, die der im *elementum primum* konzentrierten Kraft die Bestimmtheit verleihen, in der sie sich überhaupt nach außen richten kann. Das *esse simplex* ist dann, logisch gesprochen, ein *Jenseits* gegenüber seinen Zusatzformen. Es ist deshalb in seinen Zusatzformen so anwesend, dass diese daran ihren je individuellen Anteil haben, wobei es grundsätzlich möglich ist, verschiedene Zusatzformen mit einem identischen *elementum primum* zu verbinden.

Die Schlusspartie des Textes 31 erhält ab 468c als besondere Konsequenz aus diesem Gedanken eine kritische Auseinandersetzung mit der Macht des Tyrannen, die Polos dazu zwingen soll, eine interne Grenze des Konzepts politisch-rhetorischer Vernunft anzuerkennen und es deshalb zugunsten der Auffassung des Sokrates aufzugeben, nach der das Gute *gewusst* werden kann. Wenn das Wollen des Guten im Zentrum des menschlichen Handelns steht, liegt es nahe, nach der Tüchtigkeit zu fragen, die das Gute am besten erblicken und zu einem Handlungsziel konkretisieren kann. Ist das die poetisch-ästhetische Kraft eindrucksvoller Meinungsbildung, wie Gorgias annimmt, also eine natürliche Stärke, die aus der diffusen Vielfalt von Meinungen eine bestimmte Überzeugung herstellen und auch gegen den Widerstand anderer Meinungen als die geltende durchsetzen kann? Wer das annimmt, mag diese Fähigkeit im Tyrannen verkörpert sehen, den viele Zeitgenossen (nicht nur) des Sokrates gerade deswegen bewundert haben, weil er als Mensch beinahe über die Durchsetzungskraft eines Gottes zu verfügen scheint. Demgegenüber weigert sich Sokrates, dem Tyrannen überhaupt Macht zuzusprechen. »Macht«

ist für ihn nämlich nicht einfach die Fähigkeit, seine Gegner ungehindert und straffrei ›hinrichten, des Landes verweisen oder des Vermögens berauben‹ zu können, weil auch der Tyrann das nur will, wenn er sich davon Gutes verspricht. Der Besitz des Machtmonopols ist für ihn das Gut, aus dem nach seiner Meinung das gute Leben hervorgeht. Damit ist aber nicht gesagt, dass das Streben nach dem Monopol politischer Gestaltungsmacht tatsächlich das Streben nach Gutem bedeutet. Wer es anstrebt, ist nämlich gezwungen, andere, insbesondere die Oberhäupter einflussreicher Familien, als potentielle Feinde zu betrachten und gegen sie die Mittel einzusetzen, die sie als Machtkonkurrenten verlässlich ausschalten. Da der Tyrann die Regeln der Kooperation unter Gleichen und der Distribution bestimmter sozialer Grundgüter an alle und damit das Fundament jeder *politischen* Gemeinschaft aufhebt, tritt er grundsätzlich zu allen anderen in einen Kriegszustand, in dem die bestimmte Macht, die er innehat, einem ständigen Bewährungstest ausgesetzt ist. Unter Bedingungen der Machtkonkurrenz, die er durch sein Handeln verstärkt, ist ein vollkommenes Gut weder durch *jedes* Streben nach Macht noch durch das Streben nach *jeder* Form von Macht zu erreichen. Nur wenn der Tyrann die sozialen Rahmenbedingungen seines Machtstrebens ausblendet, kann seine Meinungskraft ihm einreden, *sein* Streben nach Macht sei das beste und deshalb das in sich einfache Streben nach dem menschlich höchsten Gut, obwohl es davon nur eine bestimmte Konkretisierungsform ist, die er aus einem größeren Zusammenhang des Strebens nach Gütern willkürlich herausgelöst hat. Er besitzt mit der so erstrebten Macht in Wirklichkeit ein Übel, das ihm die Fähigkeit nimmt, sein Streben nach Gutem durch den Blick auf dessen Grundform zu kontrollieren und sich die Frage zu stellen, ob die besondere Form, in der er nach Gutem strebt, überhaupt sicher mit dem Streben nach Gutem zu verbinden ist.

In der Auseinandersetzung mit Polos erweitert Sokrates seinen Satz von der Machtlosigkeit des Tyrannen zu einem inhaltlichen

Begriff der Gerechtigkeit. Dafür beruft er sich auf die oft missverstandene These, Unrecht *leiden* sei weniger übel als Unrecht *tun*, und es sei deshalb für den Ungerechten besser, für sein Unrecht gerecht bestraft zu werden als einer solchen Strafe zu entgehen. Hinter dieser Behauptung steht die Vorstellung einer Liste, in der die einfachsten logisch möglichen Positionen in Bezug auf den Besitz von Gütern und Übeln so markiert sind, dass sich daraus verschiedene Wertigkeiten in Form von Bonus- und Malussummen berechnen lassen. Dabei ist die Vertauschbarkeit der Bezeichnung »gut« durch die Ausdrücke »nützlich« und »gerecht«, sowie der Bezeichnung »schlecht« (= Übel) durch die Ausdrücke »schädlich« und »ungerecht« vorausgesetzt. Die Liste rechnet ferner mit einer einfachen Alternative zwischen ›gut‹ und ›schlecht‹ als Bezeichnungen für menschliche Handlungen und seelische Zustände. Zusätzlich werden einfache Interaktionsverhältnisse beachtet, in denen das Tun von A das Erleiden dieses Tuns durch B bedeutet und umgekehrt[122]. Unter diesen Voraussetzungen werden die Summen des Guten und Schlechten wie in einer ökonomischen Kosten-Nutzenanalyse durch die Addition der Aktiv- und Passivposten gebildet. Aktivposten sind eigene Ressourcen, während Passivposten daraus resultieren, dass fremde Kräfte auf die Ressourcen des eigenen Handelns einwirken und sie dadurch schwächen.

In diesem Zusammenhang ist eine methodische Seitenbemerkung angebracht: Was Sokrates unter den angedeuteten Voraussetzungen vorträgt, ist kein vollständig durchgeführtes ethisch-philosophisches Argument. Es lenkt lediglich die Aufmerksamkeit auf bestimmte Probleme der Ethikbegründung, über die wesentlich genauer nachgedacht werden muss, als dies im *Gorgias* geschieht. Man sollte deshalb das, was Sokrates hier formuliert, nicht als Platons systematische Aussage über die Konvergenz von utilitaristischen, ökonomischen und ethischen Überlegungen auffassen. Sokrates diskutiert nicht darüber, ob es überhaupt oder in welchen Grenzen es legitim ist, Kosten- Nutzenrechnungen in eine normative Reflexion über »Gerechtigkeit« zu integrieren. Er gibt allerdings einen Hinweis darauf, dass ethische Argumente nicht nur einfach so für sich stehen, sondern ihren spezifischen Sinn durch ihre Beziehbarkeit auf Kosten-Nutzen-Rechnungen, die in menschlichen Lebenszusammenhängen unbezweifelbar eine zentrale Rolle spielen, nicht verlieren müssen. Wir werden an dieser Stelle mit einem für Platon charakteristischen Lehrverfahren konfrontiert, das einen anspruchsvollen Begriff des Denkens voraussetzt. Danach sind methodische Idealisierungen oder Vereinfachungen, mit denen Voraussetzungen für begriffliche Überlegungen aufgebaut, aber nicht offen diskutiert werden, ein Appell an den Leser, die Ergänzungen, Verfeinerungen und Differenzierungen selbst vorzunehmen, die notwendig sind, damit aus dem, was vorgetragen wird, ein tragfähiges philosophisches Argument entsteht. Die Liste der Verteilung von Gütern und Übeln sieht nach den Voraussetzungen des Sokrates folgendermaßen aus:

1. Das größte Übel (*summum malum*) ist die uneingeschränkte und deshalb unkorrigierbare *actio mali*. In dieser Position wird eine dynamische *causa mali* freigesetzt, so dass aus ihr nur weitere Taten des Schlechten hervorgehen können. Das Beispiel dafür ist die Tyrannis.
2. Das Übel wird geringer, wenn der Übeltäter eine gerechte Strafe erleidet, die ihn zumindest von außen an seiner weiteren *actio mali* hindert. Insofern der Übeltäter damit die Position des *summum malum* zugunsten eines geringeren Übels verlässt, bedeutet das für ihn eine *passio boni*. Strafe in diesem Sinn eröffnet grundsätzlich die Möglichkeit zu einer Einsicht in die Ungerechtigkeit des bisherigen Handelns, so dass an die Stelle der zuvor wirksamen *causa mali* eine *causa boni* treten kann, aus der dann ein Zusammenhang gerechter Handlungen hervorginge.
3. Besser als die konstante und die durch eine *passio boni* eingeschränkte *actio mali* ist die originäre *actio boni*. Auch sie kann, wie der Prozess gegen Sokrates zeigt, mit einer *passio mali* ver-

bunden sein. Das damit gegebene Erleiden von Schaden ist jedoch keine Einschränkung der ihr vorausgehenden *actio boni*, mindert aber das Gute, das eine bestimmte Person besitzt[123].

4. Die beste Position ist die uneingeschränkte, nicht mit einer *passio mali* belastete *actio boni*. Dabei ist das Tun des Gerechten weniger gut, wenn es in der gerechten Bestrafung eines Ungerechten besteht, denn hier dient die *actio boni* lediglich der Behebung eines zuvor eingetretenen Schadens[124]. Die optimale Verwirklichung der *actio boni* ist deshalb das Tun des Guten in Bezug auf Gute, so dass allein dafür die Bezeichnung *summum bonum* zutrifft.

Worin unter dieser Voraussetzung der größte Nutzen der Redekunst bestünde, erläutert Sokrates so provokant, dass der bis dahin ruhig gebliebene Kallikles protestierend aufspringt und sich anbietet, an Stelle von Polos das Konzept politisch-rhetorischer Vernunft endlich so zu vertreten, dass die Reden des Sokrates als töricht erscheinen und die eigene Position allein als die, die eines tüchtigen Mannes würdig ist.

32 · Platon, *Gorgias* 480a–e

---

[480a] S: »Wenn nun dieses wahr ist, o Polos, was ist denn der große Nutzen der Redekunst? Denn nach dem jetzt Angenommenen muss jeder sich selbst zuvörderst am meisten davor hüten, dass er nicht Unrecht tue, indem er sonst Übel genug an sich haben wird. Nicht wahr? – P: Freilich. – S: Tut aber entweder er selbst Unrecht oder ein anderer von denen, die ihm wert sind, so muss er selbst freiwillig dahin gehen, wo er baldmöglichst bestraft werden kann, nämlich zum Richter hineilend, wie man zum Arzte pflegt, [480b] damit die Krankheit der Ungerechtigkeit nicht einwurzle und die Seele heimlich angreife, bis sie unheilbar geworden sei. Oder was sollen wir sagen, Polos, wenn doch unsere ersten Behauptungen bestehen sollen? – P: Was

sollten wir auch sonst sagen, Sokrates! – S: Um also Verteidigungen vorzubringen für die eigene Ungerechtigkeit oder für diejenigen der Eltern, Freunde und Kinder oder auch für das unrecht handelnde Vaterland, dazu ist uns die Redekunst nichts nutz, o Polos. [480c] Es müsste denn etwa jemand denken, zum Gegenteil, um nämlich recht anzuklagen vornehmlich sich selbst, dann aber auch Verwandte und wer sonst von den Freunden Unrecht tut, und ja nicht das Unrecht zu verbergen, sondern ans Licht zu bringen, damit der Täter Strafe erleide und gesund werde und um sich selbst und andere zu bewegen, dass man nicht feige werde, sondern sich mit zugedrückten Augen tapfer hinstelle wie vor den Arzt zum Schneiden und Brennen, immer dem Guten und Schönen nachjagend, das Schmerzhafte aber nicht in Rechnung bringend, wenn einer Unrecht, was Schläge verdient, [480d] begangen hat, zum Schlagen sich hergebend, was Gefängnis, zum Einkerkern, was Geldbuße, zum Bezahlen, was Verbannung, zur Flucht, wer aber, was den Tod, zum Sterben, jeder als erster Ankläger seiner selbst und der anderen, die ihm zugetan sind, und eben dazu der Redekunst sich bedienend, um durch Bekanntmachung der Vergehungen von dem größten Übel erledigt zu werden, von der Ungerechtigkeit nämlich. Wollen wir dies sagen, Polos, oder nicht? – [480e] – P: Ungereimt zwar, o Sokrates, scheint es mir wenigstens, aber mit dem Vorigen indes stimmt es vielleicht wohl zusammen. – S: Also muss entweder auch jenes aufgegeben werden oder dieses folgt notwendig? – P: Ja, so verhält es sich allerdings.«

---

In diesem Textabschnitt wird der Streit über die Behauptung zu Ende geführt, der Tyrann sei der glückseligste Mensch (470d). Zum Beweis dafür hatte Polos auf die in ganz Griechenland verbreitete Bewunderung für Archelaos von Makedonien (471a–d, 472d)[125], den persischen Großkönig (470e) oder für »das ganze Haus des Perikles« verwiesen (472b)[126]. Glücklichsein ist für Polos das uneingeschränkte Mächtigsein (466e und 470a: τὸ μέγα δύνασθαι), so dass Sokrates eine vom *consensus omnium* abweichende und deshalb nicht weiter ernstzunehmende Einzelmeinung zu vertreten scheint, wenn er menschliches Glück an ein andersartiges Mächtigsein bindet, das auf Erziehung (παιδεία), Gerechtigkeit und somit auf Kalokagathie beruht (470 e). Polos praktiziert ein Begründungsverfahren (ἔλεγχος = Elenktik), das Sokrates als »rednerische Art zu überführen« dem *genus iudiciale* zuordnet und bei dem im Streit der Meinungen derjenige siegt, der für seine eigene »viele Zeugen aufstellen kann und angesehene, der Gegenpart aber etwa einen ... oder gar keinen« (471 d). Sokrates stellt ihm eine andere Art der Beweisführung (472 c: τρόπος ἐλέγχου) entgegen, bei dem die Bewegung der Wahrheitssuche von der Voraussetzung ausgeht, auf die sich die Gesprächspartner zu Beginn ihrer Auseinandersetzung geeinigt haben, und aus ihr Sätze ableitet, die mit diesem Anfang übereinstimmen. Die damit empfohlene Regel der Kohärenz ist jedoch kein hinreichendes, sondern nur ein notwendiges Wahrheitskriterium. Wer Folgerungen aus einer anfänglichen Setzung bestreiten will, muss deshalb für die Bewegung der Wahrheitsfindung einen anderen Anfang festlegen, dem auch der Dialogpartner als dem in Wahrheit Ersten für die daraus abzuleitenden Sätze zustimmt. Weder der erste Satz noch die aus ihm abgeleiteten Sätze sind persönliche Überzeugungen, die sich gegen andere durchsetzen, sondern Teile eines Experiments, bei dem der richtige, von niemandem mehr zu bestreitende und deshalb allgemein als wahr anerkannte Anfang gefunden werden soll, um aus ihm das Zweite, Dritte und alles Weitere abzuleiten, das für die Klärung eines Zusammenhangs benötigt wird. Die Bewegung der Wahrheitssuche unterliegt damit einem strengen Formzwang, aus dem verständlich wird, warum die so gefundene Wahrheit von sich selbst her, also auch unabhängig davon gilt, wie viele Personen ihr zustimmen.

Für Sokrates bestehen die entscheidenden Tüchtigkeiten der menschlichen Vernunft darin, (1) für bestimmte Fakten oder Situationen den bestmöglichen ›Anfang‹ zu suchen, (2) aus einem gegebenen Logos weitere Logoi nach der Regel der Kohärenz abzuleiten, (3) beliebige einzelne Logoi auf solche zurückzuführen, die ihnen zugrunde liegen, und (4) die Angemessenheit von Voraussetzungen im Blick auf ihre Folgerungen zu prüfen und gegebenenfalls einen besseren Anfang zu suchen, bis das logisch ›Erste‹ gefunden ist, aus dem sich alles logisch ›Spätere‹ für einen bestimmten Zusammenhang ableiten lässt.

Wenn in einem Logos über das Beste des menschlichen Lebens als »Erstes« das Gute steht, an das sich als »Späteres« das mit Einsicht verbundene Nützliche, Schöne und Gerechte anschließen, dann erfüllen nur die Sätze des Sokrates die Bedingung, mit dem »Ersten« zusammenzustimmen: Niemand kann durch das Tun des Ungerechten »glückselig« sein, Unrecht leiden ist besser als Unrecht tun. Zu diesem »Ersten« passt auch die Aussage des Sokrates über den größten Nutzen der Rhetorik, die den Widerspruch seiner Gegner provoziert, obwohl sie erkennen, dass sie »mit dem Vorigen zusammenstimmt«.

c) *Sokrates und Kallikles*

Der Protest des Kallikles gegen die Bewertung der Rhetorik durch Sokrates – »Sage mir, [...], sollen wir denken, du treibest jetzt Ernst oder Scherz? Denn wenn du es ernstlich meinst und das wahr ist, was du sagst, so wäre ja wohl das menschliche Leben unter uns ganz verkehrt und wir täten in allen Dingen das gerade Gegenteil, wie es scheint, von dem, was wir tun sollten?« (481 c) – treibt die Voraussetzungen erst vollständig hervor, die dem Streit des Sokrates mit den Anhängern des Gorgias zugrunde liegen. Wir beobachten darin das Zusammenstoßen zwischen einer politischen und einer philosophischen Wirklichkeitsdeutung, von denen die eine die genaue Umkehrung der anderen ist. Platon hat die Form dieses Zusammentreffens bewusst organisiert, so dass man deren radikales Gegeneinander nicht ohne weiteres als seine direkte Aussage über ihr wirkliches Verhältnis auffassen sollte. Die Vorführung ihrer Konfrontationsform ist vielmehr ein Signal an den

Leser, die besondere Auseinandersetzungsebene zu beachten, auf der sich die Handlung des Dialogs vor allem in seinem letzten Drittel durchgängig bewegt[127]. Zunächst wird deutlich gemacht, dass die Suche nach dem richtigen Anfang einer Rede über das höchste Gut des menschlichen Lebens die affektive Bereitschaft voraussetzt, die Frage, wie wir überhaupt leben sollen (500 c), so zu verstehen, dass sie sich auf das beste Leben richtet. Nur weil Kallikles und Sokrates diese Voraussetzung teilen, können sie sich über die Frage, wie man am besten leben soll, streiten, und nur weil sie ihre Antwort darauf gegensätzlich konkretisieren, gilt die Überzeugung des Gegners nicht nur für das Gegenteil der eigenen, sondern als absolute Verneinung dessen, was überhaupt richtig oder ehrenhaft ist. Mit der Frage nach dem Besten ist innerhalb der menschlichen Lebensführung und im Blick auf sie die *quaestio maxima* gestellt[128]. Der Streit über sie kann deshalb durchaus die Form eines Krieges auf Leben und Tod annehmen[129], obwohl er sich grundsätzlich auch auf eine Form der Kooperation umstellen ließe, in der verschiedene Güter komplementär aufeinander bezogen sind. Im *Gorgias* wird in der Hauptsache die Kriegsform dieses Streits vorgeführt[130].

Nach allgemein-griechischer Voraussetzung ist der an Gütern kleinste Lebensraum für den Menschen das ›Haus‹, weil es dort nur um die Güter geht, die für die Reproduktion und die Erhaltung des Lebens notwendig, nützlich oder angenehm sind. Demgegenüber ist der Raum der Polis besser, weil dort ausschließlich freie Bürger leben, die sich dort auf normative Güter beziehen. Für die Anhänger des politischen Lebens ist die Polis der beste Ort überhaupt. Da Sokrates als Gegner des politischen Lebens am besten Leben interessiert ist, muss er zum einen zeigen, dass das in Wahrheit Gute in der Polis von ihrer allgemeinen Struktur her nicht verwirklicht werden kann, und zum anderen den ›Ort‹ benennen, an dem oder von dem her das in Wahrheit Gute für das menschliche Leben tatsächlich wirksam wird. Im Streit zwischen Sokrates und Kallikles geht es also um die Bestimmung des besten Ortes für das menschliche Leben und um die Möglichkeit, als Teil dieses Ortes an dem Gut zu partizipieren, das dort von sich selbst her anwesend ist. Kallikles verweist dafür auf die Polis und einen mit ihr kompatiblen Raum der Natur, in dem es gerecht ist, dass das Starke über das Schwache herrscht. Dieser Raum kann deshalb nur über das politische Leben erreicht werden, weil dies von sich aus eine starke Natur voraussetzt. Sokrates hingegen verweist auf einen Raum, in dem bessere und schlechtere Kräfte kooperativ aufeinander bezogen sind. Er kann deshalb nur über das philosophische Leben erreicht werden, das eine Natur voraussetzt, die sich an der Form kooperativer Gerechtigkeit orientiert.

Der Streit über das beste Leben hat also eine naturale Basis, die Platon auch durch den Begriff »Eros« umschreibt. Der zunächst auf individuelle Personen gerichtete Eros, muss auf Größeres zu beziehen sein, und dieses Größere muss sich zu gegensätzlichen Formen verzweigen können, damit ein Streit darüber entstehen kann, welche Realisierungsform des Eros die bessere ist. Weil Sokrates und Kallikles neben konkreten Personen Größeres lieben, befinden sie sich in einem identischen affektiven Zustand (Pathos) und weil sie Unterschiedliches für das Größte halten, befinden sie sich im Zustand des Streits[131]. Aus der Perspektive des *politischen* Eros wirft Kallikles Sokrates vor, er könne nur einen Ort affektiv besetzen, der als ›versteckter Winkel‹ kleiner ist als ein »Haus«. Dort kann sich erotisches Streben nicht einmal im biologischen Vorgang der Lebensreproduktion, sondern nur im heimlichen Geflüster »mit drei bis vier Knaben« ausagieren, so dass Sokrates an diesem Ort die Kraft verliert, »edel, groß und tüchtig« aus ihm »herauszureden.« Sokrates zeigt dagegen, dass der Raum der Polis eine affektive Primärbesetzung nicht verdient, weil er als Ort durchgängiger Machtkonkurrenz das Gut ›mächtigen Könnens‹ nicht enthält. Ein erotisch erfülltes Leben setzt deshalb die Kraft voraus, einen andersartigen Ort affektiv zu besetzen, der die Polis an Größe so weit überbietet, dass sie wiederum ihm gegenüber zum ›versteckten Winkel‹ herabsinkt, und zum anderen das Gute in der Form verkörpert, die das Streben nach Glück wirklich befriedigt.

Kallikles bringt gegen Sokrates einen Raum des von Natur aus Seienden ins Spiel, dem auch der politischen Raum zugehört. Er erkennt ihn aufgrund seiner psychischen Disposition zum *homo politicus*, der in allem, was ist, grundsätzlich Kampfverhältnisse wahrnimmt. Sokrates weiß, dass sein andersartiges Verständnis von dem, was das von Natur aus Seiende ist, von seiner besonderen erotischen Disposition abhängt, die sich als Weisheit an eine allgemeine Form bindet, zu der Kallikles keinen Zugang hat. Weil die Maximalform seiner erotischen Energie an einen politischen Naturraum gebunden ist, erscheint Kallikles das, was für Sokrates das Allgemeine ist, als das Produkt persönlicher Imagination, das in Wirklichkeit überhaupt nicht ist und deswegen auch keinerlei Respekt verdient. Weil Kallikles sich als starke Natur versteht, zeigt sie ihm (483 d: ἀποφαίνει) »deutlich« und »vielfältig«, dass in ihrem Raum das Stärkere über das Schwächere herrscht[132]. Weil er dabei auch das Gesetz naturhaft fundierter Gerechtigkeit findet, nach dem der Stärkere größere Anteile an öffentlich wirksamer Gestaltungs- und Durchsetzungsmacht besitzen soll als der Schwächere, blickt er kritisch auf die politischen Gemeinschaften, die das Gesetz der Natur durch die künstliche Gerechtigkeitsnorm der Gleichheit ersetzen, also alle Menschen unabhängig von ihrer natürlichen Stärke und Schwäche gleichen Gesetzen unterwerfen und ihnen in Bezug auf Machtanteile in der Polis so viel »Gleiches« wie möglich zuerteilen. Kallikles orientiert sich als Gegner demokratischer Politik an der Norm »guter« Ordnung im Sinne der oligarchischen Partei, die auch gegen eine Herrschaft des Stärksten, des Tyrannen, nichts einzuwenden hat. Für ihn hat die Demokratie Athen in einen Zustand der Schwäche versetzt, in dem sie der hegemonialen Machtpolitik nicht gewachsen ist, die nur durch das Beherrschen aller anderen dem Beherrschtwerden entgehen zu können glaubt. Im politischen Raum herrscht grundsätzlich eine *bellum-omnium-contra-omnes*-Situation, so dass dort nur die starke Natur besteht, die jedem Konkurrenten den Zugang zur Vorteilsposition des Herrschenden versperrt[133].

Die interne Verhaltensnorm des politischen Raumes ist deshalb für Kallikles die Befreiung des Strebens nach Macht von allen externen Bindungen[134]. Wer diese Norm verletzt, indem er das menschliche Zusammenleben an die ›unnatürliche‹ Regel der Gleichheit bindet, greift eine Macht an, die der Gestaltungskraft künstlicher Regeln überlegen ist. Der wirklich Starke, der den Blick auf das wahre Sein der Natur, ohne davor zu erschrecken, aushält, erkennt auch, dass es die Schwachen sind, die dem Streben nach Macht eine Regel der Gleichheit auferlegen wollen, und dass sie dabei keineswegs dem Ideal unparteiischer Gerechtigkeit folgen, sondern dem eigenen Machtwillen, der die Stärkeren daran hindern will, als ihre Herren das zu sein, was sie vom Recht der Natur her sind. Das Machtstreben der Schwachen ist für Kallikles der Entstehungsgrund für ein künstliches Erziehungssystem, das gerade »die Besten und Kräftigsten ... gleich von Jugend an ... durch Besprechung und Bezauberung knechtisch einzwängen« soll, indem es ihnen immer wieder sagt: »alle müssen gleich haben«, weil dies »eben das Schöne und Gerechte« ist. Die Starken sehen aber auch, dass es von Natur aus gerecht ist, wenn der Versuch schwacher Kräfte, die starke Natur künstlich klein zu halten, letztlich den Widerstand entfesselt, dem die schwache Natur nichts mehr entgegensetzen kann: »Wenn aber einer ... mit einer recht tüchtigen Natur zum Manne wird, so schüttelt er das alles ab, reißt sich los, durchbricht und zertritt alle unsere Schriften und Gaukeleien und Besprechungen und widernatürlichen Gesetze und steht auf, offenbar als unser Herr, er, der Knecht«, und lässt darin nicht die zufällige Größe seines persönlichen Machtwillens, sondern »recht deutlich« die allgemeine Größe des »Rechts der Natur hervorleuchten« (483e–484b).

Im Vorgriff auf Nietzsches Philosophie vom Willen zur Macht entwickelt Kallikles mit seinem naturalen zugleich einen normativen Begriff von Macht. Nur diejenigen, die »in den Angelegenheiten der Polis einsichtsvoll (φρόνιμοι) sind und wissen, wie sie gut kann verwaltet werden«, und die als Tapfere »das, was sie ersonnen haben, auch ausführen und dabei nicht ermüden aus Weichlichkeit des Gemüts« (491 b), verwirklichen »das von Natur Schöne und Rechte.« Die Voraussetzung dafür besteht in der Erziehung zu einer bestimmten Form von Tüchtigkeit, bei der man lernen muss, in sich die Energie zu akkumulieren, mit der auch die größten, und das sind die politisch ambitionierten Begierden, im Handeln befriedigt werden können. Es geht jedenfalls nicht um private Zwecke, sondern letztlich um die Entfaltung politischer Gestaltungskraft, wenn Kallikles von einem wirklich tüchtigen Mann verlangt, er müsse es lernen, seine »Begierden so groß werden zu lassen als möglich«, damit er ihnen durch eine Verbindung von Tapferkeit und Einsicht auch »Genüge leisten kann« (491 e–492 a).

Kallikles ist kein Apologet blinder Machtpolitik. Er plädiert vielmehr für einen besonnen-entschlossenen Zugang zur Macht, dem die Bedingungen bewusst bleiben, die den Naturraum des Politischen bestimmen. In seiner Position kann man deshalb die später vor allem von Machiavelli thematisierte Figur funktionaler Machtpolitik erkennen, mit der das Verhältnis von Recht und Macht zugunsten der Macht entschieden ist. Dem steht bei Platon die Dominanz des Rechts über die Macht entgegen. Er sieht deshalb in der Freisetzung der Politik von der Norm des Rechtlichen die entscheidende Ursache für die innere Schwäche Athens. Aber auch derjenige, der wie Kallikles die Macht gegenüber dem Recht privilegiert, kommt nicht um die Einsicht des Sokrates herum, dass der Raum des politischen Handelns aufgrund seiner immanenten Struktur ein unaufhebbares Defizit aufweist. Wenn die Polis ihrer inneren Verfassung nach ein Ort der Machtkonkurrenz ist, dann lassen sich dort die negativen Faktoren des Zufalls und des Erleidens von Schaden auch durch die Realisierung größter Macht nicht außer Kraft setzen. Nicht im Blick auf den machtlosen Philosophen, sondern auf die Schicksale der politisch

Mächtigsten wie Perikles, Kimon, Miltiades und Themistokles[135] zeigt sich, dass die Polis ihrer Struktur nach der Ort ist, *an dem jedem jegliches begegnen kann, wie es sich eben trifft* (521 c). Die souveräne Position des Herrn ist unter den Bedingungen uneingeschränkter Machtkonkurrenz selbst dem Tyrannen unerreichbar, während die Rahmenbedingungen demokratischer Politik jeden Mächtigen zwingen, ein *Diener des Demos* zu sein, »dienstbeflissen« und »geschickt« darum bemüht, »der Polis zu verschaffen, wonach ihr gelüstet«[136], statt das Begehren der Bürger »durch Überredung und Durchsetzungsmacht« auf Ziele zu lenken, »wodurch sie als Bürger besser werden können« (517 b). Kallikles lobt demokratische Politiker nur dann, wenn sie wie Themistokles und Perikles nicht Normen der Besonnenheit und Gerechtigkeit gefolgt sind, sondern »die Stadt« klug und entschlossen »zu ihrer Größe erhoben« haben, während Sokrates sie tadelt, weil sie die Polis »mit ihren Häfen, Schiffswerften, Mauern, Zöllen und derlei Possen ... nur aufgedunsen ... und innerlich brüchig« gemacht haben statt mit der Besonnenheit und dem Gerechtigkeitssinn der Bürger die einzig tragfähige Basis ihres Zusammenlebens zu stärken (518 e–519 b).

Sokrates ist ebenso wenig wie Kallikles ein Freund der athenischen Demokratie. Gegen sie stellt er ein Wirklichkeitsverständnis, das im Unterschied zu demjenigen des Kallikles durch die Begriffe des Maßes und der Ordnung bestimmt ist. Der Konflikt zwischen einer Politik der Freisetzung von Handlungskräften und einer Moral, die sich an Normen der Besonnenheit und Gerechtigkeit bindet, ist nicht erst der Hintergrund für die gegenwärtigen Debatten über Globalisierung, hegemoniales Machtstreben und ökologische Nachhaltigkeit. Vielmehr besteht bereits für Platon die einzige Möglichkeit, dem Wesen des Politischen und der Moral nahe zu kommen, darin, frei von Illusionen über ihr natürliches Gegeneinander nachzudenken.

Auf der Handlungsebene des Dialogs ist bei den Anhängern des Gorgias inzwischen Ruhe eingetreten, so dass Sokrates den bisherigen Verlauf der Debatte selbst zusammenfassen und sie danach allein weiterführen muss. Dabei will er zeigen, warum besonnene Gerechtigkeit, und nicht die klug sich bedenkende Tapferkeit die Leittugend des guten Lebens ist.

33 · Platon, *Gorgias* 507d–508a

---

(507d) Sokrates: »Dies dünkt mich das Ziel zu sein, auf welches man hinsehen muss bei Führung des Lebens, und alles in privaten und politischen Angelegenheiten (507e) darauf hinlenkend so verrichten, dass immer Gerechtigkeit und Besonnenheit dem gegenwärtig bleibe, der glückselig werden will; nicht aber so, dass man die Begierden zügellos werden lasse, und im Bestreben, sie zu befriedigen, ein überschwängliches Übel, das Leben eines Räubers lebe.

Denn weder mit einem andern Menschen kann ein solcher befreundet sein noch mit Gott; denn er kann in keiner Gemeinschaft stehen, wo aber keine Gemeinschaft ist, da kann auch keine Freundschaft sein. Die Weisen aber behaupten, (508a) dass auch Himmel und Erde, Götter und Menschen nur durch Gemeinschaft bestehen bleiben und durch Freundschaft, Schicklichkeit, Besonnenheit und Gerechtigkeit, und bezeichnen deshalb, o Freund, dieses Ganze als ein Geordnetes, nicht als Verwirrung und Zügellosigkeit. Du aber, wie mich dünkt, merkst hierauf nicht, wiewohl du so weise bist, sondern es ist dir entgangen, dass die geometrische Gleichheit (ἡ ἰσότης ἡ γεωμετρική) so viel vermag (μέγα δύναται) unter Göttern und Menschen, du aber glaubst, alles komme auf das Mehrhaben (πλεονεξία) an, weil du eben die Messkunst (Geometrie) vernachlässigst.«

---

Im Anschluss an Kallikles erläutert auch Sokrates, was er unter dem Zusammenhang des von Natur aus Seienden versteht. Dabei wird deutlich, dass seine Leitbegriffe nicht nur wie die des Kallikles naturphilosophisch, sondern zusätzlich theologisch begründet sind. Das heißt: Die Normen der Gerechtigkeit und Besonnenheit stehen nicht für sich selbst, sondern sind Ausdruck der Ordnung, durch die sich der Kosmos insgesamt als Ort geregelter Kooperation zwischen verschiedenen Gattungen des Wirklichen erweist. Seine Strukturform wird mit dem mathematischen Begriff der *geometrischen* (proportionalen) Gleichheit umschrieben, der dem zeitgenössischen Leser auch als politischer Leitbegriff vertraut war. Er steht für die aristokratische Form distributiver Gerechtigkeit, die das soziale Gut politischer Partizipation nicht wie die demokratische Gegenpartei unter Berufung auf den Begriff *arithmetischer* Gleichheit auf alle Bürger gleich, sondern abgestuft nach »Würde« und sittlicher Qualität verteilt[137]. Kallikles konnte seinen Begriff des Gerechten mit dem des Maßes überhaupt nicht verbinden. Für ihn war Gerechtigkeit Ungleichheit par excellence. Demgegenüber hält Sokrates an einem Begriff der Gleichheit fest, ohne die es keine Kooperation, Gemeinschaft oder Freundschaft geben kann. Das Grundmaß an Gleichheit, an dem alle Mitglieder einer Gemeinschaft partizipieren, muss aber für ihn durch ein funktional begrenztes Maß an Ungleichheit ergänzt werden, das demjenigen mehr zuerteilt, der aufgrund seiner Qualität mehr zum Guten für das Ganze eines Zusammenhangs beiträgt als ein anderer. Der Begriff geometrischer Gleichheit findet seinen Grund wiederum im Begriff funktional differenzierter Ordnung. Aus ihm lässt sich die Form eines Raumes ableiten, für den der Satz über den Natur- und Polisraum des Kallikles, dass ›jedem jegliches begegnen könne, wie es sich auch immer treffe‹, nicht gilt. Da er nach der Regel geometrischer Gleichheit aufgebaut ist, sind Tun und Leiden aller seiner Funktionen exakt so »gestellt«, dass jede von ihnen genau das tut oder leidet, was für sie selbst, ihre Verhältnisse zum Ganzen, zu allen anderen Funktionen desselben Zusammenhangs und dadurch auch für das Ganze selbst das Beste ist.

Gegen den Schluss des *Gorgias* öffnet Sokrates diesen Begriff des Ganzen für eine theologische Dimension. Er verfolgt damit ein doppeltes Ziel. Zum einen will er ein genetisches Prinzip für das Sein umfassender Ordnung thematisieren, das nicht selbst ein Teil von ihr, sondern, in räumlicher Metaphorik ausgedrückt, »jenseits« oder »oberhalb« davon ihre konstitutive Voraussetzung ist. Zum anderen veranschaulicht er das Prinzip dieser Ordnung durch ein mythisches Bild. Mythen können eine argumentative Entlastung sein. Dass sie die Schlusspartie des Dialogs immer stärker prägen, ist vordergründig der literarischen Notwendigkeit geschuldet, für den Text ein eindrucksvolles Finale zu finden, zugleich aber auch ein Ausdruck dafür, dass die im Mythos dargestellte Wirklichkeit der gegenwärtigen Polis fremd geworden ist. Das Bild, das Sokrates zunächst einsetzt (507e ff.), verwendet kosmogonisch-theogonische Vorstellungen für die Darstellung eines Prozesses der Ordnungserzeugung aus der Gemeinschaft (508a: κοινωνία) zweier göttlicher Potenzen (Uranos und Gaia), die mit dem Fixsternhimmel (das Obere als Lebensort der Götter) und der Erde (das Untere als Lebensort der Menschen) die beiden Zeugungskräfte und zugleich die beiden Grenzregionen des Kosmos verkörpern. Ihr Zusammenwirken wird als die ideale Grundform für die Erzeugung einer sowohl kooperativ als auch hierarchisch geformten Gemeinschaftlichkeit zwischen Ungleichem vorgestellt. Die Transposition dieser Grundform in ein mythisches Bild signalisiert ein Bewusstsein davon, dass die darin vorgestellte Norm der Erzeugung von Gemeinschaftlichkeit einer Polis, wie Kallilkles sie versteht, fremd ist. Nur wenn der im Mythos erinnerte Ort mit substantiellem Sinn gefüllt werden kann, umschreibt der Befund, dass die darin vorgezeichnete Norm des Guten im Raum der Polis, wie Kallikles ihn beschreibt, nicht wirken kann, eine *causa mali.* Und nur unter derselben Voraussetzung eröffnet diese Einsicht die Möglichkeit, in der Polis eine *causa boni* wirksam werden zu lassen, die sie zum Raum gerechter Ordnung umgestaltet.

Im *Gorgias* konzentriert sich Platon für seine Annäherung an die Vorgabe mythischer Weisheit auf ein Gedankenexperiment, das die von Kallikles und Sokrates angesetzten Vollkommenheitsformen des Lebens dem Belastungstest durch seine unbestreitbare Einfachheitsform, die bloße Selbsterhaltung, aussetzt. Ausgangspunkt dafür ist diese Überlegung: Jeder Raum enthält für den, der ihn als den besten betrachtet, den Anreiz, an der Formkraft zu partizipieren, die ihn konstituiert. Er muss also auf der Basis seiner natürlichen Veranlagung und durch ›Übung‹ die Tüchtigkeit entwickeln, die der Verfassung dieses Raumes so weit entspricht, dass er sich dort eigenständig bewegen kann. Im Blick auf den politischen Raum wirft Kallikles Sokrates vor, er sei trotz seiner starken Natur durch übermäßiges Philosophieren »unmännlich geworden« und müsse deshalb die Polis fliehen, »wo doch erst, wie der Dichter [Homer, *Ilias* 9, 441] sagt, sich Männer hervortun« (485d). Weil Sokrates nach Kallikles die besondere Qualität des politischen Raumes verkennt, übt er sich einer Fähigkeit, die seine Naturanlagen so weit schwächt, dass er im Raum der Polis auf den Stand eines wehrlosen Knechtes zurückfällt. Demgegenüber zeigt Sokrates, dass er den Raum des Kallikles zu Recht als einen Ort betrachtet, der im Blick auf das Gute keinerlei Aufforderungscharakter besitzt, so dass es für ihn unsinnig wäre, sich in der Tüchtigkeit zu üben, die Kallikles ihm anrät. Die beste Position, die im Naturraum des Politischen möglich ist, bestünde lediglich darin, für *den* begrenzten Zeitraum nicht von Stärkeren getroffen zu werden, in dem man selbst als der Stärkere Übermacht gegen Schwächere ausübt. Wer den Raum der Polis als Raum der Machtkonkurrenz versteht, müsste wissen, dass dort das Erleiden fremder Macht das größte Übel ist und zugleich, dass dieses Übel umso schneller eintritt, je entschlossener das eigene Streben nach Übermacht die Reaktion anderer provoziert. Von daher blockiert sich das Streben nach dem höchsten Gut selbst, solange es sich vorzüglich im politischen Raum bewegt.

Dagegen ist im Ordnungsraum des Sokrates nicht das Erleiden fremder Macht, sondern die uneingeschränkte *actio mali* das größte Übel. In dieser Einsicht wirkt notwendig ein Wissen des Guten mit, das sich auch auf seinen »Gebrauch« bezieht. Insofern hat man im Ordnungsraum des Sokrates anders als im Machtraum des Kallikles die »wichtigste Hilfe« für die Erhaltung seines Lebens selbst in der Hand. Aus dem »Gebrauch« des Guten weiß man, dass bereits das einfache Unterlassen einer *actio mali* »gegen Menschen oder Götter« das Eintreten des schlimmsten Übels verhindert (522 d–e). Aus dem »Gebrauch« desselben Wissens wird mit der »Übung in der Gerechtigkeit und jeder anderen Tugend« (527 e) die weitere Voraussetzung für eine aktive Teilhabe am Gut der Gemeinschaftlichkeit erkennbar, das den Raum des von Natur aus Seienden insgesamt charakterisiert. Innerhalb der Polis kann niemand die Erhaltung seines Lebens auf Dauer garantieren. Ein Anhänger des Kallikles, der sein Leben damit verbringt, sich im Mehrhabenwollen an Macht zu üben, erleidet vor dem idealen Gericht, das Sokrates demjenigen der Polis entgegenstellt, ein Urteil, das ihn vom Raum des Guten im Sinne des Sokrates ausschließt, so dass es ihm weder dort noch in der Polis gelingt, sein Leben auch nur zu erhalten. Ein Anhänger des Sokrates hingegen realisiert im Raum des theologisch sanktionierten Maßes und seiner Gerechtigkeit den Mehrwert des guten Lebens, der den Minimalwert der der bloßen Lebenserhaltung deutlich übertrifft.

Der von Sokrates beschriebene Raum thematisiert mehr als das bloße Gegebensein einer ontologisch darstellbaren Struktur. In den folgenden Abschnitten geht es um ein genaueres Verständnis seiner Bauformen und um die Möglichkeit, am Guten, das in ihm enthalten ist, Anteil zu gewinnen.

## 2. Die Suche nach Grundformen der Tüchtigkeit und nach der Regel ihrer Einheit

Ähnlich wie der *Gorgias* ist auch der *Protagoras* ein Text der Konfrontation mit der Sophistik und ihrer Rhetorik. Im Streit mit Protagoras geht es auf den ersten Blick um das inhaltliche Verständnis sittlicher Tugenden wie Gerechtigkeit, Frömmigkeit, Besonnenheit, Tapferkeit und Weisheit. Sie sind als Tüchtigkeiten Formen des Guten. Die folgenden Überlegungen gehen der Frage nach, inwiefern man sie mit Sokrates als einen Zusammenhang von Formen des Guten verstehen kann. Die interne Logik ihrer Ordnung verweist auf Platons Ideenlehre, die die allgemeinen Formen des Guten und die Art ihrer »Gemeinschaft« zum Thema hat.

## 34 · Platon, *Protagoras* 329 c–330 b

(329 c) S(okrates): »[...] und wiederum erwähntest du vielfältig in deiner Rede der Gerechtigkeit und Besonnenheit und Frömmigkeit, und dieses alles, als ob es zusammengenommen *eins* wäre, die Tugend. Eben dieses also setze mir doch genauer auseinander, ob die Tugend *eins* zwar ist, doch aber Teile (329 d) von ihr sind [wie] die Gerechtigkeit und die Besonnenheit und die Frömmigkeit, oder ob alles, was ich jetzt genannt habe, verschiedene Namen sind für ein und dieselbe Sache. Das ist es, was ich noch vermisse. – P(rotagoras): Sehr leicht [...] ist dies [...] zu beantworten, Sokrates, dass von der Tugend, die *eins* ist, dieses Teile sind, wonach du fragst. – S: Ob wohl auf die Art, sprach ich, wie die Teile des Gesichtes Teile sind: Mund, Nase, Augen und Ohren? Oder so wie Teile des Goldes, gar nicht voneinander unterschieden und ebenso wenig vom Ganzen als durch Größe und Kleinheit? – P: Auf jene Art (329 e) scheint es mir, Sokrates, wie die Teile des Gesichts sich zum ganzen Gesicht verhalten. – S: Besitzen denn auch die Menschen, fragte ich, von diesen Teilen der Tugend der eine den, der andere jenen, oder muss notwendig, wer einen hat, auch alle haben? – P: Keineswegs, sprach er, denn viele sind ja tapfer, aber ungerecht, und gerecht, aber nicht weise. – S: Also sind auch dies Teile der Tugend, fragte ich, Weisheit und (330 a) Tapferkeit? – P: Freilich vor allen Dingen, sprach er, und der größte sogar ist die Weisheit unter diesen Teilen. – S: Und jeder von ihnen, sagte ich, ist etwas anderes als der andere? – P: Ja. – S: Hat auch jeder seine eigene Aufgabe, wie

im Gesicht das Auge nicht ist wie die Ohren noch seine Aufgabe dieselbe, und überhaupt ist kein Teil wie der andere, weder an sich (330 b) selbst noch auch seine Aufgabe? Oder muss nicht offenbar die Sache sich so verhalten, wenn sie doch unserem Beispiel ähnlich sein soll? – P: Sie verhält sich auch so, Sokrates. – S: Also ist keiner von den anderen Teilen der Tugend wie das Wissen oder wie die Gerechtigkeit oder wie die Besonnenheit oder wie die Frömmigkeit? – P: Nein.«

---

Sokrates untersucht mit Protagoras Formen sittlicher Tüchtigkeit, die im normalen Sprachgebrauch sowohl verschiedene als auch einen gemeinsamen Namen tragen. Die damit angesprochenen Tüchtigkeiten sind Grundformen für beliebig viele individuelle Handlungen, die man dann im Blick auf ihre allgemeine Form als Handlungen der Frömmigkeit, Gerechtigkeit, Tapferkeit oder der Weisheit bezeichnet. Im Blick auf ihren gemeinsamen Namen stehen die einzelnen Tugenden jedoch nicht isoliert nebeneinander, sondern sind dadurch miteinander verbunden, dass sie in je verschiedener Weise eine ihnen übergeordnete Form allgemeiner Tugendhaftigkeit realisieren. Die besonderen Tugenden haben also aus der Perspektive der Einzelhandlungen, die man ihnen zuordnet, den Charakter der Allgemeinheit und aus der Perspektive der durch sie konkretisierten allgemeinen Tugendhaftigkeit den der Besonderheit. Sie sind einander darin ähnlich, dass sie eine *gemeinsame* Grundgestalt individualisieren, und darin voneinander verschieden, dass sie eine Einfachheitsform von Tugendhaftigkeit durch *unterschiedliche* Zusatzformen konkretisieren. Wir beziehen uns also auf das Tugendhafte im Rahmen einer sprachlichen Bezeichnungspraxis, die einen begrifflich geordneten »Bedeutungsraum« voraussetzt, der nach außen gegenüber anderen (z. B. vom technischen Können) abgegrenzt und intern so strukturiert ist, dass sich die in seinem Zentrum wirksame Grundform zu besonderen Formen entfaltet. Auf diese Weise können auch individuelle Handlungen diesem Bedeutungsraum zugeordnet werden. Der

Bedeutungszusammenhang des Tugendhaften hat also einen Anfang (den Begriff allgemeiner Tugendhaftigkeit), eine Mitte (die besonderen Tugenden) und ein damit zusammenstimmendes Ende (die tugendhaften Einzelhandlungen).

In den weiteren Diskussionen zwischen Protagoras und Sokrates wird die Form der Einheit, die diesem Zusammenhang zugrunde liegt, von verschiedenen Ansätzen aus umschrieben, bis ihre richtige Gestalt gefunden ist. Ausgeschlossen wird der Begriff homogener Einheit, der nur quantitative Unterscheidungen kennt (größer als – kleiner als). Infolgedessen muss der Begriff »Einheit« so gefasst sein, dass das Verhältnis zwischen den allgemeinen Strukturierungsprinzipien jeder Ordnung, ›Einheit‹ und ›Vielheit‹, als das ihrer konfliktfreien Kooperation zu verstehen ist. Dass in der Verschiedenheit der Tugenden überhaupt eine *einheitliche* Grundform wirksam ist, macht Sokrates im Ausgang vom normalen Sprachgebrauch zunächst am Verhältnis von Gerechtigkeit und Frömmigkeit deutlich. Wir bezeichnen als »Gerechtigkeit« das *suum cuique tribuere* unter Gleichen, d.h. von Menschen in Bezug auf Menschen, als »Frömmigkeit« das *suum cuique tribuere* von Schlechteren und Schwächeren (Menschen) gegenüber Besseren und Mächtigeren (Götter). Die Anwendung derselben Distributionsregel von Menschen auf Schwächere, z.B. auf Tiere, die Sokrates und Protagoras nicht erwähnen, würde weder »Gerechtigkeit« noch »Frömmigkeit«, sondern eher »Rücksicht« oder »Fürsorge« heißen. Mit der Regel des *suum cuique tribuere* entdeckt Sokrates also eine Tiefenstruktur, die mehreren Tugenden, zumindest aber der Gerechtigkeit und der Frömmigkeit zugrunde liegt, so dass wir von daher auch verstehen, warum wir im normalen Sprachgebrauch weder die Frömmigkeit als ungerecht noch die Gerechtigkeit als unfromm bezeichnen. Die Frage, inwieweit mit der genannten Distributionsregel die Grundform aller Tugendhaftigkeit gefunden ist, bleibt aber vorerst ohne Antwort.

Stattdessen geht es um ein genaueres Verständnis des Verbindungsprinzips zwischen Einheit und Verschiedenheit, das klären soll, warum »die Gerechtigkeit allerdings fromm sei und die Frömmigkeit gerecht«. Sokrates bezieht sich dafür zunächst auf den Begriff maximaler Ähnlichkeit, der demjenigen der Identität so nahe kommt, dass »die Gerechtigkeit entweder dasselbe ist mit der Frömmigkeit oder ihr doch so ähnlich als nur irgend möglich ...« (331 b). Demgegenüber insistiert Protagoras auf einem Begriff der Verschiedenheit, der sich von dem der Ähnlichkeit so weit wie möglich, aber nicht grundsätzlich entfernt. Indem er zusätzlich einen Begriff universaler, rein formaler Ähnlichkeit anklingen lässt, nach dem alles Seiende allein dadurch, dass es *ist*, einander auch ähnlich ist, wird *e contrario* deutlich, dass die gemeinsame Tiefenstruktur der Tugenden nicht in einem unspezifisch allgemeinen Begriff des Seins oder des Wirkens bestehen kann. Gesucht wird deshalb der Begriff einer in sich variablen (größeren-kleineren) Ähnlichkeit, der sich sowohl von einem stark (Gerechtigkeit dasselbe wie Frömmigkeit) als auch von einem schwach gefassten Begriff der Identität (bloßes Sein oder Wirksamsein) unterscheidet. Er wird in einem ersten Ansatz durch den Begriff begrenzter Ähnlichkeit umschrieben. Dabei tritt die Frage auf, ob die Einheit verschiedener Tugenden durch eine Maßgröße präzisierbar ist, nach der sie einander ähnlich und unähnlich sind. Wenn dies möglich wäre, könnte man in einem weiteren Schritt untersuchen, ob zwischen allen Tugenden ein gleiches oder ein ungleiches Maß an Ähnlichkeit und Unähnlichkeit besteht. Dies erscheint Protagoras aus guten, wenn auch unausgesprochenen Gründen so schwierig, dass Sokrates die schon thematisierte Distributionsregel des *suum cuique tribuere* daraufhin untersuchen will, ob ihr eine noch einfachere Grundform vorausliegt, die *alle* Tugenden in *einen* Zusammenhang integriert[138].

Wenn die Frage nach ihrer Einheit und Verschiedenheit später wieder aufgenommen wird, vertritt Protagoras die These, *Tapferkeit*, *Gerechtigkeit*, *Frömmigkeit*, *Weisheit* und *Besonnenheit* seien »Teile der Tugend, und die vier anderen ... einander auch *sehr nahe*, die *Tapferkeit* aber [sei] von ihnen allen gar *sehr verschieden*.«

Er beruft sich dafür wieder auf den Sprachgebrauch, der Menschen, »welche sehr ungerecht, sehr ruchlos, sehr unbändig und sehr unverständig sind«, dennoch als »ganz ungewöhnlich tapfer« (349d) bezeichnen kann. Verfügen die Tugenden also über einen Kern *starker* Ähnlichkeit und besteht dieser in der Vierersequenz von *Gerechtigkeit, Frömmigkeit, Besonnenheit* und *Weisheit*, während sich andere Tugenden wie die Tapferkeit weiter von diesem Kern entfernen, ohne sich dadurch vom Verbund der Tugenden abzuspalten? Sokrates reagiert auf diesen Ansatz so, dass er sich darum bemüht, auch die Tapferkeit im Kern des Verbandes aller Tugenden zu verorten. Gleichzeitig benennt er jetzt eine andere Grundform von Tüchtigkeit, die tiefer greift als die Regel des *suum cuique tribuere*. Dabei erwähnt er die Begriffe des Schönen, des Lehrens und damit des Wissens, wobei hinter dem Begriff des Schönen seine superlativische Fassung (das Schönste) und der Begriff des Guten stehen, der ebenfalls eine superlativische Form aufweist und dann »das Beste« heißt, während »über« den Begriffen des Wissens und Lehrens als deren Optimalform die Tugend der Weisheit steht. Wenn das so ist, dann scheint die in sich einfachste Tüchtigkeit das beste Wissen des Guten, Schönen und Richtigen zu sein, zu der mit dem *suum cuique tribuere* die Zusatzform hinzutritt, durch die sie sich in bestimmter Hinsicht zur »Gerechtigkeit« und in anderer zur »Frömmigkeit« konkretisiert. In der Gerechtigkeit wird das Beste für soziale Zusammenhänge und die beste Form ihrer Verteilung gewusst, in der Frömmigkeit das Beste, das den Göttern als den in jeder Hinsicht besten Lebewesen von Seiten der Menschen zukommt. Weil jede Tüchtigkeit im Kern ein Wissen des in einem bestimmten Zusammenhang Besten voraussetzt und so auch ein Wissen des Maßes, das ihm in den Konkretionsformen dieses Zusammenhangs zukommt, ist »Weisheit« offensichtlich die Tugend, die dem Zusammenhang der Tugenden die äußere Grenze und die Binnenstruktur einer in sich gegliederten Einheit verleiht. Für die zuvor von Protagoras an die Peripherie gedrängte Tapferkeit gilt jedenfalls auch die Weisheitsregel, dass man wissen muss, was man fürchten und was man nicht fürchten soll, und was das richtige Maß ist, in dem man etwas fürchten oder nicht fürchten soll.

35 · Platon, *Protagoras* 349e–350c

(349e) (S:) »Nennst du die Tapferkeit dreist oder etwas anderes? Und auch keck zufahrend auf das, worauf die meisten sich fürchten zu gehen. So komm denn! Sagst du, die Tugend sei etwas Schönes? Und als in etwas Schönem erbietest du dich in ihr zum Lehrer? – (P:) Und zwar das Schönste allerdings, wenn ich nicht von Sinnen bin. – (S:) Ob etwa einiges an ihr schlecht ist und anderes schön? – (P:) Alles durchaus schön, so sehr als immer möglich. – (S:) Kennst du auch wohl diejenigen, (350a) die dreist ins Wasser springen? – (P:) O ja, die Schwimmer. – (S:) Weil sie es verstehen, oder aus einer anderen Ursache? – (P:) Weil sie es verstehen. – (S:) Und wer ficht im Kriege dreist zu Pferde? Die Reiter oder die Unberittenen? – (P:) Die Reiter. – (S:) Und wer mit kurzen Schilden? Die Leichtbewaffneten oder andere? – (P:) Jene und überhaupt sind in allen anderen Dingen, wenn du darauf hinauswillst, die Kundigen dreister als die Unkundigen, und nachdem sie es gelernt haben, dreister als sie selbst waren, ehe sie es gelernt hatten. – (S:) (350b) Hast du auch schon solche gesehen, fragte ich, die aller dieser Dinge unkundig waren und doch zu allem dreist? – (P:) O ja und sehr dreist. – (S:) Sind wohl diese Dreisten auch tapfer? – (P:) Dann wäre ja die Tapferkeit etwas sehr Schlechtes, denn diese sind toll. – (S:) Was sagst du denn von den Tapferen, nicht, dass sie (350c) die Dreisten sind? – (P:) Auch jetzt noch. – (S:) Also diese, die auf solche Art dreist sind, scheinen doch nicht tapfer zu sein, sondern toll? Und vorher dort waren die Weisesten die Dreistesten und die Dreistesten auch die auch die Tapfersten? Und so wäre ja nach dieser Rede die Weisheit die Tapferkeit.«

Sokrates charakterisiert »Tugend« im Kern als ein Wissen des Guten. Da ein solches Wissen nur dann wirkungsmächtig ist, wenn man dem erkannten Guten auch im Handeln folgt, bildet die vom Wissen getragene Verwirklichung des Guten die in sich einfache Kernzone jeder Art von Tüchtigkeit. Die besonderen Tugenden ergänzen oder erweitern diesen Kern durch verschiedene Zusatzformen. Die Grundform der Tugenden begründet ihre Verwandtschaft oder Ähnlichkeit, die Zusatzformen hingegen ihre Unähnlichkeit, die jedoch von ihrer Grundform her eine Unähnlichkeit innerhalb von Ähnlichkeit bleibt. Die Kerntüchtigkeit des Wissens bezieht sich im Zusammenhang der Tugenden nicht nur auf ihre Grundform, sondern ebenso auf ihre Zusatzformen sowie auf die Verbindungsverhältnisse zwischen der Grundform und ihren Zusatzformen. Das darin wirksame Wissen des Guten ist zugleich ein Wissen des Schlechten und ein Wissen von dem, was zwischen den Extrempolen des Guten und Schlechten »in der Mitte« liegt.

Platon thematisiert im *Protagoras* den komplexen Ordnungszusammenhang von Formen des Guten, der als Ganzer dem Wissen und dem vom Wissen angeleiteten Handeln zugänglich ist. Wissen muss sich dafür aber nicht nur auf inhaltlich geprägte, sondern auch auf abstrakte Formen beziehen können, etwa auf Ähnlichkeit und Unähnlichkeit, Identität und Verschiedenheit, Ganzes und Teil, Vollkommenes und Unvollkommenes oder Größeres und Kleineres. Platons Zentraltugend der Weisheit zeigt sich dabei als vielfältig konkretisierbare »Messkunst (356 d: τέχνη μετρική)«, die für die Realisierung des Guten »das Mächtigste (τὸ κράτιστον)« ist (352 d). Nach Sokrates hängt von dieser Messkunst, die der Geometrie als dem konkreten Messen von Figuren und Flächen als Bedingung ihrer Möglichkeit noch vorausliegt, nichts weniger ab als »das Heil unseres Lebens (ἡ σωτηρία τοῦ βίου)« (356 e).

Die Definition der Weisheit als Messkunst bleibt im *Protagoras* änigmatisch. Sie verweist auf den Grundgedanken der esoterischen Philosophie, die im Ausgang von den beiden Grundformen aller Zahl, ›Eins‹ und ›unbestimmte Zweiheit‹, zwei Prinzipien aller Wirklichkeit ansetzt und dann die These vertritt, dass die Idee des Guten dadurch das Beste und Mächtigste sowohl *in* als auch *über* allem Seienden ist, dass sie die beiden elementaren Wirkungsprinzipien, ›Einheit‹ und ›Zweiheit‹, durchgängig miteinander verbindet[139]. Nur unter dieser Voraussetzung kann, wie der *Timaios* zeigt, der Kosmos der Inbegriff aller Ordnung sein, nämlich Form und Produkt des kontinuierlichen Zusammenwirkens der einander entgegengesetzten und deshalb nur durch eine göttliche Wirkursache miteinander zu verbindenden Grundformen des »stets sich selbst gleich Seienden« (Einheitlichkeit als dynamisches Prinzip der Einheitsbegründung) und des »Werdenden« (Zweiheitlichkeit als Form des ständigen Wechsels und damit als dynamisches Prinzip der Begründung ›unbestimmter‹ Vielheit)[140]. Platon hat das Konzept von Ordnung, das dem Kosmos zugrunde liegt, in keinem seiner Texte systematisch vollständig dargestellt. Dennoch kann man aus der Perspektive des *Protagoras*, also eines aporetischen Dialoges, einen aufschlussreichen Blick darauf werfen und dabei zugleich verstehen, warum Verhandlungen über ethische und politische Fragen auf eine Dimension des Wissens von begrifflichen Formen verweisen, die man bewusst durchschritten haben muss, wenn man das individuelle und soziale Leben nach einer Regel des Guten gestalten will.

Die Frage nach der internen Ordnung für die »Gemeinschaft der Ideen« wird in der vorliegenden Darstellung nicht vertieft[141]. Stattdessen wird die Frage nach der besonderen Seinsweise allgemeiner Tüchtigkeits- und Ordnungsformen in der Orientierung an Platons *Symposion* aufgenommen. Dort wird gezeigt, dass die Idee, die Wirkungsmacht einer allgemeinen Form, allein in Wahrheit *ist*, während das Individuelle, in Raum und Zeit Bestimmbare nur dadurch ist, dass es an der Wirkungsmacht idealer Form Anteil hat.

## 3. | Die besondere Seinsweise der ›Ideen‹

Die Frage nach dem besonderen Sein der ›Ideen‹ wird in keinem Text Platons ausführlicher als im *Symposion* thematisiert. Handlungskontext ist die Siegesfeier des Tragödiendichters Agathon (ca. 448–402) in einem musischen Wettkampf aus Anlass des Dionysosfestes der Lenaien im Frühjahr 416. Dazu hat er sich mit seinen Freunden versammelt, darunter Phaidros, der ansonsten unbekannte Titelgeber eines der wichtigsten Dialoge Platons, Agathons Liebhaber Pausanias, der Arzt Eryximachos, der Komödiendichter Aristophanes[142] und Sokrates. Sie haben vereinbart, nur mäßig Wein zu trinken und der Reihe nach Lobreden auf den Gott Eros zu halten, wobei es ihnen im Blick auf ihr eigenes Können das Beste zu sein scheint, Sokrates als Letzten sprechen zu lassen. Nach seiner Rede stößt der betrunkene, mit einer Schar seiner Anhänger durch das nächtliche Athen schweifende Alkibiades hinzu, der die zuvor verabredeten Regeln des Redens und Trinkens ins Gegenteil verkehrt. Ein Jahr nach diesem Auftritt (415) wird Alkibiades die Athener zum Großunternehmen der Sizilischen Expedition überreden, dem elf Jahre später nach bürgerkriegerischen Exzessen (410 und 404) die Niederlage der Stadt folgen wird. Die Erzählung über die Siegesfeier des Agathon wird als späterer Bericht des Sokratesschülers Apollodoros wiedergegeben, der ihn schon von Aristodemos, einem anderen Freund und Schüler des Sokrates, gehört hat[143]. Die Erzählzeit liegt also *nach* dem politischen Zusammenbruch Athens. Den Text selbst scheint Platon etwa im Jahr 375 geschrieben zu haben[144]. Die darin berichtete Handlung steht in einem Kontext, der unter anderem nahe legen will, dass der Rausch das Feld der Politik zerstört und Nüchternheit das der Philosophie nicht zur Entfaltung kommen lässt. Wir klammern diese Problematik jedoch aus und konzentrieren uns auf die Rede des Sokrates, der statt wie seine Vorredner eine monologische Lobrede zu halten ein dialogisches Lehrgespräch referiert, in dem Diotima, eine von Platon erfundene Priesterin aus

Mantineia, etwa im Jahr 450, also mitten in der Glanzzeit Athens und noch deutlich *vor* dem Ausbruch des Peloponnesischen Krieges, den damals noch jungen Sokrates über die Macht des Eros unterrichtet hat[145]. Das Thema der Idee des Schönen steht dort im Zusammenhang mit einer Anthropologie, die dem menschlichen Leben eine Grundform des Begehrens nach Schönem unterstellt, die es mit allem Lebendigen teilt – außer mit der göttlichen Natur, die keinen Mangel und deshalb auch kein Begehren kennt[146]. Begehren setzt die Empfindung eines Mangels in so elementarer Weise voraus, dass *alles* menschliche Tun, auch das Denken, eine Form des Begehrens ist, das, wie Diotima erläutert, seine vollständige Kraft nur im Blick auf die Idee des Schönen entfalten kann. Der ausgewählte Textausschnitt gibt den Schluss ihrer Rede und die Sätze des Sokrates wieder, mit denen er die Worte seiner Lehrerin als das einzig angemessene Lob auf die Macht des Eros bezeichnet.

## 36 · Platon, *Symposion* 209e–212b

**(209e)** Diotima: »[...] So weit nun, o Sokrates, vermagst du wohl auch in die Geheimnisse der Liebe **(210a)** eingeweiht zu werden; ob aber, wenn jemand die höchsten und heiligsten, auf welche sich auch jene beziehen, recht vortrüge, du es auch vermöchtest, weiß ich nicht[147]. Indes will ich sie vortragen und es an mir nicht fehlen lassen. Versuche nur zu folgen, wenn du es vermagst.

Wer nämlich auf die rechte Art diese Sache angreifen will, der muss in der Jugend zwar damit anfangen, schönen Gestalten nachzugehen, und wird zuerst freilich, wenn er richtig beginnt, nur *eine* solche lieben und sie mit schönen Reden befruchten, hernach aber von selbst inne werden, dass die Schönheit in irgendeinem Leibe (τὸ κάλλος ἐπὶ σώματι) derjenigen **(210b)** in einem anderen verwandt ist und es also, wenn er der Idee des Schönen (τὸ ἐπ' εἴδει καλόν) nachgehen soll, großer Unverstand (ἄνοια) wäre, nicht die Schönheit in allen Leibern für eine und dieselbe zu halten, und, wenn er dies inne geworden (ἐννοεῖν), sich als Liebhaber aller schönen Leiber darstellen und von der gewaltigen Heftigkeit für einen nachlassen, indem er dies für klein und geringfügig hält. Nächstdem aber muss er die Schönheit in den Seelen (τὸ ἐν ταῖς ψυχαῖς κάλλος) für weit herrlicher (τιμιώτερον = ehrenwerter, verehrungswürdiger) halten als die in den Leibern, so dass, wenn einer, dessen Seele zu loben ist, auch nur wenig von jener Blüte **(210 c)** zeigt, ihm das doch genug ist und er ihn liebt und pflegt, indem er solche Reden erzeugt und aufsucht, welche die Jünglinge besser zu machen vermögen, damit er selbst so dahin gebracht werde, das Schöne in den Bestrebungen und in den Sitten (τὸ ἐν τοῖς ἐπιτηδεύμασι καὶ τοῖς νόμοις καλόν) anzuschauen, um auch von diesem zu sehen, dass es sich überall verwandt ist, und so die Schönheit des Leibes für etwas Geringes zu halten. Von den Bestrebungen aber muss er weiter zu den Erkenntnissen (ἐπιστήμαι) gehen, damit er auch die Schönheit der Erkenntnisse schaue und, **(210 d)** vielfältiges Schöne schon im Auge habend, nicht mehr das bei einem einzelnen in knechtischer Weise liebt, die Schönheit eines Knäbleins oder irgendeines Mannes oder einer einzelnen Bestrebung, und dem dienend sich schlecht und kleingeistig zeige, sondern auf die hohe See des Schönen sich begebend und dort umschauend viel schöne und herrliche Reden und Gedanken erzeuge in neidloser Philosophie, bis er, hierdurch gestärkt und vervollkommnet, eine einzige solche Erkenntnis erblicke, welche auf ein Schönes der folgenden Art geht.

**(210 e)** Hier aber, sprach sie, bemühe dich nur aufzumerken so viel du kannst. Wer nämlich bis hierher in der Liebe erzogen ist, das Schöne in einer solchen Reihe richtig (ἐφεξῆς τε καὶ ὀρθῶς) zu sehen, der wird, indem er nun der Vollendung in der Liebeskunst entgegengeht, plötzlich (ἐξαίφνης)[148] ein von Natur wunderbar Schönes (τι θαυμαστὸν τὴν φύσιν καλόν) erblicken, nämlich jenes selbst, Sokrates, um dessen willen er alle bisherigen Anstrengungen gemacht hat, **(211 a)** welches zuerst immer ist (ἀεὶ ὄν) und weder entsteht noch vergeht, weder wächst noch schwindet, ferner auch nicht etwa nur insofern schön, insofern aber hässlich ist, noch auch jetzt schön und dann nicht, noch in Vergleich hiermit schön, damit aber hässlich, noch auch hier schön, dort aber hässlich, als ob es nur für einige schön, für andere aber hässlich wäre. Noch auch wird ihm dieses Schöne unter einer Gestalt erscheinen, wie ein Gesicht oder Hände oder sonst etwas, was der Leib an sich hat, noch wie eine Rede oder eine Erkenntnis, noch irgendwo an einem anderen seiend, weder an einem einzelnen Lebenden (211b) noch an der Erde, noch am Himmel; sondern an und für und in sich selbst ewig überall dasselbe seiend (αὐτὸ καθ' αὑτὸ μεθ' αὑτοῦ μονοειδὲς ἀεὶ ὄν), alles andere Schöne aber an jenem auf irgendeine solche Weise Anteil (μέθεξις) habend, dass, wenn auch das andere entsteht und vergeht, jenes doch nie einen Gewinn oder Schaden davon hat, noch ihm sonst etwas begegnet[149]. Wenn also jemand mittels der echten Knabenliebe, von dort an aufgestiegen, jenes Schöne anfängt zu erblicken, der könnte beinahe das Vollkommene berühren. (211c) Denn dies ist die rechte Art, sich der Liebe zu widmen oder von einem anderen dazu angeführt zu werden, dass man von diesem einzelnen Schönen beginnend jenes einen Schönen wegen immer höher hinaufsteige, gleichsam stufenweise *von einem zu zweien* (ἀπὸ ἑνὸς ἐπὶ δύο) und *von zweien zu allen* (ἀπὸ δυοῖν ἐπὶ πάντα) schönen Gestalten, und von den schönen Gestalten zu den schönen Handlungsweisen, und von den Handlungsweisen zu den schönen Kenntnissen, bis man von den Kenntnissen endlich zu jener Kenntnis gelangt, welche von nichts anderem als von jenem Schönen selbst die Kenntnis ist, und man also zuletzt jenes selbst, was schön ist (ὃ ἔστι καλόν), erkenne.

(211d) Und an dieser Stelle des Lebens, o Sokrates, sagte die Mantineische Fremde, wenn irgendwo, ist es dem Menschen erst lebenswert, wo er das Schöne selbst (αὐτὸ τὸ καλόν) schaut, welches, wenn du es je erblickst, du nicht wirst vergleichen wollen mit köstlichem Gerät oder Schmuck oder mit schönen Knaben und Jünglingen, bei deren Anblick du jetzt entzückt bist und wohl gern, du wie viele andere, um nur den Liebling zu sehen und immer mit ihm vereinigt zu sein, wenn es möglich wäre, weder essen noch trinken möchtest, sondern nur anschaun und mit ihm verbunden sein. Was also, sprach sie, sollen wir erst glauben, wenn einer dazu gelangte, (211e) jenes Schöne selbst rein, lauter und unvermischt zu sehen, das nicht erst voll menschlichen Fleisches ist und Farben und anderen sterblichen Flitterkrams, sondern das göttlich Schöne selbst in seiner Einartigkeit (τὸ θεῖον καλόν μονοειδές) zu schauen? Meinst du wohl, dass das ein schlechtes Leben sei, (212a) wenn einer dorthin sieht und jenes erblickt, womit man es erblicken und mit ihm zusammensein muss? Oder glaubst du nicht, dass dort allein es jemandem zuteil werden kann, indem er schaut, womit man das Schöne schauen muss, dass er dann nicht Abbilder (εἴδωλα) der Tugend erzeugt, weil er nämlich auch nicht ein Abbild berührt, sondern Wahres, weil er Wahres berührt? Wer aber wahre Tugend erzeugt und aufzieht, dem gebührt es, von den Göttern geliebt zu werden, und, wenn irgendeinem anderen Menschen, dann gewiss ihm auch, unsterblich zu sein.

(212b) Solches, o Phaidros und ihr übrigen, sprach Diotima, und ich habe ihr geglaubt, und wie ich es glaube, suche ich es auch andern glaublich zu machen (πείθειν), dass, um zu diesem Besitz zu gelangen, nicht leicht jemand der menschlichen Natur einen besseren Helfer finden könnte als den Eros. Darum auch, behaupte ich, sollte jedermann den Eros ehren, und ehre ich auch selbst alles, was zur Liebe gehört, und übe mich darin ganz vorzüglich und ermuntere auch die anderen dazu, und preise jetzt und immer die Macht (δύναμις) und die Tapferkeit des Eros, so sehr ich nur vermag. Willst du nun, o Phaidros, so nimm diese Rede dafür an, dass ich sie als Lobrede auf den Eros gesprochen habe.«

Diotima steht als Fremde aus dem arkadischen Mantinea außerhalb der Stadtkultur Athens[150]. Ihre Fähigkeit, das Göttliche zu sehen, ist weder der *theologia poetica* des Mythos noch der *theologia politica* einer Bürgergemeinschaft zuzuordnen. Wenn man den Namen ihres Lebensortes auf die Mantik und damit auf den »göttlichen Wahnsinn (θεῖα μανία)« beziehen darf, den Sokrates im *Phaidros* als höchstes aller menschlichen Güter preist, dann ist Diotima die Oppositionsfigur zu einer weitgehend säkularen Kultur rationaler Selbstverfügung, wie sie eine Polis charakterisiert, die durch ihre Lebensform, soweit dies im Rahmen der Antike möglich ist, die Welt der Moderne antizipiert[151]. Aus dieser Position wird sie für den Athener Sokrates zur Lehrerin »in Liebessachen«, so dass er jetzt auch anderen erklären kann, wer Eros wirklich ist, worin seine besondere Qualität besteht und welche »Werke« aus seiner Macht hervorgehen (201 d).

In größtmöglicher Allgemeinheit gesprochen ist Eros das Streben nach Nähe zum Schönen, genauer nach »Zeugung« in ihm, aus der neues Schönes ›geboren‹ wird, das demjenigen, der es zeugt, dauerhaft als Gegenstand seiner Freude und Sorge gegenwärtig ist. Das Schöne erscheint dabei notwendig als das Gute, so dass Eros nach dem Gutem strebt, das ihn mit der Macht des Schönen unwiderstehlich anzieht. Unter dieser Voraussetzung ist Eros selbst weder schön noch gut, deshalb auch kein Gott und erst recht nicht der größte unter ihnen, sondern die Kraft der Vermittlung zwischen dem, was aus sich selbst gut und schön ist, und dem, was es nicht ist. Diotima umschreibt die mittlere Stellung des Eros zwischen göttlichem und nicht-göttlichem Sein mit dem Begriff des Dämonischen[152]. Sie knüpft damit an die *theologia poetica* des Mythos und den von ihr bestimmten Begriff des Kosmos als Ort des gemeinsamen Lebens von Göttern und Menschen an und entwickelt daraus den Begriff eines Ganzen, das aus zwei der Qualität nach verschiedenen Teilen besteht. Ihre Einheit setzt deshalb die Wirkung einer mittleren Kraft voraus (202 e: ἐν μέσῳ δὲ ὄν ἀμφοτέρων), die an beiden Qualitäten Anteil hat und deshalb zwischen ihnen eine Verbindung herstellt. Man kann dafür an das Mittlere einer arithmetischen Proportion (z. B. 2 : 4 = 4 : 8) denken, aber auch an politische oder soziale Mittelkräfte, an Pufferstaaten zwischen zwei Großmächten oder, was den Griechen zur Zeit Platons näher lag, an die Schicht der »Mittleren«, die in einer Polis dafür sorgen, dass sie nicht mit bügerkriegerischen Folgen in eine Gruppe der »Reichen« und in eine der »Armen« zerfällt[153].

Diotima setzt voraus, dass endliches als das schwächere Sein nicht aus sich selbst, sondern nur aufgrund seiner Teilhabe an einer andersartigen und besseren Natur besteht. Das Ganze des Seins muss deshalb von einer doppelläufigen Bewegung getragen sein, in der das Schwächere danach strebt, dem Besseren ähnlich zu werden, und das Bessere im Schwächeren anwesend wird. Die Grundbewegung des schwächeren Seins ist deshalb nicht wie in der Theorie des Menschen als Mängelwesen die Bewegung der Selbsterhaltung, sondern die der Steigerung seiner selbst durch Annäherung an das, was das Beste ist[154].

Die ontologisch-kosmologische Vermittlungsfunktion des Eros wird in den weiteren Überlegungen Diotimas auf subjektiv-menschliche Erfahrungen bezogen, und zwar hauptsächlich auf die Sexualität. Wenn man »des Mannes und Weibes Gemeinschaft« (206 c) als ein *esse simplex* einschätzt, kann man sie nur als ein individuelles, augenblickliches und naturalistisch motiviertes Begehren beschreiben. Versteht man sie dagegen als eine soziale Funktion und damit als ein *esse compositum*, das auf ein *elementum primum* zurückgeht, dann ist sie die Konkretisierungsform einer transindividuellen »Veranstaltung (208 b: μηχανή)«, die, generell gesprochen, »das Unsterbliche« im »Sterblichen« anwesend macht und damit das kontinuierliche Bestehen einer Gattung des Lebendigen in der Welt des Werdens in der Weise sichert, dass »immer ein anderes Junges statt des Alten zurückbleibt« (207 d). Dieselbe »Veranstaltung« konkretisiert sich aber auch im Streben der menschlichen Seele nach bestimmten Gewohnheiten, Sitten, Meinungen, Begierden und Erkenntnissen, so dass auch sie dadurch immer vorhanden sind, dass ihre individuellen Gestalten einander kontinuierlich folgen (207 e)[155].

Im Bereich menschlicher Lebendigkeit werden also naturale Impulse und subjektive Intentionen, die als solche nichts »Heiliges« sind, von einer transindividuellen Gestaltungsmacht überlagert. Der naturale Impuls eines lebendigen Leibes nach Anerkennung seiner Schönheit und Kraft durch einen anderen Leib wird nicht von seiner Intention, sondern von seiner Funktion her zum Entstehungsgrund für die *privaten* Gemeinschaftsformen der Ehe oder einer anderen Art »festerer Freundschaft« (209 c). Der Impuls der Seele, mit dem sie für ihre beste Kraft, die des vernünftigen Sprechens, die Anerkennung anderer sucht, wird nach demselben Muster zum Entstehungsgrund für die Dichtung (Homer, Hesiod) und die Gesetzgebung (Lykurg für Sparta, Solon für Athen) und damit für die entscheidenden Gestaltungskräfte sittlich und politisch qualifizierter Gemeinschaften (209 c–d). Infolge des ersten Teils seiner Belehrung erhält Sokrates die *erste* Einweihung in die Wirkungskräfte des Eros. Er kann jetzt im Schwächeren einer dem Werden unterliegenden Intention das bessere Sein einer objektiven Formkraft als wirksam erkennen und versteht von daher den *Zusammenhang* des Lebendigen und die in ihm wirksame Regel einer Verbindung von Schwächerem und Besserem oder, allgemeiner gesprochen, von Werden und Sein. Wir können von daher schließen, dass die zweite Einweihung ihn dazu befähigen soll, mit der Idee des Schönen »die höchste und heiligste« Gestaltungskraft *aller* Wirklichkeit vor sich zu sehen, die ihre Kraft allein aus sich und nicht aus einer Beziehung auf Kräfte des Werdens entfaltet.

Voraussetzung für die *zweite* Weihe ist die vollständige Vertrautheit mit den gewöhnlichen Formen des Begehrens. Dafür nennt Diotima zunächst die Liebe eines bestimmten Körpers zu einem anderen, der mit der physischen Attraktionskraft körperhaft konkretisierter Schönheit auf ihn wirkt. Dass dies nicht die Grundform, sondern nur eine bestimmte und von daher in sich beschränkte Realisierungsform des Eros ist, zeigt sich schon daran, dass ihr Erfolg von der Mitwirkung der Sprache als seelischer Kraft abhängt. Im sexuellen Begehren ist als Vorbereitung, Begleitung oder Stabilisierung ein Moment der Reflexion immer schon anwesend. Erst wenn es in einem nachträglichem Bedenken (»inne werden«: κατανοῆσαι) eigenständig in Erscheinung tritt, kann das, was im sexuellen Begehren geschieht, als eine bestimmte, in sich begrenzte und zugleich vielfältig realisierbare Form menschlichen Handelns verstanden werden. Diotima spricht in diesem Zusammenhang von einem Lernprozess, den sie als methodisches Voranschreiten »von einem zu zweien (ἀπὸ ἑνὸς ἐπὶ δύο) und von zweien zu allen (ἀπὸ δυοῖν ἐπὶ πάντα) schönen Körpern« (211 c) beschreibt. Dabei setzt der Schritt von Eins zu Zwei bereits die Erfahrung ihrer Ähnlichkeit voraus, während der Schritt von Zweien zu Allem nur dem gelingt, der die Ähnlichkeit, die schon im Voranschreiten von Eins zu Zwei wirksam gewesen ist, vollständig vor Augen hat. Wer Einzelnes nicht nur mit *einem* Ähnlichen vergleichen, sondern *alles* Einzelne, das einander ähnlich ist, auf eine gemeinsame Form (εἶδος) beziehen kann, besitzt die begriffliche Erfahrung eines Ganzen, die durch anderes Ähnliches nicht mehr erweitert werden kann und deshalb den sicheren Grund dafür legt, *alles* gleichartige Einzelne als den Zusammenhang eines bestimmten Ganzen verstehen zu können. Das hat eine entschieden praktisch Bedeutung, weil die begriffliche Erfahrung dem zunächst impulsiven, an den Wechsel des Augenblicks gebundenen sexuellen Begehren die Form zeitlicher Kontinuität aufprägt, so dass es sich zu einem Verhalten entwickeln kann, bei dem Einzelnes nicht mehr unverbunden nebeneinander steht, sondern eine homogene, in sich gegliederte und von daher der Reflexion zugängliche Einheit darstellt.

Wenn das Streben der Seele nach Schönem bereits auf der Ebene der Sexualität nicht nur einfach mitwirkt, sondern ihr erst zur Entfaltung einer in sich differenzierungsfähigen Praxis verhilft, dann muss »Seele« bei der umfassenden Analyse des erotischen Begehrens eine Schlüsselrolle spielen. Zunächst setzt ihr Streben nach Schönem das *Sein* seelenhaft konkretisierter Schönheit voraus, sei dies der Charakter einer Person, der »Geist« einer Familie oder derjenige eines anderen Sozialverbandes. Auch das seelisch Schöne ist zunächst Einzelnes, nämlich die Einstellung der eigenen Eltern, die Sittlichkeit *der* Familie oder die Gesetzmäßigkeit *der* Polis, in die man hineingeboren wird. Im Laufe des Erwachsenwerdens lernt jede Person nicht nur viele seelische Eigenschaften verschiedener Personen kennen, sondern auch vielfältige Grundintentionen von sozialen oder politischen Verbänden. Auch hier gilt deshalb die Notwendigkeit des Voranschreitens ›von einem zu zweien und von zweien zu allem‹, bei dem bestimmte Erfahrungen zur Einheit einer begrifflichen Form zusammengefasst werden. Eine besondere Form des Strebens der Seele nach Schönem ist schließlich das Streben nach Wissen, das ebenfalls nur im Voranschreiten ›von einem zu zweien und von zweien zu allem‹ als eine begriffliche Form erkannt werden kann. Und nur unter dieser Voraussetzung entfaltet sie ihre besondere Wirkungskraft vollständig.

Diotima zeigt Sokrates also in konkreter Deutlichkeit, dass die Grundkraft des menschlichen Lebens im Streben nach »schönen« Gütern besteht. Dieses Streben ist eine dynamische Größe, die der menschlichen Lebensführung insgesamt die Dynamik einer vielfältig aufgefächerten Perfektibilität verleiht. Sie entfaltet sich in Form einer kontinuierlichen, methodisch geordneten Bewegung (210 a: »in der richtigen Weise gehen«; vgl. 210 e: »der Reihe nach und richtig gehen«). Ihr Ausgangspunkt ist das natürliche, triebgesteuerte und jedermann vertraute Begehren nach Gemeinsamkeit mit einem anderen Körper. Das Voranschreiten von diesem Anfang folgt der Regel rhythmischer Wiederholung (ebd.: zuerst – dann), wobei das Weitergehen auf eigener Tätigkeit (*actio*), aber auch auf einem Geführtwerden durch andere (*passio*) beruhen kann (211 c). Jeder neue Teil des Weges öffnet den Blick auf zuvor unbekannte Ziele (210d: blicken auf; 210e: sehen, betrachten), die ein Begehren nach Nähe auslösen (210c: κήδεσθαι = pflegen, sich zum Verwandten machen), so dass es in dieser Bewegung darum geht, sich die begehrten Gütern anzueignen. Der durchschrittene Weg weist natürliche Ruhepunkte auf, die ihm eine Struktur aufprägen, so dass sie demjenigen, der diesen Weg im regelmäßigen Wechsel von Ausschreiten und Innewerden durchläuft, immer vollständiger bewusst wird. Dabei zeigt sich, dass die *eine* Grundbewegung des Voranschreitens in zwei besondere Formen auseinander tritt: in das kontinuierliche Durchschreiten einer homogenen Ebene von ihrem Anfang bis zu ihrem Ende und in das diskontinuierliche Aufsteigen zu einer ›höher‹ gelegenen Ebene, die dann erneut in einer kontinuierlichen Bewegung durchschritten wird.

Innerhalb der so durchlaufenen Struktur sind *drei* Ebenen voneinander unterschieden und zugleich miteinander verbunden: das Streben nach Schönem in Bezug auf (1) Körper, (2) Seele und (3) Wissen, das als eine besondere Aktivität der Seele aufzufassen ist. Diese Ebenen und die Regel ihrer Verbindung zu einer Gesamtstruktur beruhen auf der Beschaffenheit der menschlichen Natur, die naturale Impulse, Kräfte des Empfindens und Wollens sowie des Bewertens und Wissens als Einheit eines in sich gegliederten Zusammenhangs umfasst. Die beschriebene Bewegung ist deshalb eine ›natürliche‹, die unter griechischen Bedingungen jeden frei geborenen männlichen Bürger aus dem *Haus* in die *Polis* und damit aus der Sphäre des privaten in die des öffentlichen Lebens führt. Der Weg folgt keiner moralischen Sollensforderung oder einer besonderen philosophischen Belehrung, sondern der ›natürlichen‹ Struktur einer kulturell qualifizierten Sozialform, die produktiv auf die vielfältigen Bedürfnisse der menschlichen Natur reagiert und von daher Anreize für ihre optimale Befriedigung anbieten muss, wenn sie auf längere Zeit bestehen soll.

Der andere rhythmische Wechsel, der das menschliche Begehren nach Schönem prägt, ist der von »groß« und »klein«. Das jeweils neu erblickte Ziel ist immer das Große, das alle Energie an sich bindet, aber im weiteren Voranschreiten aus der Perspektive des jeweils neu Erblickten wieder zum Kleinen herabgesetzt wird. Nur so kann die zuvor gebundene Energie des Strebens nach Schönem so weit wieder freigesetzt werden, dass sie sich auf neue und größere Ziele richten kann. Der Wechsel von »groß« und »klein« ist also direkt an den von »jetzt« und »danach«, also an die Verlaufsform der Zeit gebunden. Er bestimmt einerseits die kontinuierlichen Bewegungen *innerhalb* der einzelnen Ebenen (›von einem zu zweien und von zweien zu allem‹), so dass hier jeweils gilt: Das Schöne an einem einzelnen Körper ist kleiner als das körperhaft konkretisierte Schöne insgesamt. Das Schöne an einer individuellen Seele ist kleiner als das Schöne an der Gesamtheit seelischer Dispositionen. Das Schöne an der Verfasstheit eines einzelnen Sozialverbandes ist kleiner als das, was die Verfassung sozialer Verbände überhaupt bestimmt. Das Schöne eines bestimmten Wissens ist kleiner als das des vollständig entfalteten Wissens. Da derselbe Wechsel auch die Aufstiegsbewegungen von einer Ebene zur jeweils höheren bestimmt, gilt zusätzlich: Das körperhaft konkretisierte ist kleiner als das seelisch konkretisierte Schöne. Das Schöne der individuellen Tugenden ist kleiner als das, was in sozialen Verbänden als Grund ihrer Einheit wirkt. Das Schöne des Wissens ist größer als das körperlich Schöne und die anderen Formen des seelisch konkretisierten Schönen. Insgesamt ist der von Eros geleitete Weg eine Steigerungsbewegung, nämlich der Übergang von einem Zustand der Armut, Knechtschaft, Kleingeistigkeit und Schwäche zu dem des Reichtums, der Freiheit und der Stärke. Am Anfang ist das, was Eros verwirklicht, eine kleine Einheit, während er später eine Pluralität komplexer Größen trägt, so dass darin verschiedenes Einzelne durch unterschiedlich konkretisierte Regeln der Ähnlichkeit in die Ganzheit einer Ordnung integriert ist (210 b: Verschwistertes, ein und dasselbe, Eines in Bezug auf alles, 210 c: ein Ganzes, das mit sich selbst verwandt ist).

Die Aufstiegsbewegung von einer Ebene zur anderen verleiht deshalb dem zunächst einseitig geformten energetischen Potential, das dem Streben nach Schönen zugrunde liegt, eine Komplexitätsform, mit der es sich auf »die hohe See des Schönen« begeben kann. In seiner Optimalform wird dieses Streben zur »Philosophie«, die sich als »neidlose Liebe zur Weisheit« von allen schwächeren Formen der Liebe zu kleineren Gestalten des Schönen unterscheidet. Eine schwache Kraft benötigt für die Aneignung eines bestimmten Gutes ihre gesamte Energie, die ihr dann für das Streben nach anderen Gütern fehlt. Sie kann deshalb andere, die andere Güter besitzen, entweder nur ohnmächtig beneiden oder sie muss überzeugt sein, dass ihr eigener Besitz den Neid der anderen verdient. Das Streben nach Schönem in »neidloser Liebe« organisiert dagegen eine Bezugnahme auf Güter, die vom Wechsel zwischen Entfaltung und Begrenzung geprägt ist. Man könnte auch sagen: Es sorgt dafür, dass die Menge an Energie, die durch eine bestimmte Aneignungsbewegung gebunden ist, durch eine Gegenbewegung der Distanzierung von ihr, ihrer Relativierung und Positionierung innerhalb eines Ganzen wieder so weit freigesetzt wird, dass die Bindung an ein bestimmtes Gut ihre grundsätzliche Fähigkeit, sich auf Schönes zu beziehen, nicht einschränkt.

Da alle Ziele des »richtig geführten« Begehrens als schön erscheinen, muss das Schöne selbst in verschiedenen Formen oder Gestalten anwesend sein. Die Pluralität schöner Gestalten kann deshalb nur dadurch eine *Einheit* bilden, dass sie alle an *einem* Schönen Anteil haben, das von sich her in einer *Pluralität* von Formen wirken kann, die nicht nur voneinander, sondern auch vom Schönen selbst abweichen. Die Frage ist dann: Besteht das Schöne als Einheit oder als Vielheit? Besteht es als gestalthafte Pluralität, als plural aufgefächerte Struktur von Formen oder als Einheit *jenseits* von Form, Gestalthaftigkeit und Struktur?

Für eine Antwort auf diese Fragen geht Diotima von der besonderen Dynamik aus, die dem Wissen als der umfassendsten Realisierungsform des Strebens nach Schönem zugrunde liegt. Wissen kann auf das Streben nach schönen Körpern und nach anderen Konkretisierungen des seelisch Schönen im individuellen und sozialen Verhalten aus eigener Kraft einwirken und damit alle anderen Formen des Strebens nach Schönem optimieren, weil es ja besser ist, wenn man weiß, dass und in welcher Weise man nach körperlich Schönem oder anderen seelisch geprägten Gestalten des Schönen strebt, als wenn man dabei lediglich dem Zufall oder einer bloßen Gewohnheit folgt. Das Wissen kann sich zudem auf die in ihm selbst enthaltene Schönheit beziehen und sich in seiner zweifach gerichteten Tätigkeit selbständig auf die »hohe See« des Schönen begeben, dort zu jeder Zeit und an jedem Ort »viel schöne und herrliche Reden und Gedanken erzeugen« und damit das vielfältig Schöne in der vollständigen Komplexität seiner Zusammenhänge darstellen (210 d–e: »der Reihe nach« und »richtig«). Wissen bildet deshalb den einzigen Anknüpfungspunkt für eine weitere Kräftigung des Strebens nach Schönem, die dadurch eintritt, dass ihm »plötzlich (ἐξαίφνης)« *das* Schöne vor Augen tritt, das Diotima als ›Staunen erregend‹ und ›wunderbar‹ bezeichnet (210 e). Sie meint damit ein Schönes, das deswegen »wunderbar« ist, weil man es *im* Kontinuum des richtigen Voranschreitens durch die schon bekannte Struktur schöner Gestalten nicht finden kann. Es ist auch nicht diese Struktur selbst, denn die ist für jeden, der sie »der Reihe nach« »richtig« durchschritten hat, nichts Überraschendes mehr. Wenn es hingegen ein Schönes *jenseits* oder *getrennt* von Gestalt, Form und Struktur wäre, müsste unverständlich bleiben, warum es aus diesem Gegensatz heraus überhaupt mit Gestalt, Form und Struktur in Beziehung treten und nur nach dem Durchschreiten dieser Struktur sichtbar werden kann.

In der Schlusspartie ihres Gesprächs mit Sokrates thematisiert Diotima dieses »wunderbar« Schöne, das sich seiner begrifflichen Bestimmung so hartnäckig zu entziehen scheint. Sie spricht deshalb darüber *ex negativo*, indem sie die besondere Seinsweise der Idee des Schönen – und damit der Idee überhaupt – von der Seinsweise schöner Gestalten – und damit des Gestalthaften überhaupt – unterscheidet. Zugleich will sie auf diesem Wege zeigen, dass sich die Seele mit der Idee des Schönen dennoch verbinden kann und was diese Verbindung für die Gestaltung des menschlichen Lebens bedeutet.

Die Rede Diotimas über das Sein der Idee des Schönen ist ein performativer Text. Sie thematisiert und realisiert darin eine *Form* des Sprechens, die sich ihr Adressat, also in erster Instanz Sokrates, in ihrer Bedeutung erst aneignen muss, um sie mit dem *Inhalt* füllen zu können, der ihr entspricht – was nur unter der Voraussetzung sinnvoll ist, dass sich dieser Inhalt der Darstellbarkeit durch einen nicht-performativen Text entzieht. Diotima umschreibt die Seinsweise der Idee des Schönen mit einer Serie von Prädikaten, die der Form nach von solchen Prädikaten unterschieden sind, die sich auf *besondere* Gestalten des Schönen oder *besondere* Regeln ihrer Verteilung innerhalb der Gesamtordnung des Schönen beziehen. Das Individuelle unterliegt grundsätzlich der Form des Werdens, also dem zeitlichen Verlauf von Entstehen und Vergehen, der variablen Verteilung auf einzelne voneinander verschiedene Orte, der Bewegung von Wachstum und Abnahme oder Bestimmungen der Relation zu Ähnlichem. Bei seiner Beschreibung kommen deshalb Urteilsformen ins Spiel, die seit Aristoteles auch in philosophischen Zusammenhängen »Kategorien« heißen[156]. Prädikate, die sich auf die besondere Seinsweise der Idee des Schönen beziehen, sind demgegenüber primär solche der Negation, die dem, worüber sie reden, alles absprechen, was kategorial differenzierte Prädikate ihren Gegenständen zusprechen (211 a: weder entstehen noch vergehen, weder wachsen noch schwinden etc.). Diotima verwendet für das Sein der Idee des Schönen aber auch Formulierungen, die einen reinen Selbstbezug und damit das Sein einer absoluten Einheit zum Ausdruck bringen. Die Idee des Schönen ist als »das Schöne selbst« (211 d) nur in Bezug auf (αὐτὸ καθ' αὑτό) und mit sich selbst (μεθ' αὑτοῦ) und deshalb unveränderbare Eingestaltigkeit oder Einartigkeit (μονοειδὲς ἀεὶ ὄν, 211 b)[157]. Auch diese Prädikate sind eine Negation des Seins, das kategorial differenzierte Prädikate ihren Gegenständen als das Sein einer bestimmten Zeit, eines bestimmten Ortes oder einer bestimmten Beziehung zu anderem zuordnen. Die Bezeichnungsweise für die Idee des Schönen folgt also insgesamt der Regel *negativer* Prädikation oder *negativer Dialektik*, während das kategoriale Sprechen als Dialektik der Affirmation das Sein einer besonderen Gestalt in ihrem Zusammenhang mit anderen Gestalten verdeutlicht[158].

Ein Sein, das der Begrenzung, die jede bestimmte Gestalt an sich hat, grundsätzlich entzogen ist, lässt sich also weder durch ein einzelnes Prädikat noch durch eine Sequenz positiver Prädikate charakterisieren. Dennoch bleibt die Regel negativer Prädikation, die ein Sein *jenseits* von Gestalthaftigkeit umschreibt, als Prädikation an die Grundform des logischen Sprechens gebunden. Sie realisiert nicht das radikal Andere, sondern einen Grenzfall der Prädikation, bei dem der Gedanke, der es gewohnt ist, sich im Rahmen bestimmter Verknüpfungen zu bewegen, dazu angehalten wird, das sichere Netz einzelner Bestimmungen, die man zu Sätzen oder Satzsequenzen zusammenfassen kann, zu verlassen. Dabei geht es aber nicht um die Berufung auf ›natürliche‹ Evidenz oder eine rational unfassbare Unmittelbarkeit, sondern um eine Form der Prädikation, die sich in der Realisierung ihrer selbst aufhebt und in dieser Aufhebung dennoch an sie gebunden bleibt. Man könnte auch sagen, es geht um die indirekte oder symbolische Darstellung von etwas, in Bezug auf das sich das Denken selbst ein Urteil darüber bilden muss, ob es ist und was es ist, nämlich entweder etwas Nichtseiendes, das deshalb ohne jeden Sinn wäre, oder aber ein ›Überseiendes‹, das allen Formen des Seins überlegen wäre, die auf den Wegen des normalen menschlichen Verkehrs im Medium kategorialer Rede ›in Gebrauch genommen‹ werden.

Hinter Diotimas negativer Dialektik steht die theologische, von den bildhaften und narrativen Formen der *theologia poetica* und der *theologia politica* gereinigte Voraussetzung, nach der endliches oder bestimmtes Sein grundsätzlich *sekundär* und deshalb nur insofern *ist*, als es an absolutem Sein Anteil hat. In historischer Perspektive wäre diese Voraussetzung als Anknüpfung an Heraklit, Parmenides oder Anaxagoras zu verstehen. Im wirkungsgeschichtlichen Horizont ihres Denkens entwickelt Platon sein Gegenkonzept zum prinzipientheoretischen Naturalismus der Atomistik im Sinne von Demokrit und Leukipp, zu einer naturalen Theorie der Macht (Kallikles) und zum Begriff politisch-rhetorischer Vernunft. Er will damit ein Wirklichkeitsbewusstsein begründen, das zu allem Distanz hält, was naturalistisch erschließbar, politisch gestaltbar und in kategorialer Rede definierbar ist. Wer mit einer demgegenüber andersartigen Wirklichkeit leben will, muss sie der eigenen Seele einpflanzen, damit sie von dort aus wachsen und wirksam werden kann. Diesem Zweck dient die in den Dialogen Platons vielfach angesprochene Übung, Vorgänge der werdenden Welt nicht nur auf Formen und Regeln zu beziehen, sondern sie aus der Perspektive eines Grundes zu denken, der an sich selbst keine Regel oder Form, sondern das Paradoxon eines Übergangs ist von selbstbezüglicher Eingestaltigkeit zu Form und Struktur und von da aus weiter zu deren besonderen Teilen.

Man sollte nicht meinen, dass ein Zeitgenosse Platons gegenüber einem heutigen Leser seiner Texte bei dieser Übung grundsätzlich in einer besseren Lage gewesen wäre, wenn man einmal von Diotimas mündlich belehrtem Sokrates absieht. Vielleicht gelingt es uns, ihm dadurch zu folgen, dass wir uns beispielsweise die entfaltete Praxis des Umgangs mit Musik vergegenwärtigen, in der Komponisten vom Range Bachs, Mozarts oder Beethovens eine prominente Stelle einnehmen. Wer diesen Zusammenhang verstehen will, muss eine Form des Denkens aufbauen, die mit derjenigen, die Diotima in Bezug auf die Idee des Schönen vorstellt, der Struktur nach vergleichbar ist. Jedes einzelne gelungene Werk Beethovens ist eine genaue, begrifflich nachvollziehbare Verknüpfung von Einzelnem zu einem bestimmten Zusammenhang und darin zugleich als Klaviersonate, Streichquartett oder Symphonie der bestimmte Teil einer Struktur, die einzelne Kompositionen auf verschiedene Gattungen verteilt, wobei diese Struktur etwa bei Bach ganz und bei Mozart teilweise anders aussieht. Wenn wir im eigenen Verstehen mit der kreativen Kraft selbst in Berührung kommen wollen, die sich in solchen Kompositionen äußert, dann können wir nur nach einem zeugenden Grund für musikalische Formen überhaupt fragen, mit dem sich beispielsweise Beethoven in besonders intensiver, weder historisch noch psychologisch hinreichend ableitbarer Weise verbunden und sich von ihm aus auf historisch vorgegebene Strukturen (z. B. Sonatenform) bezogen, sie dabei teilweise erheblich modifiziert und mit einzelnen Werken exemplarisch gefüllt hat. Wenn wir das so sehen, dann muss in Beethoven ebenso wie in Bach oder Mozart eine Kraft wirksam gewesen sein, die man *jenseits* ihrer einzelnen Werke und der Strukturen verorten muss, denen ihre Kompositionen als individuelle Exempla zugehören, allerdings so, dass von diesem *Jenseits* aus immer wieder ein Übergang stattfindet zu einer Struktur und zu einzelnen Werken, die in ihr verteilt sind. Diotimas Idee des Schönen hätte sich als allgemeine Kraft zu musikalischem Ausdruck schon zu einer besonderen Form konkretisiert, so dass von ihr aus auch andersartige Realisierungen, etwa die Fähigkeit zum bildnerischen oder architektonischem Ausdruck abzuleiten wären. Zeitgenossen Platons hätten auch an den Zusammenhang mathematisch-geometrischer Formen denken können, die in der wahrnehmbaren Welt nicht vorkommen, aber doch das sind, von dem her man überhaupt erst konkrete Figuren geometrisch korrekt beschreiben kann. Jedenfalls hält uns Platons Diotima zu einem Verstehen an, bei dem wir Einzelnes und seine Zusammenhänge, das wir aus einer Struktur heraus nachvollziehen, intensiver noch aus einer Perspektive jenseits davon, nämlich als Realisierung einer allgemeinen Formkraft betrachten sollen, die nicht selbst schon im Modus einer bestimmten Struktur besteht. Diese allgemeine Formkraft ist deswegen ›besser‹ als die in sich vielfältigen Strukturen und deren Teile, in die sie wirkend übergeht, denn sie ist das dynamisch-genetische Prinzip, von dem aus diese Strukturen und alles, was darin zu konkreter Erscheinung kommt, ihr Leben erhalten.

Die Seele hat in der Verwirklichung ihres Grundtriebs der Anreicherung durch Schönes mit dem kontinuierlichen Voranschreiten und dem diskontinuierlichen Aufsteigen zwei Formen der Bewegung und eine Regel ihres Wechsels kennen gelernt. Die Verinnerlichung dieses Wissens verstärkt und differenziert die Kraft, mit der sie an Schönem Anteil gewinnt und den daraus gewonnenen Reichtum durch »Zeugen im Schönen« auf Dauer stellt. Mit dieser Beziehung auf das Schöne ist ein doppelter Übergang verbunden, nämlich derjenige von Bewegung in Ruhe und der umgekehrte von Ruhe in Bewegung. Für alle Formen des erotischen Begehrens gilt: Die Bewegung des Liebenden zum Geliebten kommt in der Vereinigung mit ihm zur Ruhe, bedeutet dann aber ein momentanes »Entzücktsein«, das ihn wieder zu einer Bewegung, nämlich zum »Zeugen in Schönem« und zur Sorge für das Erzeugte anhält. In seiner vollkommensten Form, der Vereinigung mit dem Schönen selbst, ist dieser Übergang zugleich derjenige von Tod und Leben. Die Ruhe, die damit eintritt, bedeutet den Tod für jedes Leben, das sich in der Annäherung an Schönes verwirklicht, und begründet zugleich eine neuartige Lebendigkeit, die gegenüber derjenigen, die im »Entzücktsein« von göttlich Schönem ihr Ende gefunden hat, die bessere ist[159]. Man kann auch von einem Übergang von Tun und Leiden, von Punkt und Raum, von Zeitlosigkeit und Zeit oder von ›Einheitlichkeit‹ und ›Zweiheitlichkeit‹ sprechen. Am Anfang der Liebesbewegung steht mit der Distanz zum Erstrebten, aus der es erblickt wird, eine in sich defizitäre Zweiheitlichkeit, die das, was sie begehrt, nicht hat, während dieses Gut die Bewegung auslöst, die dem Begehrten kontinuierlich näher kommt. Diese Bewegung geht in der Verbindung mit dem Erstrebten in eine Einheitlichkeit jenseits der zuvor für sie charakteristischen Zweiheitlichkeit über und verwandelt dabei ihre Unruhe in Ruhe, während das Entzücktsein vom Geliebten, das damit eintritt, wieder der Quellpunkt ist für den Übergang in die entfaltungsfähige Struktur einer neuen Zweiheitlichkeit, die auf ihren zeugenden Grund, nämlich auf göttliche Einartigkeit, durchgängig bezogen bleibt. Sie erscheint deshalb gegenüber der ersten als reichhaltige Zweiheitlichkeit, die zwei Zustände, die momentan verdichtete Intensität des Verbundenseins mit dem eingestaltig Schönen und seine kontinuierliche Erweiterung (»Zeugen im Schönen«, »Aufziehen des Erzeugten«), zu einer nach außen wirkenden Einheit verbindet.

Das göttlich Schöne ist keine bestimmte Tüchtigkeit wie die eines Leibes, einer seelischen Einstellung, einer sozialen Regel oder eines besonderen Könnens. In der Liebe zu einer bestimmten Tüchtigkeit entstehen Abbilder, die ihr ähnlich sind und als solche sowohl miteinander als auch mit Abbildern anderer Tüchtigkeiten verglichen und gegeneinander abgewogen werden können. Man kann zum Beispiel sagen, dass eine bestimmte Person heute der Tüchtigkeit des Reitenkönnens näher ist, sie also besser abbildet als vor einem Jahr. Oder man kann sagen, Reiten ist weniger wert als Rechnen, so dass die Tüchtigkeit des Rechnens die Tüchtigkeit menschlichen Könnens besser abbildet als die des Reitens. Oder man sagt von einer bestimmten Person, dass sie besser rechnen als reiten kann, also die Tüchtigkeit des Rechnens besser abbildet als die des Reitens. Das Schöne selbst hingegen ist gestaltfreie Einartigkeit. Wenn das Schöne des Reitens oder des Rechnens von ihr ein Abbild sind, dann dominiert darin die Unähnlichkeit gegenüber der Ähnlichkeit mit ihr, während gerechte Handlungen einerseits mit dem Gerechten selbst, das sie abbilden, und mit dem ihm Vorgeordneten Schönen selbst eher im Verhältnis der Ähnlichkeit stehen, obwohl auch sie nicht das Schöne selbst sind. Bildhaftigkeit ist grundsätzlich Zweiheitlichkeit. Sie ist bestimmt vom variablen Wechsel zwischen Ähnlichkeit und Unähnlichkeit mit dem Abgebildeten. Man kann sogar mit Hilfe der Unterscheidung von »mehr« und »weniger«, die zur Form der Zweiheitlichkeit gehört, eine Skala konstruieren und zu ihrem unteren Ende hin die mehr defizitären und zu ihrem oberen hin die reichhaltigeren Abbildungen einer Tüchtigkeit eintragen.

Was das bedeutet, lässt sich im Rückblick auf die Tugenddiskussion des *Protagoras* folgendermaßen erläutern. Bestimmte Tugenden sind allgemeine Formen, die von individuellen Handlungen nachgeahmt werden. Besondere Tugenden sind Abbilder einer allgemeinen Tugendhaftigkeit, die ihrerseits ein Abbild des Guten ist. Tugenden, die zu einem bestimmten Zeitpunkt in Athen gelten, weichen von denen ab, die dort zu einem anderen Zeitpunkt, aber auch von denen, die gleichzeitig in Persien oder in Sparta gelten. Wer sich mit einem beschreibenden Blick auf die Pluralität konkreter Tugendformen, auf ihre historische Genese oder ihre jeweilige funktionale Bedeutung nicht zufrieden geben will, muss, wenn er sich dafür nicht auf ein intuitives Normenwissen oder ein bloß subjektives Gefühl des Richtigen verlassen will, einen begrifflichen Zusammenhang aufbauen, von dem aus überhaupt erst gefragt werden kann, ob eine Tugend (z. B. Tapferkeit, Frömmigkeit, Gerechtigkeit oder Weisheit), wie sie in Athen als gut gilt, an sich selbst oder im Vergleich mit dem, wie sie in Persien oder in Sparta als gut gilt, ein wahres Abbild wirklicher Tugend und damit des in Wahrheit Guten ist.

Der Bedeutungsraum normativer Reflexion ist bei Platon auf ein Gutes bezogen, das selbst nicht Teil der Handlungsräume ist, in denen Normen des Guten faktisch gelten. Wenn es dennoch in Bildern anwesend sein soll, die als solche eine ›raumhaft-zweiheitliche‹ Struktur aufweisen, dann muss aus der Perspektive normativer Reflexion ein allgemeines Schema erkennbar sein, im Blick auf das Abbilder des Tugendhaften in Athen oder anderswo als wahre oder als trügerische Verwirklichungen des in Wahrheit Guten zu beurteilen sind[160]. »Unterhalb« des Guten selbst sind dann zwei Ebenen seiner Verbildlichung zu unterscheiden, allgemeine und wahre Bilder, die nur im Denken zu sehen sind und überall als Urteilskriterien des Richtigen wirken können, und besondere Bilder, die in Athen oder Sparta als Muster das individuelle Handeln bestimmen. Zwischen beiden Ebenen muss grundsätzlich ein Übergang möglich sein. Zwar kann kein konkretes Bild des Tugendhaften allgemeine Tugendhaftigkeit vollständig abbilden, aber es muss doch ein Maß an Ähnlichkeit mit ihr aufweisen können und dadurch von einem Trugbild des Guten zu unterscheiden sein. Diotima thematisiert jedenfalls für das Schöne, das sie ganz offensichtlich als die intensivste und deshalb direkt mit ihm verbundene Wirkungsform des Guten versteht[161], einen umfassenden Zusammenhang seiner Abbilder, in dem nach der Regel, die Sokrates in der Auseinandersetzung mit Anaxagoras festgehalten hat, jedes Einzelne so gestellt sein muss, wie es für dieses selbst und seinen Zusammenhang am besten ist. Nur im methodisch kontrollierten Zugang zu sämtlichen Teilen dieses Ganzen können konkrete Bilder daraufhin überprüft werden, ob sie mit dem, was auf der Ebene allgemeiner Bilder des Schönen erscheint, übereinstimmen oder ob sie Fremdköper sind, die aus der Perspektive des Schönen selbst und seiner wahren Abbilder nicht mit Leben gefüllt werden können.

Die Offenheit raum-zeitlicher Bilder für allgemeine Bilder oder ›Schemata‹ des Guten als des Schönen setzt voraus, dass die menschliche Seele das Gute dieses Schönen so berühren und sich damit so intensiv verbinden kann, dass daraus wahre Abbilder hervorgehen. Bilder, die das Gute als das Schöne zu einer bestimmten Zeit in einem bestimmten Raum verkörpern, können selbstverständlich immer auch aus den Bedingungen abgeleitet werden, die für diese Räume gelten. Insofern eine Veränderung dieser Bedingungen die darin eingeschriebenen Bilder des Guten und Schönen verändert, kann man auch aus der Perspektive der werdenden Welt Gesetzmäßigkeiten erkennen, die dem Wechsel der in sie eingelagerten normativen Bilder zugrunde liegen. Wenn man sie jedoch als konkrete Abbilder von allgemeinen Abbildern des Schönen selbst versteht, dann treten sie auch mit *dem* Schönen in Beziehung, das in seiner Einheitlichkeit grundsätzlich von Zweiheitlichkeit »rein« ist.

Die Erziehung zu einem Blick auf eingestaltig Schönes und damit zu einer produktiven Verbindung mit ihm wäre die »wunderbare Zubereitung«, die Platon im 7. Brief als die *eine* Voraussetzung für die »Rettung« des Menschengeschlechts bezeichnet[162]. Die andere, nämlich das Hinzutreten göttlicher Unterstützung, lässt sich in begrifflicher Form so ausdrücken: Zweiheitlichkeit kann nicht aus sich selbst in Einartigkeit übergehen. Sie kann ihr aber so weit ähnlich werden, dass sie die Qualität des göttlich Guten und damit die des einartig Schönen in sich aufnimmt. Man könnte auch sagen, dass sich unter dieser Voraussetzung die Qualität göttlich-wunderbarer Einartigkeit auf die ihr so ähnlich wie möglich gewordene Zweiheitlichkeit überträgt. In diesem Vorgang würde eine Regel der Kooperation zwischen zwei verschiedenen Qualitäten wirksam sein, in der das Zweiheitliche sich abschwächt und das Einartige den Ambitus seiner Wirkungskraft ausdehnt (*Symp.* 208 b). Das ließe sich im Blick auf die Einartigkeit der bereits als Beispiel angeführten Kraft zum musikalischen Ausdruck insofern nachvollziehen, als auch sie ihre Einartigkeit nicht einschränkt oder gar verliert, sondern gerade daran bewährt, dass sie in der Kompositionskraft verschiedener Personen auf jeweils verschiedene Weise anwesend ist. Demgegenüber befreit sich eine individuelle Kompositionskraft, die aufgrund ihrer Abweichung von der allgemeinen zweiheitlich ist, im Verbundensein mit der allgemeinen von ihren bisherigen Realisierungsformen und erzeugt daraus neue, die intensiver als die früheren auf die allgemeine Kompositionskraft bezogen sind. So bedeutet das konkrete Komponieren im besten Fall die Kooperation zwischen einer individuellen und einer allgemeinen Kraft, bei der die unausschöpfbare Fülle der allgemeinen auf eine individuelle übergeht. Die auf diese Weise gezeugten Formen treten dann in der Welt werdender Gestalten als »Götterbilder von Tüchtigkeit« auf, wie es die besten Kompositionen von Bach, Mozart oder Beethoven oder im Blick auf die Kunst philosophischer Rede die von Alkibiades so apostrophierten Logoi des Sokrates sind.

Platon verweist mit der Rede Diotimas auf eine der Polis fremde Gestalt philosophischer Prinzipienreflexion. Die Ebene, auf der die Polis ihre Bilder des Guten geltend macht, ist der Ort des politischen Streits, der im Übergang vom 5. zum 4. Jahrhundert zum Bürgerkrieg tendiert. Aus platonischer Sicht liegt das daran, dass die Kraft, mit der sich die Polisbürger auf Bilder des Guten beziehen, die schwankende Instanz der Vorstellung ist, die, aus welchen Gründen auch immer, sich nicht durch die bessere Kraft eines umfassenden Wissens kontrollieren lässt. Platon begnügt sich nicht damit, das besondere Sein allgemeiner Formen und ihre Zusammenhänge im Blick auf mathematische Sachverhalte zu verdeutlichen. Er konfrontiert vielmehr die Polis mit einem Ordnungsraum allgemeiner Formen, dessen konstitutives Prinzip demjenigen, das auf der Handlungsebene der Polis wirkt, hinsichtlich der Gestaltung von Zusammenhängen überlegen ist. Der Raum der Grundformen des Seienden kann zwar mit Hilfe begrifflicher Analysen umfassend beschrieben werden, aber nicht einmal durch seine beste Beschreibung als physische, ethische oder politische Gestaltungskraft wirksam werden. Nur wenn die Seele in diesen Raum hineinwächst und mit ihm kontinuierlich verbunden ist, kann sie aus seiner Reichhaltigkeit die von Diotima beschriebenen Abbilder wahrer Tüchtigkeit ›zeugen‹ und ›aufziehen‹.

## 4. Warum und wie kann die menschliche Seele ›Ideen‹ erkennen?

Wenn die Seele den Ordnungszusammenhang der Grundformen des Seienden erkennen kann, muss sie dem, was sie erkennt, ähnlich sein. Nun ist ›Seele‹ in menschlichen Lebenszusammenhängen ein so vielfältiges Gebilde, dass Sokrates im *Phaidros* ausdrücklich die Frage stellt, ob sie nicht »ein Ungeheuer« ist, »noch verschlungener … und ungetümer« als der hundertköpfige, mit Schlangenfüßen ausgestattete Drache Typhon, der im Mythos beim Kampf der Giganten gegen die olympischen Götter vom Blitz des Zeus getroffen wird und nach seiner Verbannung unter den Ätna immer noch sein ›Ungetümes‹ durch vulkanische Explosivität zum Ausdruck bringt[163]. Die Seele ist jedenfalls dort, wo sie wirkt, nur sehr selten ein in sich konsistenter Zusammenhang verschiedener Kräfte, sondern in der Regel ein Sein der Pluralität und Ambivalenz, so dass man ihre konkreten Realisierungsgestalten irgendwo in der Mitte zwischen den Extremen einfacher Einheit und widersprüchlicher Gegensätzlichkeit verorten muss. Wenn man dafür einen Grund in der Seele selbst finden will, muss man ihr »Wesen« als eine selbstbezügliche Gestaltungskraft auffassen, auf die äußere Kräfte nur einwirken können, wenn sie ein Bedürfnis ansprechen, das sie selber schon hat. Insofern ist ihre Selbstgestaltung ein ergebnisoffener Prozess, an dem verschiedene Kräfte in unterschiedlicher Stärke beteiligt sind. In diesem Prozess geht es deshalb entscheidend darum, die Größenverhältnisse zwischen den Kräften festzulegen, die ihre konkrete Gestalt bestimmen.

Platon nennt als solche Kräfte vor allem Wahrnehmung, Empfindung, Begehren, Wollen, Meinen, Urteilen und Denken. Ansätze zu ihrer Systematisierung werden insbesondere in der *Politeia* erörtert. Dort beginnt Sokrates bezeichnenderweise damit, *zwei* Grundformen (εἴδη) der Seele zu identifizieren, die »ein ... voneinander Verschiedenes sind«, der denkende Teil (τὸ λογιστικόν μέρος), »womit sie überlegt«, und der begehrende (τὸ ἐπιθυμητικόν μέρος), »womit sie verliebt ist, hungert und durstet und von den übrigen Begierden umhergetrieben wird« (439 d). Denken steht für die Tätigkeit der Seele, in der sie sich beratend und überlegend auf sich selbst und ihr Verhalten bezieht, während die begehrende Seele etwas erleidet, indem sie auf sich wirken lässt, was ihren Bedürfnissen entgegenzukommen scheint.

Die Verschiedenheit dieser beiden »Teile«, die man besser als »Funktionen« bezeichnen sollte, begründet innerseelisch eine

Tendenz zum Zwiespalt (440 b und 440 e: στάσις), den Sokrates mit Bedacht in der Metapher des Bürgerkriegs umschreibt. Die Wirkungskraft uneingeschränkter Zweiheitlichkeit ist die ständige Gefahrenquelle für die innere Verfasstheit der Seele, weil sie jede Form ihrer nicht hinreichend fundierten Einheitlichkeit zu zerreißen droht. Die Tendenz zur Entzweiung ist nicht schon dadurch gebändigt, dass in der Seele eine dritte Kraft auftritt, nämlich das, womit sie sich »ereifert« (τὸ θυμοειδές μέρος), ohne Überlegung oder einfaches Begehren zu sein. Nur wenn diese Mittelkraft als Bundesgenosse der Vernunft gegen die Begierde streitet, kann die Seele ihre Kräfte kooperativ miteinander verbinden, so dass jede von ihnen genau das tut oder leidet, was ihr im Ganzen ihres Lebens zukommt (441 d–442 b).

»Seele« ist das zentrale Thema der *Politeia*, weil sie ein internes Ordnungsproblem zu lösen hat, das an sich selbst schon »politisch« ist. Ordnungsprobleme der Politik im engeren Sinn stehen nicht für sich und sind deshalb aus Platons Sicht unlösbar, wenn man sie allein für sich betrachtet. Lösbar werden sie erst, wenn man erkannt und akzeptiert hat, dass sie Ausdruck einer Problematik sind, die zunächst die interne Verfassung der individuellen Seele betreffen. Nur wenn sie ihre richtige Verfassung aus eigener Kraft gefunden und in sich gefestigt hat, lässt sich auch die politische Verfassung finden, die nicht mehr ständig vom Rückfall in den Zustand des Bürgerkriegs bedroht ist. Aufgrund der qualitativen Differenz zwischen ihren verschiedenen Kräften ist Kooperation nicht die primäre Aktionsform der Seele. Sie kann deshalb nur in der kontinuierlichen Arbeit an sich selbst die Form finden, bei der ihre Kräfte die Stellen und Größenmaße einnehmen, dass dies für sie den Zustand des guten Lebens bedeutet. In der Arbeit an sich selbst, die zu wirklicher Selbsterkenntnis führt und von ihr geleitet bleibt, erhält der quantitativ kleinere Teil des Vernünftigen die qualitative Optimalfunktion des Herrschens, weil allein er »weise (σοφός) ist und für die gesamte Seele Vorsorge (προμήθεια) hat« (441 e), und zwar aus der »Erkenntnis (ἐπιστήμη) dessen«, »was einem jeden und dem Ganzen, aus allen dreien Gemeinsamen zuträglich ist« (442c). Das »Eifrige«, das qualitativ schlechter, aber in quantitativer Hinsicht größer ist als das Vernünftige, soll zusammen mit ihm »dem Begehrlichen vorstehen, welches wohl das meiste (πλεῖστον) ist in der Seele eines jeden und seiner Natur nach das Unersättlichste (ἀπληστότατον)« (442a). Das Begehrliche ist offensichtlich eine ständig sich selbst verstärkende Zweiheitlichkeit ohne innere Form und Einheit. Von daher ist es konsequent, wenn Sokrates die schon im *Gorgias* thematisierte Dynamik des ständigen Mehrhabenwollens (πλεονεξία) im zweiten Buch der *Politeia* mit dem nur auf den ersten Blick unverfänglicheren Begriff »χρεία (Bedürfnis)« umschreibt und dabei deutlich macht, dass dieses ›Bedürfnis‹, wenn es für die Polis das *elementum primum* ist und deshalb kontinuierlich durch die ihrer jeweiligen Situation entsprechenden Zusatzformen angereichert wird, die Quelle (γένεσις) des Krieges und ihrer inneren στάσις (bürgerkriegerische Entzweiung) bedeutet (373e)[164]. Die ungezügelte Macht des Begehrens versetzt die Seele in den Zustand des reinen Werdens und prägt ihr die Ungestalt eines typhonartigen Lebens auf. Wenn sie demgegenüber »einfacher und milder« werden will (*Phaedr.* 230a), muss das »Eifrige« im Bündnis mit dem Vernünftigen dem Begehren die Grenze setzen, durch die es im Verhältnis zu den beiden besseren Kräften der Seele kleiner wird und damit das Maß erhält, das mit der Gesamtordnung der Seele verträglich ist. Nur wenn jede ihrer drei wichtigsten Kräfte die jeweils richtige Größe innehat[165], tritt an die Stelle der Tendenz zum Bürgerkrieg ein Zustand des Miteinanderbefreundetseins, den Sokrates als »Gerechtigkeit« bezeichnet. Das Gerechte ist also ganz ausdrücklich keine Eigenschaft nach außen gerichteter und von daher sichtbarer Handlungen, sondern die der »wahrhaft nach innen gerichteten« Tätigkeit (*Rep.* 443d: ἡ περὶ τὴν ἐντὸς πρᾶξις), in der sich der Mensch »auf sich selbst und das Seinige (ebd. περὶ ἑαυτὸν καὶ τὰ ἑαυτοῦ) bezieht« und damit seiner Seele eine ›gerechte‹ Verfassung gibt. Sie verhindert dann schon von vornherein jede Störung, die zu einem Gegeneinander ihrer Kräfte führen kann und schafft damit die Voraussetzung dafür, dass der Mensch, der »auf alle Weise *einer wird aus vielen*«, sich auch in der Weise im Handeln nach außen wendet (Erwerb des Vermögens, Pflege des Leibes, politische und private Verhandlungen), dass darin sein innerer Einheitszustands (ἕξις) erhalten bleibt (443 d–e)[166]. In der gerechten Selbstkonstitution wird also eine explosiv gefährliche, zu Krieg und Bürgerkrieg tendierende Zweiheitlichkeit auf Einheitlichkeit zurückgeführt, damit aus ihr eine neue Zweiheitlichkeit erwachsen kann, die mit Einheitlichkeit verbunden bleibt und deshalb zur Freundschaft mit sich und anderen tendiert.

Die Frage nach der richtigen Ordnung der Seele wird im Liniengleichnis des 6. Buches der *Politeia* wieder aufgenommen. Es schließt dort an das Sonnengleichnis an, mit dem die Erläuterung zu dem für Platons Philosophie zentralen Gedanken beginnt, dass das Gerechte und das Wissen (ἐπιστήμη) nur dann etwas wert sind, wenn darin das Wissen des Guten zum Ausdruck kommt[167]. Auch im Liniengleichnis geht es um die Frage nach der besten Kraft der menschlichen Seele. Dabei werden die Kräfte miteinander verglichen, die in besonderer Weise zur Herrschaft über andere tendieren und dabei die Seele in den Zustand (511 d: πάθημα) versetzen, aus dem sie ganz von selbst ein umfassendes Selbst- und Wirklichkeitsverständnis aufbaut[168]. Sokrates bezieht sich dafür nicht auf die zuvor diskutierte Dreiheit von Denken, Sich-Ereifern und Begehren, sondern auf das einfachere Gegeneinander von Denken (λόγος und γνῶσις) und Vorstellen (δόξα), wobei dem Denken als besondere Teile das noetische (νοῦς = intellectus) und das dianoetische Wissen (διάνοια = ratio) und dem Vorstellen die besonderen Formen des Meinens (πίστις) und des Vermutens (εἰκασία) zugeordnet werden. Diese Kräfte werden in das Kontinuum einer Skala (A–B) eingetragen. Sie entsteht nach der Konstruktionsanweisung des Sokrates (509 d) dadurch, dass das Verhältnis ungleicher Teilung, nach dem sie im Punkt C in die

Strecken A–C und C–B geteilt wird, noch einmal auf die damit gewonnenen Teilstrecken angewandt wird. Der größere Hauptteil (C–B) wird dann dem Denken (λόγος), der kleinere (A–C) dem Vorstellen (δόξα), der größere Teil des Denkens (E–B) dem noetischen (νόησις), der kleinere (C–E) dem dianoetischen Wissen (διάνοια), der größere Teil des Vorstellens dagegen (D–C) dem Glauben und Meinen (πίστις) und der kleinere (A–D) dem Vermuten (εἰκασία) zugewiesen.

Das auf Seite 273 dieses Bandes notierte Schema zum Liniengleichnis Platons soll den Nachvollzug der folgenden Ausführungen erleichtern: Die Kräfte des *Denkens* ›richten sich auf und herrschen‹ über »das Geschlecht und den Ort« des Denkbaren (C–B), die Kräfte des *Vorstellens* über »das Geschlecht und den Ort« des Sichtbaren (A–C) (509 d). Wenn eine dieser Kräfte in der Seele dominiert, baut sie das Wirklichkeitsverständnis auf, das ihrem inneren Zustand entspricht. Die Seele ist grundsätzlich die Baumeisterin einer Welt, in der sie ihr Inneres gleichsam nach außen projiziert. So wie die Verfassung einer Polis »aus den Sitten«, also den seelischen Dispositionen und Gewohnheiten derer entsteht, die in ihr leben (544 d), so entsteht auch das Wirklichkeitsverständnis eines Menschen aus dem Zustand seiner Seele, wobei ihm das, was in Wirklichkeit das Produkt seiner eigenen Bautätigkeit ist, so vorkommt, als wäre es an sich selbst ›festes‹, ›unbewegliches‹ Sein. In der Bindung an die Kraft des Vermutens erzeugt die Seele eine Welt, die ausschließlich aus Bildern von Gegenständen (Schatten, Spiegelungen) besteht (A–D)[169], in der Bindung an die Kraft des Glaubens und Meinens hingegen die Welt wahrnehmbarer Gegenstände (D–C). In der Konzentration auf das dianoetische Wissen werden die Gegenstände der wahrnehmbaren Welt (D–C) zu Abbildern allgemeiner Formen (C–E) herabgesetzt[170], so dass die Welt (D–E), die daraus aufgebaut wird, die beiden gleich großen Teile der Linie (D–C und C–E) verbindet, die bei ihrer ersten Teilung ihren beiden verschiedenen Hauptteilen (C–E als kleinerer Teil von C–B und D–C als größerer Teil von A–C) zugewiesen worden sind. Sie ist deshalb ein Raum des Übergangs von der Welt des Denkens zu derjenigen des Wahrnehmens oder von allgemeinen (›Ideen‹) zu individuellen Formen, in dem natürlich auch der Welt der Schattenbilder (A–D) die richtige Stelle zukommt. Wenn die Seele schließlich ihre Energie auf das noetische Wissen (E–B) konzentriert, werden die begrifflichen Formen, die für das dianoetische Wissen das »Obere« gegenüber des Gegenständen sind (C–E), wieder das »Untere« und müssen deshalb solange auf das Allgemeine *ihrer* Voraussetzungen bezogen werden (E–B), bis für sie *der* »Anfang« (B) gefunden ist, »der keine weitere Voraussetzung« über sich hat (510b). Die Welt des noetischen Wissens beruht also auch auf einer Bautätigkeit der Seele, ist aber die beste und größte, die überhaupt von der Seele aktiviert werden kann. Sie wird von »reiner« Eingestaltigkeit beherrscht (B), die sich zu den größeren ›Gattungen des Seins‹ (B–E) entfaltet, die *den* besonderen allgemeinen Formen zugrunde liegen, die das dianoetische Wissen als ›seiend‹ ansetzt (C–E). Man kann deshalb auch sagen, dass die Welt des noetischen Wissens (B–E) diejenige des dianoetischen Wissens (C–E) auf ihr genetisches Prinzip im logisch-konstruktiven Sinn zurückführt. Der Zusammenhang der reinen Formen des Seins (B in der Einwirkung auf B–E) besteht als reine Selbstbezüglichkeit, so dass diese Welt in ihrer Autarkie für die Realisierung ihres Seins keinen Außenbezug nötig hat. Allein in ihr und im Ausgang von ihr kann der Gesamtzusammenhang dessen, was überhaupt ein Teil der Linie des Sokrates ist, in seiner Wahrheit gedacht und in die Gesamtordnung der Wirklichkeit an der richtigen Stelle integriert werden.

Das Kriterium für die Ungleichheit, die die gesamte Linie des Sokrates strukturiert, ist also das Maß an wahrer Genauigkeit und Bestimmtheit des Wissens, das die Seele beim Verstehen der Wirklichkeit einsetzt[171]. Die Welt der schattenhaften Abbilder ist deshalb die unsicherste, ungenaueste und kleinste[172], die des noetischen Wissens die sicherste, genaueste und größte. Direkt unter ihr liegt die Welt der besonderen allgemeinen Formen, während die Welt der Gegenstände, die deren Abbilder sind, oberhalb der Schattenbilder liegt, die als Abbilder von Gegenständen diesen selbst unterlegen sind. Die Form der Linie deutet also die richtige Verbindungsregel zwischen den vier Welten an, die sie umfasst. Sie zeigt auch, dass der Punkt B nur im Durchlaufen aller Punkte zwischen A und B erreichbar ist und dass das Erreichen jedes beliebigen Punktes auf der Linie den kontinuierlichen Rückgang auf sämtliche Punkte einschließt, die unter dem Punkt B gelegen sind. Demgegenüber verweisen die markanten Teilungspunkte (D, C, E) darauf, dass die Kräfte unterhalb des noetischen Wissens dazu tendieren, sich von den jeweils übergeordneten Kräften zu isolieren, weil sie diese ja von ihrem Punkt aus nicht sehen können. Aufgrund dieser Blindheit wirken sie als Kräfte der Höhlenbildung. In sich geschlossene Höhlen entstehen dann, wenn die Seele eine der Welten, die auf der Gesamtlinie zwischen die Punkte A und E einzuzeichnen wären, für das Gesamte des Seins (A–B) hält. Sie werden wieder aufgelöst, wenn man den Teil der Linie in den Blick nimmt, der als Punkt C, E oder B den Punkten D, C oder E jeweils vorgeordnet ist.

Anders als im Sonnengleichnis, das den höchsten Gegenstand des Wissens, die Idee des Guten, durch ihre Positionierung »jenseits von Wesenheit« (509 b: ἐπέκεινα τῆς οὐσίας) von der Welt allgemeiner Formen zu trennen scheint, steht im Liniengleichnis das Genaueste und Bestimmteste (= B) zu allen Teilen der Linie im Verhältnis der Kontinuität. Sämtliche Stellen der Linie verkörpern eine identische Kraft, die im Ausmaß ihrer Entfernung vom Punkt A vollständiger, besser, genauer und bestimmter und im Punkt B am besten und vollständig entfaltet ist. Der Erläuterung dieses Gedankens dient das Höhlengleichnis, mit dem das 7. Buch der *Politeia* beginnt. Schon im *Phaidon* und im *Symposion* wird begründet, warum das Streben nach Wissen die beste Form ist, in der die menschliche Seele nach Gutem strebt. In der *Politeia* betont Sokrates, dass sie dabei das Gewusste nach einem Verhältnis der Ähnlichkeit in sich aufnimmt, sich daran ernährt und kräftigt (401 d). Sie verhält sich darin aber nicht »leidend«, sondern »tätig«, weil sie dafür die Fähigkeit mitbringt, »das Einshaftige, Zweihaftige und Dreihaftige zu durchdenken (522 c: τὸ ἕν τε καὶ τὰ δύο καὶ τὰ τρία διαγιγνώσκειν)«, die Sokrates auch als ›einfache‹ Fähigkeit des Zählens (ebd.: ἀριθμός) und Rechnens (ebd.: λογισμός) bezeichnet[173]. Sie wird nicht erst in der Welt des Werdens oder aus ihr heraus erworben, sondern gehört a priori zur menschlichen Seele und liegt deshalb jedem konkreten Wissen und Können als Bedingung seiner Möglichkeit voraus. Für Sokrates ist sie deshalb die nicht weiter reduzierbare Einfachheitsform (τὸ φαῦλον) und insofern das Gemeinsame (τὸ κοινόν), »dessen alle Künste und Verständnisse und Wissenschaften *noch dazu* bedürfen (προσχρῆσθαι)«, so dass jeder, der überhaupt etwas wissen will, sie deshalb »*zuerst* (ἐν πρώτοις) lernen« muss (522 b–c).

Platons Sokrates verfolgt mit dieser Überlegung einen argumentativen Plan, den er erst nach und nach offen legt. In einem ersten Schritt geht es ihm um die Verdeutlichung des Gedankens, dass allem Wissen und Können eine Einfachheits- oder Einheitsform zugrunde liegt, die nicht schon konkretes Wissen oder Können ist. Jedes konkrete Wissen ist eine komplexe Größe, die das *esse simplex* ihrer Grundform durch eine oder mehrere Zusatzformen erweitert. Die durchgängige Allgemeinheit dieser Grundform wird daran deutlich, dass selbst die Bewohner der von Sokrates geschilderten Höhle, die als Gefangene der Schattenwelt innerhalb einer Skala möglicher Bezugnahmen auf Wirklichkeit die denkbar schlechteste Position einnehmen, auf sie zurückgreifen, »wenn sie dort unter sich Ehre, Lob und Belohnungen« für den bestimmen, »der das Vorüberziehende [die Schatten der hinter ihrem Rücken vorbeigetragenen und deshalb für sie unsichtbaren Gegenstände] am schärfsten sah und am besten behielt, was *zuerst* zu kommen pflegte und was *zuletzt* und was *zugleich*, und daher also am besten vorhersagen konnte, was nun erscheinen werde« (516 c). Auch die Höhlenbewohner finden also durchgerechnete

Ordnungsformen sowohl für die von ihnen wahrgenommenen Schatten als auch für ihr Zusammenleben, in dem derjenige die Position des Ersten innehat, der die von ihnen geteilte Welt am besten als einen Ordnungszusammenhang erkennt (515 b). Die Behauptung des Sokrates, dass in allem Wissen und Können eine ›einfache‹ Grundqualität des Ordnens wirkt, hat damit den denkbar härtesten Belastungstest bestanden, so dass er berechtigt ist, auf ihrer Voraussetzung eine vollständige Theorie des Wissens aufzubauen.

Nach den Vorgaben aller drei Gleichnisse soll das Einfache des Wissens zum Wissen der Idee des Guten gesteigert werden. Dieses ist als das beste Wissen kein Luxusgut, sondern etwas absolut Notwendiges, weil nur von ihm aus das Gerechte, das Wissen und sowie jeder andere Besitz eines Guten ›nützlich und heilsam‹ sein kann[174]. Die Entfaltung der im Wissen angelegten Kraft folgt grundsätzlich den beiden Bewegungsformen, die wir aus der Diotima-Rede im *Symposion* kennen, nämlich der kontinuierlichen Erweiterung und der qualitativen Steigerung. Der Gedanke des Gegebenseins einer Grundqualität des Wissens erlaubt zunächst die Distanzierung von der Auffassung der Seele als einem Mängelwesen, dem die Fähigkeit zum Aufstellen von Ordnungsverhältnissen von außen »eingebildet« werden müsste (518 d)[175]. Die Entfaltung des Wissens wäre dann nicht die kontinuierliche Erweiterung einer gegebenen Qualität, sondern das Resultat einer originären Stiftung, bei der ins Dasein träte, was vorher nicht gewesen wäre und für sein weiteres Wirken der kontinuierlichen Stabilisierung bedürfte[176]. Für Platon hingegen ist mit der Tatsache, dass das *a priori* in der Seele angelegte Vernunftvermögen (518 c: δύναμις ἐνοῦσα) seine Aufmerksamkeit auf zwei verschiedene Bereiche richten kann, die Möglichkeit einer immanenten Steigerung gegeben: Durch ihre Verbindung mit dem Leib, dem sie in ihren vegetativen und affektiven Funktionen grundsätzlich nahe bleibt, bezieht sie sich mit ihrem denkenden Teil zunächst auf die Welt des Werdens, in die sie hineingeboren ist. Wenn sie das ihr »einwohnende Vermögen« zum Optimum entwickeln will, muss sie den Punkt C überschreiten können, der im Liniengleichnis die Grenze zwischen den »Orten« des Sichtbaren und des Denkbaren markiert. Dazu bedarf es einer »Kunst der Umlenkung (518d: τέχνη τῆς περιαγωγῆς)«, die »das Organ, mit dem jeder begreift«, zusammen »mit der gesamten Seele«, also auch ihren begehrenden und ›eifernden‹ Teil, »von dem Werdenden« ›abführt‹, »bis es [in einem ersten Schritt] das Anschauen des Seienden und [in einem letzten Schritt das Anschauen] des glänzendsten unter dem Seienden«, also der Idee des Guten selbst, »aushalten lernt« (518c–d).

Die Kunst der Umlenkung ist als *Umlenkung* der Zugriff auf etwas, das dadurch eine Veränderung (516c: μεταβολή) erleidet. Das Höhlengleichnis betont diesen Aspekt durch das Bild der Gefesselten, die von einem anonymen Befreier losgebunden und dann »gezwungen« werden, »sogleich aufzustehen, den Hals herumzudrehen, zu gehen und gegen das Licht zu sehen« (515c). Als *Kunst* ist diese Umlenkung aber von einem genauen Wissen davon getragen, »auf welche Weise« das Wissens seinen besten Zustand »wohl am leichtesten und wirksamsten« erreichen kann (518d). Insofern ist sie nicht äußerer Zwang, sondern ein bewusstes Anknüpfen an die Erfahrungen der Seele, die eine derartige Umwendung von sich aus vorbereiten. Es ist deshalb angewandte Kunst, wenn Sokrates den Gedanken der Umwendung vom Werden zum Sein im Ausgang von Wahrnehmungen erläutert, die jedermann hat und kennt. Wenn sich zeigen ließe, dass bei der normalen Verarbeitung normaler Wahrnehmungen zwangsläufig eine Umwendung des Erkenntnisorgans der Seele von der Welt des Werdens zur Welt des Seins eintritt, dann wäre diese Umwendung der integrale Teil des normalen Vernünftigseins und nicht die Wunderwirkung eines externen Eingriffs oder die Folge eines gewaltsamen Zugriffs.

Das Wissen, das in Wahrnehmungen zum Ausdruck kommt, ist ein relativ kleiner Teil unter den mittleren Größen zwischen den beiden Extremwerten des einfachsten und des besten Wissens[177]. Die Entfaltungsbewegung des Wissens, die kontinuierlich vom Punkt A zum Punkt B des Liniengleichnisses verläuft, muss deshalb von dieser Zwischengröße, die dem Punkt A noch relativ nahe ist, wie durch einen natürlichen »Zug« (521 d) zur Welt des Seins hingelenkt werden. Dafür lassen sich nicht die Wahrnehmungen von Einzeldingen ins Feld führen, die bei aller Variabilität in sich bereits immer dieselbe Bestimmtheit enthalten[178], sondern nur diejenigen, die sich auf bestimmte Eigenschaften wie Größe, Härte oder Schwere von Einzeldingen beziehen. Hier ist es der Normalfall, dass ein und dasselbe Einzelding, das als groß wahrgenommen wird, als klein erscheint, wenn die Wahrnehmung auf ein größeres Exemplar desselben Gegenstandes trifft. Jeder Körper hat Größe, die neben einem größeren als klein und neben einem kleineren als groß erscheint. Die Wahrnehmung, die einen bestimmten Körper jetzt als groß, jetzt als klein etc. wahrnimmt, ›meldet‹ der Seele in Bezug auf dasselbe Einzelding eine unbestimmte Vielheit verschiedener und gegensätzlicher Größenwahrnehmungen. Das ist aber für das Urteilsvermögen der Seele insofern nicht irritierend, als sie auch ohne jede philosophische Belehrung mit der »Überlegung (λόγισμός)« und der »Vernunft (νόησις)« eine Instanz aktiviert, die sich problemlos auf *begriffliche* Einheiten beziehen kann. Im Fall der Größenwahrnehmung ist das der *Begriff* des Großen, mit dem die Relation ›größer‹-›kleiner‹ verbunden ist, so dass jede Größe mit Hilfe dieses Begriffs sicher bestimmt und hinsichtlich seines quantitativen Anteils an Größe gemessen werden kann. Die quantitativ bestimmte Größe eines Einzeldings wechselt nicht, wenn daneben ein Einzelding von anderer Größe auftritt, während die allein auf sich gestellte Wahrnehmung das Große und Kleine miteinander vermischt und deshalb nicht imstande ist, sie mit Bestimmtheit voneinander zu trennen. Die in jeder Kultur erfolgreiche begriffliche Verarbeitung in sich variabler Größenwahrnehmungen zeigt also, dass das »Organ, mit dem jeder begreift« (518 c), aus sich selbst heraus eine

Umwendung von der Welt des Werdens zur Welt des Seins vollzieht. Man kann sie metaphorisch auch als Hinwendung zu einem Licht bezeichnen, in dem sich aufhellt, was in der Welt des Werdens dunkel bleiben musste.

Philosophie ist für Platon kein Spezialwissen wie etwa das der Mathematik oder der Medizin, sondern eine ›natürliche Kunst‹. Sie unterstützt das Erkenntnisorgan der Seele in ihrer natürlichen Fähigkeit, sich von der Welt des Werdens zum »Anschauen des Seienden« ›umzuwenden‹ (518c–d) und damit das dialektische Vermögen, das a priori als »Zählen«, »Rechnen« und »Ordnen« in jeder Seele wirkt, zum Optimum zu entfalten. Weil die Dialektik nicht herstellt, was zuvor nicht war, sondern ans Licht bringt, was zwar schon vorhanden, aber noch nicht deutlich sichtbar gewesen ist, kann Sokrates sie auch als Variante der Hebammenkunst (Maieutik) bezeichnen oder als Wiedererinnerung (Anamnesis) an das, was in Wahrheit ist[179].

Das, was die Dialektik im Zustand ihrer Vollendung ist, zeigt sich dagegen beim Übergang von den mathematischen Wissenschaften zu dem Wissen, das sich mit der Idee des Guten auf den besten Gegenstand des Wissens überhaupt bezieht. Die mathematischen Wissenschaften sind die bestimmtesten Qualifizierungen, die man daraus gewinnen kann, dass sich die ›einfache‹ Fähigkeit des Zählens (522c) ausschließlich dem Sein von Zahl zuwendet. Die Arithmetik entsteht und besteht im Untersuchen der Grundformen der Zahl und ihrer Beziehungsregeln. Wenn man die Gesetzmäßigkeit zahlhafter Beziehungen an Linien, Körpern, ihren regelmäßigen Bewegungen und den Verhältnissen zwischen ihren Bewegungsformen untersucht, erhält man die Wissenschaften der Geometrie, der Stereometrie, der Astronomie und der Harmonielehre und damit zugleich den systematischen Verbund aller mathematischen Wissenschaften. Ihr Wissen besteht durchgängig und vollständig aus Zahl, so dass sich in diesen Wissenschaften der Zusammenhang des Zahlhaften kontinuierlich vom einfachen Gegebensein strukturierter Zahl über eine daraus entwickelte Mitte (zahlhaft strukturierte Flächen und Körper) bis hin zu ihrem natürlichen Ende (Himmelskörper und die zahlhaft geprägte Form ihrer aufeinander bezogenen Bewegungen) entfaltet. Weil alles übrige Wissen immer auch mit Nicht-Zahlhaftem befasst ist, bilden die mathematischen Wissenschaften die qualifizierteste »Gemeinschaft (κοινωνία) unter sich«, nämlich eine »Verwandtschaft (ξυγγένεια)«, die ausschließlich auf der Gemeinsamkeit ihres Gegenstandes beruht, so dass sie nichts anderes erschließen als die Regeln rein zahlhafter Wirklichkeitskonstitution (531 c–d).

Dennoch läuft die Einsicht in die besondere Bedeutung der Mathematik bei Platon nicht wie im Pythagoreismus auf eine Ontologie der Zahl hinaus. Man erkennt das schon daran, dass Sokrates seine Überlegungen zum System der mathematischen Wissenschaften als »Vorrede (προοίμιον)« zu einem »Gesetz (νόμος)« bezeichnet, das gegenüber dem, was zu ihm hinführen soll, das Wichtigere und deshalb auch das ist, was »eigentlich erlernt werden soll« (531 c). Für die Beschreibung des Übergangs vom ›Prooemium‹ zum ›Gesetz‹ für das höchste Wissen greift Sokrates auf die Unterscheidung des Liniengleichnisses zwischen dianoetischem und noetischem Wissen zurück. Jedes Wissen begründet einen Zusammenhang, der sich kontinuierlich von einem Anfang über eine daran sich anschließende Mitte bis zu seinem Ende entfaltet. Ausgangspunkt des dianoetischen Wissens ist eine bestimmte begriffliche Form (die allgemeine Form des Hauses). Von ihm aus erreicht seine Bewegung den untersten Punkt der Linie, also die individuellen Gestalten (Häuser) und deren Abbilder. Auch die mathematischen Wissenschaften setzen bestimmte allgemeine Formen (Gerades, Ungerades, geometrische Figuren) an den Anfang ihrer Bewegung und damit als »unbewegt« (533 c), »als sei dies allen schon deutlich«, um dann im Ausgang davon (ἐκ τούτων ἀρχόμενοι) »das daraus Folgende auszuführen (τὰ λοιπὰ διέξοντες)«, bis sie das Ende getroffen haben, auf das die Untersuchung gerichtet war (510 c–d). Das vom mathematischdianoetischen Wissen an den Anfang gesetzte Sein ist jedoch für das noetische Wissen der Ausgangspunkt (ἐπίβασις) für eine entgegengesetzte Bewegung (ὁρμή), die darauf gerichtet ist, mit dem Punkt B der von Sokrates konstruierten Linie den »Anfang von allem (511 b: ἀρχὴ τῶν πάντων)« zu erreichen, was in Wahrheit ist. Die Verbindung mit diesem Punkt ist analog zur Verbindung des menschlichen Eros mit der Idee des Schönen im *Symposion* als Übergang von einer Zweiheitlichkeit, die dazu tendiert, sich als wahre Einheit misszuverstehen, zu reiner Einheitlichkeit konzipiert, die darin zugleich als Quellpunkt einer neuartigen, in sich reichhaltigen Zweiheitlichkeit wirkt. »Berühren« bedeutet im *Symposion* Anreicherung der Zweiheitlichkeit mit Einheitlichkeit, dem ein »Zeugen im Schönen« und das Aufziehen des dadurch Erzeugten folgt[180]. In der Berührung des ›Anfangs von allem‹ kann sich ›das Wissen an alles halten, was jener an sich hat (511 b: ἁψάμενος αὐτῆς, πάλιν αὖ ἐχόμενος τῶν ἐκείνης ἐχομένων)‹, so dass es von ihm her die Kraft erhält, bis »zum Ende«, also in Richtung auf den Punkt C der Linie »hinabzusteigen«, dabei den gesamten Reichtum ›in Gebrauch zu nehmen‹, der im »Anfang von allem« wirksam ist, und zugleich »Mitgebrauch (πρόσχρησις)« von den allgemeinen Formen zu machen, die aufgrund ihrer selbstbezüglichen Einartigkeit (Ideen) dem »Anfang von allem« ähnlich sind (511 b–c).

Aus der Perspektive des noetischen Wissens werden alle besonderen Voraussetzungen des dianoetischen Wissens kontextualisiert und damit in gewisser Weise als nicht-seiend setzt, so dass für das noetische Wissen allein der »Anfang von allem«, die Idee des Guten, »fest« und alles andere ihm gegenüber »beweglich« ist. Was aber diese Idee des Guten an sich selbst ist, von der es lediglich heißt, dass sie gegenüber allem, was »Wesenheit« ist und damit allgemeine Form, ein »Jenseits« darstellt und es dadurch an Macht und Würde überragt (509 b), wird in der *Politeia* ebenso wenig wie in anderen platonischen Dialogen mit hinreichender Deutlichkeit erläutert. Klar ist lediglich, dass diese Beschreibung an die Bestimmungen der Idee des Schönen, die Diotima im *Symposion* ihrem Schüler Sokrates vorträgt, anknüpfen und sie dann noch einmal steigern müsste. Das, was dort vom Schönen ausgeht, hätte dann seinen letzten Grund darin, dass das Schöne unmittelbar Ausdruck des Guten ist.

Die *Politeia* thematisiert lediglich die Bewegung der Dialektik, aus der auch die Erkenntnis der Idee des Guten möglich ist. Sie wird als die maximale Steigerungsform des Wissens beschrieben, das sich mit seinen Bewegungen unterhalb des B-Punktes im sokratischen Liniengleichnis aufhält. Alle Gestalten des Wissens, die mit dem Erklären von Zusammenhängen von einer beliebigen Stelle unterhalb dieses Punktes ausgehen, können von dem, was diese Stelle selber im Zusammenhang der Wirklichkeit ist, ebenso wenig Wissen haben wie von dem, was sich oberhalb von ihr befindet. Infolgedessen ist ein derartiges Wissen immer mit Nicht-Wissen »zusammengeflochten«, so dass man es allenfalls »Verständnis (διάνοια)«, aber nicht »Wissenschaft« nennen kann (533 c–d). Wissenschaft thematisiert dagegen die Gesamtheit des Wissbaren, und zwar den Ordnungszusammenhang allgemeiner Form, den sie im Ausgang vom »Anfang von allem« und dem, was darin »seinem Wesen nach (κατ' οὐσίαν)« wirkt, mit Hilfe »einer unerschütterlichen Erklärung (λόγος)« »wie in einer Schlacht« gegen alle Angriffe und Einwendungen (ἔλεγχος) bis zu seinem ›Ende‹ »unverletzt durchbringt« (534 c). Allein die vollendete Dialektik kann das Gebäude des Wissens so aufbauen, dass die systematische Einheit erkennbar wird, die das Fundament seiner absoluten Einfachheitsform, die in jedem Wissen wirkt, mit dem schmückenden Fries (θριγκός) verbindet, der als das Wissen des genetischen Prinzips für alles, was ist und gewusst werden kann[181], dieses Gebäude nach oben abschließt (534 e).

Das höchste Sein ist für Platon weder eine gestalthaft konkretisierte Gottheit, wie der Mythos sie kennt und der Kult sie verehrt, noch das in sich komplexe Sein der Zahl, das für pythagoreisches Denken das allgemeinste Strukturierungsprinzip von Formen und

Formverhältnissen des Wirklichen darstellt und mit dem die Astronomie den Kosmos als die exemplarische Form aller Ordnung beschreibt. Göttlich ist selbstverständlich auch nicht die Regelhaftigkeit einer politischen Verfassung, selbst dann nicht, wenn sie aus der Weisheit eines Gesetzgebers vom Range Lykurgs oder Solons hervorgeht. Das Höchste und damit das Göttliche par excellence ist vielmehr die Idee des Guten[182], die auch dem Gut zu seiner vollständigen Entfaltung verhilft, das als das Gute des Wissens unter den menschlich erreichbaren Gütern das beste ist. Die Idee des Guten hat die Stelle inne, von der aus alles Sein, das vom dianoetischen Wissen als unbeweglich gesetzt wird, wieder auf die Gesamtheit des Seins zurückbezogen wird, aus dem es zuvor herausgelöst und als ein Sein für sich bestimmt worden ist. Jedes bestimmte ›Sein‹ ist nur dann ›gut‹, wenn es diejenigen, die sich darauf beziehen, nicht zu Gefangenen einer Höhle macht, in der es etwas Besseres als das, was sie in sich einschließt, nicht gibt. Wenn das menschliche Leben vor allem in der Politik und im individuellen Egoismus zu Verabsolutierungen einzelner Formen, Verhaltensweisen oder Regeln neigt, dann kann dem nur das Wissen entgegenwirken, dass jede diese Verabsolutierungen aus der künstlichen Fixierung von etwas Bestimmtem zu unbeweglichem Sein hervorgeht. Nur die Kenntnis dieses Konstruktionsgesetzes kann aus der Welt in sich geschlossener Höhlen ohne Gewaltanwendung wieder herausführen Da menschliches Leben sich allerdings an Bestimmtheiten orientieren muss, kann das Gut der Idee des Guten nicht nur darin bestehen, dass im Blick auf sie falsche Verabsolutierungen wieder ins Nicht-Sein zurückfallen, obwohl erst damit die Möglichkeit besteht, einzelne Bestimmtheiten mit anderen in die Beziehung zu bringen, die für eine vernünftige Lebensführung ›nützlich und heilsam‹ ist. »Spender aller Güter«[183] ist die Idee des Guten vor allem aber dadurch, dass sie aus sich die durchgängige Kooperation zwischen den gegensätzlichen Prinzipien ›Einheit‹ und ›unbestimmter Zweiheit‹ und dadurch die Bestimmtheit des Ordnungszusammenhangs *allgemeiner* Formen erzeugt, und zwar so, dass die menschliche Seele ihn im dialektischen Nachvollzug erkennen und sich deshalb auch von ihm die Norm des Guten für das eigene Leben vorgeben lassen kann.

Sokrates hat dieses Gute als Verähnlichung mit Gott (ὁμοίωσις θεῷ) beschrieben und sie inhaltlich dadurch definiert, »dass man gerecht und fromm sei mit Einsicht (δίκαιον καὶ ὅσιον γενέσται μετὰ φρονήσεως)«. Als das Erzeugungsprinzip des umfassenden Ordnungszusammenhangs intelligibler Form ist Gott »im höchsten Sinne vollkommen gerecht«, so dass ihm niemand ähnlicher sein kann, »als wer unter uns ebenfalls der Gerechteste ist« (*Theaet.* 176 b–c). ›Gerecht‹ ist die Ordnung, in der jedes Einzelne so gestellt ist, wie es für dieses Einzelne und das Ganze seines Zusammenhangs das Beste ist. Die inhaltliche Erkenntnis der allgemeinen Formen und die ›Einsicht‹ in ihren Zusammenhang wird von Sokrates auch als Vorgang der Erinnerung (Anamnesis) beschrieben. Sie bezieht sich nicht auf Vorgänge innerhalb der werdenden Welt, sondern auf die Welt der allgemeinen Formen, die der Welt des Werdens im ontologischen Sinn als das ›Frühere‹ und insofern Bessere vorausliegt. Jede menschliche Geschichte scheint mit den Vorgängen von Zeugung und Geburt zu beginnen. Wenn die Erinnerung die Welt des Werdens überschreiten und sich auf eine davon unterschiedene Wirklichkeitsebene allgemeiner Formen beziehen kann, dann ist die Geschichte der Zeugung und der Geburt die zweite Etappe eines ›Vorgangs‹, an dessen ›Anfang‹ das Zusammensein mit den Grundformen aller Wirklichkeit gestanden hat. Im Konzept politisch-rhetorischer Vernunft bedeutet das Geborenwerden das definitive Gebundensein an die Welt des Werdens, so dass hier der Besonnene und zugleich Tapfere am besten mit den Ambivalenzen und Irritationen zurechtkommt, die in dieser Welt unvermeidlich sind. Für Platon markiert das Geborenwerden einen Verlust an Vertrautheit mit den Grundformen des Guten, an die sich nur derjenige kraftvoll genug erinnert, der das Erwachsensein im Sinne des öffentlich anerkannten Lebens als einen Zustand der Schwäche gegenüber dem Leben empfindet, das auf der Gestaltungskraft allgemeiner Formen beruht. Das im Wissen vollzogene Ähnlichwerden mit der Idee des Guten verweist als Aufstieg aus der Welt des Werdens aber zugleich auf die Gegenbewegung des Abstiegs in sie zurück, bei dem das, was die Welt des Werdens ausmacht, besser und schärfer gesehen wird als von jedem, der diese Welt nie verlassen hat. Die Rückkehr dorthin wird deshalb unvermeidlich zur Ursache eines Konflikts mit denen, die ausschließlich an die Welt ihres Gewordenseins gebunden bleiben wollen. Wenn wie im Fall des Sokrates eine Kraft maximaler Erinnerung an das wahre Sein mit der Polis Athen auf eine Kraft der maximalen Erinnerung an die Welt ihres spezifischen Gewordenseins trifft, verschärft sich dieser Konflikt zum unversöhnlichen Gegensatz. Platons Philosophie will dieses Gegeneinander entspannen. Sie sucht deshalb nach Indizien dafür, dass die Welt des wahren Seins in der Welt des Werdens anwesend ist. Nur unter dieser Voraussetzung kann es sinnvoll sein, die Erinnerung an die Welt des wahren Seins so zu kräftigen, dass dies die Probleme entschärft, die mit dem Leben innerhalb einer ausschließlich vom Werden bestimmten Welt verbunden sind. Die philosophische Dialektik soll deshalb das, was die Welt des Werdens ausmacht, aus dem Wirken allgemeiner Formen so plausibel erklären, dass es als das Beste erscheint, sich im denkenden Zugang zur Wirklichkeit des Allgemeinen zu üben, um in der Welt des Werdens die Konflikte mindern zu können, die dort leicht das zerstörerische Gegeneinander und damit das ›Elend‹ zur Folge haben, das Platon im 7. Brief im gegenwärtigen Zustand des menschlichen Geschlechts als wirksam erkennt (Text 28).

## C | *Aristoteles (384–322)*

*»Und doch ist am allermeisten das Gute Ursprung.«*

Aristoteles, *Met.* XII 9, 1075a 37f.

Aristoteles hat die Philosophie ausdrücklich als Prinzipienreflexion definiert und sie in dieser Funktion als »Theorie«, genauer als »theoretische Wissenschaft (ἐπιστήμη θεωρητική)« bezeichnet. Der Begriff von Theorie, den er dabei geltend macht, ist uns heute fremd geworden. Unter dem Einfluss der neuzeitlichen Naturwissenschaft verstehen wir Theorien primär als fallible Begriffskonstruktionen, mit denen bestimmte empirische Daten als Ausdruck eines Zusammenhangs, einer Regel oder einer Gesetzmäßigkeit interpretiert werden können. Für Aristoteles hingegen ist »Theorie« die Betrachtung von etwas um seiner selbst willen, womit vor allem die Betrachtung der Prinzipien des Seienden gemeint ist. In dieser Bestimmung ist Theorie die beste »Praxis« und damit für den Menschen die Lebensweise, in der er ganz zu sich selbst kommt[184]. Die vorliegende Darstellung konzentriert sich auf diese Fragen: Was bedeutet bei Aristoteles »Theorie«? Inwiefern ist sie ein Betrachten dessen, was dem Seienden als Prinzip zugrunde liegt? Wie ist dieses Konzept von Theorie von seinen eigenen Voraussetzungen her zu verstehen? Und was bedeutet seine Verwirklichung für die menschliche Lebensführung?

Aristoteles hat seine Definition der Philosophie als Prinzipienreflexion in ein umfassendes Forschungs- und Lehrprogramm umgesetzt. Es steht uns in den Lehrschriften vor Augen[185], die vor allem auf seine Tätigkeit im Gymnasion des *Lykeion* zurückgehen[186]. Inhaltlich gesehen handelt es sich dabei um Untersuchungen darüber, was im Zusammenhang des Seienden als Prinzip und somit als der spezifische Grund für das Entstehen, Bestehen und Vergehen von etwas Besonderem wirksam ist. Dabei werden einerseits *bestimmte* einzelne Prinzipien, z. B. für Bewegung, Leben, Seele, Vernunft, Gemeinschaft, Handlung, Fortpflanzung,

Entstehen und Vergehen untersucht. Andererseits ist die Erforschung dessen, was ein *bestimmtes* Prinzip ist, zumindest indirekt ein Beitrag zur Klärung der Fragen, was *überhaupt* ein Prinzip ist, wie es sich von anderen Formen des Seins unterscheidet, ob es mehrere Arten von ihnen gibt, in welchen Beziehungen einzelne oder bestimmte Arten von Prinzipien zu einander stehen, ob es einen Zusammenhang von Prinzipien gibt und wodurch er begründet ist, wenn es ihn gibt.

Die sprachliche Bezeichnung, die Aristoteles für das Prinzipsein normalerweise verwendet, ist der von Platon vorgegebene Terminus »Wesenheit (οὐσία)«. Im alltäglichen Sprachgebrauch bezeichnet er als substantivische Ableitung vom Verbum »sein (εἶναι)« den Besitz, das Vermögen oder den Reichtum von etwas, also eine besondere Form reichhaltiger »Seiendheit«, auf der beruht, was etwas oder jemand ist[187]. »Theorie«, so wie Aristoteles sie versteht, hat das, was »Wesenheit« ist, zu ihrem ausgezeichneten Gegenstand[188]. Wenn man sich an der sachlich nicht unproblematischen, aber wirkungsgeschichtlich folgenreichen lateinischen Übersetzung des Begriffs »Wesenheit« durch das Substantiv *substantia* orientiert[189], kann man die Philosophie des Aristoteles auch als Theorie der Substantialität bezeichnen. Ihre Nähe zu Platon kommt darin zum Ausdruck, dass alles, was »Grund (ἀρχή)« von Wirklichkeit ist, in einen Zusammenhang von Grundformen eingebunden ist, der als solcher auf eine *erste* und insofern göttliche ›Wesenheit‹ bezogen bleibt. Die Distanz zu ihm wird hingegen daran erkennbar, dass es für Aristoteles kein »jenseits von Wesenheit« gibt, das bei seinem Lehrer das Gute als das Prinzip aller Einheitsbegründung auszeichnet[190]. Für Aristoteles gilt: Nur Allgemeines, das der Einheitsgrund für etwas ist, kann verstanden werden. Und weil es ein solches Allgemeines außerhalb von Wesenheit (*Met.* XII 4, 1070 b 1: παρὰ τὴν οὐσίαν) nicht geben kann, ist auch der erste göttliche Grund (vgl. dazu Text 41) für alles, was »den Ursprung für Bewegung und Ruhe in sich selbst besitzt«[191], eine Wesenheit. Sie verwirklicht ihr Sein zwar »außerhalb« des Kosmos, bleibt aber als ihre Vollendungsgestalt mit den anderen »Wesenheiten«, die anders als sie ihr Prinzipsein für etwas zusammen mit Bewegung, Zeit, Raum und Materie verwirklichen, durch ein Verhältnis der Ähnlichkeit verbunden. Dadurch, dass sie die erste Wesenheit als das beste Sein vom bewegten Sein des Kosmos unterscheidet, gehört die Philosophie des Aristoteles zu derselben Gattung *theologischer* Prinzipienreflexion wie diejenige Platons[192]. Im Kern geht es in der vorliegenden Darstellung darum, die Differenz zu verstehen, durch sich die theologische Prinzipienreflexion des Aristoteles von der platonischen absetzt.

Wenn man will, kann man den Unterschied zwischen Platon und Aristoteles in den beiden bekanntesten Portraitbüsten ausgedrückt finden, die aus der Antike von ihnen überliefert sind (siehe Anhang 2, S. 274 f.)[193]. Auch wenn dort beide als vornehme Bürger dargestellt sind, scheint Platon doch derjenige zu sein, der sich in seinem Denken auf Zusammenhänge konzentriert, die von der wahrnehmbaren Wirklichkeit weiter entfernt sind als das, dem sich das Denken des Aristoteles zuwendet[194]. Vice versa ist das Gesicht des Aristoteles demjenigen, der es betrachtet, näher als dasjenige Platons. Beide scheinen für ein Denken zu stehen, das im Zurückgehen auf sich selbst aus sich herausgeht, wobei das Zurückgehen auf sich stärker bei Platon und das Aus-sich-Herausgehen bei Aristoteles deutlicher verbildlicht ist. Raffaels berühmtes Fresko ›Die Schule von Athen‹ in den Stanzen des Vatikan (siehe Frontispiz) nimmt diesen Unterschied dadurch auf, dass Platon in seiner Linken die spekulativ-kosmologische Schrift des *Timaios* trägt und mit anderen Hand nach oben, also auf das Sein der Ideen verweist, während Aristoteles die *Nikomachische Ethik* mit sich führt und mit seiner Rechten nach unten zeigt. Unverkennbar hält Aristoteles seine freie Hand aber so, dass die Kuppen ihrer gespreizten Finger leicht nach oben gerichtet sind und deshalb vom Licht des Bildes erhellt werden, auf dessen Quelle die Rechte Platons verweist. Von daher könnte man, wenn man von den genannten

Buchtiteln einmal absehen darf, in der Verschiedenheit der Haltung ihrer freien Hände auch zwei unterschiedliche Modi theologischer Prinzipienreflexion verkörpert sehen. Platon *begründet* deren Programm, indem er ein *Jenseits von Wesenheit* als den Grund für ›allgemeine Formen‹ thematisiert, die ihrerseits auf sich selbst bezogen und zugleich in besonderen Gestalten der phänomenalen Welt ›anwesend‹ sind. Aristoteles hingegen *realisiert* Platons Programm, indem er die reichhaltige Vielfalt erschließt, in der das Gesetz der »Wesenheit«, das Grundsein für die Einheit von etwas, das Sein insgesamt durchdringt. Platon musste erst einmal ein Bewusstsein dafür schaffen, was philosophisch-theologische Prinzipienreflexion überhaupt ist und worauf sich beziehen muss, wer das Wirkliche als den Zusammenhang des Guten verstehen will, der auch dem menschlichen Leben das Maß seiner Ordnung vorgibt. Aristoteles hingegen konnte das Interesse an und die Kompetenz zu prinzipientheoretischer Reflexion bei seinen Hörern voraussetzen und sich deshalb darauf konzentrieren, in kontinuierlicher Feinarbeit den Reichtum zu entwickeln, der sich im konsequenten Ausschreiten des Raums prinzipientheoretischer Reflexion erschließt. In dieser Weise sind bei Raffael auch die beiden Köpfe, der »wilde« des Platon und der vornehme des Aristoteles, aufeinander bezogen. In der Abweichung von seinem Lehrer blickt Aristoteles auf ihn ebenso selbstbewusst wie respektvoll zurück, während Platon mit Strenge im Auge behält, von welchen Voraussetzungen aus sich sein selbständig gewordener Schüler der Wirklichkeit und ihren Grundformen zuwendet. Um diese bildhaft angedeuteten Unterscheidungen begrifflich nachvollziehen zu können, wird zunächst der Begriff »Wesenheit« geklärt, der für die Prinzipienreflexion des Aristoteles der primäre Gegenstand ist (1). Danach geht es um die Frage nach der besonderen Stellung der philosophischen Prinzipienreflexion in der Ordnung des Wissens (2). Dem folgt eine Darstellung des theologischen Gehalts, dem sich die Philosophie als erste theoretische Wissenschaft zuwendet (3). Und schließlich wird (4) thematisiert, was die

Realisierung des von Aristoteles entfalteten Programms philosophischer Prinzipienreflexion für die menschliche Lebensführung bedeutet.

## 1. | Der Begriff des Prinzips

Für einen ersten Zugang zum prinzipientheoretischen Konzept des Aristoteles eignet sich besonders gut der Anfang des 4. Buches seiner Metaphysik[195].

### 37 · Aristoteles, *Metaphysica* IV 1, 1003 a 21–2, 1003 b 19[196]

---

(1003 a 21) »Es gibt eine Wissenschaft (ἐπιστήμη), welche das Seiende allein in der Hinsicht betrachtet (θεωρεῖν), als es seiend ist (τὸ ὄν ᾗ ὄν[197]), und ebenso dasjenige, was einem solchen Sein zukommt (τὰ τούτῳ ὑπάρχοντα). Sie ist keine von den Wissenschaften, die wir von einem bestimmten Teil des Seienden her, dem sie sich zuwenden, mit einem bestimmten Namen bezeichnen; denn keine der anderen Wissenschaften handelt allgemein vom Seienden als solchen, (25) sondern sie schneiden sich einen Teil des Seienden heraus und betrachten, was damit zusammenhängt (τὸ συμβεβηκός), wie etwa die mathematischen Wissenschaften. Indem wir nur die Prinzipien (ἀρχαί) und höchsten Ursachen (αἰτίαι ἀκροτάται) suchen, ist offenbar, dass diese notwendig Ursachen einer Wesenheit an sich sein müssen. Wenn nun diejenigen, welche die Elemente des Seienden (τὰ στοιχεῖα τῶν ὄντων) suchten, diese Prinzipien gesucht haben, dann müssen das, was sie suchten, die Elemente des Seienden als eines solchen gewesen sein und nicht Elemente, die mit einem bestimmten Sein zusammenhängen (κατὰ συμβεβηκός). (30) Auch wir haben also die ersten Ursachen (τὰς πρώτας αἰτίας), insofern es ein Seiendes ist (τοῦ ὄντος ᾗ ὄν), aufzunehmen.

2. ›Sein (τὸ δὲ ὄν)‹ wird in mehrfacher Bedeutung ausgesagt (λέγεται μὲν πολλαχῶς), aber immer in Beziehung auf Eines (πρὸς ἕν) und auf eine einzige Wesenheit (πρὸς μίαν τινὰ φύσιν), und zwar nicht nach bloßer Namensgleichheit, sondern wie alles, was gesund genannt wird, sich auf die Gesundheit bezieht, indem sie nämlich dieselbe erhält oder hervorbringt, oder ein Zeichen derselben oder sie selbst aufzunehmen fähig ist, wie etwas ärztlich heißt in Bezug auf die Arzneikunde, entweder weil es die Arzneikunde besitzt oder zu ihr wohl befähigt oder ein Werk derselben ist; und wie wir dasselbe beim Gebrauch der übrigen Wörter finden: ebenso wird auch das Seiende zwar in vielfachen Bedeutungen ausgesagt, aber doch alles in Bezug auf ein Prinzip (πρὸς μίαν ἀρχήν)[198]. Denn einiges wird als seiend bezeichnet, weil es Wesenheit (οὐσία), anderes, weil es Zustände (πάθη) der Wesenheit sind, anderes, weil es der Weg (ὁδός) zur Wesenheit oder deren Untergang (φθορά) oder ihre Beraubung (στέρησις) ist oder ihre Qualität (ποιότης) oder das Schaffende (ποιητικόν) und Erzeugende (γεννητικόν) für die Wesenheit oder für etwas in Beziehung (πρὸς τὴν οὐσίαν) zu derselben Stehendes oder Negation (ἀπόφασις) von etwas unter diesen [›Zuständen‹ von Wesenheit] oder Negation der Wesenheit selbst (deshalb sagen wir ja auch, das Nichtseiende *sei* nicht-seiend). Wie nun alles Gesunde *einer* Wissenschaft angehört, so verhält es sich gleicherweise auch bei den übrigen [Dingen, die in ihrer Vielheit von Zuständen Gegenstand einer Wissenschaft sind, oder bei den übrigen Wissenschaften, die eine Vielheit von Zuständen eines bestimmten Gegenstandes untersuchen]. Denn nicht nur die Untersuchung dessen, was *nach einem* (καθ' ἕν) bestimmt, sondern auch dessen, was *in Beziehung* auf *eine* Wesenheit (πρὸς μίαν φύσιν) ausgesagt wird, ist Gegenstand einer einzigen Wissenschaft; denn in gewissem Sinne ist auch dies [das, was in Bezug (πρός) auf Eines ausgesagt wird] noch *nach einem* [nämlich καθ' ἕν] bestimmt. Also gehört offenbar auch das Seiende als solches (τὰ ὄντα ᾗ ὄντα, plurale Formu-

lierung) einer einzigen Wissenschaft an. Überall geht aber die Wissenschaft vornehmlich auf das Erste (τὸ πρῶτον), *von dem* (ἐξ οὗ) *das übrige* (τὰ ἄλλα) *abhängt* (ἤρτηται)[199] und wonach es benannt ist. Ist dies nun die Wesenheit (οὐσία), so muss der Philosoph die Prinzipien (ἀρχαί) und Ursachen (αἰτίαι) der Wesenheiten innehaben (ἔχειν).«

---

Der ausgewählte Text versetzt uns in die privilegierte Lage, in der Zeit unseres Mitdenkens mündlich belehrte Schüler des Aristoteles zu sein. Er beginnt damit zu erklären, was wir unter »Philosophie« verstehen sollen, was ihr besonderer Gegenstand ist und welche Stelle ihr im Verband der übrigen Wissenschaften zukommt. Jede Wissenschaft ist die theoretische Fähigkeit zu einem umfassenden Betrachten[200] dessen, *was* einem bestimmten Gegenstand zukommt und *in welcher Hinsicht* (notwendiger- oder möglicherweise, wesentlich oder beiläufig, ganz oder teilweise, immer und überall oder nur zu einer bestimmten Zeit und an einem bestimmten Ort etc.) es ihm zukommt[201]. Die allgemein bekannten Wissenschaften beziehen sich dafür auf einen Teil des Seienden. So ›schneidet‹ etwa die Mathematik aus der Gesamtheit des Seins den ›Teil‹ ›heraus‹, der Zahl ist, und betrachtet sie dann im Blick auf das, was sie ist und was mit ihr in welcher Hinsicht verbunden ist. Im Kern geht es Aristoteles aber um die Wissenschaft, die sich keinem besonderen *›Teil‹* des Seins zuwendet, sondern Sein einzig daraufhin betrachtet, was es an sich selbst ist. Während sie sich also durch die Art ihres Gegenstandes, der kein ›Teil‹ des Seins, sondern das ›Ganze‹ ist, von anderen Wissenschaften unterscheidet, folgt sie ihnen darin, dass sie für das Sein als solches ebenfalls nach Anfangsgründen oder ersten Ursachen sucht, um bestimmen zu können, ob auch mit diesem Sein ein bestimmter Zusammenhang vorliegt und wie er in seiner Gliederung zu verstehen ist[202].

Aristoteles folgt bei seiner Überlegung de facto dem Vorbild des platonischen Sokrates. Dieser hatte in der Auslegung des

Höhlengleichnisses die Dialektik auch nicht als die Wissenschaft definiert, die im systematisch verfassten Gebäude aller Wissenschaften eine bestimmte oder wie die Mathematik eine besonders prominente Stelle einnimmt, sondern als eine, die selbst kein Teil, sondern der krönende Abschluss dieses Bauwerks ist. Auch das Kriterium, mit dem Aristoteles die besonderen Wissenschaften von der jetzt gesuchten unterscheidet, ist das des platonischen Sokrates. Alle *besonderen* Wissenschaften machen das Sein ›unbeweglich‹, das sie als das Erste für einen bestimmten Zusammenhang ansetzen, um von ihm aus zu untersuchen, was mit ihm verbunden ist[203]. Allein die Dialektik schneidet keinen Teil des Seienden für sich aus, sondern bezieht sich auf die Wirkungsmacht, von der aus das Sein, dem sich die besonderen Wissenschaften zuwenden, in seinem Zusammenhang mit dem Ganzen des Seins betrachtet werden kann. Aristoteles beruft sich aber nicht auf Platon als sein methodisches Vorbild, sondern auf diejenigen, die vor ihm nach »Elementen des Seins« im Sinne eines allgemeinen Seins gesucht haben. Mit dem Begriff »Element« knüpft er an die vorsokratische Philosophie an, in der dieser Begriff einerseits, vor allem im Kontext pythagoreischer Philosophie, intelligible Entitäten wie die Elementarsätze der Mathematik[204], andererseits aber auch körperlich-materielle Einheiten bezeichnen konnte (*Met.* I 3, 983 b 10 f.). Im fünften Buch der *Metaphysik*, das man wie ein Lexikon zu den philosophischen Grundbegriffen des Aristoteles lesen kann, sind die überlieferten Bedeutungen des Begriffs στοιχεῖον zusammengestellt. Dabei wird die allgemeine Definition dieses Begriffs[205] durch die Angabe seiner besonderen Realisierungsformen ergänzt, womit die Elementarlaute der Sprache, einfache Körper und mathematische sowie »erste ursprüngliche Beweise« gemeint sind (*Met.* V 3, 1014 a 26–1014 b 3). Im vierten Buch will Aristoteles aber offensichtlich die historisch vorgegebene Frage nach »Elementen« in die nach den »ersten Gründen« des Seins als eines Seienden umformen. Elemente bilden demnach nur eine besondere, primär stofflich-materiell qualifizierte Art von »Wesenheit«. Nur wer die Gesamtbedeutung von »Wesenheit« überblickt, kann die Frage, um die es Aristoteles in unserem Text geht, so stellen, dass die Antwort den begrifflichen Differenzierungsansprüchen der wissenschaftlich geprägten Kultur seiner eigenen Zeit genügt. »Wesenheit« ist nämlich gegenüber »Element« der umfassendere und deshalb ein in sich besonders differenzierungsfähiger Begriff.

Aristoteles formuliert zu Beginn des zweiten Abschnitts unseres Textes dann genau den Satz, den man als den Schlüsselsatz seiner gesamten Philosophie bezeichnen kann: Sein wird in *vielfacher Weise*, aber immer *in Bezug auf Eines* ausgesagt, und zwar so, wie ausdrücklich hervorgehoben wird, dass alles Viele, das über dieses Eine ausgesagt wird, an diesem Einen ›hängt‹. Dass dieser Satz tatsächlich der Grundsatz seiner Philosophie ist, wird durch folgende Überlegung deutlich. »Sein«, das in vielfacher Weise, aber in Bezug auf Eines ausgesagt wird, ist grundsätzlich vom Charakter der Allgemeinheit. Insofern kann man den Begriff »Sein« auch durch beliebige andere allgemeine Formen des Seins wie etwa Einheit, Wesenheit, Bewegung, Ursache, Ziel, Tugendhaftigkeit, Glück, Vernunft, Aussage, Urteil, Satz, Schluss, Leben, Seele, Körper, Handlung, Gemeinschaft, Gerechtigkeit, Entstehen und Vergehen oder Ähnliches ersetzen. Wenn man das tut, hat man das Grundmuster einer Fragestellung vor Augen, dem Aristoteles in jeder seiner einzelnen Pragmatien folgt. Sie wollen ja klären, wie und in wie vielfacher Weise von einem bestimmten, in sich reichhaltigen Sein gesprochen werden kann und wie sich dieses als Wirklichkeit realisiert. So ist, um nur einige wenige Beispiele zu nennen, »Bewegung« der besondere Gegenstand der *Physik*, »Tugendhaftigkeit« derjenige der *Ethik*, »Gemeinschaft« derjenige der *Politik* und »Wesenheit« eben derjenige der *Metaphysik*.

Der genannte Satz ist aber auch deshalb der Schlüsselsatz seiner Philosophie, weil er die Form vorgibt, in der Aristoteles Prinzipienreflexion betreibt. Sie wird bezeichnenderweise aus dem Akt der Prädikation abgeleitet, der wesentlich mit dem Satz als einer Elementarform menschlicher Vernunft verbunden ist. Durch den Akt der Prädikation entsteht aus einer Vielheit sprachlicher Ausdrücke die Einheit eines gedanklichen Zusammenhangs, etwa dann, wenn die Bezeichnungen für das Viele, das sie erhält, hervorbringt, ein Zeichen von ihr ist oder sie in sich aufnehmen kann, an das Subjekt ›Gesundheit‹ gebunden werden und dann daran ›hängen‹ oder an das Eine der Medizin, das wieder in einer bestimmten Weise zur Einheit des Gesunden gehört. Der Grundsatz: Sein wird in vielfacher Weise ausgesagt, aber immer in Bezug auf Eines, enthält also keineswegs eine uneingeschränkte Präferenz für Pluralität, sondern verweist auf eine in sich reichhaltige Relation von Einheit und Vielheit. Reichhaltigkeit im Sinne von Substantialität setzt eine Vielheit von Realisierungen voraus, und die Vielheit bestimmter Formen bildet nur dann einen substantiellen Zusammenhang, wenn sie Realisierungen einer Einheit sind. Das Eine zeigt sich dadurch als das ›Reichhaltige‹ einer »Wesenheit«, dass vieles Verschiedene zu ihr hinführt, mit ihr zusammen besteht oder aus ihr hervorgeht. Nur wer solche Zusammenhänge vollständig übersieht, weiß, was eine bestimmte ›Wesenheit‹ ist und wie sie sich verwirklicht, aber auch, was für sie ein partielles oder das gänzliche Nichtsein bedeutet.

Aristoteles war der Überzeugung, dass in der Form des Aussagesatzes eine grundsätzlich erweiterungsfähige Form elementarer Rationalität zum Ausdruck kommt, die niemand als das Produkt des Zufalls, eines Beschlusses oder einer künstlichen Erfindung verstehen kann. Es ist vielmehr Ausdruck der vernünftigen Natur des Menschen, wenn sie im Akt der Prädikation eine in sich geordnete Vielfalt einzelner Bestimmungen auf ein Subjekt bezieht und dieses dann als Einheitsgrund oder -träger einer in sich gegliederten Vielheit versteht. An die Form der Prädikation ist auch das wissenschaftliche Argumentieren einschließlich der von Aristoteles besonders angesprochenen philosophischen Wissenschaft gebunden. Sie muss ihren Gegenstand, das Sein als es selbst, als ein Erstes erschließen, von dem alles, was ihm als Vielheit von Zuständen zukommt, getragen wird oder so aus ihm hervorgeht, dass es von diesem Ersten her besteht und deshalb von ihm her auch zu definieren ist. In der Zuwendung zu einer besonderen Wesenheit wie etwa der der politischen Gemeinschaft oder des menschlichen Lebens klärt sie, welche ›Zustände‹ deren ›Reichhaltigkeit‹ fördern, hervorbringen und im Dasein erhalten, aber auch, welche sie mindern, gefährden und entweder teilweise oder vollständig zum Verschwinden bringen. Die Pragmatie, die den Titel *Metaphysik* erhalten hat, thematisiert dann die ›Wesenheit‹, die kein bestimmter Teil des Seienden ist, sondern ›Wesenheit‹ selbst in ihren ersten Gründen, Ursachen und Arten.

In der Reflexion auf das Sein von Wesenheit macht die Philosophie das Potential von Vernünftigkeit bewusst, das im Sprechen, aber, wie ein Blick auf die Anfänge der *Nikomachischen Ethik* und der *Politik* zeigen könnte, auch im Handeln »der Möglichkeit nach« angelegt ist. Philosophie begründet keine neuartige Qualität des Vernünftigseins, sondern erweitert eine naturhafte Vorgabe zu ihrem Optimum. Die Entfaltung ihres begrifflichen Instrumentariums (Kategorienlehre, die Begriffsdefinitionen der *Metaphysik*-Vorlesung, die Lehren von Beweis und Widerlegung, die vierfache Bestimmung des Ursachebegriffs[206] oder die Unterscheidung von »Möglichkeit« und »Wirklichkeit«[207]) ist kein Ausdruck selbstbezüglicher Künstlichkeit, sondern realisiert genau die Tüchtigkeit, ohne die die Form des Vernünftigen nicht zu verstehen ist, die den Zusammenhang des Seienden von Natur aus bestimmt.

Hinter dieser Zielbestimmung der Philosophie steht folgende Voraussetzung. Der Zusammenhang, in dem Menschen leben, denken und handeln, ist ein Zusammenhang des Werdens. Dafür kommen drei verschiedene Formen des Ursacheseins in Betracht: (1) Zufall oder blinder Automatismus, (2) künstliche Hervorbringung oder (3) naturhafte Prozessualität, die auf vernünftiger und insofern verstehbarer Form beruht[208]. Die Klugheit des Aristoteles besteht darin, dass er diese Ursacheformen als miteinander verbindungsfähig auffasst. Er stellt deshalb die Frage nach der Ursacheform für den Zusammenhang des menschlichen Lebens so, dass dabei eine dominierende Form erkennbar wird, die eine Mitwirkung anderer Ursacheformen nicht ausschließt. Würden der Zufall oder der blinde Automatismus dominieren, wäre der von ihnen bestimmte Zusammenhang nur von außen beschreibbar, aber in seiner internen Form nicht verstehbar. Der Mensch wäre dann ein radikales Mängelwesen, das ein Wirklichkeitsvertrauen allenfalls aus der Illusion beziehen könnte, von diesen unfassbaren Kräften besonders begünstigt zu sein. Das künstliche Herstellen würde die dominierende Ursache und damit der Grund für berechenbare Formen der menschlichen Lebensführung sein, wenn es solche Gesetzmäßigkeiten nicht »von Natur aus« geben kann. Begründbar wäre dies nur auf der Basis einer abgemilderten Mängelwesentheorie, wie das im Konzept politisch-rhetorischer Vernunft geschieht. Da Aristoteles nur die Dominanz dieser beiden Ursacheformen, aber keineswegs ihre Präsenz im Zusammenhang des menschlichen Lebens ausschließt, muss er zeigen, dass dort naturhaft vorgegebene Prozessualität die überwiegende und insofern strukturprägende Ursacheform darstellt. Alle Vernünftigkeit, die sich als menschliches Denken, Handeln oder Herstellen entfaltet, bleibt dann auf eine immanente Vernünftigkeit des von Natur aus Seienden bezogen, so dass die menschliche Welt in allen ihren vernünftigen Realisierungsformen kontinuierlich mit dem Zusammenhang des Seienden verbunden bleibt.

Diese Voraussetzung soll im Blick auf die Bestimmungen der Philosophie im ersten Buch der *Metaphysik* genauer entwickelt werden. Das philosophische Wissen ist dort das Ziel einer natürlichen Bewegung, die mit einfachen Wahrnehmungen beginnt, im Ausgang von einer Form, die bereits dort wirkt, verschiedene Qualitäten des Vernünftigseins ausbildet und darin den Grund für eine Vollkommenheit des Denkens legt, die als solche nicht mehr steigerungsfähig ist.

## 2. Die Philosophie als Prinzipienreflexion und ihre Stellung in der Ordnung des Wissens

### 38 · Aristoteles, *Metaphysica* I 1–2, 980a 20–983a 23[209]

1. (980a 20) »Alle Menschen streben von Natur (φύσει) nach Wissen. Zeichen dafür ist die Liebe zu sinnlichen Wahrnehmungen (αἰσθήσεις), denn diese werden auch abgesehen von ihrem Nutzen um ihrer selbst willen geliebt, und am meisten von allen gilt das von den Wahrnehmungen mittels der Augen. Denn nicht nur zum Zweck des Handelns, sondern auch, wenn wir nicht (a 25) handeln wollen, ziehen wir das Sehen so gut wie allem anderen vor und dies deshalb, weil dieser Sinn uns am meisten Erkenntnis gibt und viel Unterschiedliches erschließt. Von Natur (φύσει) aus haben die Tiere sinnliche Wahrnehmung. Aus ihr entsteht bei einigen Erinnerung, bei anderen nicht, (980b) und darum sind jene verständiger und gelehriger als die, welche sich nicht erinnern können. Verständig, ohne zu lernen, sind alle diejenigen, die den Schall nicht hören können, z. B. die Biene und was es sonst noch etwa für Tiere dieser Art (γένος) gibt. Dagegen lernen (25) alle, die außer der Erinnerung auch diese Wahrnehmung besitzen. Tiere leben in ihren Vorstellungen (φαντασίαι) und Erinnerungen und haben nur wenig Anteil an Erfahrung (ἐμπειρία). Das Geschlecht der Menschen dagegen lebt auch in Kunst (τέχνη) und Überlegung (λογισμός). Aus der Erinnerung nämlich entsteht für die Menschen Erfahrung; denn viele Erinnerungen an denselben Gegenstand (981a) erzielen die Wirkung einer einzigen Erfahrung, und es scheint die Erfahrung beinahe der Wissenschaft (ἐπιστήμη) und der Kunst ähnlich zu sein. Wissenschaft aber und Kunst gehen für die Menschen aus der Erfahrung hervor; denn ›Erfahrung schuf die Kunst‹, sagt Polos mit Recht, (a 5) und ›Unerfahrenheit (ἀπειρία) den Zufall‹[210]. Die Kunst entsteht dann, wenn aus vielen durch die Erfahrung gegebenen Gedanken *eine* allgemeine Annahme über Ähnliches

entsteht. Denn die Annahme (ὑπόληψις), dass dem Kallias, als er an einer bestimmten Krankheit litt, dieses bestimmte Heilmittel half, ebenso dem Sokrates und vielen Einzelnen, ist eine Sache der Erfahrung. (a10) Die Annahme hingegen, dass es allen von solcher und solcher Beschaffenheit, die man gemäß *einem* Artbegriff (κατ' εἶδος ἕν) abgrenzen konnte, insofern sie an dieser Krankheit litten, zuträglich war, z. B. den Phlegmatischen oder Cholerischen oder Fieberkranken, gehört der Kunst an. In Bezug auf das Handeln scheint sich die Erfahrung nicht von der Kunst zu unterscheiden, vielmehr sehen wir, dass die Erfahrenen mehr das Richtige treffen als diejenigen, die ohne (a15) Erfahrung nur den allgemeinen Begriff besitzen. Die Ursache davon liegt darin, dass die Erfahrung Erkenntnis des Einzelnen ist und die Kunst Erkenntnis des Allgemeinen, alles Handeln und Geschehen aber am Einzelnen vorgeht. Denn nicht den Menschen überhaupt heilt der Arzt, außer im akzidentellen Sinn (κατὰ συμβεβηκός), sondern den Kallias oder den Sokrates oder irgendeinen anderen Einzelnen, (a20) für welchen es ein Akzidenz ist, dass er auch ein Mensch ist. Wenn nun jemand den Begriff besitzt ohne Erfahrung und das Allgemeine weiß, das darin enthaltene Einzelne aber nicht kennt, so wird er das rechte Heilverfahren oft verfehlen; denn Gegenstand des Heilens ist ja das Einzelne. Dennoch aber glauben wir, dass Wissen und Verstehen (a25) mehr der Kunst zukommen als der Erfahrung, und wir nehmen an (ὑπολαμβάνομεν), dass die Künstler weiser sind als die Erfahrenen, weil wir Weisheit (σοφία) einem jeden nach dem Maßstab des Wissens zuschreiben. Denn die Erfahrenen wissen nur das Dass (τὸ ὅτι), aber nicht das Warum (τὸ διότι). Die Wissenden aber kennen das Warum (a30) und die Ursache. Deshalb sind wir auch davon überzeugt, dass die leitenden Künstler in jedem einzelnen Gebiet mehr Achtung verdienen, mehr (981b) wissen und weiser sind als die Handwerker, weil sie die Ursachen dessen kennen, was hervorgebracht wird, dass aber die Handwerker manchen leblosen Dingen gleichen, welche zwar etwas hervorbringen, z. B. das Feuer Wärme, aber ohne zu wissen, was es hervorbringt; (wie also jene leblosen Dinge nach einem natürlichen Vermögen hervorbringen, was sie hervorbringen, so die Handwerker durch Gewöhnung), (b 5) so dass wir dabei das Urteil, dass sie die Weiseren sind, nicht auf das Kriterium der größeren Handlungsgeschicklichkeit stützen, sondern darauf, dass sie [die leitenden Künstler] im Besitz des Begriffs (λόγος) sind und die Ursachen kennen. Überhaupt ist es ein Zeichen (σημεῖον) des Wissens, dass man den Gegenstand lehren kann, und darum sehen wir die Kunst mehr für Wissenschaft an als die Erfahrung; denn die Künstler können lehren, die Erfahrenen aber nicht. (b 10) Ferner meinen wir, dass keine von den Sinneswahrnehmungen Weisheit sei, und doch geben sie die bestimmteste Kenntnis des Einzelnen; aber das Warum geben sie von keinem Dinge an, z. B. vom Feuer geben sie nur an, *dass* es brennt, aber nicht, *warum* es brennt. Wer daher zuerst neben den allgemeinen Sinneswahrnehmungen eine Kunst erfand, der fand (b 15) natürlich Bewunderung bei den Menschen, nicht nur wegen der Nützlichkeit seiner Erfindung, sondern wegen der Weisheit, die ihn vor den anderen auszeichnete. Beim weiteren Fortschritt in der Erfindung von Künsten, teils für die notwendigen Bedürfnisse, teils für die Führung des Lebens selbst, halten wir die letzteren immer für weiser als die ersteren, (b 20) weil ihr Wissen nicht auf den Nutzen gerichtet ist. Als daher schon alles Derartige geordnet war, da wurden die Wissenschaften gefunden, die sich weder auf die notwendigen Bedürfnisse noch auf das Vergnügen des Lebens beziehen, und zwar zuerst an solchen Orten, an denen es Muße gab. Daher bildeten sich in Ägypten zuerst die mathematischen Wissenschaften, weil dort (b 25) dem Stande der Priester Muße gelassen war. Welcher Unterschied nun zwischen Kunst und Wissenschaft und dem anderen Gleichartigen besteht, ist in der Ethik erklärt[211]; der Zweck der gegenwärtigen Erörterung aber ist zu zeigen, dass alle als Gegenstand der so genannten Weisheit die ersten Ursachen (τὰ πρῶτα αἴτια) und Prinzipien (ἀρχαί) ansehen, darum, wie gesagt, gelten der Erfahrene für weiser als der, welcher irgendeine Sinneswahrnehmung besitzt, der Künstler für weiser als der Erfahrene und (982a) der leitende Künstler wieder für weiser als der Handwerker, die betrachtenden Wissenschaften (αἱ θεωρητικαὶ ἐπιστῆμαι) für weiser als die, die sich auf ein Hervorbringen (ποίησις) beziehen. Dass also die Weisheit eine Wissenschaft von gewissen Ursachen und Prinzipien ist, das wird hieraus klar.

2. Da wir diese Wissenschaft suchen, so müssen wir danach fragen, von welcherlei Ursachen und Prinzipien die Wissenschaft handelt, welche Weisheit ist. Nimmt man nun die gewöhnlichen Annahmen, welche wir über den Weisen haben, so dürfte daraus die Sache vielleicht eher deutlich werden. Es ist nun erstens unsere gewöhnliche Annahme, dass der Weise soviel möglich alles wisse, ohne dabei die Wissenschaft des Einzelnen zu besitzen, ferner, dass der, welcher das Schwierige und für den Menschen nicht leicht Erkennbare zu erkennen vermag, weise sei; ferner, dass in jeder Wissenschaft der Genauere und die Ursachen zu lehren Fähigere der Weisere sei; und dass unter allen Wissenschaften die, welche um ihrer selbst und um des Wissens willen gesucht wird, in vollerem Sinne Weisheit sei als die um anderweitiger Ergebnisse willen gesuchte, und ebenso die mehr gebietende im Vergleich mit der dienenden; denn der Weise dürfe sich nicht befehlen lassen, nicht er müsse einem anderen, sondern ihm müsse der weniger Weise gehorchen. Dies sind im Ganzen die Annahmen, welche wir über die Weisheit und den Weisen haben. Hierunter muss das Merkmal, alles zu wissen, notwendigerweise dem zukommen, dessen Wissenschaft am meisten das Allgemeine zum Gegenstand hat; denn dieser weiß gewissermaßen alles Untergeordnete. Dies aber, das Allgemeinste, ist auch für den Menschen gerade am schwersten zu erkennen, denn es liegt am weitesten von den sinnlichen Wahrnehmungen entfernt. Am genauesten aber sind

unter den Wissenschaften die, welche sich am meisten auf das jeweils Erste beziehen; denn auf eine geringere Zahl von Prinzipien bezogene Wissenschaften sind genauer als diejenigen, bei denen noch bestimmte Zusätze (προσθέσεις) hinzukommen, z.B. die Arithmetik ist genauer als die Geometrie. Aber auch zu lehren fähiger ist diejenige Wissenschaft, welche die Ursachen betrachtet; denn in jeder Wissenschaft (a 30) lehrt derjenige, der die Ursachen für jedes Einzelne angibt. Wissen aber und Erkennen um ihrer selbst willen kommt am meisten der Wissenschaft des im höchsten Sinne Wissbaren zu. (982 b) Denn wer das Wissen um seiner selbst willen wählt, der wird die höchste Wissenschaft am meisten wählen, dies aber ist die Wissenschaft des im höchsten Sinne Wissbaren. Im höchsten Sinne wissbar aber sind die ersten Prinzipien (τὰ πρώτα) und Ursachen; denn durch diese und aus diesen wird das andere erkannt, aber nicht diese aus dem Untergeordneten. Am gebietendsten unter den Wissenschaften, (b 5) gebietender als die dienende, ist die, welche den Zweck erkennt, weshalb jedes zu tun ist; dieser aber ist das Gute in jedem einzelnen Falle und überhaupt das Beste in der ganzen Natur (τὸ ἄριστον ἐν τῇ φύσει πάσῃ). Nach allem eben Gesagten kommt der fragliche Name ein und derselben Wissenschaft zu; dies muss die theoretische Wissenschaft der ersten Prinzipien und Ursachen (τῶν πρώτων ἀρχῶν καὶ αἰτιῶν) sein, (b 10) wenn auch das Gute und das Weswegen eine der Ursachen sind. Dass sie aber nicht auf ein Hervorbringen geht, ist schon von den ersten Philosophen her deutlich. Denn durch Verwunderung (θαυμάζειν) begannen jetzt und anfangs die Menschen zu philosophieren, indem man anfangs sich über das unmittelbar vor der Hand Liegende verwunderte, dann um ein Weniges weiterging (b 15) und auch über Größeres sich in aporetische Untersuchungen einließ, z. B. über die Erscheinungen (παθήματα) an dem Monde und der Sonne und den Gestirnen und über die Entstehung des Alls. Wer aber in Zweifel und in Verwunderung über eine Sache ist, der glaubt, sie nicht zu erkennen. Darum ist der Freund der Mythen auch in gewisser Weise ein Philosoph, denn die Sage besteht aus Wunderbarem. (b 20) Wenn sie also philosophierten, um der Unwissenheit zu entgehen, so suchten sie die Wissenschaft offenbar des Erkennens wegen, nicht um irgendeines Nutzens willen. Dasselbe bezeugt auch der Verlauf der Sache; denn als so ziemlich alles zur Bequemlichkeit und zum Genuss der Dinge Nötige vorhanden war, da begann man diese Art Einsicht (φρόνησις) zu suchen. Daraus erhellt also, dass wir sie nicht (b 25) um irgendeines anderweitigen Nutzens willen suchen, sondern, wie wir den Menschen frei nennen, der um seiner selbst, nicht um eines anderen willen ist, so ist auch diese Wissenschaft allein unter allen frei; denn sie allein ist um ihrer selbst willen. Darum möchte man auch mit Recht ihre Erwerbung für nicht menschlich halten; denn in vielen Dingen ist die menschliche (b 30) Natur eine Sklavin, und es möchte also wohl nach dem Spruch des Simonides ›nur ein Gott dieses Vorrecht besitzen‹, für den Menschen aber unziemlich sein, eine ihm nicht angemessene Wissenschaft zu suchen[212]. Wenn also die Dichter Recht haben, und Neid (983 a) im göttlichen Wesen liegt, so ist anzunehmen, dass dies hierauf am meisten zutrifft, und alle unglückselig sind, die zu weit streben. Aber weder ist Neid im göttlichen Wesen denkbar, sondern, wie es schon im Sprichwort heißt ›viel lügen die Dichter‹[213]. Auch darf man keine andere Wissenschaft für ehrwürdiger halten als diese. (a 5) Denn die göttlichste (θειοτάτη) ist zugleich die ehrwürdigste (τιμιωτάτη). Göttlich aber kann sie nur in einem zweifachen Sinne sein; denn einmal ist die Wissenschaft göttlich, welche der Gott am meisten haben mag, und dann die, welche das Göttliche zum Gegenstande hat. Bei dieser Wissenschaft allein trifft beides zugleich ein; denn Gott gilt allen für eine Ursache und ein Prinzip, und diese Wissenschaft möchte wohl allein oder doch (a 10) am meisten Gott besitzen. Notwendiger als diese sind alle anderen, besser aber keine [...] (a 22) Worin also das Wesen (φύσις) der gesuchten Wissenschaft besteht, welches das Ziel (σκόπος) ist, das die Forschung (ζήτησις) und die ganze Untersuchung (μέθοδος) erreichen muss, ist hiermit ausgesprochen.«

---

Der Vorlesungstext, mit dem Aristoteles seine Pragmatie über die Wissenschaft eröffnet, die er später als theoretische (982 b 9 f.) und theologische (983 a 5 ff.) bezeichnet[214], hat eine Bewegung zum Thema, die der Regel kontinuierlicher Steigerung folgt[215]. Sie verbindet darin zwei besonders ausgezeichnete Punkte, und zwar einen Qualitätszustand, der nicht kleiner, und einen anderen, der nicht größer gedacht werden kann. Die Bewegung von ihrem Ausgangspunkt zu ihrem Ziel lässt sich deshalb in Analogie zu einem Vorgang natürlichen Wachstums verstehen, der am Beginn die Qualität im Modus der Möglichkeit enthält, die an seinem Abschluss vollkommene Wirklichkeit ist. In ihrem kontinuierlichen Voranschreiten ist sie eine zielgerichtete[216] und als *Streben* eine intentionale Bewegung[217]. Der Satz, der den Grund für dieses Streben nennt, erlaubt zwei Lesarten. Die schwächere besagt, dass den Menschen das Streben nach Wissen durch ihre Natur gegeben ist. Danach müssen Menschen nicht erst beschließen oder sich künstlich darin üben, auf Wissen aus zu sein, sondern »Streben nach Wissen« tritt bei allen Menschen auf, und zwar spontan, notwendig, unvermeidlich, »von Natur aus«. In einer stärkeren Lesart liefert der Satz eine Begründung für das, was er in seiner schwächeren behauptet. Er formuliert dann nämlich eine Aussage über die besondere »Reichhaltigkeit« der menschlichen Natur, indem er behauptet, dass diese sich grundsätzlich als Streben nach Wissen verwirklicht. Im Hintergrund dieses Satzes wirkt die Voraussetzung, dass das Sein insgesamt ein Zusammenhang verschiedener »Naturen« oder Substanzen ist, die das Prinzip ihres Seins in sich selbst haben, so dass sie den Reichtum, der in ihnen angelegt ist, in der Art ihres Daseins zum Ausdruck bringen. Das kann z. B. eine Bewegung der produktiven Selbstentfaltung sein, die man als die Grundbewegung einer »Natur« und damit als eigenständige Quelle für die Entfaltung ihrer Reichhaltigkeit verstehen kann. Wenn eine solche Grundbewegung der *menschlichen* Natur das Streben nach Wissen ist, dann wäre damit auch erklärt, warum, wie unser Satz in seiner schwächeren Lesart behauptet, alle Menschen von Natur aus nach Wissen streben. Im Folgenden unterstelle ich, dass Aristoteles seinen Satz letztlich in seiner stärkeren Bedeutung meint. Seine schwächere Fassung, die er tatsächlich formuliert, ist ein Stellvertreter für die stärkere. *Sie* wird nicht direkt ausgedrückt, weil die schwächere und deshalb leichter zu begründende zunächst zum Verständnis dessen hinreicht, was Aristoteles zu Beginn seiner Vorlesung über die Bedeutung des Wissens für die menschliche Lebensführung sagen will.

Wie immer man diesen Satz auch liest, er enthält eine Behauptung, die nicht ohne weiteres einleuchtet. Gegen die Behauptung der ersten Lesart spricht die bis heute zu beobachtende Anspruchslosigkeit, in der viele Menschen nach Wissen streben, so dass man zu Recht bezweifeln kann, ob es bei diesem Streben tatsächlich ›von Natur aus‹ um Wissen geht. Nicht zufällig gibt es in allen Kulturen besondere Institutionen, die ihre Mitglieder dazu anhalten, sich beim Streben nach Wissen mehr anzustrengen als dies den meisten lieb ist. Der Widerstand, auf den sie und ihre Vertreter vor allem dann stoßen, wenn sie besondere Ansprüche stellen, könnte ein weiteres Zeichen dafür sein, dass es mit dem natürlichen Streben der Menschen nach *Wissen* nicht allzu weit her ist. Gegen die Behauptung der zweiten Lesart spricht noch wesentlich mehr. Es ist weder selbstverständlich, dass es so etwas wie die Reichhaltigkeit besonderer Naturen überhaupt gibt, noch, dass sie sich im Fall ihres Vorhandenseins in einer zielgerichteten Grundbewegung ausdrückt. Aber auch wenn man den Begriff einer besonderen Natur und einer substantiell mit ihr verbundenen Entfaltungsbewegung für sinnvoll hält, leuchtet es nicht ohne weiteres ein, dass diejenige, die zur menschlichen Natur gehört, das Streben nach Wissen ist und nicht etwa das Streben nach Selbsterhaltung, nach Lust oder nach Macht. Menschen realisieren eine unüberschaubare Fülle verschiedener Bewegungen, die man allesamt als »Streben nach etwas« verstehen kann. Was ist ein sinnvoller Grund dafür, ausgerechnet das Streben nach Wissen als die Grundbewegung der menschlichen Natur auszuzeichnen?

Dass Aristoteles sich des Risikos bewusst ist, das er mit dem ersten Satz seiner Vorlesung eingeht, zeigt seine Fortsetzung. Er weiß natürlich, dass sich eine philosophische Aussage in dem, worin sie von der allgemeinen Meinung abweicht, weder von der einhelligen Stimme der Experten noch davon gestützt wird, was die von ihr angesprochene Sache selbst sagt. Das unvermeidlich schwache Fundament ihres Wahrheitsanspruchs muss deshalb durch glaubwürdige Indizien verstärkt werden[218]. Von daher versteht man, warum Aristoteles für das, was sein Satz behauptet, ein »Zeichen (σημεῖον)« anführt, das er dann durch eine genaue und zielgerichtete Einzelbetrachtung als ›Zeugen‹ für die Richtigkeit seiner Behauptung zum Sprechen bringt. »Zeichen« für das natürliche Streben nach Wissen soll »die Liebe zu sinnlichen Wahrnehmungen« sein[219]. Sie ist nicht selbst die Grundbewegung, in der die menschliche Natur ihre Reichhaltigkeit verwirklicht, weil man sie auch bei Tieren finden kann. Dennoch ist unbestritten, dass alle Menschen von Natur ein natürliches Interesse an Wahrnehmungen haben und darauf sogar bei der Führung ihres Lebens angewiesen sind. Warum aber kann das Interesse an Wahrnehmungen »Zeichen« dafür sein, dass die menschliche Natur grundsätzlich durch ein »Streben nach Wissen« charakterisiert ist?

»Wahrnehmungen« sind, wie die Analyse des Aristoteles zeigt, ein reichhaltiger Gegenstand. Sie bilden zunächst die Einheit einer Gattung, die eine Vielfalt verschiedener Arten aufweist. Jedermann weiß, dass man sie nach den dafür zuständigen Organen als Tast-, Geruchs-, Geschmacks,- Gehörs- und Gesichtswahrnehmungen unterscheidet. Man kann auch kaum verkennen, dass die Vielfalt der Wahrnehmungsarten eine hierarchische Struktur aufweist[220]. Alle Arten des Wahrnehmens haben das Gemeinsame, dass sie uns ein in sich Einheitliches zu erkennen (γνωρίζειν) geben, das sich von dem Einheitlichen, das uns von anderen Wahrnehmungsarten erschlossen wird, unterscheidet. In keiner Wahrnehmungsart beziehen wir uns nur auf isoliert Einzelnes, sondern zugleich auf die besondere Einheit einer in sich differenzierten Vielfalt des einander Ähnlichen. Es ist allerdings nicht mehr die Wahrnehmung, sondern das begriffliche Denken, das uns sagt, dass wir uns durch Wahrnehmungen Welten erschließen, die wir dann als diejenigen der Tasteindrücke, der Gerüche, des Geschmacks, der Töne und der Gesichtseindrücke unterscheiden.

Das Interesse, mit dem wir uns in den verschiedenen Wahrnehmungswelten bewegen, steigt mit dem Informationsgehalt, den sie uns vermitteln. Wir sind zwar an jeder Wahrnehmungswelt interessiert, am meisten aber an optischen Eindrücken, weil sie uns im Vergleich mit anderen Wahrnehmungen quantitativ und qualitativ einen deutlichen Mehrwert an Wissen erschließen. Wenn man zusätzlich auf die Form unserer Beziehung auf Wahrnehmungen achtet, wird die Struktur, die dem Wahrnehmen zugrunde liegt, noch reichhaltiger. Wir streben einmal nach Wahrnehmungen, um bestimmte Handlungsziele zu verfolgen, das andere Mal nach Wahrnehmungen, die wir um ihrer selbst willen genießen. Wenn wir die Straße überqueren wollen, benötigen wir dafür Wahrnehmungen als Hilfsmittel für unser Vorhaben. Manchmal aber können wir es uns leisten, Wahrnehmungen um ihrer selbst willen wahrzunehmen, indem wir uns etwa an der Vielfalt von Parfumdüften freuen, Musik hören oder der Reiterkavalkade beim Panathenäenfest zusehen. In der Entlastung von Notwendigkeiten des Handelns sind wir zudem intensiver bei uns selbst und insofern freier als unter ihrem Diktat. Auch in dieser Hinsicht genießen wir besonders optische Wahrnehmungen, was ein Blick auf die Bedeutung visueller Medien auch heute noch bestätigt. In der Welt der optischen Eindrücke treffen jedenfalls die beiden Präferenzreihen zusammen, die Aristoteles für die Analyse der Reichhaltigkeit von Wahrnehmungen verwendet. Sowohl unter dem Diktat von Handlungsnotwendigkeiten als auch in der Entlastung davon gilt unser Interesse primär dem, was wir sehen können.

Aussagen über die Form unseres Interesses an Wahrnehmungen sind anders als der Satz über das von Natur aus wirkende Streben der Menschen nach Wissen von der öffentlichen Meinung weitgehend abgedeckt. Diese Form zeigt sich nämlich auch, wenn sie uns nicht bewusst ist, ganz offen am Verhalten der meisten. Philosophisch ist ihre Analyse insofern, als sie für etwas, das von Natur aus wirkt, eine begriffliche Begründung liefert und darin eine gegliederte Struktur freilegt, die nicht auf beliebig modifizierbaren Vorlieben, dem Zufall, einem blinden Automatismus oder auf künstlicher Vereinbarung beruht. Im Interesse an Wahrnehmungen wirkt also ein natürliches Streben, uns die ›Art‹ von Informationen anzueignen, die uns ein Maximum an internem Reichtum erschließt. Am intensivsten zeigt sich dieses Interesse im Streben nach Wissen, das sich grundsätzlich auf die Aneignung möglichst großer und in sich differenzierter Zusammenhänge richtet. Das, was das Wissen antreibt, prägt mit sprechender Deutlichkeit aber bereits die Form, in der sich Menschen für Wahrnehmungen interessieren[221].

Über das Wahrnehmen sind Menschen mit anderen Lebewesen verbunden. Dies gilt auch in der Hinsicht, dass sich an das Wahrnehmen ganz natürlich Erinnern und Lernen (μάθησις) anschließen[222]. Jedes Wahrnehmen und Erinnern ist Lernen, aber Lernen ist mehr als Wahrnehmen und Erinnern und deshalb eine eigene Art des Vernünftigseins. Dass Wahrnehmen, Erinnern und Lernen verschiedene Arten einer gemeinsamen Gattung sind, zeigt sich daran, dass man im Blick auf sie verschiedene Arten des animalischen Lebens unterscheiden kann. Einige Lebewesen haben nur Wahrnehmungsfähigkeit, andere Wahrnehmungs- mit Erinnerungsfähigkeit, wieder andere Wahrnehmungs-, Erinnerungs- und Lernfähigkeit. Dabei markiert die Sensibilität für akustische Wahrnehmungen offensichtlich die Grenze zwischen den wirklich lernfähigen und den übrigen Lebewesen.

Bereits auf der Ebene des Wahrnehmens kommt mit der Zusammenfassung einzelner Wahrnehmungen zu *einer* Erinnerung die Verlaufsform der Zeit ins Spiel, die für den weiteren Aufbau der Fähigkeit des Wissens von zentraler Bedeutung ist. Man sieht das sofort, wenn man die Dreierreihe Wahrnehmung–Erinnerung–Lernen durch »Erfahrung« erweitert. »Erfahrung« entsteht unmittelbar aus (vgl. 980b 28: γίγνεται δ' ἐκ) *der* Erinnerung, die viele einzelne Wahrnehmungen zur Einheit einer bestimmten Annahme zusammenfasst, etwa so, dass jemand, der viele offene Feuer gesehen und dabei ihre Hitze wahrgenommen hat, auch in Zukunft von offenen Feuern annimmt, dass von ihnen Wärme ausgeht[223]. Auch an Erfahrungen haben nicht nur Menschen, sondern auch einige Tiere Anteil, obwohl er so gering ist, dass man sagen kann: die meisten Tierarten leben »in ihren Vorstellungen und Erinnerungen«, die wesentlich auf Wahrnehmungen beruhen. In ihrer entfalteten Form gehört die Erfahrung deshalb zur Gattung menschlicher Lebewesen. Dort ist sie wieder die unmittelbare Vorgestalt, ja geradezu die *causa efficiens* (vgl. 980a 4: ἐποίησεν) von »Wissenschaft« und »Kunst«[224]. Sie markiert deshalb die Grenze zwischen einer Lebensweise, die primär vom Zufall als dem Inbegriff des unberechenbar Individuellen, und derjenigen, die von begrifflich rekonstruierbaren Regeln bestimmt ist. Die Erfahrung steht insofern bereits auf der Seite methodisch strukturierter Vernunft, als sie nicht nur »viele Gedanken«[225] enthält, sondern sie auch zur Einheit einer *besonderen* Annahme über Ähnliches zusammenfasst[226]: Dem Sokrates, der an dieser Krankheit gelitten hat, hat dieses Heilmittel geholfen und ebenso dem Gorgias und dem Protagoras, als sie an derselben Krankheit litten. Daraus lässt sich dann in einem nächsten Entwicklungsschritt des Vernünftigseins eine *allgemeine* Annahme über dasselbe Ähnliche entwickeln, die das, was die Erfahrung an vernünftigen Gedanken schon enthält, zu einem wissenschaftlich begründeten Satz erweitert und dann etwa Folgendes behauptet: *Allen* Körpern, die sich in einem *identischen* Zustand befinden, so dass er mit einem *einheitlichen* Artbegriff (τὸ κατ' εἶδος ἕν = der Art nach Eines) bezeichnet und so von anderen körperlichen Zuständen unterschieden (ἀφορίζεσθαι) werden kann, hilft dieses besondere (ebenfalls durch einen Artbegriff von anderen unterscheidbare) Heilmittel.

Die Fähigkeit, eine *allgemeine* Annahme über Ähnliches zu entwickeln, ist Angelegenheit der Wissenschaft, in dem mit Bedacht gewählten Fallbeispiel des Aristoteles also diejenige der Medizin. Weil sie den Einzelnen heilen will, ist für sie wie für viele andere Wissenschaften eine Spannung zwischen Allgemeinem und Besonderen konstitutiv[227]. Die wissenschaftliche Kompetenz des Arztes erfüllt sich nämlich erst in einer Handlung (πρᾶξις), die, oder in einem von ihm veranlassten Geschehen (γένεσις), das nur »am Einzelnen vorgehen« kann (981 a 17). Zur Heilkunst gehört deshalb nicht nur die Kenntnis allgemeiner Begriffe, sondern auch die des individuellen Zustands von Einzelnen. Im Vergleich zu Ärzten, die zwar den allgemeinen Begriff einer Krankheit, aber nicht die besonderen Handgriffe kennen, die den Einzelnen heilen, sind die Erfahrenen, die sich darin auskennen, aber nicht wissen, wie der allgemeine Begriff der zu behandelnden Krankheit heißt, eindeutig die besseren Heiler. Die Grenze zwischen »Erfahrung« und »Kunst« ist also in bestimmter Hinsicht weniger scharf als die zwischen »Erfahrung« und »Unerfahrenheit«. Nur wenn die besondere Kompetenz der Erfahrung sich mit der begrifflichen Kompetenz des Wissenschaftlers verbindet, kann der Arzt einzelne Kranke heilen und damit das Ziel seiner Wissenschaft erreichen. Dieses Gesetz, das beispielsweise auch für die Architektur oder den Schiffbau gilt, ändert nichts daran, dass Kunst und Wissenschaft bessere Formen des Vernünftigseins sind als die Erfahrung. Die Erfahrung hat die strukturelle Schwäche, dass sie nur weiß, *dass* etwas ist, während Kunst und Wissenschaft den allgemeinen Grund kennen, von dem aus etwas ist. Wer den Grund von etwas Bestimmtem weiß, ist »weiser« als die Erfahrenen, insofern »Weisheit« als Optimalform des Vernünftigseins das Wissen der allgemeinen Gesetzmäßigkeit bedeutet, die dem Bestehen von etwas zugrunde liegt.

Mit dem Begriff »Weisheit«, wie er im allgemeinen Sprachgebrauch verwendet wird, hat Aristoteles einen Leitfaden gefunden, dem er für die weitere Suche nach der besten Realisierungsform des menschlichen Vernünftigseins folgt. Das allgemein anerkannte und in der Umgangssprache festgehaltene Kriterium für »Weisheit« ist das Wissen der Ursache von etwas. Wer sie kennt, ist »weiser« als derjenige, der sie nicht kennt. Wer eine größere Anzahl von Ursachen oder sogar die *erste* Ursache für einen Zusammenhang kennt, ist »weiser« als derjenige der nur einige von ihnen oder gar keine kennt[228]. Das zeigt sich auch daran, dass der »Weisere« in alltäglichen Lebenszusammenhängen mehr Ehre genießt und damit auch einen höheren Lohn erhält als der weniger »Weise« und der »Nicht-Weise«. Er hat die Leitung über diejenigen, die weniger oder überhaupt nicht »weise« sind. Deshalb traut man auch nur einem Solon, Phidias oder Perikles zu, so anspruchsvolle Unternehmen wie die Festlegung politischer Verfassungsregeln, den Ausbau der Akropolis oder das Führen eines Krieges von der Größenordnung des Peloponnesischen in die Hand zu nehmen.

Aristoteles will zu Beginn seiner Metaphysik-Vorlesung einen Gedanken plausibel machen, in dem sich drei Sätze dadurch zu einer Einheit verbinden, dass der erste durch die Hinzufügung von zwei weiteren kontinuierlich zu einem vollständigen Ganzen erweitert wird. Dabei geht es um diese Sätze: (1) Innerhalb der menschlichen »Natur« dominiert ein Streben nach Wissen gegenüber anderen Formen des Strebens nach Gütern. (2) Innerhalb des Strebens nach Wissen dominiert ein Interesse an allgemeinen Regeln und Ursachen gegenüber dem Interesse, das sich auf Einzelnes richtet. (3) Innerhalb des Interesses am Wissen von allgemeinen Regeln und Ursachen dominiert das Streben nach einem Wissen, dem es um sich selbst geht und nicht um die Herstellung von etwas, das bei der Bewältigung von Handlungszusammenhängen hilft. Dabei bedeutet Dominanz nicht den Ausschluss von Alternativen, sondern das Vorhandensein einer Grundkraft, die andere Kräfte so auf sich bezieht, dass sie sich ihr entweder unterordnen oder mit ihr zusammenwirken[229].

In der Argumentationsführung des Aristoteles zeigt sich ein genaues Bewusstsein von der unterschiedlichen Beweislast, die mit den einzelnen Behauptungen seiner drei Sätze verbunden ist. Der erste ist noch relativ einfach im Blick auf die formale Entsprechung zwischen dem Interesse an Wahrnehmungen und dem Streben nach Wissen zu begründen. Der zweite erfordert bereits eine Diskussion, die das legitime Interesse des Wissens am jeweils Besonderen berücksichtigen muss. Bei der Begründung des dritten Satzes ist als Gegenposition die ebenfalls plausible und zudem weit verbreitete Deutung des Wissens als einem praktischen Können zu beachten. Der Satz von der grundlegenden Bedeutung des Strebens nach dem Wissen allgemeiner Gründe um ihrer selbst willen ist jedenfalls nicht nur von der allgemeinen Meinung, sondern auch von qualifizierteren Behauptungen über das Wesen des Wissens so weit entfernt, dass er leicht als Argument *pro domo* diskreditiert werden kann, nämlich als Versuch, das besondere Wissen der Philosophie gegenüber anderen Formen des Wissens einseitig zu privilegieren. In der Tat wird bis in die Metaphysikkritik der Gegenwart hinein der Philosophie vorgeworfen, ein theoriefixierter Logozentrismus und damit ein schlechter Wille zur Macht zu sein, weil sie nicht bereit ist, die Kraft eines aus sich selbst schon normativ ausgerichteten Handelns und Sprechens als in sich suffiziente Form des Vernünftigseins anzuerkennen. Von daher ist die Metaphysik-Vorlesung des Aristoteles ein Schlüsseltext nicht nur für sein Konzept theologischer Prinzipienreflexion, sondern auch für das Selbstverständnis europäischer Kultur. Ist der Grund für die Störungen oder gar Zerstörungen, die wir heute als Folgen einer einseitigen Festlegung des menschlichen Vernünftigseins auf theoretische Rationalität beklagen, schon bei Aristoteles angelegt? Oder tritt uns in seiner Philosophie ein Konzept der Kooperation von theoretischer und praktischer Vernunft entgegen, das etwas anderes enthält als die *causa efficiens* für die gegenwärtig beklagten Defekte eines vermeintlich vom Logozentrismus gefesselten Lebens?

Es ist eine besondere Herausforderung für jede Metaphysik, die an Platon und Aristoteles anknüpft, mit dieser Kritik sinnvoll umzugehen. Wie das von Aristoteles her möglich ist, zeigt sich daran, dass er Ansprüche alternativer Deutungen der Grundgestalt des Wissens in den eigenen Ansatz integriert. Er anerkennt ausdrücklich, dass Theorie sich nur im Zusammenhang einer Praxis entfalten kann und dass sie ihr auch dann verbunden bleibt, wenn sie als für sich selbständige Form des Wissens auftritt. Und er macht deutlich, dass der Vorrang des theoretischen Wissens seinen Grund nicht in einer *déformation professionelle* von Philosophen findet, sondern in der allgemeinen Praxis des Umgangs mit der Kraft des Wissens verankert ist. Aristoteles konzentriert sich zunächst auf das zuletzt genannte Argument und geht dabei in zwei Schritten vor, die dem Aufbau seines Hauptgedankens folgen. Er zeigt zunächst, (1) dass die Privilegierung des Wissens von Ursachen und Gründen und (2) die der theoretischen Dimension des Wissens die allgemeine Praxis des Umgangs mit Wissen bestimmt. Erst am Schluss unseres Textauszugs thematisiert er einen noch weitergehenden Zusammenhang von Theorie und Praxis, der seinem Philosophieverständnis insgesamt zugrunde liegt.

(1) »Alle Menschen«[230] vertrauen die Leitung von Zusammenhängen, die mit Hilfe methodischer Kompetenz gestaltet werden, denen an, die sie darin für die Besten halten. Und es ist überall so, dass die Fähigkeit, eine Wissenschaft oder Kunst zu lehren, als Indiz für ihre qualifizierte Ausübung gilt, und zwar deshalb, weil man allgemein meint, die Fähigkeit des Lehrens sei notwendig mit der Kenntnis der Gründe verbunden, die in den Zusammenhängen des jeweiligen Wissens und Könnens entscheidend sind. Das besondere Interesse am Wissen von Ursachen und Gründen kann aber nicht darauf beruhen, dass »alle Menschen« in dieser Hinsicht von Philosophen oder anderen »Weisen« belehrt oder, ne-

gativ ausgedrückt, manipuliert worden sind, denn diese Kriterien werden auch dort beachtet, wo es überhaupt keine Philosophen gibt oder ihre Stimme von niemandem gehört wird, obwohl es sie gibt. Ebenso wenig kann man sagen, dass »alle Menschen« ausdrückliche Beschlüsse fassen, die dem Interesse am Wissen von Ursachen und Gründen zu einem besonderen Ansehen verhelfen. Die genannten Kriterien können deshalb nur auf der besonderen Reichhaltigkeit des wissenschaftlichen Könnens beruhen und darauf, dass »alle Menschen« eine hinreichende Vorstellung von dem besonderen Gut besitzen, das in diesem Können angelegt ist, so dass sie das »natürliche« Interesse haben, es möglichst produktiv in den Zusammenhängen ihres Lebens einzusetzen[231].

(2) Aristoteles zeigt, dass dem praktischen Wissen unverkennbar eine eigenständige Bedeutung zukommt, so dass die allgemeine Meinung und die Stimme der »Weisen«, die es im Zentrum des Wissens verankern, ein *fundamentum in re* besitzen. Dem wird die Beobachtung gegenübergestellt, dass das Eigenständigkeitsmaß des praktischen Wissens nicht von seiner eigenen Gestalt, sondern von der Beschaffenheit der Situationen abhängt, in denen das Streben nach Wissen auftritt. In Notsituationen dominiert das Interesse am Wissen des Besonderen, das bei ihrer Bewältigung hilft. Der einzelne Kranke hat ein natürliches Interesse an seiner Heilung, und es ist ihm, vor allem bei steigendem Leidensdruck, gleichgültig, ob der, der ihn heilt, ein wissenschaftlich ausgebildeter Arzt ist oder jemand, dessen Können auf Erfahrung beruht. Auch wenn es in angenehmeren Handlungszusammenhängen um eine Farbnuance oder eine Duftnote geht, hilft der allgemeine Begriff von Farben oder Gerüchen nur wenig im Vergleich mit der bestimmtesten Wahrnehmung des jeweils Besonderen. Das Interesse am Wissen allgemeiner Gründe oder an einem Wissen um seiner selbst willen kommt in solchen Situationen allenfalls durch die Macht des Zufalls und dann auch nur indirekt mit ins Spiel, etwa dann, wenn der konkret Heilende ein wissenschaftlich qualifizierter Arzt ist oder derjenige, der im Frühjahr mit der im

kommenden Herbst zu erwartenden Olivenernte spekuliert, zufällig Thales von Milet heißt[232].

Dennoch hält Aristoteles es für unzulässig, die gesamte Dimension des Wissens aus seiner praktischen Intention abzuleiten. Einen ersten Hinweis darauf gibt wieder der allgemeine Sprachgebrauch, der niemanden deswegen »weise« nennt, weil er die genaue Wahrnehmung von etwas Bestimmtem hat oder eine bestimmte Handlung an einem oder an etwas Einzelnem vollzieht. Zwar findet eine solche Handlung unter besonderen Bedingungen durchaus Bewunderung, etwa in einer katastrophalen Notsituation, oder dann, wenn das Nützliche alle Erwartungen übertrifft. Als »weise« wird jemand unter solchen Bedingungen aber allenfalls dann bezeichnet, wenn man glaubt, dass seinem Tun ein methodisch explizierbares Wissen zugrunde gelegen hat und man deshalb erwartet, dass dieses Können nicht mehr von der zufälligen Präsenz einer besonderen Person abhängt, sondern durch die Etablierung von Verhältnissen des Lehrens und Lernens dauerhaft zur Verfügung steht. Das Prädikat »weise« drängt sich hingegen alternativlos auf, wenn die Bewunderung für eine hilfreiche Handlung mehr auf das Wissen gerichtet ist, das ihr zugrunde liegt, als auf die Größe des mit ihr verbundenen Nutzens, und zwar besonders dann, wenn ein solches Wissen für das normale Bewusstsein unerreichbar ist und zugleich einen besonderen Rang beansprucht. Unter den erfolgreichen Ölmühlenspekulanten ist Thales nicht deswegen »weise«, weil ihm sein Handeln einen unerwartet großen Gewinn eingebracht hat, sondern weil er dabei ein umfassendes Wissen astronomischer und meteorologischer Zusammenhänge geltend gemacht hat, von dem jemand, der das Wissen an praktische Interessen bindet, überhaupt keine Vorstellung haben kann.

Auch ein Blick auf die historische Entwicklung der Wissenschaften und Künste bestätigt, dass an ihrem Anfang das Interesse an der Bewältigung von Notsituationen steht. Das methodische Streben nach nützlichen Gütern verändert sich in fortgeschritteneren

Verhältnissen zum Streben nach solchen Gütern, die das Leben angenehm machen. Dennoch erschöpft sich die Dynamik der Wissensentfaltung nicht im Streben nach praktischem Wissen, sondern unterliegt offensichtlich derselben Gesetzmäßigkeit, die Aristoteles zuvor im Umgang mit Wahrnehmungen aufgedeckt hat. Das Interesse an Wahrnehmungen folgt zunächst Handlungszwängen, nimmt aber in der Entlastung davon die Form eines Selbstbezugs an. In Analogie dazu sind etwa das wissende Umgehen mit der Macht des Feuers oder die Erfindung des Rades zunächst auf praktische Zwecke bezogen, und erst, wenn das damit gegebene technische Können zum verlässlichen Bestand menschlicher Lebensführung geworden ist, kann sich das Wissen darauf richten, was Feuer im Zusammenhang materieller Wirklichkeit an sich selbst ist, oder was die Form des Kreises, die dem Rad zugrunde liegt, an sich selbst und im Zusammenhang geometrischer Formen bedeutet. Wenn das stimmt, dann ist das, was im Streben nach Wahrnehmungen und nach Wissen zeitlich als das Erste auftritt und auch später in bestimmten Situationen immer wieder dominiert, für dieses Streben nicht der ontologisch erste Grund. Dieser müsste nämlich als *causa formalis* die allgemeine Form vorgeben, die in allem wirksam ist, was als Zweites, Drittes etc. aus ihm hervorgeht, und er müsste als *causa finalis* das Endziel festlegen, um das es im Streben nach Wahrnehmungen und Wissen geht. Das Interesse an Wahrnehmungen kann aber erst dann nicht mehr gesteigert werden, wenn man optische Wahrnehmungen um ihrer selbst willen genießt. Und das Streben nach Wissen lässt sich erst dann nicht mehr erweitern, wenn es um seiner selbst willen auf allgemeine Regeln und Gründe bezogen ist. Die wirkliche Form und damit der ontologisch erste Grund des Wahrnehmens und des Wissens zeigen sich nicht in der zeitlich ersten Gestalt ihres Auftretens, sondern erst dann, wenn sich das menschliche Leben so weit gefestigt hat, dass es institutionell gesicherte Orte kennt, an denen Wissen nicht um irgendeines Nutzens, sondern um seiner selbst willen gesucht wird.

In dieser Überlegung ist vorausgesetzt, dass bestimmten historischen Entwicklungen logisch-ontologische Gesetzmäßigkeiten zugrunde liegen. Das Aufkommen eines Priesterstandes in Ägypten ist nicht nur ein individueller Vorgang in der Geschichte dieses Landes, sondern ein Indiz (1) für die allgemeine Regel, dass das Wissen, wenn es das Nützliche und Angenehme verlässlich hergestellt hat, aus seiner eigenen Dynamik in eine andere Form übergeht, in der es ausschließlich an sich selbst interessiert ist, und (2) dafür, dass das Leben selbst eine andere Form, nämlich die der Muße annimmt, wenn es sein Interesse an praktischen Zwecken durch die Ausbildung institutioneller Formen des Lehrens und Lernens verlässlich befriedigt hat. Die Voraussetzung dafür besteht darin, dass eine bestimmte, in ihrem Wirken an Zeit und Bewegung gebundene Kraft zunächst nicht als das auftreten kann, was sie an sich selbst ist, sondern in der Bindung an Zusammenhänge, die für ihre Tätigkeit äußerlich sind. Erst wenn sie die damit vorgegebenen Aufgaben erfüllt hat, tritt sie als das auf, was sie von sich selbst her oder anders formuliert, was sie im Zustand der Vollkommenheit (ἐνέργεια) und damit von ihrem eigenen Wesen her ist.

Bei seinen Überlegungen zum Begriff des Wissens legt Aristoteles zunächst den *allgemeinen* Ort fest, innerhalb dessen die Wissenschaft gesucht werden muss, die im Zusammenhang des Wissens ›von Natur aus‹ die führende Stellung innehat. Er bestimmt ihn als den Tätigkeitsbereich der Wissenschaften, die sich auf erste Ursachen beziehen, und verkleinert ihn dann durch die Ausgrenzung des Wissens der Erstursachen, die sich auf ein Hervorbringen richten (981 b 27–982 a 3). Aristoteles kann danach das Sein der gesuchten Wissenschaft in der Kategorie der Substanz aussagen und im Blick auf die *differentia specifica*, die ihr innerhalb der Gattung »Wissen von Erstursachen« zukommt, ihre besondere Art bestimmen. In einem weiteren Schritt wird die besondere Position definiert, die der gesuchten Wissenschaft innerhalb der Art des nicht-praktischen »Wissens von Erstursachen«

zukommt. Dafür wird das theoretische Wissen als Gattungseinheit angesetzt, zu der wiederum eine *differentia specifica* gefunden werden muss, die das gesuchte Wissen auch in der Kategorie der Qualität (τὸ ποῖον) aussagt und es damit vollständig charakterisiert.

Im Einzelnen geht Aristoteles so vor, dass er die allgemeinen Annahmen zum Begriff »Weisheit« in einer Sechserliste zusammenstellt und dann jeden Teil davon in die ihm zugehörige begriffliche Form übersetzt. Aus dem (1) ›soviel wie möglich alles wissen‹ und dem (2) ›Wissen des Schwierigen‹ wird das Wissen, das sich am meisten auf das Allgemeine bezieht, und aus dem (3) ›Wissen des Genaueren‹ dasjenige des jeweils Ersten innerhalb eines Zusammenhangs. Aus der Fähigkeit, ›die Ursache für etwas zu lehren‹ (4), wird das Wissen der Ursachen für jedes Einzelne, aus dem (5) ›um seiner selbst willen gesuchten Wissen‹ das Wissen des im höchsten Sinne Wissbaren (ἡ τοῦ μάλιστα ἐπιστητοῦ ἐπιστήμη) und aus dem (6) Wissen, das über einen bestimmten Zusammenhang ›am meisten gebietet‹, dasjenige, das für jedes Einzelne in einem Zusammenhang den Zweck, das Ziel und somit das Gute (τἀγαθὸν ἑκάστου) weiß und so auch das Beste (τὸ ἄριστον) für das Ganze.

Die Bestimmungen, die Aristoteles aus den Vorgaben seiner Sechserliste gewinnt, werden dann einem gemeinsamen Gegenstand zugeordnet, wobei nach der Regel, dass Wissen und Gewusstes durch ein Ähnlichkeitsverhältnis miteinander verbunden sind, ein ergänzender Blick immer auch auf das Wissen fällt, das für ihn zuständig ist. Wenn dieser Gegenstand das Allgemeinste ist, Allgemeinstes aber nur im Vergleich mit weniger Allgemeinem bestimmt werden kann, dann gehört zum Wissen des superlativisch Allgemeinen auch das Wissen des weniger Allgemeinen. Zugleich ist das Allgemeinste eines Zusammenhangs weiter als alles andere von der sinnlichen Wahrnehmung entfernt, die nur in Bezug auf Besonderes das Bestimmteste weiß. Das Erste eines Zusammenhangs enthält weniger Prinzipien als das ihm Nachgeordnete. Und da der Genauigkeitsgrad eines Wissens mit der abnehmenden Anzahl der Prinzipien und Gründe steigt, die in seinem Gegenstand wirksam sind, ist die Wissenschaft des Ersten und Allgemeinsten genauer als das Wissen, das sich auf das Spätere und deshalb weniger Allgemeine eines Zusammenhangs bezieht[233]. Da das Wissen des Ersten auch die Gründe für das weiß, was sich ihm als das Zweite, Dritte etc. anschließt[234], richtet sich dieses Wissen auf das »im höchsten Sinne Wissbare« eines Zusammenhangs. Aus dem Ersten heraus (ἐκ τούτων) oder durch es hindurch (διὰ ταῦτα) erkennt es das ihm sonst noch Zugehörige, während sich das Wissen des Ersten aus dem Wissen des Zweiten, Dritten etc eines Zusammenhangs nicht ableiten lässt. Insofern beherrscht das Wissen des Ersten das Wissen dessen, was für einen Zusammenhang das Zweite, Dritte etc. ist und es weiß zugleich, in welcher Weise das Erste darüber ›herrscht‹, was ihm als das Spätere folgt. Wenn man diese Regel auf den größten aller denkbaren Zusammenhänge anwendet, nämlich auf das Ganze des von Natur aus Seienden, lässt sich daraus der Begriff eines Optimalwissens ableiten, das sich auf das Erste der Natur in ihrer Gesamtheit und damit auf das Gute bezieht, das für alles Einzelne dieses Ganzen den Zweck (τὸ οὗ ἕνεκα) vorgibt[235]. Die begriffliche Form des von Aristoteles gesuchten Wissens nimmt also nicht nur sämtliche Positionen der Sechserliste in sich auf, die sich an der umgangssprachlichen Bedeutung des Wortes »Weisheit« orientiert, sondern es hat in jeder Hinsicht ein und denselben Gegenstand. Die beste Wissenschaft ist deshalb das theoretische Wissen der »ersten Prinzipien und Ursachen« des von Natur aus Seienden.

In einem letzten Begründungsschritt konzentriert sich Aristoteles auf den theoretischen Charakter dieses Wissens, um von ihm aus dessen Verhältnis zu anderen Formen des Wissens zu klären. Dafür geht er von einer einfachen Grundqualität allen Wissens aus, die auch im praktischen Wissen wirksam ist, sich aber erst im theoretischen vollständig entfaltet. Jedes Wissen ist eine

Bewegung der Veränderung, nämlich ein Übergang vom Nicht-Wissen (ἄγνοια) in sein Gegenteil. Umgangssprachlich lässt sich diese Veränderung auch als ein Fliehen (φεύγειν) bezeichnen, das einem Zustand des Mangels entkommen und einen Zustand der Fülle erreichen will. Zur Bezeichnung des Ausgangspunkts dieser Bewegung verwendet Aristoteles auch die Ausdrücke »sich wundern (θαυμάζειν)«[236] oder »im Zustand des Zweifels sein (ἀπορεῖσθαι).« Das so umschriebene Nicht-Wissen bezieht sich im anfänglich-einfachen Zustand des menschlichen Lebens auf »das unmittelbar vor der Hand Liegende.« Daraus erwächst praktisches Wissen, das etwa als der gekonnte Umgang mit der Macht des Feuers den Bereich des »unmittelbar vor der Hand Liegenden« so weit erwärmt und beleuchtet, dass das Leben erträglich wird und eine erste Möglichkeit zur Handlungsorientierung erhält. Zugleich bleibt dieses Wissen seiner Grundbewegung verpflichtet, die als Entfernung aus dem Zustand des Nicht-Wissens die Entfaltung des Wissens um seiner selbst willen zum Ziel hat. Alles Wissen enthält also einen theoretischen Kern, der zwar nicht immer im Vordergrund seines Wirkens steht, aber bereits seine einfachsten praktischen Realisierungsformen mitbestimmt.

Auch die Tatsache, dass die ersten Philosophen deswegen als »Weise« bezeichnet worden sind, weil sie »die Unwissenheit« in Bezug auf »Außerordentliches, Erstaunliches, Schwieriges und Göttliches« (*EN* VI 7, 1141 b 3 ff.) beheben konnten, lässt sich durch die begriffliche Rekonstruktion einer Bewegung begründen, bei der man den Bereich dessen, was man nicht weiß, über das »unmittelbar vor der Hand Liegende« hinaus kontinuierlich über »Größeres« bis hin zum »Größtem« erweitert. Die erste wichtige Stufe dieser Erweiterung betrifft mit den »Zuständen des Mondes« die Grenze zwischen terrestrischer und caelestischer Welt, die zweite mit den Bewegungsformen der Sonne und der Gestirne die caelestische Welt selbst, während die dritte das Größere des Kosmos dadurch zum Größten erweitert, dass die »Entstehung des Ganzen der Natur (ἡ τοῦ παντὸς γένεσις)« zum Gegenstand des Wissens wird. Die Flucht aus der Unsicherheit über das, was »unmittelbar vor der Hand liegt«, erzeugt also aus sich heraus die Wissenschaften der Astronomie, der Kosmologie und der Philosophie. Der allgemeine Sprachgebrauch bezeichnet deshalb zu Recht denjenigen als »weise«, der in Bezug auf das Größte, über das man im Zweifel sein kann, der Unwissenheit entflohen ist. Und da sich diese Bewegung schon von ihrem ersten Anfang auf die Reichhaltigkeit des Wissens richtet, entfaltet sich nur im theoretischen Wissen der Philosophie vollständig, was das Wissen an sich selbst ist.

Dasselbe Interesse liegt auch der mythischen Dichtung zugrunde, die mit den Taten der Götter und Heroen »Wunderbares« und »Staunen Erregendes« zur Einheit einer Erzählung zusammenstellt. Man kann deshalb auch von jemandem, der eine besondere Vorliebe für Mythen hat, behaupten, dass er darin etwas betrachtet, was aufgrund seiner Größe vom Bereich der normalen Erfahrung zu weit entfernt ist, um dafür noch irgendwie nützlich zu sein. Im Kern des Interesses am Mythos, das von einem philosophischen Impuls im engeren Sinn nicht gesteuert und dennoch für die griechische Welt von fundamentaler Bedeutung gewesen ist, wirkt also ein Streben nach Wissen, das sich auf das Ungewöhnlichste und Größte bezieht, in Bezug auf das überhaupt Wissen gewonnen werden kann. Und dies wiederum zeigt, (1) dass das Größte, nach dessen Betrachtung das Wissen strebt, für die Bewältigung praktischer Probleme ohne Bedeutung ist, und (2) dass dem Wissen ein Streben nach Selbsterfüllung zugrunde liegt, in der es sich nicht auf Nützliches, sondern allein auf sich selbst richtet.

Für Aristoteles ist es wichtig, die bestmöglichen Gründe dafür zu nennen, dass dem Wissen zwar die Aufgabe zukommt, nützlich zu sein, dass es aber nicht möglich ist, seine gesamte Tätigkeit von dieser Funktion her zu verstehen. Auf der Grundlage seiner These, dass mit dem praktischen Wissen immer auch ein Interesse des Wissens an sich selbst verbunden ist, entfaltet er deshalb ein Integrations- oder Inklusionskonzept, in dem die Einheit des Wissens auf der Kooperation zwischen seinen beiden Hauptgestalten, nämlich von theoretischem und praktischem Wissen, beruht. Wie aber ist dann die Form der Einheit zu verstehen, die der Ordnung des Wissens zugrunde liegt? Praktisches und theoretisches Wissen könnte man zunächst als Formen auffassen, deren jeweilige Größe durch die Regel reziproker Proportionalität bestimmt ist. Bei genauer Betrachtung muss diese Regel jedoch anders gefasst werden. Wenn die Gestaltungsdimension des praktischen Wissens überwiegt, bleibt das theoretische zwar im Hintergrund, erreicht aber niemals den Grenzwert des Nichtseins. Wenn hingegen das theoretische Wissen sich vollständig verwirklicht, verliert das praktische jede Bedeutung. Das Sein der Praxis bleibt allerdings auch dann insofern erhalten, als die Realisierung des theoretischen Wissens seine eigene, ganz auf sich selbst bezogene Praxis darstellt und sich darin von jeder Form praktischer Lebensbewältigung unterscheidet, in der das Wissen nach außen gerichtet ist. Einheits- und Ordnungsgeber des Wissens ist dann das Wissen, das an jeder Stelle im Zusammenhang seiner Gestalten zumindest latent anwesend ist, und das ist die Kraft des theoretischen Wissens. Seine »Herrschaft« beruht aber nicht auf einer Regel absoluter Dominanz, die eine Exklusion des Praktischen zur Folge hätte. Das theoretische herrscht über das praktische Wissen vielmehr dadurch, dass es dieses in seiner besonderen von ihm unterschiedenen Kompetenz ohne Einschränkung anerkennt. Es realisiert auch darin die auf selbst bezogene Einsicht, dass die Unabhängigkeit und Autarkie – mit Aristoteles gesprochen die ›Getrenntheit‹ des theoretischen Wissens von seiner Gegengestalt – davon abhängt, dass das praktische Wissen die Größe vollständig entfaltet hat, die ihm im Zusammenhang menschlicher Lebensführung zukommt.

Wenn die Ordnungs- und Einheitsform des Wissens so richtig beschrieben ist, dann besteht sein ontologisch erster Grund in der Form, in der sich seine Reichhaltigkeit uneingeschränkt verwirklicht. Nur sie kann deshalb das Ziel vorgeben, das für das Wissen den Zustand seiner Vollkommenheit bedeutet. Dem praktischen Wissen kommt zwar nicht in dieser Ordnung, wohl aber im Zusammenhang des Überlebens und der Lebensverbesserung der Rang eines ersten Grundes zu. Wenn das Wissen um seiner selbst willen demgegenüber eine andere Art des Wissens darstellt, muss auch sein Ursprung von dem des praktischen Wissens verschieden sein. Wenn das im ontologischen Sinne Erste des menschlichen Wissens nicht seine Bindung an Handlungszwecke ist, dann muss in der menschlichen Natur eine Kraft wirken, die über das Streben nach praktischen Zielen hinausreicht. Ein solches Ziel wäre das Streben nach einem Wissen um seiner selbst willen. Und wenn das so ist, dann bestünde die beste Form menschlicher Lebensführung darin, dass sich die beste Form ihres Strebens nach Gutem ganz auf sich selbst bezieht. Der Ort für die Verwirklichung der *selbstbezüglichen* Freiheit des Wissens kann grundsätzlich nicht die soziale Welt sein, weil sie wesentlich Beziehung zu anderen und zur Realität praktischer Bedürfnisse ist, die dem Wissen äußerlich sind und denen es trotzdem zu dienen hat. Von daher verwirklicht sich die menschliche Natur in vollendeter Weise nur als Praxis des theoretischen Lebens, in der sich das Wissen ausschließlich auf sich selbst bezieht.

Im Hintergrund der Überlegungen zur besten Form des Wissens steht also nicht nur die Streitfrage über den ersten Grund und damit über Zwecke oder Ziele des Wissens[237], sondern ebenso der Streit über die beste Form des menschlichen Lebens[238]. Wenn die theoretische Lebensweise die Erfüllung der menschlichen Natur bedeutet, dann bezieht sie sich offensichtlich auf ein Gut, das viele Menschen ausschließlich der göttlichen Natur vorbehalten. Nun hatte sich aber gezeigt, dass das Streben nach Wissen erst in der Gestalt vollkommen ist, in der es sich auf sich selbst und zugleich auf das Beste in der Natur des Seienden bezieht. Von daher kommt diesem Wissen sowohl von sich selbst als auch von seinem Gegenstand her das höchste Maß an Würde zu. Aus zwei

Gründen, die sich gegenseitig ergänzen, definiert Aristoteles es als theologisches Wissen. (1) Es richtet sich in der Autarkie und Autonomie, durch die es der erste Grund allen Wissens ist, ausschließlich auf das Sein, das in seiner Autarkie und Autonomie der erste Grund alles Seienden ist. Es ist deshalb auch (2) das Wissen, von dem man allein annehmen kann, dass der Gott es anders als die Menschen grundsätzlich und unverlierbar in sich hat, so dass sich auch von daher zeigt, dass er das Beste unter dem Seienden ist.

Die menschliche Natur enthält in sich eine spannungsreiche Vielfalt von Möglichkeiten. Sie teilt auch im Streben nach Wissen einige Qualitäten mit Lebewesen, die ihr wie Pflanzen und Tiere im Streben nach Wissen unterlegen sind. Sie entwickelt mit den vielfältigen Formen des praktischen und des ›normalen‹ theoretischen Wissens bis hin zur Physik und Mathematik Fähigkeiten, die allein zur menschlichen Welt gehören. Wenn sie darüber hinaus im theoretischen Wissen Anteile an der göttlichen Natur gewinnt, dann besteht das zentrale Problem menschlicher Lebensführung darin, das Verhältnis zwischen ihren verschiedenen Komponenten in die Form von Kooperation zu bringen, in der möglich wird, was Platon mit dem Ausdruck »Verähnlichung mit Gott« als das höchste Ziel des menschlichen Lebens bezeichnet hat[239]. Während Platons Metapher der »Flucht« von »hier« nach »dort« die Vervollkommnung des menschlichen Lebens als einen Bruch mit seiner normalen Wirklichkeit vorstellt[240], steht bei Aristoteles für die Beschreibung dieses Ziels der Gedanke der Kontinuität im Vordergrund. Für das Verhältnis zwischen Platon und Aristoteles ist es jedenfalls bezeichnend, dass Aristoteles die Vollendung menschlichen Lebens als die maximale Erweiterung eines Kontinuums beschreiben kann, während Platon dafür an entscheidender Stelle die Regel der Diskontinuität einsetzt, die die des Kontinuums zwar nicht außer Kraft setzt, aber doch relativiert.

## 3. | Prinzipienreflexion als Theologie

Von dem, was als »Gott« oder als Rede über Gott zu verstehen ist, hat Aristoteles eine andere Auffassung als die meisten nicht nur seiner Zeitgenossen. Gott kann für ihn keinen der mythisch überlieferten Eigennamen tragen. Gegenüber Zeus, Apollon oder Dionysos ist sein Gott aber nicht nur namen-, sondern darüber hinaus gestalt- und in jeder Hinsicht bewegungslos. Weil er sich selbst nicht bewegt, kann ihn auch niemand bewegen, so dass ihn niemand durch Opfer und Gebete veranlassen kann, in menschliche Lebensverhältnisse schützend, rächend oder helfend einzugreifen. Unter diesem Aspekt ist der Gott des Aristoteles auch vom Gott der Juden und Christen verschieden. Wenn Pascal in seinem *Mémorial* des Jahres 1654 den Gott Abrahams, Isaaks und Jakobs als den einzig wahren vom Gott der Philosophen absetzt, so suggeriert er damit, der Gott der »Weisen« und so auch der des Aristoteles sei ein Kunstprodukt, gezeugt vom Hochmut der Philosophen, die von der Wahnvorstellung geblendet sind, sie könnten aus der Kraft menschlicher Vernunft Gott ähnlich sein.

Was aber bedeutet der Gott des Aristoteles wirklich? Und wäre es zutreffend, die Kritik Pascals auch auf ihn zu beziehen? Um diese Fragen zu klären, ist es hilfreich, das bereits bekannte Konstruktionsverfahren der *elementatio* nachzuvollziehen, mit dem Aristoteles seinen Gottesbegriff begründet. Es orientiert sich dafür im ersten Konstruktionsschritt an der Meinung »aller Menschen« und an weithin akzeptierten Aussagen der Dichter über die Götter, um sie in einem zweiten Schritt im Blick darauf zu untersuchen, ob sie für die begrifflich korrekte Bestimmung der göttlichen Natur einen geeigneten Ansatzpunkt enthalten. In diesen Reden werden die Götter grundsätzlich als etwas Staunenswertes und in besonderer Weise Wirkendes bezeichnet. Die Vorstellungen des Staunenswerten und des überragend Mächtigen enthalten als ihr *elementum primum* die Vorstellungen des besonders wirksamen Grundes oder der vorrangigen »Wesenheit«. Dasselbe bestätigen die Philosophen, die im Unterschied zur allgemeinen Meinung und zu den Reden der Dichter »für ihre Lehren Beweise bringen« (*Met.* III 4, 1000b 19f.), wenn sie Gott als Prinzip, Eines oder als Ursache bezeichnen.

Aristoteles will also keinen philosophischen Sondergott konstruieren, sondern er orientiert sich bei seiner Rede über die göttliche Natur ausschließlich an den Bestimmungen, die den allgemein verbreiteten Vorstellungen von Gott zugrunde liegen[241]. Dabei ist es für ihn besonders aussagekräftig, dass die Alten und Uralten in mythischer Form an die Späteren eine Rede weiter gegeben haben, die als ihr *elementum primum* die beiden folgenden Sätze zu enthalten scheint: (1) »Die Himmelskörper sind Götter«, und (2): »das Göttliche umfasst die ganze Natur (περιέχει τὴν ὅλην φύσιν).« Alles, was darüber hinausgeht, und das ist der mit Abstand größere und ausdrücklichere Teil ihrer Reden, ist zu diesen beiden Sätzen »in mythischer Weise (μυθικῶς) hinzugefügt.« »Sagenhafte« unterscheiden sich von begrifflichen Zusätzen dadurch, dass sie auf Ziele blicken, die mit dem Wesen dessen, was in ihrem Elementarbegriff enthalten ist, nichts zu tun haben. Aristoteles nennt also solche Ziele (1) die »Massenüberredung« (πρὸς τὴν πειθὼ τῶν πολλῶν), die allgemein glaubhaft machen will, dass es Götter nicht nur gibt, sondern dass sie aufgrund ihrer Übermacht vonseiten der Menschen Gehorsam, Verehrung und Respekt verdienen, und (2) das Interesse daran, »Gesetze und das [darin enthaltene, aber nicht jedermann sogleich einleuchtende] Nützliche« dadurch besonders »wirksam zu machen«, dass man ihren Inhalt mit dem Willen der Götter auf eine Macht zurückführt, die nach mythischer Überzeugung menschlichen Ungehorsam in jedem Fall erkennt und ihn grundsätzlich nicht auf sich beruhen lässt. Nur im Blick auf diese praktischen Ziele unterstellen die Mythen den Göttern eine »Ähnlichkeit mit Menschen oder anderen lebendigen Wesen«, die in ihrer wahren Natur nicht enthalten ist. Zwar folgt auch der Mythos der formalen Regel für den Aufbau einer komplexen Rede, indem er ein *elementum primum* durch Hinzufügung weiterer Elemente zu einem Ganzen erweitert. Weil er aber nicht prüfen kann, ob sein *elementum primum* tatsächlich der richtige Ausgangspunkt für eine Rede über das Wesen des Göttlichen ist, kann er nicht verhindern, dass in den Erweiterungen seiner Grundaussage über das besondere Sein der Götter hauptsächlich menschliche Machtinteressen zum Tragen kommen.

Indem Aristoteles der etablierten Mythenkritik folgt, rekonstruiert er die Genese der größten Wirkungsmacht griechischer Kultur, die im Bündnis der *theologia politica* mit der *theologia poetica* besteht. Nur der Mythos kann die Bilder liefern, die eine Polis benötigt, um ihre Normen des Rechtlichen auf göttliche Macht zurückzuführen, die als solche dem Willen einer politischen Gemeinschaft oder dem einer ihr zugehörigen Gruppe überlegen ist. Wenn soziale Normen jedoch so gesehen werden, dass sie lediglich menschliche Interessen widerspiegeln, zerbricht das Band zwischen mythischer und politischer Theologie und evoziert damit die modernitätstypische, aber bereits in der »vorsokratischen« Philosophie eindringlich gestellte Frage, ob es überhaupt eine theologische Legitimation für menschliche Rechtlichkeitsüberzeugungen geben kann. Sie steht ähnlich wie bei Sokrates und Platon auch im Zentrum der Philosophie des Aristoteles. Er will der Wirkungsmacht des Mythos den Weg zu ihrem nur scheinbar natürlichen Bündnis mit dem Kult der Polis dadurch abschneiden, dass er die Vorgaben der *theologia poetica* zum *elementum primum* einer *theologia naturalis* umformt. Die mythische Rede wird deshalb nicht nur von anthropomorphen Zutaten gereinigt, sondern im Blick darauf untersucht, ob sie das *elementum primum* einer begrifflich artikulierten Rede über das Göttliche enthält, die dessen Natur ganz aus sich heraus verdeutlicht und sich dabei nicht von der Eindrucksmacht mythischer Bilder oder vom Legitimationsbedarf politischer Macht irritieren lässt. Die Kernsätze des Mythos sind bildhaft geformte Aussagen über das Göttliche, die sich ihrerseits auf einen *begrifflichen* Kern zurückführen lassen. So ist das räumlich gedachte Umfassen der gesamten Natur der bildhafte Ausdruck für den Begriff einer Kraft, die größer überhaupt nicht gedacht werden kann[242]. Und die Gestirne des Himmels sind entweder ein Bild für den Begriff der höchsten und besten Wirklichkeit, die von Menschen betrachtet werden kann[243], oder für den Begriff einer Bewegung, die an Regularität, Komplexität und Schönheit alles überbietet, was sich in der terrestrischen Welt bewegt. Wenn man also einen Satz finden könnte, der dem zugrunde liegt, was die begrifflichen Sätze zum Ausdruck bringen, die den elementaren Bildern des Mythos von der göttlichen Natur zugrunde liegen, dann wäre damit das »allein Erste (μόνον τὸ πρῶτον)« einer Rede über die Natur des Gottes gefunden, wie sie an sich selbst ist. Alles, was der Mythos davon schon enthält, würde dann demgegenüber auf einen nachgeordneten Rang zurückfallen und alles, was er seiner begrifflichen Grundvorstellung hinzufügt, wäre eine heterogene, bildhafte Erweiterung, die den Reichtum der göttlichen Natur nicht zum Ausdruck bringt, sondern verdeckt.

Das »allein Erste« einer allgemeinen Bestimmung der göttlichen Natur ist der Satz, dass die Götter »erste Wesenheiten« sind. Befremden mag, dass Aristoteles damit einen pluralen Ausdruck an die Spitze der philosophischen Rede über das Göttliche stellt. Da er dafür keine Begründung liefert, wird diese Entscheidung seinen Zuhörern wie eine Selbstverständlichkeit vorgekommen sein. Man könnte meinen, dass Aristoteles damit an den traditionellen Polytheismus der *theologia poetica* anknüpfen will. Vielleicht ist die Wahl des pluralen Ausdrucks aber primär der Tatsache geschuldet, dass nur er als die Einfachheitsform für die mythischen Kernsätze verstanden werden kann, die ihrerseits sowohl einen pluralen Ausdruck – die Gestirne – als auch einen singularen Ausdruck enthalten – das Umfassende der Natur. Wie es tatsächlich mit der Beziehung von Einheit und Vielheit in der göttlichen Natur steht, kann und muss nicht schon im ersten Satz einer Rede der *theologia naturalis* geklärt werden, sondern erst in einem Verbund von Folgesätzen. Es könnte sich ja zeigen, dass es »erste Wesenheit« im Plural gibt. In jedem Fall enthält der Ausdruck »erste Wesenheiten« den Begriff göttlicher Natur in seiner einfachsten Form, so dass er aufgrund seiner Freiheit von poetisch eindrucksmächtigen oder praktisch motivierten Zusätzen »auf göttliche Weise (θείως)« vom Göttlichen zu sprechen scheint (*Met.* XII 8, 1074 b 9 f.).

In der mythischen Rede kann der an sich selbst einfache Begriff göttlicher Natur nicht zum Ausdruck kommen, obwohl er ihren Bildern als das Erste zugrunde liegt. Die Anstrengung des Aristoteles richtet sich deshalb darauf, den göttlich beglaubigten Anfangssatz zur Natur des Göttlichen nur durch solche Aussagen zu erweitern, die der Form und dem Inhalt nach zu ihm passen. Das ist nur möglich, wenn das Wissensinteresse sich allein auf die Natur des Göttlichen richtet. Wenn am Anfang dieser Rede der Begriff »erste Wesenheiten« steht, dann werden die Folgesätze zu klären haben, was der Begriff »Wesenheit« bedeutet, welche Arten es davon gibt, wie sie aufeinander bezogen sind, welche besonderen Eigenschaften der »Wesenheit« und ihren verschiedenen Arten zukommen, ob es unter ihnen eine oder mehrere »erste« gibt, welche das sind und wie sie Grund sein können für den Zusammenhang von »Wesenheiten«.

Für eine Antwort auf diese Fragen muss die *theologia naturalis* den Inhalt der *theologia poetica* in eine Sprache übersetzen, die entscheidend vom Interesse am Wissen von Gründen und Ursachen geprägt ist. Die philosophischen Vorgänger des Aristoteles haben sich, so wie er das sieht, dieser Übersetzungsaufgabe entzogen. Zwar haben sie das Göttliche vom sinnlich Gegebenen unterschieden und es gegenüber dem Vielen als Eines oder als das Erste bestimmt, aber sie haben die Frage nicht einmal gestellt, wie es in dieser Bestimmung Grund für Bewegungen sein kann, die wir im Modus der Mannigfaltigkeit wahrnehmen. Aristoteles folgt also keineswegs einer grundsätzlich theologie- oder religionskritischen Absicht, wenn er die Reden, bei denen »Dichter wie Hesiod und alle übrigen Theologen nur daran gedacht haben, was ihnen selbst glaublich erschien, ohne auf uns Rücksicht zu nehmen« (*Met.* III 4, 1000a 9ff.), von ihrem konkreten Inhalt löst. Nur so kann er ihn nämlich in einer Redeweise entfalten, die für seine eigene Zeit glaubwürdig ist, nämlich für Menschen, die sich im Wissen von Gründen und Ursachen auszeichnen wollen, weil dies in ihrer Umwelt als Primärgut des Wissens bewertet wird[244].

Wenn es zur Gewohnheit geworden ist, so intensiv wie möglich nach dem Grund von etwas zu fragen, dann vollzieht das Denken eine Bewegung, die man als die exakte Umkehr der normalen Bewegung des Lebens verstehen kann. Innerhalb dieser Bewegung, die vom zeitlich Ersten des Gezeugt- und Geborenwerdens zum zeitlich Letzten des Todes und des Vergessenseins verläuft, tritt die Fähigkeit, nach dem Grund von etwas zu fragen, relativ spät auf. Wenn das Denken aber die Frage nach Gründen stellt, realisiert es eine Bewegung, die sich von einer bestimmten Erfahrung auf das zurückwendet, was ihr in logisch-ontologischer Hinsicht als ein ›Früheres‹ vorausliegt. Jedes Kind kennt zunächst nur das Haus, in dem es aufwächst, lernt aber alsbald andere Häuser kennen, die den Anteil dessen erweitern, was »für es« bekannt ist. Noch später kann es mit Hilfe dieser Erfahrungen die allgemeine begriffliche Vorstellung des »Hauses« bilden und dabei erkennen, dass sie als das an sich Bekannte des »Hauses« die Voraussetzung dafür war, dass zuvor verschiedene »Häuser« »für es« bekannt werden konnten. Der ontogenetische Weg vom »für uns« zum »an sich« Bekannten hat eine phylogenetische Entsprechung. Solange Menschen primär in Familien- und Stammesverbänden leben, kennen sie mythische Reden, die von den Göttern so sprechen, wie sie »für diese Menschen bekannt« sind. Im Kontakt mit anderen Verbänden erfahren sie, dass auch dort von den Göttern gesprochen wird, wie sie jeweils bei ihnen bekannt sind. Die *theologia poetica* erweitert sich zur *theologia politica*, wenn die Menschen in einer politischen Gemeinschaft leben und in ihr die Götter verehren, die für ihre Polis bekannt sind. Im Verkehr mit anderen politischen Gemeinschaften erkennen sie, dass auch dort Götter verehrt werden, wie sie ihnen bekannt sind. Erst mit dem Zusammenbruch der Allianz von *poetischer* und *politischer* Theologie infolge des Aufkommens einer eigenständigen Wissenskultur kann eine *theologia naturalis* danach fragen, was den Göttern »an sich selbst« zukommt und was an ihnen das wirklich Erste ist.

Aristoteles hat die Regel für die Bewegung, die allem Lernen und Wissen zugrunde liegt, in seinen logischen Schriften so formuliert:

39 · Aristoteles, *Analytica posteriora* I 2, 71 b 33 – 72 a 7[245]

---

»Früher und bekannter ist etwas in zweifachem Sinne. Denn nicht dasselbe ist das, was *von Natur* früher (πρότερον τῇ φύσει), und das, was *für uns* früher (πρὸς ἡμᾶς πρότερον) ist, sowie das, was von Natur aus bekannter und das, was für uns bekannter ist. Ich nenne ›für uns früher und bekannter‹, was der sinnlichen Wahrnehmung näher liegt, ›schlechthin früher und bekannter‹, was ihr ferner liegt. Ihr am fernsten liegt das Allgemeinste und am nächsten das Einzelne. Und dieses ist einander entgegengesetzt. Aus dem Ersten (ἐκ πρώτων – pluraler Ausdruck!) aber ergibt sich, was aus den eigentümlichen Prinzipien einer Sache [als das Zweite, Dritte etc.] folgt. Denn Erstes und Prinzip nenne ich dasselbe.«

---

Jedes Lernen schreitet von dem für uns früher, aber an sich selbst später Bekannten zu dem voran, was für uns später, an sich selbst aber das früher Bekannte ist. Und weil sich in dieser Bewegung die Wahrnehmung des Bestimmten und der Begriff des Allgemeinen am meisten entgegenstehen, ist Lernen immer ein Weg vom Einzelnen in Richtung auf das Allgemeinste für dieses Einzelne. Wenn Aristoteles das Erste und Beste unter dem Seienden und damit das beste Ziel des menschlichen Wissens als Gott bezeichnet, dann hat das Göttliche seinen Ort nicht mehr in einer Sonderwelt des

Staunenswerten und Wunderbaren, die in einer wissenschaftlich geprägten Kultur ein Fremdkörper wäre. Für ein Denken, das sein Voranschreiten vom »für uns« zum »an sich Bekannten« in letzter Konsequenz auf das Erste richtet, das der Wirklichkeit insgesamt zugrunde liegt, ist das Göttliche vielmehr etwas, das dem Wissen selbst zugehört, und sogar seiner Bewegung das normative Ziel vorgibt. Natürlich gibt es zahlreiche Einzelgestalten des Denkens, die diesen Weg aus guten Gründen beenden, bevor dieses Ziel erreicht ist. Dennoch hängt die Möglichkeit einer *theologia naturalis* davon ab, dass jedes Denken, wie kurz sein Weg vom für uns zum schlechthin Bekannten auch sein mag, immer schon eine Strecke auf dem Weg vorangeschritten ist, an dessen ›natürlichem‹ Ende das Wissen des Besten unter dem Seienden steht. Theologisches Wissen ist die natürliche Vollendungsgestalt der entfalteten Praxis des Wissens, in deren Bahnen sich *jedes* Erkennen, Sprechen, vernünftige Handeln und sogar schon das einfache Wahrnehmen bewegt. Von daher kann man sagen, dass das Göttliche im Denken des Aristoteles genau die Gestalt erhält, in der es auch im Rahmen einer wissenschaftlich geprägten Kultur als das Erste im Seienden anerkannt und wirksam werden kann.

Das XII. Buch der *Metaphysik* entfaltet, wenn auch nur in Form einer »knappen Skizze«[246], den inhaltlichen Kern der Theologie des Aristoteles. Dieser komplizierte, im Detail oft schwer nachvollziehbare Text[247] soll mit zwei unwesentlich gekürzten Auszügen, einem längeren aus dem 6. und 7. (Text 40) sowie einem kürzeren aus dem 9. Kapitel (Text 41), vorgestellt werden. Sie enthalten die wirkungsgeschichtlich folgenreichen Bestimmungen der göttlichen »Wesenheit« als »erstem Unbewegten Beweger« und als absoluter Einheit von Sein, Leben und Denken, die als lebendige »Vernunft (νοῦς)« auf nichts anderes als auf ihr eigenes Sein als Denken (νοήσεως νόησις) bezogen ist. In einem ersten Vorgriff soll dazu Folgendes gesagt werden: Aristoteles gewinnt die von Platon abweichenden Konturen seiner Theologie durch die Konzentration auf die Frage, ob Bewegung die Grundform *aller* Wirklichkeit oder ob sie darin das Zweite ist, so dass sie ihren Grund in einem Sein der Ruhe hat. Der Ausgangspunkt für eine Antwort darauf ist *die* Bewegung, die nach den Vorgaben der damaligen Astronomie als die erste Bewegung des Kosmos gegolten hat, nämlich die ›ewige‹, absolut reguläre und kontinuierliche Kreisbewegung des Fixsternhimmels[248]. Hat sie überhaupt eine Ursache? Hat sie ihren Grund allein in sich oder ›außerhalb‹ von ihr? Wird das von Natur aus Seiende von einer autarken Selbstbewegung getragen, so dass es insgesamt Bewegung ist, oder von einem Sein der Ruhe, so dass Seiendes einen Zusammenhang von Ruhe und Bewegung darstellt, in dem Ruhe das Erste und Bewegung das Zweite ist? Und wenn der Grund von Bewegung Ruhe ist, wie kann dann ein ›Außerhalb‹ von Bewegung die Kreisbewegung des Fixsternhimmels verursachen? Aristoteles beantwortet diese Fragen in einer Überlegung, für die der Unterschied von »Ruhe« und »Bewegung« nicht mit Platons Unterscheidung zwischen der Idee des Guten und dem von ihr begründeten Zusammenhang des Guten zusammenfällt. Wenn die Idee des Guten »jenseits von Wesenheit« und der Kosmos der Zusammenhang von »Wesenheiten« ist, dann kann das Weltall nach der Voraussetzung des Aristoteles kein »Bild« oder »Abbild« des Guten »jenseits von Wesenheit« sein, wie Platon das im *Timaios* nahe legt. Für Aristoteles ist das Sein der Zusammenhang von »Wesenheiten«. Und er differenziert deshalb die Redeweise über die »Wesenheit« so, dass sie sowohl die Unterscheidung von Ruhe und Bewegung als auch die Regel des Vorrangs der Ruhe gegenüber der Bewegung begründen kann.

In die vorliegende Darstellung wird die Gedankenführung des 8. Kapitels des Buches XII nicht ausdrücklich einbezogen. Es geht darin im Blick auf die damalige Astronomie um die für uns nur noch historisch nachvollziehbare, auf den ersten Blick paradox erscheinende Frage, ob es den Unbewegten Beweger als numerische Einheit oder als Einheit einer Vielheit gibt. Die philosophiehistorische Forschung hat gezeigt, dass Aristoteles diese Frage nicht nur im Blick auf die Astronomie seiner Zeit, sondern auch vor dem Hintergrund innerakademischer Diskussionen über den begrifflichen Zuschnitt einer in sich plausiblen Prinzipientheorie aufnimmt und zu entscheiden versucht[249]. Unmittelbar nachvollziehbar ist für uns aber die Tatsache, dass Aristoteles für die philosophische Prinzipienreflexion nach Anschlussmöglichkeiten an die führenden Wissenschaften seiner Zeit (Medizin, Biologie, Astronomie) gesucht hat, insbesondere dann, wenn ihr Gegenstand, wie im Fall der Astronomie, mit dem, worauf sich die philosophische Prinzipienreflexion richtet, in einer sachlich relevanten Beziehung steht[250]. Die antike Astronomie thematisiert nämlich den Kosmos als einen Ordnungszusammenhang komplexer Bewegungen, der von der Kreisbewegung des Fixsternhimmels begrenzt wird. Aristoteles leitet den Zusammenhang aller Bewegung nicht deduktiv von einem ersten Seinsprinzip ab, sondern setzt als seinen Grund eine in sich geordnete Pluralität verschiedener Ursachen, die als interne Momente einer ersten Sphäre aller Wirklichkeit aufzufassen sind[251]. Einen zusätzlichen systematischen Sinn gewinnt seine Überlegung über den ersten Unbewegten Beweger durch eine ethisch-anthropologische Perspektive, die aus dem Gedanken resultiert, dass die allgemeine Form, die das Verhältnis zwischen dem Unbewegten Beweger und der Bewegungsform des Fixsternhimmels bestimmt, in analoger Weise auch das menschliche Denken, Sprechen, Handeln, ja sogar das Begehren und Wollen strukturiert. Es wird zu fragen sein, was diese Analogie[252] für das Verständnis der menschlichen Lebensführung und für den systematischen Anspruch der Theologie des Aristoteles bedeutet.

## 40 · Aristoteles, *Metaphysica* XII 6–7, 1071 b 3 – 1072 b 30[253]

6. (1071 b 3) »Da nun der Wesenheiten drei waren, nämlich zwei naturhafte (φυσικαί) und eine ohne Bewegung (ἀκίνητος), so wollen wir nun von dieser handeln und zeigen, dass es notwendigerweise eine ewige (b 5) unbewegte Wesenheit gibt. Denn

Wesenheiten sind von dem Seienden das Erste, und wenn sie alle vergänglich sind, so ist alles vergänglich. Unmöglich aber kann die Bewegung entstehen oder vergehen; denn sie war immer. Ebenso wenig die Zeit; denn das Früher und Später ist selbst nicht möglich, wenn es keine Zeit gibt. Die Bewegung ist also ebenso stetig (συνεχής = continuum) wie die Zeit, (b 10) da diese entweder dasselbe ist wie die [stetige] Bewegung oder ein Zustand (πάθος) von ihr. Von der Bewegung aber ist keine andere kontinuierlich außer der Ortsbewegung und von dieser die Kreisbewegung.

Gäbe es aber nun ein Bewegendes (κινητικόν) oder Hervorbringendes (ποιητικόν), das keine vollkommene Wirklichkeit (ἐνεργοῦν) ist, dann gibt es [stetige und notwendige] Bewegung nicht; denn es ist möglich, dass das, was die Möglichkeit zu etwas (δύναμις) hat, nicht in vollkommener Wirklichkeit (ἐνέργεια) ist. Also würde es nicht nützlich sein, [einfach nur] ewige Wesenheiten anzunehmen, (b 15) wie diejenigen, die das Sein allgemeiner Formen (τὰ εἴδη) annehmen, sofern darin kein Grund für Veränderung (μεταβάλλειν) enthalten ist. Aber auch eine solche Annahme würde nicht genügen, ebenso wenig die einer anderen Wesenheit neben den allgemeinen Formen des Seins, denn sofern die Wesenheit nicht in vollendeter Wirklichkeit ist, findet [in dem von ihr Begründeten] keine kontinuierliche Bewegung statt. Und wenn es sich [unter bestimmten Umständen, zu bestimmten Zeitpunkten etc. faktisch] im Zustand vollkommener Wirklichkeit befände, seine Wesenheit aber [von sich selbst her] nur die Möglichkeit dazu wäre, auch dann würde es keine ewige Bewegung geben; denn was der Möglichkeit nach ist, hat Nichtsein an sich. Es (b 20) muss also ein solches Prinzip angesetzt werden, dessen Wesen vollkommene Wirklichkeit ist. Wesenheiten dieser Art müssen zudem ohne Stoff (ὕλη) sein, denn nur so können sie ewig sein, wenn es überhaupt Ewiges geben soll. Also müssen sie [aufgrund ihres Wesens] vollendete Wirklichkeit sein.

Doch gibt es hier eine Schwierigkeit. Es scheint nämlich, dass alles, was als vollkommene Wirklichkeit ist, Möglichkeit, aber nicht alles von dem, was Möglichkeit ist, vollkommene Wirklichkeit ist, so dass dann das Mögliche [in logisch-ontologischer Hinsicht] das Frühere wäre. (b 25) Aber wenn das so wäre, gäbe es nichts von dem Seienden [,was man im strengen Sinn als immer und notwendigerweise seiend bezeichnen kann]. Denn es könnte ja sein, dass etwas zwar der Möglichkeit nach ist, aber noch nicht [wirklich] wäre. Dieselbe Unmöglichkeit ergäbe sich, wenn es so wäre, wie die Theologen sagen, die alles aus der Nacht entstehen lassen, oder die Naturphilosophen, die ›das Beisammen von allem (ὁμοῦ πάντα χρήματα)‹ [den Grund des Seienden] nennen. Denn wie soll etwas bewegt werden, wenn nicht ein in vollkommener Wirklichkeit Seiendes dafür etwas Ursächliches wäre (ἐνεργείᾳ τι αἴτιον). (b 30) Denn Materie kann sich nicht aus sich selbst heraus in Bewegung versetzen, sondern das kommt [zum Beispiel in Bezug auf Baustoff] von der Baukunst her. [...] Deswegen setzen einige ein ewig in vollkommener Wirklichkeit Seiendes als Grund des Seienden wie etwa Leukipp und Platon, indem sie sagen, Bewegung sei ewig. Aber aus welchem Grund das so ist und um welche Bewegung es sich dabei handelt, sagen sie nicht, auch nicht, warum sich dieses so und jenes so bewegt. Denn es bewegt sich ja nichts, wie es sich eben so trifft, (b 35) sondern es muss dafür immer etwas zugrunde liegen, so wie jetzt etwas von Natur aus auf diese Weise, aufgrund von Gewalt, durch geistige Überlegung oder durch etwas anderes auf eine andere Weise bewegt wird. Und ferner: welche Art [ποῖον, Kategorie der Qualität] von Bewegung ist die erste? Denn das ist ganz entscheidend. Übrigens kann auch Platon nicht bestimmen, (1072 a 1) wie das der Qualität nach ist, von dem er manchmal glaubt, es sei Prinzip, nämlich das sich selbst Bewegende. In welcher Hinsicht die Meinung, die Möglichkeit sei früher als das vollkommen Wirkliche, richtig ist und in welcher nicht, ist also wohl geklärt. (a 5) Dass aber das vollkommen Wirkliche das [in ontologischer Hinsicht] Frühere ist, bezeugen Anaxagoras, denn der Geist ist vollendete Wirklichkeit, und Empedokles, der Freundschaft und Zwietracht annimmt, sowie diejenigen, die sagen, dass es immer schon Bewegung gibt, wie Leukipp. Also gab es nicht eine unendlich lange Zeit Chaos und Nacht, sondern es war immer schon dasselbe da, sei es im Kreislauf (περίοδος) oder auf andere Weise, sofern die vollkommene Wirklichkeit der Möglichkeit [in ontologischer Hinsicht] vorausgeht [...][254]

7. (a 19) Da sich also nur auf diese Weise ein stimmiger Zusammenhang ergibt und, wenn es nicht so wäre, alles (a 20) aus der Nacht, dem Allbeisammen und dem Nichtsein entstünde, dürfte dies die Lösung sein, und es gibt also etwas, was sich immer bewegt, und zwar als unaufhörliche Bewegung. Das aber ist die Kreisbewegung. Und das ist nicht nur aus logischer Überlegung heraus (λόγῳ), sondern auch aus den Tatsachen klar (ἔργῳ δῆλον), so dass sich ergibt, dass der erste Himmel ewig ist. Also gibt es auch etwas, das [ihn] bewegt. Da aber das, was bewegt wird [oder sich bewegt = τὸ κινούμενον][255] und [anderes aktiv] bewegt, ein Mittleres ist, (a 25) so gibt es etwas, was bewegend ist, ohne bewegt zu sein [bzw. ohne sich selbst zu bewegen], das ewig und Wesenheit und vollendete Wirklichkeit ist. Auf diese Weise bewegend, ohne bewegt zu werden [oder bewegt zu sein], sind aber das, was erstrebt und das, was gedacht wird (τὸ νοητόν). Deren Erstes ist nämlich identisch. Das, was man begehrt, ist das, was als schön erscheint (τὸ φαινόμενον καλόν), und das, was man will (βουλητόν), ist in seinem Ersten das wirklich Schöne (τὸ ὂν καλόν). Wir streben ja eher nach etwas, weil es uns als schön erscheint, als dass es uns deswegen als schön erscheint, weil wir danach streben. (b 30) Denn der Ursprung [auch des Verlangens] ist die Tätigkeit der Vernunft (νόησις). Die Vernunft (νοῦς) aber wird vom Gedachten (νοητόν) in Bewegung versetzt. Das Gedachte gehört in eine andere Reihe (συστοιχία) [des Seienden als das Denkende] und in dieser [der »Reihe« des Gedachten] ist die Wesenheit das Erste und davon

wieder die einfache und die in vollendeter Wirklichkeit seiende. Es bedeuten aber das Eine (τὸ ἕν = unum) und das Einfache (τὸ ἁπλοῦν = esse simplex) nicht dasselbe; denn das Eine bezeichnet ein Maß, das Einfache dagegen einen bestimmten Habitus (ἕχον). Aber auch das Schöne (b 35) und das um seiner selbst willen zu Wählende (τὸ οὗ ἕνεκα) gehören in dieselbe Reihe des Seienden. Und darin ist das Erste das Beste oder etwas ihm Entsprechendes. (1072 b 1) Dass aber das Worumwillen zu dem Unbewegten (ἀκίνητον) gehört, macht die begriffliche Analyse (διαίρεσις)[256] deutlich. Es gibt das Ziel *für* etwas und das Ziel, das um etwas anderen willen Ziel ist. Das erste ist unbewegt, das zweite nicht. Es verursacht also eine Bewegung wie das Geliebte es tut (ὡς ἐρώμενον), und durch das Bewegte (κινουμένῳ) bewegt es alles andere (τἆλλα κινεῖ). Wenn aber etwas bewegt ist, (b 5) kann es sich auch anders verhalten, so dass, wenn die erste Ortsbewegung [= Kreisbewegung] die in sich vollendete Wirklichkeit ist, auch sie sich, insofern sie sich bewegt, anders verhalten kann, und zwar dem Ort, wenn auch nicht der Wesenheit nach. Da es aber ein Bewegendes gibt, das selber unbewegt und vollendete Wirklichkeit ist, so kann dieses sich niemals anders verhalten. Ortsbewegung also ist die erste unter den [vom Unbewegten bewirkten] Veränderungen (μεταβολαί) und davon ist die erste die kreisförmige. Diese ist es, die vom Unbewegten bewegt wird[257]. (b 10) Es gibt also ein Sein aufgrund von Notwendigkeit (ἐξ ἀνάγκης). Und insofern es aus Notwendigkeit ist, besteht es auf schöne Weise (καλῶς), und so ist es auch Ursprung. ›Notwendig‹ nämlich wird in mehreren Bedeutungen gebraucht, einmal [versteht man darunter] das durch Gewalt, weil gegen den eigenen Antrieb Erzwungene, dann das, ohne welches das Gute nicht sein kann[258], und schließlich das, was sich nicht anders, sondern nur in einfacher Weise verhalten kann[259]. An einem solchen Ursprung (ἐκ τοιαύτης ἀρχῆς) also *hängen* (ἤρτηται) der Fixsternhimmel und die Natur (φύσις). Seine Lebensweise (διαγωγή) (b 15) ist wie die, die wir auf kurze

Zeit als die beste kennen; so befindet sich nämlich jenes immer (für uns freilich ist das unmöglich). Denn seine vollkommene Wirklichkeit ist ihm auch Lust (ἡδονή). Und deshalb sind Wachsein, Wahrnehmen und Denken das, was am meisten Lust bereitet, und daraus sind dann auch Hoffnungen auf und Erinnerungen [an Wachsein, Wahrnehmen und Denken] mit Lust verbunden. Die vernünftige Tätigkeit an sich aber geht auf das an sich Beste (ἡ δὲ νόησις ἡ καθ' αὑτὴν τοῦ καθ' αὑτὸ ἀρίστου), und die, die dies am meisten ist, auf das, was am meisten das Beste ist. (b 20) In dem Maße aber, in dem sie das Gedachte in sich aufnimmt (κατὰ μετάληψιν τοῦ νοητοῦ), denkt die Vernunft sich selbst (αὑτὸν νοεῖ ὁ νοῦς). Denn zum Gedachten wird sie (νοητὸς γὰρ γίγνεται), indem sie [das Gedachte] berührt und denkt (θιγγάνων καὶ νοῶν), so dass Vernunft und das von ihr Gedachte dasselbe sind (ταὐτὸν νοῦς καὶ νοητόν). Denn die Vernunft ist das aufnehmende Vermögen für das Gedachte und für die Wesenheit (τὸ δεκτικὸν τοῦ νοητοῦ καὶ τῆς οὐσίας). Und sie ist in vollkommener Wirklichkeit, wenn sie dieses [das Gedachte und die Wesenheit] in sich hat (ἔχων). Also scheint durch dieses [das In-vollkommener-Tätigkeit-Sein] die Vernunft noch mehr Göttliches zu haben als durch jenes [das Aufnehmen des Besten unter dem, was gedacht werden kann]. Von daher ist das theoretische Betrachten (ἡ θεωρία) das Lustvollste (τὸ ἥδιστον) und das Beste. Wenn nun in der Weise gut, (b 25) wie wir uns manchmal, der Gott sich immer befindet (εὖ ἔχει), dann ist [die Lebensweise der Theorie] etwas Bewundernswertes, wenn sein Leben aber noch besser ist, dann ist [die Lebensweise der Theorie] sogar noch bewundernswürdiger. So aber befindet der Gott sich wirklich. Auch Leben (ζωή) kommt ihm ja zu. Denn die vollkommene Verwirklichung der Vernunft (ἡ νοῦ ἐνέργεια) ist Leben, und die Gottheit ist vollkommene Wirklichkeit. Ihre vollkommene Wirklichkeit an sich ist das beste und ewige Leben. Wir behaupten also, dass der Gott das ewige, beste Lebewesen (ζῷον ἀΐδιον ἄριστον) ist, so dass Leben und stetige, ewige

Dauer (αἰὼν συνεχὴς καὶ ἀΐδιος) dem Gott zukommen und der Gott eben dieses [seinem Wesen nach] ist.«

---

Das zentrale Thema des XII. Buches ist das Sein ›ewiger‹, d.h. stetiger, nicht von einem anderen bewirkter, sondern aus sich selbst heraus ›unbewegter‹, unveränderbarer Wesenheit. Weil sie *für uns* zunächst das weniger oder am wenigsten Bekannte ist, muss ihr Sein im Ausgang von solchen Wesenheiten erschlossen werden, die *für uns* schon bekannt sind. Dabei setzt Aristoteles im Blick auf das, was er dazu bereits ausgeführt hat, unser Bekanntsein (1) mit dem formalen Begriff von Wesenheit als Bezeichnung für das Erste eines bestimmten Seienden[260] und (2) mit dem inhaltlichen Begriff natürlicher, veränderlicher Wesenheit voraus[261]. In einem weiteren Schritt muss geklärt werden, ob es inhaltlich verschiedene Arten von »Wesenheit« gibt und ob unser Bekanntsein mit ihnen auf alle, einige oder nur eine einzige zutrifft. Diese Frage wird zu Beginn des Buches XII so aufgenommen, dass Aristoteles im Blick auf die bislang bekannten Reden, die das Sein von »Wesenheit« voraussetzen, drei Arten unterscheidet: (1) die »sinnlich wahrnehmbare (αἰσθητή)« bewegte Wesenheit, die veränderlich und vergänglich ist[262], (2) die »sinnlich wahrnehmbare bewegte«, die »unvergänglich« und insofern »ewig« ist, sowie (3) eine sinnlich nicht wahrnehmbare »unbewegte (ἀκίνητος)«, die ebenfalls »unvergänglich« und zusätzlich von Materie »abtrennbar« ist. Die erste Wesenheitsart ist allen[263], die zweite einigen, insbesondere den zuständigen Fachleuten bekannt[264]. Weitgehend oder völlig unbekannt ist hingegen die Art der nicht sinnlich wahrnehmbaren, immateriellen, unbewegten und unvergänglichen Wesenheit. Das liegt daran, dass nicht nur darüber gestritten wird, ob es sie überhaupt gibt, sondern auch daran, dass sich diejenigen, die ihr Sein annehmen, entweder darüber streiten oder überhaupt nicht bedenken, was ihre besondere Qualität ausmacht. Zudem ist mit diesen Fragen der Streit darüber verbunden, welche von den theoretischen Wissenschaften die führende und damit die

Vollendungsgestalt des menschlichen Wissens ist. Wenn es keine unbewegte Wesenheit gibt, wäre die Physik die erste theoretische Wissenschaft[265]. Wenn es sie gibt, wäre sie nicht die Wissenschaft, die das Sein der Wesenheiten insgesamt betrachtet. Wäre das unbewegte und von Materie »trennbare« Sein mit den allgemeinen Formen der Mathematik identisch, die allerdings nur in methodischer Hinsicht »einige ihrer Gegenstände betrachtet, insofern sie unbeweglich und selbständig [vom sinnlich Wahrnehmbaren] trennbar (χωριστά) sind« (*Met.* VI 1, 1026 a 9 ff.), dann wäre diese Wissenschaft einer Physik überlegen, die nur Bewegung und mit ihr eine Wesenheit untersucht, »die zwar überwiegend durch eine begriffliche Form (κατὰ τὸν λόγον) bestimmt, aber [vom materiellen Sein] nicht als etwas Selbständiges abtrennbar ist« (ebd. VI 1, 1025 b 26 ff.). Wenn es hingegen »Ewiges, Unbewegliches und [von Beweglichem und Materiellem] Abtrennbares gibt« (ebd. VI 1, 1026 a 10 f.), dann wäre, weil »Göttliches, wenn überhaupt irgendwo, dann in einer derartigen Wesenheit (φύσις) vorhanden ist«, die erste theoretische Wissenschaft die Theologie (ebd. VI 1, 1026 a 20 f.). Sie wäre *metaphysica specialis*, weil sie das Erste und Höchste unter dem Seienden betrachtet, und zugleich *metaphysica generalis*, weil sie das Sein von Wesenheit überhaupt sowie den Grund für das besondere Sein und die interne Ordnung aller Wesenheiten zu ihrem Gegenstand hat[266].

In der ersten Hälfte des XII. Buches (Kap. 2–5) untersucht Aristoteles die allgemein bekannte »natürliche« und »vergängliche« Wesenheit, um von ihr aus zur Untersuchung der anderen Wesenheiten überzugehen. Dabei zeigt sich, dass im Bereich der vergänglichen Wesenheit nicht alles der Veränderung unterliegt. Unvergänglich sind an ihr beispielsweise die duale Relation von Form und Materie oder bestimmte Art- (Menschen) und Gattungsformen (Lebewesen). Zudem sind Prinzipien, Ursacheformen oder bestimmte Modi ihres Seins (Möglichkeit-Wirklichkeit) immer wirksam, so dass es sinnvoll ist, bereits diese Wesenheiten unter dem Aspekt der Unveränderlichkeit zu thematisieren.

Zu Beginn der zweiten Hälfte von Buch XII (Kap. 6–10) stabilisiert Aristoteles das Sein »natürlicher«, »bewegter« und »unvergänglicher« Wesenheit allerdings unter einem Gesichtspunkt, der mit seinem Argumentationsziel zusammenhängt. Ziel ist, das Sein naturhafter Bewegung auf einen unbewegten Grund zurückzuführen. Dafür ist das Sein des Fixsternhimmels von besonderer Bedeutung, weil er einerseits die Grenze des Kosmos darstellt und andererseits durch die Form seiner Bewegung den Bewegungszusammenhang natürlicher Körper entscheidend prägt. Erst dann, wenn die Wesenheit dieser Bewegung als ›ewige‹ und ›unveränderliche‹ erkannt ist, lässt sich die Frage stellen, ob sie im Zusammenhang des Seienden die erste ist oder nicht. Um deutlich zu machen, dass der ›erste Himmel‹ eine ›ewig‹ bewegte Wesenheit ist, führt Aristoteles dessen Bewegung auf eine Bestimmung (λόγος) zurück, die aus den einfachen Begriffen der Bewegung, des Kontinuums und der Zeit besteht. Von da aus wird einsichtig, dass nur eine einfache, aber keine zusammengesetzte (z. B. die elliptische) Bewegung absolut einförmig-stetig ist und dass nur sie mit dem Sein der Zeit als dem Kontinuum des ununterbrochenen Nacheinanders einzelner Zeitpunkte der Form nach zusammenfällt[267]. Wichtig für das Sein kontinuierlicher Bewegung ist, dass sich innerhalb von ihr weder ein Anfang noch ein Ende für sie denken lässt. Die Begriffe »Anfang« und »Ende« (in der Zeit) heben den Begriff kontinuierlicher Bewegung, der Begriff des Kontinuums hebt die Begriffe »Anfang« und »Ende« auf[268]. In einer Erweiterung dieser Überlegung wird schließlich die Art von Bewegung bestimmt, die zum Sein der Kontinuität passt. Dafür scheiden von den vier oder sechs Bewegungsarten, die Aristoteles in der *Physik* genauer thematisiert, die komplexeren Formen (1) der Qualitätsveränderung (ἀλλοίωσις), (2) des Wachsens (αὔξησις) und (3) Abnehmens (φθίσις) sowie (4) die des Entstehens (γένεσις) und (5) Vergehens (φθορᾶ) aus, so dass als einziger Kandidat für das Gesuchte (6) die Ortsbewegung (φορᾶ) übrig bleibt[269]. Innerhalb der Ortsbewegung ist es dann allein die Kreisbewegung, die im Unterschied zur Bewegung auf der Geraden und zur aus diesen beiden Formen zusammensetzten Bewegung mit dem Sein absoluter Kontinuität zusammenstimmt[270]. Erste und absolut einfache Bewegung ist somit die Kreisbewegung. Alle anderen Bewegungen sind ihr gegenüber etwas Zusammengesetztes und somit in logisch-ontologischer Hinsicht Späteres.

Aristoteles stützt sich für seine Überlegung zum Sein ewig bewegter Wesenheit darauf, dass im Medium der Begriffsanalyse ein Sein konstruiert werden kann, das mit der Bewegungsform des Fixsternhimmels übereinstimmt, wie sie von der Astronomie beschrieben wird. Dass diese Übereinstimmung die nachkopernikanische Welt nicht mehr überzeugt, ist kein Grund, den Gedankengang des Aristoteles für Unsinn zu halten. Aristoteles begeht weder den Fehler einer Verwechslung von begrifflichem und realem Sein noch depotenziert er die Philosophie zur Trittbrettfahrerin einer anderen Wissenschaft. Wäre dem so, hätten wir keinen Grund, seinen Versuch, der Philosophie den Rang der höchsten theoretischen Wissenschaft zuzusprechen, ernst zu nehmen. Aristoteles stützt sich aber bei seiner Überlegung zum Bekanntsein mit ewig bewegter Wesenheit weder auf eine rein formale Begriffskonstruktion, die als solche leicht ins Leere laufen könnte, noch auf das gegenständliche Sein einer anderen Wissenschaft. Er folgt vielmehr der methodischen Regel, die jeder Wissenschaft vorschreibt, das besondere Sein ihres Gegenstandes so überzeugend in eigene Begriffe zu übersetzen, dass sie im Modus des ›für sie Bekannten‹ zum Ausdruck bringt, welche Gesetzmäßigkeit ihrem Gegenstand von Natur aus zugrunde liegt[271].

Aristoteles orientiert sich an dieser Regel des wissenschaftlichen Vorgehens, wenn er die Gesetzmäßigkeiten, die von der Astronomie dem Fixsternhimmel zugeschrieben werden, seinerseits auf eine prinzipientheoretische Begriffsform zurückführt, die zum einen gegenüber der astronomischen die einfachere und zum anderen für die ihr vorgegebenen Phänomene die denkbar einfachste ist. Von daher kann sie das, was die Astronomie als die

Bewegungsregel des »ersten Himmels« beschreibt, in ihrer Begriffssprache als das Sein ewig bewegter Wesenheit bestimmen. Für die Antwort auf die weiter gehende Frage nach dem Ort, an dem sich ein derartiges Sein befindet, kann sie dann auf den Fixsternhimmel verweisen, auf den sich Astronomie und die sinnliche Wahrnehmung schon vor und unabhängig von ihr bezogen haben. Die Philosophie bestimmt dann ihr Verhältnis zu anderen Formen des Wissens im Blick auf den Weg, den jedes Wissen vom für uns zum an sich Bekannten zu gehen hat. In dieser Bewegung folgt der sinnlichen Wahrnehmung des ersten Himmels die mathematisch-astronomische Formbestimmung seiner Bewegung und ihr wiederum seine prinzipientheoretische Definition als ewig bewegter Wesenheit. In der Umkehrung davon hält die philosophische Bestimmung seiner Wesenheit für den Fixsternhimmel das an sich Erste oder das seiner Natur nach Bekannte fest, die Astronomie das demgegenüber Zweite der mathematischen Gesetzmäßigkeit seiner Bewegungsform, während die sinnliche Wahrnehmung mit den leuchtenden Fixsternen und ihrer regelmäßigen Bewegung vor Augen hat, was an der Natur des ersten Himmels das Dritte ist. Die Philosophie tritt also gegenüber anderen Formen des Wissens in einer selbständigen Funktion auf, so dass es ungerecht wäre, ihr vorzuwerfen, sie eigne sich fremdes Wissen an. Dass sie sich dafür auf vorgegebenes Wissen bezieht, markiert für ein grundsätzlich anschauungs- sprach- und wissenschaftsorientiertes Konzept von Prinzipienreflexion eine natürliche Grenze. Sie verhindert, dass die Philosophie sich als Instanz eines absoluten Wissens versteht, dem sich alle anderen Wissensformen unterzuordnen hätten, oder als das göttliche Wissen selbst, dem sein Gegenstand a priori immanent wäre. Sie muss sich deshalb ihr Vertrautsein mit Grundformen des Seienden im Ausgang vom besten bereits vorhandenem Wissen erarbeiten[272] und dabei das Risiko eingehen, dass dies zu einem späteren Zeitpunkt revidiert werden muss. Unter den Voraussetzungen seiner Zeit verfährt Aristoteles jedoch absolut korrekt, wenn er zusätzlich zur wahrnehmbaren, bewegten und vergänglichen die Wesenheit kontinuierlicher Bewegung als ein Gegebenes ansetzt und dann in weiteren Überlegungen klärt, ob sie im Zusammenhang der Wesenheiten die Stelle des ersten oder die des zweiten Grundes einnimmt. Dabei ist der Begriff des Grundes in zweifacher Hinsicht bedeutsam. (1) Inhaltlich soll geklärt werden, ob kontinuierliche Bewegung erster Grund für alle Bewegung und damit auch für sich selbst ist oder ob diese Bewegung ein von ihr verschiedenes Sein als ihren Grund voraussetzt. Diese Frage ist notwendig (2) mit derjenigen nach der prinzipientheoretisch vorrangigen Form des Grundseins verbunden. Wäre kontinuierliche Bewegung der erste Grund für den Zusammenhang des Seienden, dann hätte dieser Grund die Form der Wirkursache (*causa efficiens*). Wäre hingegen Ruhe der Grund für kontinuierliche Bewegung, dann hätte der erste Grund des Seienden die Form der Finalursache. Die *causa finalis* ist von ihrem eigenen Wesen her zugleich *causa formalis*. Da Aristoteles dafür argumentiert, dass Unbewegtes Grund für Bewegung ist, steht der Begriff der teleologischen Ursache und vermittelt über sie die *causa formalis* im Zentrum seines prinzipientheoretischen Konzepts.

Aus der begrifflichen Reflexion auf das Kontinuum der Kreisbewegung wird deutlich, dass ihr Grund nicht das ›Frühere‹ in ihr selbst ist, sondern ein ihr gegenüber Anderes und insofern ›Äußeres‹[273]. Wenn das aber kein Wunderursprung sein soll, der nichts erklären könnte, muss er zu dem, was er begründet, in einem Ähnlichkeitsverhältnis stehen. Damit ist der Rahmen für die begriffliche Bestimmung des Grundseins für kontinuierliche Bewegung abgesteckt: Unbewegte Wesenheit ist unter der Voraussetzung erste Wesenheit und damit zugleich Grund für die zweite Wesenheit ewiger Kreisbewegung, wenn ein Sein der Ruhe allein aus sich selbst mit Notwendigkeit der bewegende Grund ist für das Sein absolut einfacher kontinuierlicher Kreisbewegung. Da ein solcher Grund an sich selbst absolut einfach sein muss, ist für seine begriffliche Analyse die einfache Eigenschaft anzusetzen, aus der sich die gesamte Reichhaltigkeit ableiten lässt, die zu ihm gehört. Aristoteles schlägt dafür (1) die Qualität des »In-vollkommener-Wirklichkeit-Seins« vor, begründet dann diesen Ansatz, indem er (2) zeigt, dass es für diese Entscheidung keine sinnvolle Alternative gibt (ab 1071 b 12 ff.), und beglaubigt schließlich (3) die Leistungsfähigkeit dieses Ansatzes durch den Nachweis, dass sich die gesamte Reichhaltigkeit unbewegter Wesenheit als Antwort auf die Frage erschließen lässt, was es bedeutet, »in vollkommener Wirklichkeit« zu sein.

(1) Wenn stetige Bewegung einen äußeren Grund hat, dann muss er ebenfalls absolut stetig sein, so dass ihm Stetigkeit nicht hin und wieder oder unter bestimmten Bedingungen und demnach lediglich der Möglichkeit nach zukommt, sondern als schlechthin einfache, uneinschränkbare, im eigenen Wesen begründete Notwendigkeit. Es genügt dafür nicht, ein Sein allgemeiner Wirklichkeitsformen wie die platonischen Ideen oder zahlhafte Strukturen anzusetzen, ohne sie in der Kategorie der Qualität zu bestimmen[274]. Vielmehr geht es um *die* allgemeine Wirklichkeitsform, die mit innerer Notwendigkeit kontinuierliche Bewegung verursacht, ohne dadurch selbst der Veränderung unterworfen zu sein. Da Veränderung Materie voraussetzt, und im Ganzen der Natur, die vom »ersten Himmel« begrenzt wird, kein materiefreies Sein vorkommt, muss die gesuchte Wesenheit außerhalb des Kosmos sein[275].

Aristoteles folgt mit dieser Überlegung der These vom ontologischen Vorrang des »In-vollkommener-Wirklichkeit-Seins« gegenüber dem, was lediglich die Möglichkeit für Vollkommenes enthält. Deutlich und von jedermann zugestanden ist: Sein wird, wie die sprachlichen Bezeichnungen dafür belegen, einerseits im Modus der »vollkommenen Verwirklichung von (ἐνέϱγεια)«, andererseits in dem der »Möglichkeit zu (δύναμις)« ausgesagt. Inwiefern es berechtigt ist, von diesem Befund aus die riskantere These vom ontologischen Vorrang des Wirklichen gegenüber dem Möglichen zu vertreten, zeigt Aristoteles in einer kritischen Sichtung zuerst der normalen, dann auch der theologisch und philosophisch qualifizierten Reden über den Zusammenhang des Seienden und den Grund seiner Entstehung.

(2) Im alltäglichen Sprechen wird »Möglichkeit zu« in bestimmter Hinsicht zu Recht als Voraussetzung für »Verwirklichung von« verstanden. So muss der Verwirklichung des Vernünftigseins die Möglichkeit dazu vorausgehen, so dass man auch sagen kann, seine Verwirklichung hänge von eben dieser Möglichkeit ab. Würde man jedoch den Seinsmodus des Möglichen als das ontologisch Erste gegenüber dem Wirklichen auffassen, könnte etwas, das der Möglichkeit nach ist, nicht der Grund für kontinuierliche Bewegung sein. Das Mögliche enthält in sich eine Form des Nichtseins (1071 b 19), entweder die des »noch nicht« oder die des »nicht mehr«[276]. Wenn zwischen Grund und Begründetem Ähnlichkeit bestehen muss, und das Begründete seiner Qualität nach nicht besser sein kann als sein Grund, dann kann eine kontinuierliche Bewegung, die von der Form des Nichtseins frei ist, nicht durch ein Sein begründet werden, das die Form des Nichtseins an sich hat. Nun wissen wir aber, dass unsere sprachlichen Äußerungen die vollkommene Verwirklichung von etwas in einem intensiveren Sinn als »seiend« bezeichnen als das, was sich noch nicht zu vollkommener Wirklichkeit entfaltet hat. Das, »dessen Werden (γένεσις) zum Abschluss (τέλος) gelangt ist«, verstehen wir »als dessen Natur (φύσις), sei es die des Menschen, des Pferdes oder die des Hauses« (*Pol.* I 2, 1252 b 32 ff.). Und wenn das schon für Seiendes innerhalb des Fixsternhimmels gilt, dann kann auch dieser seinen Grund nur in etwas vollendet Wirklichem finden, das von der Dimension des Nichtseins ebenso frei ist wie er.

In einem zweiten Schritt unterstützt Aristoteles diese Überlegung durch einen kritischen Blick auf theologische und philosophische Reden über die Entstehung jener Ordnung, die vom »ersten Himmel« begrenzt wird. Wenn für einige Vertreter der *theologia poetica* wie Hesiod »alles aus der Nacht«[277] und für einige Naturphilosophen wie Anaxagoras das Sein der Natur aus einem unqualifizierten »Zusammensein von allem« hervorgeht[278], dann behaupten sie den ontologischen Vorrang des Seinsmodus der »Möglichkeit«, des Unbestimmten, der Nicht-Ordnung oder – naturphilosophisch gesprochen – der unqualifizierten Materie vor dem Seinsmodus der »Wirklichkeit«, des Bestimmten, der Ordnung oder – wieder naturphilosophisch ausgedrückt – der bestimmten und in sich begrenzten Form. Da unbestimmte Materie ebenso wenig wie »das Beisammen von allem« des Anaxagoras oder die Nacht Hesiods aus eigener Kraft in eine geformte Einheit des Verschiedenen übergehen können, lässt sich das, was in diesen Reden als das Erste des von Natur aus Seienden gilt, nicht als Grund für das Sein verstehen, das wie das Bewegtsein des ersten Himmels dem Seinsmodus vollkommener Wirklichkeit angehört.

Andere Philosophen wie Leukipp, der als Atomist alles von Natur aus Seiende auf bewegte materielle Grundkörper zurückführt[279], aber auch Platon setzen nach Aristoteles »Bewegung« als das ontologisch Erste an und ordnen ihr deshalb den Seinsmodus vollkommener Wirklichkeit zu[280]. Sie treffen damit zwar der Form nach bereits das, was Aristoteles als bewegte Wesenheit bezeichnet, verweigern aber eine genaue Untersuchung über das, was sie von sich her ist. Nur im Zusammenhang einer durchgeführten Theorie der Bewegung, die Aristoteles in seiner *Physik* vorträgt, lässt sich begründen, warum sich im Bereich des Bewegten dieses in dieser und jenes in jener Form bewegt. Und nur in diesem Rahmen kann man eine Grundform von Bewegung bestimmen, an die sich ihre übrigen Arten anschließen. Da es nun einmal Bewegung gibt und damit auch das, was ihr zugrunde liegt, muss ein begrifflicher Rahmen erarbeitet werden, mit dem dieses Zugrundeliegende näher bestimmt werden kann. Grund für Bewegung kann die Natur von etwas sein, aber auch eine Überlegung der Vernunft, äußere Gewalt oder ein unbestimmtes Anderes, das nicht mit der Macht des Zufalls identisch ist. Der kontinuierlichen Bewegung können weder Zufall noch externe Gewalt zugrunde liegen oder etwas dem Ähnliches, sondern nur die Natur von etwas oder die Kraft vollkommenen Vernünftigseins und somit am ehesten ein seiner Natur nach vollkommen Vernünftiges, das zugleich vollkommen Wirkliches ist[281].

Aus der kritischen Sichtung dichterischer und philosophischer Reden über die Entstehung des Zusammenhangs der Natur gewinnt Aristoteles also den Umriss für die begriffliche Form, der man den Grund für das Sein kontinuierlicher Bewegung zuordnen kann. Dieser Grund gehört zum Seinsmodus vollkommener Wirklichkeit, ist mit der Natur seiner Wesenheit identisch und erweist sich darin zugleich als Inbegriff des vollkommen Vernünftigen. Das wird vor allem durch einen Blick auf Anaxagoras bestätigt, bei dem die Bewegung, die den materiellen Unbestimmtheitszustand des »Beisammen von allem« in die Ordnung des Kosmos überführt, von einer immateriell-göttlichen Vernunft ausgeht[282]. Auch im Blick auf andere naturphilosophische Konzepte (Empedokles, die Atomistik) sowie auf Platon zeigt sich entweder direkt oder zumindest indirekt, dass es sinnvoll ist, die Frage zu stellen, ob das Erste im Sein als »Kreislauf« oder doch besser »auf andere Weise« zu bestimmen ist.

(3) Da es die Wesenheit kontinuierlicher Kreisbewegung wirklich gibt, muss sie auch einen wirklichen Grund haben. Dieser ist entweder sie selbst oder ein »In-vollkommener-Wirklichkeit-Sein« außerhalb von ihr. Wenn die Kreisbewegung des ersten Himmels als ihr eigener Grund autarke Selbstbewegung ist, muss sie in einer zweifachen Weise bestehen, weil sie dann nämlich sowohl sich selbst als auch anderes bewegt. Als gemischte Bewegung erscheint sie natürlich auch, wenn sie einen Grund außerhalb von ihr hat, weil sie dann von ihm Bewegung ›erleidet‹ und Anderes wiederum in aktiver Weise bewegt. Sie ist also entweder das Erste für alles Sein, mit der Folge, dass es dann Sein nur im Modus

von Bewegung und ›Mischung‹ gibt. »Sein« wäre dann aber keine göttliche und zudem keine verstehbare Wirklichkeit, sondern als »das Werdende« grundsätzlich »ein Unvollkommenes« (*Phys.* VIII 7, 261 a 13). Wenn aber die Bewegung des Fixsternhimmels nicht das Erste im Seienden ist, dann ist sie als etwas, das bewegt wird und bewegt, die mittlere Größe eines triadischen Zusammenhangs, an dessen Spitze Seiendes steht, das ausschließlich Anderes bewegt, aber weder bewegt wird noch sich selbst bewegt, während an dritter Stelle das Sein steht, das Bewegung ausschließlich erleidet. Die prinzipientheoretisch entscheidende Frage richtet sich auf das Verhältnis zwischen der ersten und zweiten Größe dieses Zusammenhangs. Jedermann versteht, was es heißt, sich aus sich selbst zu bewegen, Anderes zu bewegen und von Anderem bewegt zu werden. Schwerer ist zu verstehen, wie etwas, das Anderes bewegt, weder bewegt wird noch sich selbst bewegt. Genau von dieser Art aber wäre das Erste in dem zuvor als triadische Struktur angesetzten Zusammenhang, so dass in Bezug darauf geklärt werden muss, inwiefern Unbewegtes Grund ist für die vollkommene Kreisbewegung des »ersten Himmels.«

Dem Inhalt nach scheint dieser Grund nicht nur in begrifflicher, sondern auch in räumlicher Hinsicht am weitesten von allem entfernt zu sein, was uns bekannt ist. Der Form nach hingegen zeigt er sich als das, was uns insofern das Nächste ist, als es die Struktur unseres Begehrens und Denkens bestimmt. Jedermann kennt das, worauf sich Begehren und Denken richten, wobei man das Begehren zusätzlich noch in triebhaftes Streben und vernunftbestimmtes Wollen unterteilen kann. Das, was man begehrt, ist das, was unseren Sinnen als schön erscheint. Das, was wir wollen, ist das wirklich Schöne, denn niemand kann für sich besitzen wollen, was ihm lediglich vorgaukelt, schön zu sein. Das Denken hingegen ist grundsätzlich auf das Denkbare gerichtet, potentiell also auf die Gesamtheit dessen, was überhaupt gedacht werden kann. Diese drei Arten des Strebens sind ihrer Form nach gleich, weil das für sie in logisch-ontologischer Hinsicht »Erste« nicht erster Teil ihrer selbst, sondern ein für sie externes und insofern unbewegtes Ziel darstellt. Die Ziele solcher Bewegungen gehören deshalb grundsätzlich zu einer anderen »Reihe« des Seienden als das Begehren, Wollen und Denken, und zwar insofern als alles, was erstrebt wird, für dieses Streben ruht, und alles, was strebt, sich auf ein solches Ziel hin bewegt[283]. Das Verhältnis zwischen diesen beiden »Reihen« ist dann so zu bestimmen, dass ruhendes Sein in Form der *causa finalis* Grund für Bewegung ist. Die von uns begehrte Weinflasche bewegt sich nicht auf uns zu, sondern bleibt ruhig an ihrem Ort, bis wir nach ihr unsere Hand ausgestreckt haben. Ebenso wenig kommt das Haus, das wir bauen wollen, auf uns zu, sondern der Blick auf dieses Ziel unseres Wollens muss für uns konstant bleiben, wenn er die Gesamtheit der Bewegungen auslösen soll, an deren Ende das Haus für uns bewohnbar ist. Ebenso wenig bewegt sich ein Text von Aristoteles in Richtung auf unser Denken. Nur insofern das darin Gedachte für uns ruht, wird unser Denken in die Bewegung versetzt, aus der es das in diesem Text Gedachte in sich aufnehmen und damit selbständig wie mit etwas Eigenem umgehen kann.

Da die Ziele des Wollens und Denkens besser sind als die des bloß sinnlichen Begehrens, denn diese können uns als schön erscheinen, ohne es wirklich zu sein, konzentriert sich die Analyse dessen, was mit dem Ausdruck »das Erstrebte« gemeint ist, auf das Gewollte und auf das im Denken Erreichbare. In der »Reihe« des Gewollten wollen wir am meisten das in Wirklichkeit Schöne sowie das, was wir um seiner selbst und nicht um anderer Ziele willen anstreben. In der »Reihe« dessen, worauf sich das Denken richten kann, ist das Beste das Wesen eines Zusammenhangs, und unter den »Wesenheiten« wieder die einfachste, erste oder die, in der das Sein dieses Zusammenhangs uneingeschränkt zum Ausdruck kommt. Die höchsten Ziele des Denkens und Wollens können also mit denselben Begriffen – das Erste, das absolut Einfache, das Beste, das In-vollkommener-Wirklichkeit-Seiende oder das Gute – umschrieben werden, sofern wir ›das Gute‹ nicht in einem relativen – das verhältnismäßig Beste, das Gute für eine bestimmte Person –, sondern im absoluten Sinn meinen.

Aufgrund unserer vielfachen Vertrautheit mit Formen der Verursachung von Bewegung durch Ruhendes können wir das uns zunächst Fremde des kosmisch-metaphysischen Zusammenhangs von Unbewegtem und Bewegung dadurch als ein für uns Bekanntes vor uns sehen, dass wir ihm das Sein und damit das teleologische Ursachesein unterstellen, das bei uns die Struktur des Begehrens, Wollens und Denkens prägt. Das Sein der unbewegten Wesenheit, die den ersten Himmel in Bewegung setzt, ist uns deshalb als das Analogon zu dem Sein bekannt, das als Gegenstand unserer Liebe Bewegungen der Annäherung verursacht, ohne dass das Geliebte sich selbst bewegen oder bewegt werden müsste. Zudem wissen wir, dass das, was wir erstreben, etwa das philosophische Wissen, *causa finalis* nicht nur für *eine* Bewegung ist, die im Idealfall kontinuierlich dasselbe umkreist, sondern ebenso für eine Fülle anderer Bewegungen, die einerseits von ihr abhängen, andererseits eine gewisse Eigenständigkeit aufweisen wie das Kaufen und Lesen von Büchern, das Nachfragen bei anderen, die wir für nützliche Ratgeber halten, das Reden mit anderen, denen wir unsere Erfahrungen mitteilen, oder Versuche, andere davon zu überzeugen, dass ein solches Streben auch für sie bereichernd ist. Von daher können wir den Satz, dass das Unbewegte, das die Bewegung des ersten Himmels verursacht und dadurch zugleich »alles andere« in Bewegung versetzt, dem Bereich dessen zuordnen, was uns seiner Form nach durchaus bekannt ist.

Der metaphorische Ausdruck »bewegend wie das Geliebte« veranschaulicht also primär das Ursachesein im Sinne der *causa finalis* und verdeutlicht durch die besondere Argumentationsstelle, an der er auftritt, dass dieser Ursacheform in prinzipientheoretischer Hinsicht vorrangige Bedeutung zukommt. Ein Problem entsteht allerdings dadurch, dass seine Verwendung im kosmologischen Kontext wie ein Anthropomorphismus aussehen kann[284]. Hat

Aristoteles an dieser für sein Argument entscheidenden Stelle die Differenzierungsregel verletzt, mit der er sich vom mythisch geprägten Analogiedenken und von den begrifflichen Halbheiten, die er an seinen philosophischen Vorgängern tadelt, gerade absetzen wollte? Weil wir in diesem Punkt mit einer besonderen Sensibilität des Aristoteles rechnen müssen, kann es kein Zufall sein, dass er an dieser prononcierten Stelle seines Lehrvortrags auf eine Metapher zurückgreift, die seinen Zuhörern von Platon her bekannt war. Offensichtlich will Aristoteles mit seinem Begriff von Bewegung an die platonische Philosophie des Eros anknüpfen[285]. Von daher ist es sinnvoll, darauf zu achten, wie das geschieht, und was damit philosophisch beabsichtigt ist.

Bei Platon steht »Eros« für das Begehren, das an einer beliebigen Stelle in der Mitte zwischen ›Armut‹ und ›Reichtum‹ einsetzt und von ihr aus nach ›Reichtum‹ ohne ›Armut‹ strebt. Ihr Ausgangspunkt ist also genau die Form des Nicht-Seins, die Aristoteles mit dem Modalbegriff der »Möglichkeit (δύναμις)« oder der »Beraubung (στέρησις)« bezeichnet, während er ihr Ziel, das vollendete, in sich reichhaltige Sein, durch den Modalbegriff der »vollendeten Wirklichkeit (ἐνέργεια oder ἐντελέχεια)« charakterisiert. Für den Vollkommenheitszustand eines vom Nicht-Sein freien Reichtums hat Platon das Bild von der erotischen Vereinigung des Liebenden mit dem Geliebten geprägt. Es veranschaulicht zum einen die Verbindung des Strebens (= Bewegung) mit dem Erstrebten (= Ruhe) und zum anderen den Übergang vom »Streben nach« zum »Zeugen im Schönen«, durch den das Schöne, das im Streben nach ihm im Modus der Möglichkeit wirksam war, im Bereich von Bewegung in vollendeter Weise wirkt. Diese Regel findet ihre höchste Verwirklichung in der Vereinigung zwischen dem Besten in der Reihe des erotischen Strebens und der Idee des Schönen, die in der Reihe des Erstrebbaren das Beste darstellt[286].

Aristoteles führt die bildhafte Vorgabe des platonischen Begriffs erotischer Bewegung auf die Form einfacher Bewegung zurück. Er gewinnt damit die Voraussetzung dafür, die Frage nach dem Ersten im Seienden durch eine Antwort auf die Frage nach dem Verhältnis von Bewegung und ihrem Ziel zu klären. Die schon bei Platon erkennbare Verbindung zwischen einem naturphilosophisch-kosmologischen und einem anthropologisch-ethischen Bedeutungsaspekt des Eros wird dabei so aufgenommen, dass sie deutlicher voneinander unterschieden, plausibler aufeinander bezogen und jeweils in ihrer Eigenbedeutung reichhaltiger entfaltet werden. Aristoteles beschreibt das Sein von Bewegung mit dem Begriffspaar »Möglichkeit zu« – »vollendete Wirklichkeit von« (δύναμις-ἐνέϱγεια), so dass Bewegung entweder vollendete Wirklichkeit ist oder aus einem Zustand des Noch-nicht-Seins auf einen Zustand der Vollkommenheit gerichtet ist. Aus dieser Unterscheidung lässt sich in prinzipientheoretischer Hinsicht folgende Überlegung ableiten: Wenn das Erste im Sein ›vollkommene Wirklichkeit‹ ist, dann ist Seiendes entweder (a) diese Wirklichkeit selbst, (b) eine spezifische Konkretion von ihr, (c) eine Bewegung, die sich dem Sein absolut ›vollkommener Wirklichkeit‹ annähert, oder (d) eine Bewegung, die ein *bestimmtes* Sein ›vollkommener Wirklichkeit‹ zum Ziel hat. Die genannten Bewegungen haben eine gemeinsame Grundform, in der zum Ausdruck kommt, dass sie teleologisch von Unbewegtem verursacht sind. In kosmologischer Perspektive lassen sich dann die Bewegungen unterhalb des ersten Himmels als Nachahmungen seiner Kreisbewegung verstehen[287], während diese das Sein absoluter ἐνέϱγεια nachahmt und damit eine Annäherung an den Reichtum unbewegter Wesenheit erstrebt.

In unserem Text verwendet Aristoteles die Metapher erotisch motivierter Bewegung primär im prinzipientheoretischen Kontext. Vom Ersten im Seienden ist sicher, dass es in die »Reihe« des »In-vollkommener-Wirklichkeit-Seins« gehört, umstritten jedoch, ob es Bewegung oder Ruhe ist. Wenn Bewegung das Erste im Seienden und die Kreisbewegung des Fixsternhimmels darin das Erste ist, dann wäre das Sein insgesamt von etwas abhängig, das durch die Eigenschaft des »Sicht-Anders-Verhalten-Könnens dem Orte nach« eine Form des Nicht-Seins an sich und damit die Dimension vollendeter Wirklichkeit verfehlt hätte. Wer das Sein nicht von einer Form des Nichtseins her verstehen will, muss das »In-vollendeter-Wirklichkeit-Sein« in der »Reihe« der Ruhe suchen und dann überlegen, inwiefern es notwendig zu seinem Wesen gehört, der Grund für unveränderliche, in sich vollkommene Bewegung zu sein.

Die Metapher erotisch motivierter Bewegung beschreibt den uns bekannten Ausgangspunkt für eine Bewegung des Verstehens, die sich auf das uns noch unbekannte, seiner Natur nach aber Erste des Ursacheseins für Bewegung richtet. Zwischen dem unbewegten Sein, das bei uns Bewegungen der Annäherung hervorruft, und dem unbewegten Sein, das die Bewegung des ersten Himmels verursacht, besteht die Gemeinsamkeit einer Wirkungsform. Sie wird vom Grund für die Bewegung des Fixsternhimmels allerdings qualitativ ›besser‹ gefüllt als von den zumeist nur relativ ›unbewegten Bewegern‹ unseres Begehrens, Wollens und Denkens. Der Grund dafür kann nur darin bestehen, dass der Unbewegte Beweger des Fixsternhimmels aufgrund einer Notwendigkeit wirkt, die in der absoluten Einfachheit seines Wesens begründet und deshalb von jeder Gestalt des Nicht-Seins frei ist, so dass von daher auch nachvollziehbar ist, dass er der Grund ist für eine materiell geformte Wirklichkeit, die die ihr Bestes im Modus einfacher Bewegung erreicht. Demgegenüber verursachen die bei uns wirksamen ›unbewegten Beweger‹ nur hin und wieder konstante Bewegungsformen, was zum einen damit zu erklären ist, dass sie keine einfachen Wesenheiten sind, und zum anderen damit, dass die menschliche Praxis ihr Bestes nicht in *einer* einfachen Bewegung realisieren kann[288]. Aristoteles folgt Platons Diotima darin, dass nur ein Notwendiges von absolut einfacher Wesenheit – im Unterschied zu gewaltsam erzwungener Notwendigkeit und zur notwendigen, aber für sich allein noch nicht hinreichenden Bedingung für etwas – ein wirklich Schönes oder in schöner Weise Wirkendes ist und nur als solches Bewegung verursacht, die ihrerseits durch die Qualität der Schönheit bestimmt ist. Die einzige Qualität, die allein zum Wesen des Unbewegten Bewegers gehört und deshalb nicht auf die von ihm verursachte Bewegung übertragen werden kann, ist die absolute Unveränderbarkeit seiner Ruhe. Da wir schon wissen, dass das Sein absolut kontinuierlicher Bewegung als Wirklichkeit besteht, muss auch sein Grund an sich selbst vollkommene Wirklichkeit sein. Diese Folgerung wird im unserem Text in dem Satz festgehalten wird, dass der Fixsternhimmel und mit ihm die ganze Natur an einem derartigen Ursprung ›hängen‹. Aristoteles verwendet damit ein Prädikat (»hängen an«), das das Grund-Sein des Unbewegten Bewegers für Bewegung insofern besonders aussagekräftig erläutern kann, als er damit nachhaltig seine Theorie kategorialer Prädikation in Erinnerung ruft[289]. Unmittelbar zuvor wiederholt er den zentralen Satz seiner Philosophie, nach dem es »außerhalb von ›Wesenheit‹ und dem, was in den übrigen Kategorien angesprochen wird, nichts Gemeinsames« (*Met.* XII 4, 1070b 1 f.) und deshalb auch nichts Verstehbares gibt. Die Kategorie der Substanz hält ein Sein fest, auf das sich alle anderen Aussagen beziehen, und gibt damit die Form vor, in der sich das kosmologische Sein von Bewegung am Sein des Unbewegten Bewegers orientiert. Das bedeutet ausdrücklich nicht, dass die konkreten innerkosmischen Bewegungsformen schon im Sein des Unbewegten Bewegers wie ein analytisches Implikat enthalten wären. Vielmehr steht jede innerkosmische Bewegung mit dem ersten Grund ihres Seins in einer Beziehung des von ihm Begründetseins, die der Form nach derjenigen gleicht, in der die nicht-substantiellen Teile des Satzes an ihrem substantiellen Einheitsgrund ›hängen‹, und das ist nicht die Form der Subordination im Sinne eines hierarchischen Kontinuums, sondern die der kooperativen Koordination[290]. Und wie das Subjekt eines Satzes, das in der Kategorie der Substanz ausgesagt wird, ein Sein darstellt, das von sich her schon auf ›Hinzufügung‹ durch weitere kategoriale Aussagen angelegt ist, so ist das Sein des Unbewegten Bewegers ein Sein, das in seiner Ruhe darauf angelegt ist, als *causa formalis* und *causa finalis* für das Sein von Bewegung zu wirken. Im Satz allerdings wird der Substanz Nichtsubstantielles ›hinzugefügt‹, während am Unbewegten Beweger ein Zusammenhang ›hängt‹, der selber substantiell geformt ist.

Die Methode, mit der Aristoteles seine Antwort auf die Frage nach dem Ersten im Seienden vorbereitet, folgt seiner Reflexion auf die Ordnungsform und die interne Vielgestaltigkeit des menschlichen Wissens. Die allgemeine Tüchtigkeit, mit der Menschen nach Wahrheit streben, wird im sechsten Buch der *Nikomachischen Ethik* als diejenige des dianoetischen »Teils (διανοητικόν)« der Seele bezeichnet, der sich als besonderer »Teil« ihres »Urteilsvermögens (κριτικόν)«[291] im Modus von Affirmation und Negation auf Wahres und Falsches bezieht. Im Zustand dianoetischer Vortrefflichkeit ist das von Natur aus Wahre eines Zusammenhangs deshalb auch in der Seele, die es in sich aufgenommen hat, reich entfaltete Wirklichkeit[292]. Die im Wissen vorausgesetzte Fähigkeit, einzelne Aussagen zu einer in sich strukturierten Einheit (= λόγος) zu verbinden, findet ihren besonderen Ausdruck im Verfahren wissenschaftlich-apodiktischer Beweisführung, das im Ausgang von einem bestimmten Allgemeinen auf dem Weg syllogistischer Deduktion kontinuierlich, d.h. über eine Zwischenstation aus ›mittleren Stellen‹ zu einem bestimmten Einzelnen voranschreitet, um es als das Besondere eines Allgemeinen definieren zu können[293]. Für die Festlegung des Ausgangspunkts ihrer apodiktischen Tätigkeit benötigt die Seele aber eine andere dianoetische Tüchtigkeit, nämlich die des νοῦς, worunter Aristoteles und sein Lehrer Platon, wenn sie von erkenntnistheoretischen Zusammenhängen sprechen, die Fähigkeit zur Bezugnahme auf Prinzipien, also auf das Erste für einen Zusammenhang von Einzelnem verstehen[294]. Der νοῦς ist im denkenden Teil der Seele natürlich keine für sich isolierte Größe, sondern bleibt auf die kooperative Unterstützung durch die anderen dianoetischen Tugenden angewiesen. Darunter kommt der »epagogisch«-induktiven Tüchtigkeit, die im Ausgang vom Besonderen das ihm übergeordnete Allgemeine sucht, die Aufgabe zu, dem νοῦς gleichsam die ›Informationen‹ zur Verfügung zu stellen, die er für die Bestimmung des Ersten benötigt, von dem aus die Gegenbewegung der apodiktischen Beweisführung in Richtung auf das Besondere voranschreiten kann[295]. Die Tätigkeit des νοῦς ist deshalb kein intuitiv-irrationales Sehen, sondern ein reflexiv vermitteltes »Zusammensehen« von Besonderem und Allgemeinem[296]. Wenn man ›Erkenntnis‹ als das kontinuierliche Ineinander-Übergehen zwischen den beiden gegenläufigen Bewegungen der Epagogik und der Apodiktik bestimmt und keine von ihnen diesen Übergang aus sich selbst organisieren kann, dann muss es der νοῦς sein, der ihn dadurch möglich macht, dass er dem Ganzen, um dessen Verständnis es geht, in Platons Sprache den richtigen ›Kopf‹ aufsetzt[297]. Im Wissen wirkt deshalb immer auch ein Moment der Freiheit, des Spielerischen und Unbestimmten mit, aus dem der νοῦς das richtige Erste für einen bestimmten Zusammenhang finden muss. Das erlaubt es Aristoteles, den Wahrheitskern des Konzepts politisch-rhetorischer Vernunft in die eigene Überlegung aufzunehmen, nach dem Wissen ein Überzeugtsein darstellt. Anders als im Zusammenhang politisch-rhetorischer Vernunft wird das Überzeugtsein bei Aristoteles nach seiner Regel in vielfacher Weise und in unterschiedlichen Stärkegraden ausgesagt. Und nur wenn sich das Höchstmaß des Überzeugtseins auf die Prinzipien richtet, entsteht das Überzeugtsein, mit dem die Seele den gesamten Inhalt dessen, was sich ihr vom Prinzip eines Zusammenhangs erschließt, als Wissen bezeichnen kann[298].

Die Prozesse, die beim ›Verwirklichen von Wahrheit‹ im dianoetischen Seelenteil ablaufen, vollziehen sich in der Regel spontan, so dass die Form ihres Zusammenwirkens normalerweise nicht ins Bewusstsein tritt. Anders ist das bei wissenschaftlichen Erkenntnissen, die wegen der weiten Entfernung ihres Gegenstandes von den Vorgaben der allgemeinen Meinung ihre einzelnen methodischen Schritte und vor allem den kritischen Punkt der

Festlegung des richtigen Allgemeinen für die Beweisführung begründen müssen. Für die Suche nach *der* besonderen Wesenheitsform, von der man uneingeschränkt überzeugt sein kann, dass sie im Zusammenhang allgemeiner Formen überhaupt die *erste* ist, bedarf die Hinführungstätigkeit, die den νοῦς befähigt, auch dieses Erste glaubwürdig zu treffen, einer ganz besonderen Umsicht. Von daher ist es folgerichtig, dass die dialektische Praxis epagogischer Diskursivität den gesamten Duktus des XII. Buches der aristotelischen Metaphysikvorlesung bestimmt. Das dort Vorgetragene dient allein dazu, die ›Seelen‹ der Zuhörer in *den* Zustand des Überzeugtseins zu versetzen, in dem ihr νοῦς die Annahme über das Erste, die Aristoteles ihnen vor Augen stellt, in sich aufnehmen und damit als das in Wahrheit Wirkliche anerkennen kann. Diesem Ziel dient auch die Aufteilung des Seienden in die beiden »Reihen« »Ruhe« und »Bewegung«. Mit ihr ist die Aufgabe verbunden, zuerst innerhalb beider »Reihen« das Erste und dann das Verhältnis zwischen beiden »Reihen« zu bestimmen. Wenn das, was in der »Reihe« der Bewegung steht, mit dem zusammenkommen soll, was der »Reihe« der Ruhe angehört, kann das Verhältnis zwischen diesen »Reihen« kein grundsätzlicher Antagonismus sein. Ihre Verbindung wäre allerdings nur glaubwürdig, wenn das Erste der zweiten »Reihe« im Modus der Möglichkeit enthielte, was das Erste der ersten »Reihe« im Modus vollkommener Wirklichkeit ist. Nun war zuvor schon deutlich geworden, dass »In-vollendeter-Wirklichkeit-Sein« in die »Reihe« der Ruhe gehört. Wenn das Erste dieser »Reihe« mit dem Ersten des Seienden insgesamt identisch ist, dann ist seine vollkommene Wirklichkeit auch ein absolut kontinuierlicher Lebenszustand und bedeutet zugleich den Zustand anstrengungsfreier, notwendiger, im eigenen Wesen begründeter und sich deshalb kontinuierlich erhaltender Lust[299].

Innerhalb der »Reihe« der Bewegung ist Denken und innerhalb des Denkens die als νόησις bezeichnete Tätigkeit des νοῦς das Beste. Wenn nun die νόησις von dem Sein bewegt wird, das als das erste Prinzip des Seins das höchste Ziel dianoetischer Tüchtigkeit überhaupt ist, dann wird das Erste in der »Reihe« der Ruhe aus sich heraus zum Grund für die Tätigkeit des Ersten in der »Reihe« der Bewegung. Das natürliche Ziel des Denkens wiederum ist seine Verbindung mit dem Gedachten, also im besten Fall die Verbindung zwischen dem Prinzipienwissen des νοῦς mit dem Gedachten, das den Rang der ersten Wesenheit innehat. Man könnte von dieser Verbindung auch sagen, dass in ihr das Sein an der Spitze der zweiten »Reihe« mit dem an der Spitze der ersten »Reihe« konvergiert, so dass das Prinzip ihrer Unterscheidung dann als Differenz innerhalb des νοῦς und damit als Prinzip ihrer Vermittlung wirksam ist: In der besten Bewegung seines Denkens (νόησις) gewinnt der νοῦς Anteil am Besten im Bereich des Denkbaren (νοητόν), so dass er auch in diesem Fall den Gegenstand, auf den er sich richtet, als das von ihm Gedachte in sich hat.

Denken bedeutet immer: Anteilbekommen am und im besten Fall ein vollständiges In-sich-Aufnehmen des Gedachten. Dabei kann das Gedachte in so intensiver Weise ein integraler Teil des Denkens sein, dass zwischen ihnen ein Verhältnis der Identität besteht[300]. Wenn das In-sich-Haben des Gedachten eine interne Anreicherung des Denkens bedeutet, dann ist das In-sich-Haben des Gedachten, das an der äußersten Spitze des Denkbaren steht, die vollkommene Wirklichkeit des Denkens. Das beste Sein göttlicher Wesenheit stünde dann nicht mehr in einer anderen, sondern mit dem Denken in derselben »Reihe«, und ›Denken‹ wäre der ausgezeichnete ›Ort‹, an dem das Beste des Denkens und das Beste des Gedachten eine Einheit bilden. Man könnte das Denken dann auch als den ›Ort‹ bezeichnen, an dem nach der ausführlich besprochenen Rede Diotimas in Platons *Symposion* das Beste des menschlichen Strebens nach Gütern und das Beste des von ihm Erstrebten ineinander übergehen.

In unserem Text geht es Aristoteles aber nicht nur darum, die Spitze der platonischen Erosphilosophie, sondern auch den prinzipientheoretischen Kernsatz des Parmenides, nach dem Sein und

Denken dasselbe sind[301], mit Hilfe seiner eigenen Begrifflichkeit nachzuvollziehen. Auch für das Verständnis der aristotelischen Fassung *dieses* Satzes sollte man entschieden der Verlockung widerstehen, ihn als Vorform neuzeitlicher Transzendentalphilosophie aufzufassen. Zwar ist es beachtenswert, dass Aristoteles die höchste Wesenheit als »Denken« charakterisiert, aber zugleich auch, dass er dabei göttliches und menschliches Denken der Form nach nicht unterscheidet. Das ist zunächst eine Folge seiner epagogischen Darstellungsform. Göttliches Denken kann nicht der Ausgangspunkt für eine syllogistische Beweisführung sein, die definieren soll, was menschliches Denken ist. Vielmehr muss im Ausgang vom uns bekannten Denken sein einfacher Begriff gefunden werden, der dann auch das göttliche Denken charakterisiert. Auf dem Weg zu seinem einfachen Begriff zeigt sich aber zunächst, dass Denken als absolute Wirklichkeit ein Zustand uneingeschränkter Lebendigkeit ist. Im Ausgang davon lässt sich dann das gesuchte Sein vollkommener Wirklichkeit als eine triadische Einheit bestimmen, in der »Sein«, »Leben« und »Denken« keine synthetisch-additive Reihe verschiedener Prädikate bilden, sondern als gleich notwendige und gleich wesentliche Ausdrucksformen absoluter Vollkommenheit miteinander identisch sind. Vollkommenes Sein ist vollkommenes Leben, und vollkommenes Leben vollkommenes Denken. Denken hat nämlich vollkommenes Sein und Leben daran, dass es nicht nach einem Gedachten strebt, das sich in einer von ihm verschiedenen »Reihe« des Seins befindet, sondern darin, dass es das Beste unter dem überhaupt Denkbaren als sein Gedachtes in sich hat. Genau darin ist Denken vollkommene Wirklichkeit und somit das, was das Sein des Gottes auszeichnet.

Da sich das Sein des Denkens nur dadurch in göttliches und menschliches trennt, dass das menschliche auf Zeit erreicht, was das göttliche immer ist und hat, kann man im Ausgang von dieser Unterscheidung auch das Verhältnis von göttlicher und menschlicher Natur bestimmen. Das Wesen oder die Natur des Gottes ist denkende, lebendige, ewige und insofern absolut vollkommene Wirklichkeit, während die menschliche die Reichhaltigkeit göttlicher Wirklichkeit nicht in absoluter Kontinuität realisieren kann. Vollkommene und göttliche Natur sind miteinander *grundsätzlich* identisch. Weil dies für die menschliche Natur so nicht gilt, ist sie nicht das Beste im Kosmos. Sie ist im Zusammenhang der Natur allerdings so gestellt, dass sie in der für sie besten Tüchtigkeit des Denkens das Beste unter dem Seienden nicht nur ›berühren‹, sondern in sich haben kann, so dass sie aus der Kraft des Denkens zu der Form ihres Lebens findet, in der sich die Reichhaltigkeit ihres Wesens vollständig entfaltet.

Das Sein des vollkommenen Denkens ist für das, was Aristoteles über die erste Wesenheit des Seienden sagen will, von so entscheidender Bedeutung, dass er an einer späteren Stelle seines Lehrvortrags noch einmal darauf zurückkommt. Dabei thematisiert er vor allem die Selbstbeziehung, die dem besten Denken aufgrund der Vollkommenheit seines Lebendigseins zukommt.

## 41 · Aristoteles, *Metaphysica* XII 9, 1074 b 15 – 1075 a 5[302]

(1074 b 15) »In Bezug auf die Vernunft (νοῦς) aber gibt es noch einige Schwierigkeiten. Unter dem Erscheinenden nämlich gilt sie für das Göttlichste; aber durch welche Eigenschaft (πῶς δὲ ἔχων) sie dies sei, ist schwieriger anzugeben. Denn wenn sie nichts denkt, sondern sich so verhält wie ein Schlafender, worin läge dann ihre Würde (τὸ σεμνόν)? Wenn sie aber denkt und ein Anderes dafür das Bestimmende ist, (b 20) kann Vernunft nicht die beste Wesenheit sein, denn dann ist ja das, was ihr Wesen ausmacht nicht die Tätigkeit des Denkens, sondern nur die Möglichkeit dazu. Denn nur durch das Denken kommt der Vernunft Würde (τίμιον) zu. Ferner, wenn die Vernunft ihre [vollkommene] Wesenheit oder die Tätigkeit des Denkens ist, was denkt sie dann? Entweder doch denkt sie sich selbst oder etwas anderes, und wenn etwas anderes, dann entweder immer dasselbe oder Verschiedenes. Macht es nun einen Unterschied oder nicht, das Schöne (τὸ καλόν) zu denken oder das, was sich gerade trifft (τὸ τυχόν)? (b 25) Oder ist es nicht ungehörig (ἄτοπον), Einiges überhaupt zum Gegenstand des Denkens zu machen? Offenbar denkt die Vernunft das Göttlichste und Ehrwürdigste (τιμιώτατον) und verändert sich darin nicht (οὐ μεταβάλλει); denn die Veränderung würde dann ja zum Schlechteren gehen, und außerdem würde das eine Bewegung sein.

Erstlich nun, wenn Vernunft nicht [vollkommene] Tätigkeit des Denkens (νόησις) ist, sondern nur die Möglichkeit (δύναμις) dazu, so müsste man zu Recht sagen, dass ihr die Stetigkeit des Denkens (τὸ συνεχές τῆς νοήσεως) beschwerlich ist. Ferner ist offenbar, (b 30) dass unter dieser Voraussetzung etwas anderes würdiger wäre als die Vernunft, nämlich das Gedachte. Denn Denken und Tätigkeit des Denkens werden auch dem zukommen, der das Schlechteste denkt. Wenn nun dies zu fliehen ist, wie es ja auch besser ist, manches nicht zu sehen, als es zu sehen, so würde demnach die Tätigkeit des Denkens nicht das Beste sein. Sich selbst also denkt sie (αὑτὸν ἄρα νοεῖ), sofern sie das Vorzüglichste (τὸ κράτιστον) ist. Die vollkommene Tätigkeit des Denkens ist deshalb Denken des Denkens (νοήσεως νόησις). (b 35) Freilich scheinen Wissenschaft, Wahrnehmung, Meinung und Denken normalerweise so aufzutreten, dass sie sich auf Anderes und nur nebenbei auf sich selbst beziehen. Ferner, wenn das [aktive] Denken und das [passive] Gedachtwerden etwas Unterschiedliches sind, in welcher von diesen beiden Seinsformen kommt dem Denken dann das Gute zu? Denn das Sein des Denkens und das des Gedachten sind nicht identisch. Oder ist es bei einigem doch so, (1075 a 1) dass die Wissenschaft selbst der Gegenstand ist? Bei den herstellenden Künsten nämlich sind, wenn man vom Stoff absieht, das Sein der Form und die Wesenheit (τὸ τί ἦν εἶναι), bei den theoretischen Wissenschaften der Begriff (λόγος) und das Denken (νόησις) die Sache selbst. Da das Gedachte und die Vernunft bei allem, was keinen Stoff hat, nicht voneinander verschieden sind, werden sie doch dasselbe sein (a5) und das Denken mit dem Gedachten eins.«

---

In den vorangegangenen Überlegungen ging es um das besondere *Sein* der absolut ersten Wesenheit, für das die qualitative Bestimmung vollkommener Wirklichkeit von zentraler Bedeutung gewesen ist. Mit ihr war das Sein absoluter Kontinuität verbunden. Von diesen Bestimmungen aus war Aristoteles dazu übergegangen, dieses Sein so zu charakterisieren, dass es ganz aus sich selbst erster Grund für den Bewegungszusammenhang der Natur ist. Aus der Perspektive des Begriffs kontinuierlicher Bewegung, die als ewige Kreisbewegung den Kosmos begrenzt, ist dieser Grund ein »Außerhalb«, so dass ihm zusammen mit der Qualität des Immateriellen die Wirkungskraft der *causa finalis* zukommt. Seine Unbewegtheit und das darin wirksame Ursachesein für Bewegung beruhen auf seiner eigenen Natur und auf der mit ihr notwendig verbundenen Vernunfthaftigkeit. Da Vernunfthaftigkeit auch wesentlich zur menschlichen Vollkommenheit gehört, muss die menschliche Natur nach einer Regel der Kontinuität mit der göttlichen Vernunft verbunden sein, so dass es von daher möglich ist, das absolute Vernünftigsein der ersten göttlichen Wesenheit aus der Perspektive des menschlichen Denkens zu erschließen. Dafür ist der Befund wichtig, dass unser Denken der Form nach drei verschiedene Modi seiner Betätigung kennt: (1) das Gerichtetsein auf Gegenstände, (2) das In-sich-Aufnehmen dessen, was es als Gegenstand denkt, und (3) das In-sich-Haben dessen, was es denkt. Das Ähnlichkeitsverhältnis zwischen menschlicher und göttlicher Vernunft lässt sich nur dann verstehen, wenn man weiß, in welcher Beziehung diese drei Formen vernünftiger Tätigkeit zu einander stehen und wie sich darin ihre Einheit verwirklicht.

Auch für diese Überlegung greift Aristoteles auf das Verfahren der Reihenbildung zurück. Unverrückbarer Grundsatz ist: Denken ist Denken von etwas, so dass seine Grundtätigkeit darin besteht, Anderes, auf das es in seiner Bewegung gerichtet ist, durch das

Verstehen dessen, was es an ihm selbst ist, in sich aufzunehmen. Wenn das so ist, dann sind die ersten beiden Modi vernünftiger Tätigkeit als Einheit zu denken, so dass ihre Grundform in einem organischen Wechsel von Sich-Richten auf und Aufnehmen in sich besteht: In seiner Tätigkeit ist das Denken aufnehmend und in seinem Aufnehmen ist es tätig, oder, wenn man das mit aristotelischen Kategorien ausdrückt: Sein Tun ist Leiden und sein Leiden Tun. Denken besteht dann darin, aus Bewegung in Ruhe, aus Mannigfaltigkeit in Einheit und aus ›Leiden‹ in ›Tun‹ überzugehen oder diese Einheit immer schon in einer so vollkommenen Weise zu sein, wie das für das Denken und Leben des Gottes zutrifft[303]. Das menschliche Denken realisiert diese Einheit vorzüglich dann, wenn es selbst der Gegenstand ist, auf den es sich richtet. Wenn sein Gegenstand etwas Anderes ist, dann lässt sich dieses Etwas in zwei Reihen einteilen, von der die erste die Gegenstände des theoretischen Wissens enthält, die sich immer und notwendig so verhalten, wie sie sich verhalten, und die zweite die Gegenstände des praktischen Wissens, die sich mal so und mal so verhalten[304]. Wenn sich das Denken hingegen auf sich selbst bezieht, ergeben sich andere Möglichkeiten der Zweiteilung, die jedoch anders als die Teilung, die sich auf externe Gegenstände bezieht, auf eine unteilbare, rein selbstbezügliche Einheit zurückgeführt werden können. Im Einzelnen werden dafür drei ›Systoichien‹ (= Doppelreihen) thematisiert: (1) Herrschen und Dienen, (2) Selbst- und Fremdbeziehung sowie (3) Gutes und Schlechtes. Die Doppelreihen sind durch Affinitäten miteinander verbunden, so dass auch die darauf bezogenen Reflexionen sich gegenseitig ergänzen. Bevor darüber nachgedacht werden kann, was diese Verhältnisse für das höchste Sein des νοῦς als νοήσεως νόησις bedeuten, ist es notwendig, sich diesen drei Zweierreihen im Einzelnen zuzuwenden.

(1) Die Beziehung von Denken und Gedachtem lässt sich insofern als ein Herrschaftsverhältnis auffassen[305], als das Gedachte dem Denken übergeordnet ist. Wenn das Denken einen Gegenstand

denkt, dann besteht sein Tun in einer ›Dienstleistung‹, bei der der Gegenstand das Denken insoweit beherrscht, als es nicht sich selbst, sondern die ›Wesenheit‹ des Gedachten zum Ausdruck bringen soll. Wenn hingegen die Stelle des Gedachten vom Denken besetzt wird, gehört es selbst in die Reihe des Herrschenden im Sinne eines Freien, der nichts anderes als das erklärt, was er von sich selbst her ist. Denken verwirklicht dann die Qualität der Autarkie, so dass man es als das Großartige (1074b 18), Ehrwürdige (1074b 21), Schöne und Beste (Text 40, 1072a 34ff.) bezeichnen kann.

(2) Bei der Hinführung zum Wesen des Denkens kommt der Unterscheidung zwischen Selbst- und Fremdbeziehung eine Schlüsselrolle zu. Dafür ist es wichtig zu sehen, dass sämtliche Leistungen, die entweder aus sich selbst vernünftig oder von einer vernünftigen Kraft mitbestimmt sind, die Möglichkeit der Selbstbeziehung einschließen. Das Maß, in dem beide Beziehungsformen zusammenwirken, lässt sich in eine Maius-Minus-Skala eintragen, die die folgenden signifikanten Stellen für die Verteilung von Selbst- und Fremdbeziehung aufweist: (a) die dem νοῦς untergeordnete dianoetische Tugend der »Wissenschaft« (1074b 35), (b) die der Wissenschaft und den dianoetischen Tugenden insgesamt untergeordnete natürliche Tüchtigkeit der sinnlichen Wahrnehmung[306] und (c), gleichsam als ihre Zwischengröße, das mit den ethischen Tugenden und über sie in besonderer Weise mit der sozialen Welt verbundene Meinen[307]. Die Position der Wissenschaft wird noch einmal (1075a 1f.) in die theoretische und in die »Wissenschaft des Herstellens« (= »Künste«) unterteilt. Man erhält dann in Analogie zum Liniengleichnis der platonischen *Politeia*[308] eine Reihe innerseelischer Kräfte – von ›unten‹ nach ›oben‹ geordnet: Wahrnehmung, Meinung, technisches Herstellen, theoretisches Wissen und Prinzipienwissen (νοῦς) –, die verschiedene Modi der Kooperation zwischen Selbst- und Fremdbeziehung aufweisen. Der νοῦς ist reine Selbst- ohne Fremdbeziehung. Die theoretische

Wissenschaft realisiert ein weitgehendes, in sich modifizierbares Gleichgewicht von Selbst- und Fremdbeziehung. Die »Wissenschaften des Herstellens« verwirklichen denselben Kooperationsmodus, wobei die Verschiebung in Richtung auf Selbstbeziehung weniger häufig vorkommt als bei den theoretischen Wissenschaften. In der Meinungsbildung und in der Wahrnehmung dominiert hingegen die Fremdbeziehung, ohne dass dies die Möglichkeit der Selbstbeziehung ausschlösse. Insgesamt hat die Fremdbeziehung in quantitativer Hinsicht einen größeren Tätigkeitsraum als die Selbstbeziehung. Anders als die Fremd- tritt Selbstbeziehung aber der Möglichkeit nach an allen Stellen dieser Reihe, in der Regel aber »nur nebenbei« auf. Was die Aktivierung der Selbstbeziehung für die Tätigkeit der Vernunft bedeutet, lässt sich besonders gut im Blick auf die »Wissenschaft des Herstellens« erläutern. Dort herrscht normalerweise die Beziehung auf fremdes Material vor, mit dem Gegenstände hergestellt werden, die naturgemäß nicht mit dem Produktionsvorgang identisch sind. Auch das Ziel wird dem Herstellen vorgegeben. Der ›Hersteller‹ kann sich aber auf eine vom Material und den damit hergestellten Gegenständen abtrennbare »Wesenheit« einer begrifflichen Form beziehen, die er dann in seinem Denken hat. Wenn er sich denkend primär auf sie bezieht, realisiert er keine einfache handwerkliche Tätigkeit, sondern eine für den Herstellungsprozess gleichsam ›architektonische‹ Kompetenz, wie man sie nur einem überragenden Künstler zutraut[309]. Wenn man dann noch sieht, dass in der theoretischen Wissenschaft die Beziehung auf begriffliche Formen grundsätzlich im Vordergrund steht, auch wenn sie eine Brechung durch die Beziehung auf Gegenstände erfährt, und die Spitze dieser Reihe mit dem νοῦς von einer Kraft reiner Selbstbeziehung besetzt ist, dann lässt sich daraus folgende Konsequenz ziehen:

Selbstbeziehung kommt dem Denken immer dann schon wesentlich zu, wenn es sich auf den stofflosen Gegenstand allgemeiner Formen bezieht. Je stärker die Selbstbeziehung ist, desto mehr nimmt das Denken eine architektonische Qualität an, die in der Fähigkeit zum Ausdruck kommt, Zusammenhänge von ihrem ersten Grund her zu verstehen oder zu gestalten. Wenn man beachtet, dass bereits die sinnliche Wahrnehmung als einfache natürliche Fähigkeit der Beziehung auf Anderes die Form der Selbstbeziehung der Möglichkeit nach in sich hat, so dass sie, wie Aristoteles in anderem Zusammenhang betont, in der Mannigfaltigkeit des Wahrnehmens von Verschiedenem als Prinzip ihrer Einheit wirksam ist[310], dann wird deutlich: Die reine Selbstbeziehungstüchtigkeit des νοῦς stellt im Rahmen der dianoetischen Tugenden zwar eine singuläre, aber keine für sich isolierte Größe dar. Sie bildet vielmehr die qualitative Spitze eines komplexen, von der Regel der Kontinuität geprägten Zusammenhangs, der als Ganzer von der Relation zwischen Selbst- und Fremdbeziehung oder von nach innen und nach außen gerichteter Tätigkeit geprägt ist.

(3) Die dritte Unterscheidung, mit der Aristoteles seine Hörer an die ›Wesenheit‹ des vollkommenen Denkens heranführen will, ist die zwischen Gutem, Ehrwürdigem, Schönem auf der einen und dem Schlechten, Hässlichen und Verachtenswerten auf der anderen Seite. Da sie zunächst auf die Gegenstände des Denkens bezogen wird, erscheint das Denken als ein komplexer Zusammenhang von eigener und fremder Qualität. Seine eigene, die es unverlierbar als seinen Grund in sich hat, verbindet sich nämlich mit derjenigen des Gedachten, dessen immaterielle Form es in sich aufnimmt und dann ebenfalls in sich hat. In dieser Hinsicht kann das Denken offensichtlich mit dem sinnlichen Wahrnehmen, insbesondere dem Sehen, verglichen werden. Wie das gemeint ist, und was das für die Tätigkeit des Denkens bedeutet, lässt sich erklären, wenn man im Blick auf das Angebot des aristotelischen Textes eine Reihe verschiedenartiger Gegenstände konstruiert, auf die sich Denken und Sehen gleichermaßen beziehen können. Den negativen Grenzwert markiert das Nichts, weil ein Denken (Sehen), das sich auf keinen Gegenstand und damit auch auf keine Qualität bezieht, selbst Nicht-Sein ist oder, wie Aristoteles das

genauer ausdrückt, ein Sein, das ›schläft‹, aber aufgrund seiner formalen Qualität als Denken jederzeit durch die Bezugnahme auf Etwas in Tätigkeit übergehen kann. Innerhalb dieses Etwas kann man grob das Indifferente, das Schlechte und das Beste unterscheiden. Indifferent ist das, worauf das Denken (Sehen) zufällig trifft, ohne ihm kontinuierliche Aufmerksamkeit zu widmen, so dass ein solcher Gegenstand auch schnell wieder vergessen wird und deshalb auf die Qualität des Denkens (Sehens) keinen Einfluss hat. Anders steht es mit dem Denken (und Sehen) des Niedrigen oder Hässlichen, insofern es ihm Vorgaben für seine eigenen Urteile, Einstellungen oder Handlungen entnimmt. Wenn es nämlich Schlechtes als gut bewertet und sich dabei im Zustand der Lust befindet, hat es das Schlechte seines Gegenstandes in sich aufgenommen und wird dadurch selber ein Schlechtes, aus dem die entsprechenden Übel hervorgehen. Es realisiert allerdings auch dann noch die *formale* Qualität des Denkens (Sehens), so dass es sich der Möglichkeit nach – zu einem anderen Zeitpunkt oder unter anderen Umständen – auf Besseres beziehen und dadurch besser werden kann[311]. Das Beste für das Denken, das dem Sehen entgeht, ist »das Göttlichste und Allerehrwüdigste«, so dass ein Denken, das daraus Kriterien oder Ziele für seine Tätigkeit gewinnt, die Qualität *dieses* Gedachten in sich hat. Solange es nicht dieses Beste selbst denkt, bleibt es dem minderen Seinsmodus der ›Möglichkeit‹ verhaftet, aus dem heraus kontinuierliche Tätigkeit, wenn überhaupt, nur mit größter Anstrengung und auf begrenzte Zeit gelingt. Zugleich ist dann sein Gegenstand ›würdiger‹ als es selbst, so dass sein Tun einer ›Wesenheit‹ dient, die nicht mit der eigenen identisch ist. Daraus folgt: Denken ist nur dann vollkommene Wirklichkeit, wenn es sich auf sich selbst bezieht, dadurch gegenüber allem, was es sonst denkt, selbst das Ehrwürdige ist und in diesem Zustand ausschließlich »das Göttlichste und Ehrwürdigste« denkt, das es überhaupt als Gedachtes in sich haben kann. Denken hat also immer eine formale Qualität, die auf der Form seiner Tätigkeit beruht. Sie ist abgeschwächt auch im

Meinen und Wahrnehmen wirksam. Zugleich stellt sie die hinreichende Basis dar, auf der es im Denken seiner selbst und dessen, was in der Natur des Seienden das Beste ist, die ihm wesentlich eigene Qualität vollständig verwirklicht. Damit ist dem menschlichen Denken ein erreichbares, aber nicht immer erreichtes Ziel vorgegeben, während es in der Natur des Göttlichen grundsätzlich vollendete Wirklichkeit ist.

Aristoteles beschreibt mit den epagogischen Überlegungen des Buches XII der *Metaphysik* das Sein einer Form. Seine umfangreichen Erörterungen wollen in der Seele der Zuhörer und Leser die Überzeugung befestigen, dass diese Form legitimerweise und zugleich am besten mit dem Sein der göttlichen Wesenheit zu füllen ist. Sie ist nur dann als das Beste zu verstehen, wenn man sie als kontinuierliches auf sich bezogenes Leben und ebenso als kontinuierliches auf sich selbst bezogenes Denken bestimmt. Sie ist dann auch Denken *des* Denkens, das im Denken seiner selbst als Form aller Form und als in sich ruhender Grund vollkommener Bewegung sein ewig lebendiges Sein verwirklicht. Auch das menschliche Denken kann als Denken dieses Sein in sich haben, wenn auch nicht im Modus göttlicher Vollkommenheit, aber doch so, dass es darin seine eigene Vollkommenheit verwirklicht. Im ersten Buch der *Politik* bestimmt Aristoteles die menschliche Natur als Einheit von vernünftiger und politischer Natur[312]. Damit kann nur gemeint sein, dass die politische nicht als eine zweite für sich selbständige Natur zu derjenigen des Vernünftigseins hinzutritt, sondern dass menschliches Vernünftigsein von sich selbst her bereits politisch ist. Die Natur menschlicher Vernunft schließt deshalb den Bezug auf normative Güter, das Nützliche und Schädliche, vor allem aber das Gerechte und Ungerechte notwendig ein, die nur in einer sozialen Welt ihre Bedeutung entfalten. In der Beziehung auf Normen und im Zusammenleben mit anderen beheben Menschen nicht primär ihre Lebensnot, wie das im Konzept politisch-rhetorischer Vernunft vorausgesetzt ist, sondern sie verwirklichen darin die interne Reichhaltigkeit ihrer eigenen Natur. Im ersten Buch der *Politik* macht Aristoteles auf eine Spannung innerhalb dieser Natur aufmerksam, die in der Diskussion über seine berühmte Doppeldefinition des Menschen als *animal rationale et sociale* kaum beachtet wird. Er spricht dort von den Kräften der ›Klugheit (φρόνησις)‹ und der ›Tüchtigkeit (ἀρετή)‹ als von denen, die der Mensch von allen Fähigkeiten, die zu seiner Natur gehören, »am allermeisten für entgegengesetzte Zwecke (ἐπὶ τἀναντία) gebrauchen« kann[313]. Wenn er sie nicht den Normen des Nützlichen und Rechtlichen unterordnet, sondern als sittlich ungebundene Kräfte einsetzt, dann ist seine Beziehung zu anderen ein reines Machtverhältnis und als solches von der ›Begierde nach Krieg‹ bestimmt[314]. Ist das prinzipientheoretische Konzept des Aristoteles so angelegt, dass es ein Bewusstsein für die besondere Fragilität der menschlichen Natur wach halten will? Will es zeigen, dass nur das Gegengewicht einer Annäherung an die göttliche Natur und die damit verbundene Orientierung am ersten Grund für alle Zusammenhänge des Guten die Ent-Artung der menschlichen zu einer gewaltgeprägten Natur verhindern kann? Wie passt es dann aber zu einer vernünftigen und zugleich politischen Natur, dass sie sich im Zustand ihrer Vollkommenheit der göttlichen Natur annähert, die in keiner Weise politisch ist? Und wie kann der Mensch vernünftig auf das Leben mit anderen bezogen sein, wenn das soziale Leben für sein bestes Vernünftigsein keine Bedeutung hat? Wie kann vollkommene Selbstbeziehung, die das Leben der Theorie bestimmt, mit der Beziehung auf andere verbunden werden, die unaufhebbar zur sozialen Dimension der menschlichen Natur gehört? Hinter diesen Fragen steht diejenige nach dem Verhältnis von philosophischer Prinzipienreflexion und Ethik. Sie ist das Thema des vierten und letzten Abschnitts der vorliegenden Aristoteles-Darstellung.

## 4. | Der Zusammenhang von Prinzipienreflexion und Ethik

Die Ethik des Aristoteles wird in der gegenwärtigen Diskussion nicht nur historisch erinnert, sondern auch aus systematischen Gründen beachtet. Als Paradigma einer Ethik, die sich von der Herkulesarbeit theoretischer Letztbegründung entlastet wissen will[315], lässt sie sich dem Typus der deontologischen Ethik entgegenstellen, der die europäische Moderne im Anschluss an Kant zu dominieren scheint. Während die kantische Ethik Gründe für die Verpflichtung geltend macht, die eigenen Handlungsmaximen im Blick auf handlungsexterne, theoretisch begründete und deshalb allgemein gültige Normen des Guten zu rechtfertigen, ist die Ethik des Aristoteles schon vom methodischen Ansatz her kein »Entwerfen aus Prinzipien«, sondern, wie Joachim Ritter formuliert hat, eine hermeneutisch-hypoleptische Reflexion auf das Gute, das im menschlichen Lebensvollzug bereits vor aller Philosophie wirksam ist[316]. Hegels Kritik an Kant und die damit verbundene Gegenüberstellung von abstrakter Moralität und konkreter Sittlichkeit scheint in der Kritik des Aristoteles an Platon eine Vorform zu haben, von der man wieder eine Spätgestalt in der neoaristotelischen Kritik an der Diskursethik von Karl-Otto Apel und Jürgen Habermas vor sich hat[317]. Von daher könnte man behaupten, dass die aristotelische Ethik deswegen von systematischer Bedeutung ist, weil die Diskussion über den Unterschied von Moralität und Sittlichkeit, von Individual- und Institutionen- oder von Gesinnungs- und Verantwortungsethik im Sinne Max Webers grundsätzlich zum Unternehmen einer philosophischen Ethik gehört.

In historischer Perspektive ist die aristotelische Ethik eine Teildisziplin der praktischen, auf »die menschlichen Angelegenheiten« (*EN* X 10, 1181 b 15) konzentrierten Philosophie, so dass zu ihr zwar die Politik und die Ökonomik gehören, aber nicht die Metaphysik. Sie verkörpert für ihre Zeit einen neuartigen Typus von Ethik, der sich ausdrücklich von der Philosophie Platons distanziert, die eine wesentliche Unterscheidung zwischen theoretischer und praktischer Philosophie nicht anerkennt. Weil Platon die Ethik von vornherein im Zusammenhang seiner Ideenlehre und Prinzipientheorie konzipiert, kann es aus heutiger Sicht den Anschein haben, als würden dort Prinzipien des Guten zunächst im Feld theoretischer Reflexion begründet und dann in Form von metaphysisch begründeten Postulaten auf den Zusammenhang des menschlichen Lebens übertragen[318]. Dann bliebe allerdings unbedacht, dass Platon Prinzipien des Guten ebenfalls in ausdrücklicher Reflexion auf anonyme Formen des menschlichen Handlungsvollzugs und auf ihre normale sprachliche Beschreibung gewinnt[319]. Unberücksichtig bliebe auch, dass die aristotelische Unterscheidung zwischen theoretischer und praktischer Philosophie nicht mit derjenigen von prinzipientheoretischem Entwerfen und hermeneutisch-hypoleptischem Auffinden des Guten identisch ist, und dass es zudem für die Antike insgesamt irreführend wäre, das Konstruieren im Ausgang von einem ersten Grund als das entscheidende Merkmal metaphysischen Denkens und die Abweichung davon als Indiz für ein metaphysikfreies Denken aufzufassen. Auch wenn die praktische Philosophie des Aristoteles ein Sein thematisiert, »dessen … Erfüllung auch ohne Metaphysik … und damit für viele möglich ist«[320], bleibt die Ethik Teil einer Prinzipienreflexion, die sich als solche nicht nur dem unveränderlichen Sein, sondern auch den Wesenheiten zuwenden muss, deren Verwirklichung mit Veränderung verbunden ist[321]. Sie reflektiert zusätzlich auf die besonderen Qualitäten des vegetativen, animalischen und des göttlichen Lebens, die der menschlichen Natur benachbart sind und deshalb in ihren Vollzug hineinwirken. Nur so kann deutlich werden, dass und warum die menschliche Lebensführung keine in sich einfache Form des Besten kennt und deshalb ihre Vollendung auch nicht in einer einfachen Bewegung erreichen kann[322]. Man muss sogar wissen, dass im Zusammenhang des Seienden die göttliche Natur des Unbewegten Bewegers die beste Wesenheit darstellt, um erklären zu können, warum die menschliche Natur im Zustand ihrer Vollkommenheit ein Ähnlichkeitsverhältnis mit ihr verwirklicht, obwohl sie zu einem erheblichen Teil zur Gattung sinnlich wahrnehmbarer bewegter, veränderlicher und in ihren individuellen Exemplaren vergänglicher Wesenheiten gehört. Auch wenn Menschen zum Glück ein gutes und tugendhaftes Leben führen können, ohne Philosophen zu sein, ist es nach aristotelischen Kriterien besser, tugendhaft zu leben und in begründeter Form zu wissen, was das im Einzelnen bedeutet. Von daher sollte man an der Ethik des Aristoteles nicht ihren metaphysischen Minimalismus loben, sondern sehen, dass sie wie seine anderen Pragmatien genau das Maß an Metaphysik oder Prinzipienreflexion enthält, mit dem das besondere Sein, das ihr Thema ist, so umfassend wie nötig dargestellt werden kann. Nur im Blick auf das Ganze des Seienden wird (1) verständlich, dass zu einer Reflexion auf das Beste der menschlichen Natur nicht nur die Bestimmung eines singulären Vollkommenheitszustandes, sondern auch die des Zweitbesten gehört, das deshalb noch lange nicht das Schlechte, sondern unter bestimmten Voraussetzungen für die menschliche Natur das unvertretbar Richtige ist[323], (2) dass auch solche Realisierungsformen einer Wesenheit in ihrer Bedeutung verstanden werden müssen, an denen das Beste dieser Natur kaum oder gar nicht mehr zu erkennen ist[324], und (3) dass in anderen Pragmatien, wie in der *Physik* oder *De caelo*, Reflexionen auf ein relativ Gutes oder auf Zustände am Rande des Nichtseins überhaupt nicht vorkommen können. In der Unterscheidung von theoretischer und praktischer Philosophie bleibt die Einheit der Philosophie erhalten, die im Kern Prinzipienreflexion ist. In dem, was man heute als Metaphysik und was Aristoteles als theoretische Philosophie bezeichnet, geht es um die Erkenntnis der allgemeinen Formen, die in ihrem Sein und in ihrer Ordnung immer so sind wie sie sind. In der praktischen Philosophie geht es demgegenüber um die Erkenntnis bestimmter allgemeiner Formen, die mit Veränderung verbunden sind und näherhin zur spezifisch menschlichen Natur gehören.

Die Überlegungen dieses Abschnitts beziehen sich auf das ethische Hauptwerk des Aristoteles, die *Nikomachische Ethik*. Man wird diesem Text nur gerecht, wenn man seine inhaltlichen Ausführungen zugleich als Prinzipienreflexion über die besondere Wesenheit der menschlichen Natur und ihre konkrete Verwirklichung liest[325]. Inhaltlich findet die aristotelische Ethik ihr Ziel in der Bestimmung dessen, was für die menschliche Natur das ihr erreichbare Beste ist. Sie gehört damit zu dem in der Antike dominierenden Typus ethischer Reflexion, dem es primär um eine Antwort auf die *quaestio de finibus bonorum et malorum* geht. Diese Antwort ist naturgemäß am Schluss des Textes zu finden, so dass alles Vorangehende die Voraussetzungen erläutert, die zum Verständnis und zur Verwirklichung ›guten Lebens‹ notwendig sind. Aristoteles entwickelt sie im Blick auf normale menschliche Lebenszusammenhänge und ihre normalsprachlichen Beschreibungen. Dabei wird in Buch I vor allem Folgendes deutlich:

(1) Alles, was die aktive Führung des menschlichen Lebens ausmacht, ist der Form nach auf *Ziele* bezogen.

(2) Ziele müssen in formaler Hinsicht als *Güter* betrachtet werden, wenn es so etwas wie Herstellen, Wissen, Handeln und Entschließen überhaupt geben soll.

(3) Das Bezogensein auf Ziele folgt nicht der Form beliebiger Pluralität, obwohl Menschen tatsächlich unendlich viele Ziele verfolgen, sondern einer *hierarchischen Struktur*, nach der man Ziele einander zuordnet und hinsichtlich ihrer Bedeutung unterscheidet. Dabei werden

  (a) einzelne Ziele als *Teilziele* einem *Gesamtziel* untergeordnet, wie die Sattlerei der Reitkunst und diese wieder der Strategik, oder

  (b) Tätigkeiten, die ein *externes Ziel* verfolgen – das Herstellen eines Schiffes oder der Gesundheit –, von solchen unterschieden, die *in sich selbst* schon *Ziel* sind, wie man das – wenigstens bei Amateuren – vom Musizieren oder Sporttreiben sagen kann.

Von daher drängt sich die Frage auf, ob es die beste Art von Zielen, nämlich um ihrer selbst willen verfolgte Leitziele, nur für klar umrissene einzelne Handlungszusammenhänge oder auch für die Lebensführung insgesamt gibt. Mit dem umgangssprachlichen Ausdruck εὐδαιμονία[326] scheint ein solches Ziel umschrieben zu sein, so dass ein Begriff davon zumindest der Form nach in der menschlichen Lebensführung schon bekannt ist. Die Tatsache, dass darüber, worin »gutes Gelingen« besteht, so gestritten wird, dass die kontroversen Auffassungen dazu direkt mit verschiedenen Lebensformen verbunden sind, macht zusätzlich deutlich, dass der Begriff eines derartigen Ziels nicht erst von Philosophen erfunden werden muss, sondern ›von Natur aus‹ in der Praxis des menschlichen Lebens verankert ist.

In der Auseinandersetzung über die beste Lebensform votieren die meisten Menschen für die *vita voluptuosa*, also für das Streben nach Lust. Sie haben damit insofern Recht, als Leben immer affektive Selbstzustimmung (= Lust) ist und ohne sie in sich zusammenbrechen müsste. Erst recht ist vollkommenes Leben ohne Lust daran ein Ding der Unmöglichkeit. Der Nachteil der Festlegung des Besten auf die Lust besteht jedoch darin, dass dann das Beste, weil es verschiedene Arten von Lust gibt, unterbestimmt bliebe und unter Berücksichtigung der Tatsache, dass einige Arten der Lust mit einem spezifisch humanen Leben unverträglich sind, sogar inhaltlich falsch ausfiele. Das Streben nach Lust, das sich nicht durch ein anderes Streben nach Gütern relativiert, kann zu einer sklavischen Abhängigkeit von dem Gut führen, an das sich das Streben nach Lust so intensiv gebunden hat (*EN* I 3, 1095 b 20), dass darüber die Fähigkeit zu einem selbstbestimmten Leben verloren geht.

Die kleinere Gruppe derer, die sich mehr zutrauen als die Anhänger der *vita voluptuosa*, neigen zur *vita activa* des Lebens in der Polis. Sie wollen zum Wohlergehen aller einen möglichst unentbehrlichen Beitrag leisten und dafür besonders vonseiten der Verständigen unter ihren Mitbürgern Anerkennung finden (*EN* I 3,

1095 b 28 f.: φρόνιμοι). Das bedeutet allerdings, dass das höchste Gut für diese Lebensform mit ihrem Vollzug nicht ›unabtrennbar‹ verbunden ist (*EN* I 3, 1095 b 24 ff.). Weil nur andere einen guten Mitbürger ehren können, und jedermann weiß, dass dies nicht immer und nicht immer in der richtigen Weise geschieht, kann verdiente Ehre auch vorenthalten oder entzogen werden. Ein Leben, das vorrangig im Streben nach Geld besteht, ist im Unterschied zur *vita voluptuosa* und zur *vita activa* offensichtlich an einem Ziel orientiert, das entweder nur um anderer Ziele willen erstrebenswert ist, oder aber, wenn es denn tatsächlich um seiner selbst willen geführt wird, einen Defekt, aber keine Qualität zum Ausdruck bringt[327].

Wenn es also im Rahmen der menschlichen Lebensführung das Streben nach dem »Vollkommenen schlechthin (τὸ ἁπλῶς τέλειον)« gibt, »das wir immer als solches (καθ' αὑτό) und nie um einer anderen Sache willen suchen«, dann fällt auf, dass wir »Ehre, Lust, Vernunft und jede Tüchtigkeit« zwar um ihrer selbst willen erstreben, aber damit die Erwartung verbinden, »dass wir dadurch glücklich sein werden.« Selbst das höchste Vernünftigsein im Sinne der *vita contemplativa* erscheint nach dieser Überlegung als ein Mittel, aber nicht als das höchste Ziel des Lebens. Dass mit »Glück« ein nicht näher qualifiziertes Gelingen gemeint ist, zeigt, dass wir das, was wir als das für uns erreichbare Beste erstreben, letztlich als eine in sich einfache, allein auf sich selbst bezogene Wirklichkeit verstehen. Alle anderen Definitionen setzen dem eine weitere Bestimmung hinzu, was deswegen auch wieder richtig ist, weil wir nach einer in sich einfachen, nicht konkret gefüllten Form des Glücks nicht wirklich streben können. Im Streben nach Ehre, Lust, Vernunft oder einer anderen Tüchtigkeit streben Menschen nach Glück. Sie wollen aber nicht glücklich sein, weil sie dadurch ein besonderes Gut erwerben, das sie mit diesen Begriffen bezeichnen. Zudem ist nach allgemeiner griechischer Meinung das vollkommene Glück nicht nur das Gute »für den Einzelnen«, sondern zusätzlich das der Familie, der Freunde und Mitbürger, also immer auch ein soziales und nicht nur ein privat-individuelles Gut (*EN* I 5, 1097 a 30–1097 b 12).

Aristoteles umschreibt den Begriff des Endziels menschlicher Lebensführung so, dass zumindest seine Form für uns schon bekannt ist. Zugleich zeigt er, dass die meisten inhaltlichen Definitionen die wirkliche Bedeutungsdimension dessen, was Glück ist, nicht oder zumindest nicht vollständig treffen. Die eigene Definition will deshalb etwas anderes sein als eine weitere Bestimmung, die zu den bereits vorliegenden hinzutritt, sondern sie will als die wissenschaftlich ›richtige‹ Definition den Streit der Meinungen über das menschliche Glück hinter sich lassen. Aus diesem Grund sucht Aristoteles nach einem Inhalt, der zur Begriffsform des Endziels für das menschliche Leben passt. Er gewinnt ihn aus der prinzipientheoretisch geklärten, allgemein nachvollziehbaren und umfassend begründeten Bestimmung des besonderen ›Wesens‹ der menschlichen Natur. Der folgende Textabschnitt aus dem ersten Buch der *Nikomachischen Ethik* verdeutlicht, wie er dabei vorgeht.

## 42 · Aristoteles, *Ethica Nicomachea* I 6, 1097 b 22–1098 a 19[328]

**(1097 b 22)** »Aber damit, dass das ›gute Gelingen‹ das höchste Gut sei, ist vielleicht nicht mehr gesagt, als was jedermann zugibt. Wir möchten aber noch genauer erfahren, was es ist. Das kann geschehen, wenn wir von der eigentümlichen Verwirklichung (ἔϱγον) des Menschen ausgehen. **(b 25)** Wie für einen Flötenspieler, Bildhauer und überhaupt für Künstler und für jeden, der ein Werk zu erbringen und ein Handeln hat, mit dem er sein Leben führt, im Verwirklichen das Gute (τἀγαθόν) und Richtige (τὸ εὖ) liegt, so wird es wohl auch vom Menschen gelten, wenn anders er ein spezifisches Verwirklichen hat. Oder sollte es eigentümliches Verwirklichen und Handeln für Schreiner oder Schuhmacher geben, aber nicht **(b 30)** für den Menschen, als ob er von Natur aus zum Nicht-Verwirklichen bestimmt wäre? Sollte nicht eher so, wie das Auge, die Hand oder der Fuß und überhaupt jedes einzelne Körperglied seine besondere Tätigkeit hat, auch der Mensch neben all dem seine besondere Tätigkeit besitzen? Welche aber mag das nun sein? Das Leben offenbar nicht, denn dies besitzen auch die Pflanzen. Wir suchen aber das dem Menschen Eigentümliche. (1098 a 1) Das Leben der Ernährung und des Wachstums ist also auszuscheiden. Es würde darauf das Leben der Wahrnehmung folgen, aber auch dieses ist gemeinsam dem Pferd und dem Rind sowie allen Tieren überhaupt. Es bleibt also nur das Leben in der Betätigung des vernunftbegabten Teils (λόγος) übrig. Dieser findet sich vor teils als das, was sich von der Vernunft überzeugen lässt, (a 5) teils als das, was Vernunft besitzt und ausübt. Da also auch das Vernünftige im doppelten Sinne zu verstehen ist, so muss man da an die vollkommen aus sich heraus wirksame Vernunft denken, denn sie dürfte doch das bestimmendere sein. Wenn also die spezifische Verwirklichung des Menschen in der vollkommenen Wirklichkeit der Seele hinsichtlich ihres Vernunftvermögens besteht oder in derjenigen, an der die Vernunft nicht unbeteiligt ist, und wenn wir das Werk eines beliebig Tätigen und das eines Hervorragenden derselben Gattung zurechnen, zum Beispiel das eines gewöhnlichen und das eines hervorragenden Kitharisten, und dies in allen Fällen, in denen wir (a 10) das hervorragend Tüchtige zur Verwirklichung hinzufügen [...] , wenn das der Fall ist, und wenn wir als Verwirklichung des Menschen ein bestimmtes Leben und als solches die vollkommene Wirklichkeit der Seele und die vernunftbestimmten Formen der Lebensführung ansetzen und als die Verwirklichung des hervorragenden Menschen (ἀνὴϱ σπουδαῖος) dasselbe in einer guten und schönen Weise (εὖ καὶ καλῶς), (a 15) und wenn endlich dasjenige gut (εὖ) wird, was sich gemäß seiner ihm eigentümlichen Tüchtigkeit (κατὰ τὴν οἰκείαν ἀϱετήν) vervollkommnet (ἀποτελεῖται) –, wenn das alles so ist, dann ist das Gute für den Menschen (τὸ ἀνθϱώπινον ἀγαθόν) die vollkommene Wirklichkeit der Seele auf Grund ihrer besonderen Tüchtigkeit (ψυχῆς ἐνέργεια κατ' ἀρετήν), und wenn es mehrere solche gibt, dann die nach der besten und vollkommensten; und dies auch noch ein volles Leben hindurch.«

---

Für Aristoteles ist das Seiende insgesamt ein Verbund verschiedener Wesenheiten, die entweder ihre Qualität schon verwirklicht haben oder aber von sich aus darauf angelegt sind, sie zum Ausdruck zu bringen. Zu diesem Zusammenhang gehört auch die menschliche Natur, insofern sie aufgrund ihrer eigenen Tüchtigkeiten die in ihr der Möglichkeit nach angelegte Qualität zur Wirklichkeit entfaltet. Damit ist auch die Aufgabe der praktischen Philosophie bestimmt. Sie soll (1) zeigen, dass die menschliche Natur aus sich selbst heraus qualitätsfähig ist, (2) begründen, worin diese Qualität besteht, und (3) darlegen, welche Bedingungen für deren Verwirklichung im Einzelnen erfüllt sein müssen. Ob die praktische Philosophie überhaupt einen sinnvollen Gegenstand hat, hängt davon ab, dass es eine allgemeine menschliche Natur tatsächlich gibt. Es lässt sich zwar leicht bestimmen, was die Natur eines Schreiners oder eines Schuhmachers ist, weil sie in der Tüchtigkeit, ein bestimmtes »Werk« herzustellen, eindeutig zum Vorschein kommt. Ebenso leicht ist es, das besondere Wesen und die damit verbundene Tüchtigkeit einzelner Organe des menschlichen Körpers zu beschreiben. Unklar ist aber, ob das auch für den Menschen als Menschen möglich ist. Gäbe es nur Wesenheiten für seine körperlichen Organe oder für spezielle Tätigkeiten, dann würde seine Lebensführung in einzelne biologische Funktionen und in vielfältige Handlungsformen auseinander fallen, für deren Beschreibung ein entsprechendes theoretisches oder technisches Wissen zuständig wäre. Nur wenn man die menschliche Natur als eine für sich selbständige Einheit verstehen kann, hätte die praktische Philosophie einen legitimen Gegenstand.

Wenn auch das Menschsein eine besondere Wesenheit ist, muss ihre Qualität ebenso eindeutig zum Ausdruck kommen wie das beim Schuhmacher oder Schreiner der Fall ist. Würde sie sich wie dort in der Herstellung eines bestimmten »Werkes« zeigen, dann wäre die Führung des menschlichen Lebens insgesamt ein besonderes technisches, an bestimmte lehrbare Regeln gebundenes Herstellen[329]. Da dem offensichtlich nicht so ist, muss es, wie die Überlegungen zur Unterscheidung zwischen ›Herstellung‹ (ποίησις im Sine von τέχνη) und ›Praxis‹ nahe legen[330], in einer bestimmten Lebensform bestehen, in der das, was sie im Zustand der Vollkommenheit ist, zwar nicht als ein von ihr produzierter Gegenstand, aber doch in einer vergleichbaren Deutlichkeit zum Ausdruck kommt. Um diese Lebensform zu bestimmen, setzt Aristoteles bei der umfassenden Wesenheit des Lebendigen an, um dann in einem Subtraktionsverfahren alle Eigenschaften daraus zu entfernen (ἀφαίρεσις), die Menschen mit anderen Lebewesen teilen, bis diejenige übrig bleibt, die nur seiner Art des Lebendigseins zukommt. Der Reihe nach sind das die Merkmale (1) des vegetativen Lebens, (2) des Lebens der Ernährung und des Wachstums sowie (3) die Wahrnehmungsfähigkeit, so dass als das gesuchte spezifische Merkmal die Fähigkeit des Vernünftigseins übrig bleibt. Vernunftbestimmtes Leben bedeutet wieder zweierlei: (1) Sich von der Vernunft bestimmen lassen und (2) aus sich selbst heraus vernünftig sein. Aktive ist zwar besser als passive Vernunft, aber auch die passive gehört wesentlich zu ihr. Wer sich vom Arzt sagen lässt, an welcher Krankheit er leidet und was er dagegen tun kann, ist der *Wirklichkeit* nach vernünftig. Es charakterisiert das besondere Vernünftigsein des Menschen, dass er weiß, dass er nicht alles, was sein Leben betrifft, aus sich selbst heraus wissen kann, dass er aber, wenn ihm dieses Wissen fehlt, den Weg zu den Fachleuten kennt, die ihm mit ihrem Rat zur Seite stehen oder ihm bestimmte Arbeiten abnehmen, wobei ihm aber nicht das Wissen verloren gehen darf, dass die Qualität aktiver Vernunft grundsätzlich dem passiven Vernünftigsein überlegen ist.

Nachdem mit dem umfassenden Vernünftigsein das *elementum primum* für die besondere Qualität des menschlichen Lebens gefunden ist, wird es durch ein Additionsverfahren (πρόσθεσις) Schritt für Schritt zu seinem Optimum erweitert. Hinzugefügt wird zunächst das Merkmal des Hervorragenden, das wir bei bestimmten fachspezifischen Tüchtigkeiten in der Unterscheidung zwischen durchschnittlichem und virtuosem Können und in Bezug auf allgemeine menschliche Tüchtigkeit in der Unterscheidung zwischen dem ›ausgezeichneten‹ und dem nur wenig oder ›gar nicht brauchbaren Mann‹ vor Augen haben[331]. Da auch der hervorragende Könner seine Kompetenz nicht zu jedem Zeitpunkt seines Lebens realisiert, wird als zweites Merkmal das faktische Verwirklichen hervorragender Tüchtigkeit und als drittes deren optimale Realisierung hinzugefügt. Der letzte Satz unseres Textauszugs zieht daraus die Summe und fügt als vierte Bestimmung die Gesamtlänge der Lebenszeit hinzu, in der die Qualität, die der Wesenheit des Menschen als die beste zukommt, erfüllte Wirklichkeit sein muss.

Während das erste Buch nach der Vorgabe innerakademischer Regeln für die menschliche Natur das *elementum primum* bestimmt und von ihm aus den Zielbereich definiert, den sie im Zustand des Besten erreicht, sind die Bücher II–IX und die erste Hälfte des Buches X der *Nikomachischen Ethik* hauptsächlich den Tugenden dieser Natur gewidmet, die sie für die Bewegung zu diesem Ziel hin benötigt. Sie werden auf die doppelte Bestimmung des Vernünftigseins bezogen, so dass die *ethischen* oder Charaktertugenden (insbesondere: Tapferkeit, Besonnenheit, Freigebigkeit, Großzügigkeit, Freundlichkeit und Gerechtigkeit) zum Strebevermögen der Seele gehören, das im Zustand seiner Tugendhaftigkeit der Vernunft freiwillig gehorcht (Buch II–V), während die *dianoetischen* Tugenden in der seelischen Kraft wirken, die aus sich selbst heraus vernünftig denkt[332]. Mit der Selbstbeherrschung (ἐγκράτεια) wird die Voraussetzung für ethische Tüchtigkeit (Buch VII, 1–11), mit der Lust und ihren verschiedenen Arten (VII 12–15 und X 1–5) die elementare Voraussetzung des Lebens überhaupt und mit der Freundschaft (VIII und IX) schließlich das Ensemble der Sozialformen thematisiert, die aus der Lustempfindung hervorgehen und von ihr getragen werden. Die Ethik spricht damit alles an, was zu der Tüchtigkeit gehört, in der die Wirklichkeit der menschlichen Natur zum Ausdruck kommt. Sie tut das nicht in Form von Einzelbestimmungen für das richtige Verhalten, sondern als praxisbezogene Prinzipienreflexion zum besonderen Wesen und damit zu den besonderen Tüchtigkeiten der menschlichen Natur. Wenn dabei das Tugendhafte als komplexer Zusammenhang verschiedener Tüchtigkeiten dargestellt wird, die in vielfältigen Kombinationen zusammenwirken können und müssen, dann ist das ein wichtiger Beitrag für das prinzipientheoretisch hinreichende Verständnis dieser Natur, weil das, was sie von sich her ist, letztlich nur daraus deutlich wird, wie sie wirkt. Die Ethik-Pragmatie schließt, unmittelbar gefolgt nur noch von einer Überleitungspassage zur Politik-Pragmatie, mit einer in sich zweiheitlichen Bestimmung des Glücks, das für die menschliche Natur den Vollkommenheitszustand darstellt.

## 43a · Aristoteles, *Ethica Nicomachea* X 7, 1177a 12–35[333]

---

(1177a 12) »Wenn Glück Verwirklichung gemäß der Tüchtigkeit bedeutet (κατ’ ἀρετὴν ἐνέργεια)[334], dann passt damit zusammen, dass es sich dabei um die stärkste Tüchtigkeit handeln muss. Das aber wird diejenige des Besten sein. Wenn das nun das Wissen (νοῦς) der Grundlagen und Prinzipien ist oder etwas anderes, das seiner Natur nach zu herrschen und zu führen (15) und eine begriffliche Vorstellung (ἔννοια) über das Schöne und Göttliche zu haben scheint, ob es nun selbst Göttliches ist oder das Göttlichste in uns (ἐν ἡμῖν τὸ θειότατον), dann wäre wohl die volle Verwirklichung davon das vollendete Gelingen (ἡ τελεία εὐδαιμονία). Es wurde gesagt, dass dies das Glück der Theorie ist. Und das scheint sowohl mit dem zuvor Gesagten als auch mit der Wahrheit übereinzustimmen. Sie ist nämlich die stärkste (20) Vollkommenheit, denn das Wissen der Grundlagen ist von dem, was in uns wirkt, das Mächtigste, und von dem, was wir erkennen können, ist das, was wir mit diesem Wissen erkennen, das Wichtigste. Sie ist auch die am meisten kontinuierliche Wirklichkeit, denn wir sind eher imstande, kontinuierlich über Zusammenhänge und Grundlagen nachzudenken als ohne Unterbrechung irgendein Handeln auszuführen. Wir glauben auch, dass dem Glück Lust beigemischt ist. Das Lustvollste unter dem, was im Rahmen unserer Tüchtigkeit das Vollkommenste ist, ist nach übereinstimmender Auffassung dasjenige gemäß der Weisheit [= σοφία, hier als vollständige Kenntnis der Gründe und Prinzipien des Seienden zu verstehen]. (25) Es scheint nämlich die Liebe zur Weisheit hinsichtlich ihrer Reinheit und Festigkeit wunderbare Freuden zu enthalten, und natürlicherweise ist die Lebensführung (διαγωγή) der Wissenden angenehmer als das Leben derer, die [mühevoll] nach ihr suchen. Auch die genannte Selbstgenügsamkeit dürfte sich also wohl am meisten auf die Theorie beziehen. Denn das, was zum Leben notwendig ist, braucht der Weise ebenso wie der Gerechte und die übrigen Tugendhaften. (30) Wenn sie aber damit hinreichend ausgestattet sind, benötigt der Gerechte zusätzlich Menschen, gegenüber oder mit denen zusammen er gerecht handeln kann, und Ähnliches gilt für den Besonnenen, den Tapferen und für jeden von den anderen Tugendhaften. Der Weise aber kann auch dann das Leben der Theorie führen, wenn er für sich ist, und je weiser er ist, desto intensiver kann er das. Besser ist es wohl, wenn er Andere hat, mit denen er es zusammen tut, aber dennoch (35) ist er derjenige, der am meisten sich selbst genügt[335].«

## 43 b · Aristoteles, *Ethica Nicomachea* X 8, 1178 a 9–22

(1178 a 9) »An zweiter Stelle glücklich ist derjenige, der gemäß der anderen [der ethischen] Tugend lebt. (10) Denn die vollkommenen Verwirklichungen, die sich darauf beziehen, sind die spezifisch menschlichen. Das Gerechte, das Tapfere und das andere, das sich auf diese Tugenden bezieht, üben wir im Umgang miteinander aus, etwa wenn wir bei Verträgen, im Umgang mit Bedürfnissen, bei Handlungen aller Art oder beim Ausdruck unserer Gefühle das jeweils Angemessene (τὸ πρέπον) beachten. Und das alles scheint etwas dem Menschen Eigentümliches zu sein. Einiges davon geht wohl vom Körper aus, denn in vielen Fällen ist die Tugend des Charakters eng mit Affekten verbunden. Auch die Fähigkeit, Einzelnes gut zu beurteilen [= φρόνησις, also eine dianoetische Tugend] hängt mit Charaktertüchtigkeit unmittelbar zusammen, und diese wieder mit Urteilsfähigkeit, da ja die Grundlagen des richtigen Urteilens denen der charakterlichen Tugend entsprechen, und das Richtige dieser Tugend mit der Fähigkeit zum guten Urteil verbunden ist. Da auch dies wieder mit Affekten zusammenhängt, dürfte das alles wohl zu einer Wesenheit gehören, die [aus Mehrerem] zusammengesetzt ist. Und die Tugenden des zusammengesetzten Wesens sind die besonderen menschlichen. Somit ist auch das ihnen entsprechende Leben ein spezifisch menschliches Glücklichsein. Das Glück des νοῦς [der umfassenden Einsicht in die ersten Gründe und Ursachen des Seienden] aber ist von dem getrennt [, womit das Glücklichsein im Sinne charakterlicher Tüchtigkeit verbunden ist].«

---

Was Aristoteles über die Vollkommenheit des menschlichen Lebens sagt, bezieht sich im ersten Teil (Text 43 a) auf seine Überlegungen zu dem, was im Seienden insgesamt das Beste ist. Wir betreten also hier aus ethischer Perspektive nicht nur das Zentrum seiner theoretischen Prinzipienreflexion, sondern zugleich den Kernbereich einer Philosophie, die vom Gesetz wechselseitiger Transposition zwischen der *quaestio de rerum natura* und der *quaestio de vita et moribus* bestimmt ist. So wie die Definition der besten Wesenheit auf die *vita contemplativa* als die beste menschliche Lebensform verweist, so führt die Bestimmung des besten menschlichen Lebens von sich aus zur Wirklichkeit des νοῦς, der als göttliche Einheit von Sein, Leben und Denken das Beste im Seienden ist. Das Wissen, das die *erste* theoretische Wissenschaft unabhängig von ethischer Reflexion entfaltet, ist vom Einheitsgrund der aristotelischen Philosophie aus betrachtet weder die Beschreibung eines für sie äußeren Gegenstandes noch lediglich eine idealisierende und deshalb möglicherweise fiktive Objektivierung von internen Formen des menschlichen Denkens. Vielmehr geht es hier um Konvergenz, Komplementarität und Kooperation von Theorie und Praxis, die auf der Voraussetzung ihrer Unterscheidung aneinander gebunden bleiben sollen. Das hat zur Folge, dass das theoretische Wissen seine wirkliche Bedeutung nur entfaltet, wenn es einen konkreten ›Sitz im Leben‹ hat[336]. Insofern ist die Tätigkeit der Theorie nicht nur nebenher, sondern wesentlich Ausdruck der Lebensform, die das Beste, dem sich das Denken überhaupt zuwenden kann, in sich zur Wirkung bringt. Das dem Menschen zugängliche Prinzipienwissen gründet in der mächtigsten und tüchtigsten Kraft seiner Seele. Und diese bekundet ihre besondere Qualität dadurch, dass sie mit den Grundlagen und Prinzipien aller Wirklichkeit das Erste und Mächtigste alles dessen, was ist, in sich hat. Die in sich vielfältigen Kräfte der Seele sind also nicht nur irgendwie hierarchisierbar, sondern sie können sich zu einer Kraft hin öffnen, gegenüber der eine größere, bessere und mächtigere überhaupt nicht gedacht werden kann. Wie immer man die Göttlichkeit des νοῦς in uns im Einzelnen begründen mag[337], in jedem Fall ist er insofern der Inbegriff des Vollkommenen, als nur von ihm aus die menschlichen Lebenszusammenhänge vollständig von einem ersten Grund sowohl der eigenen als auch aller Natur zu verstehen und so zu realisieren sind, dass dies mit der Wirklichkeit menschlichen Glücks zusammenfällt.

Dass Aristoteles sich nicht mit der Darstellung einer singulären Vollendungsgestalt des menschlichen Lebens begnügt, sondern ihr unmittelbar die Darstellung ihrer zweitbesten Verwirklichung folgen lässt (Text 43 b), ist die logische Folge seiner Bestimmung der menschlichen als einer zusammengesetzten Natur. Das angemessene methodische Instrument zur Analyse ihrer Einheit ist deshalb das Verfahren der binären Unterscheidung, die das platonisch-akademische Verfahren der Dihairesis, also der wiederholten Trennung von Einheiten in Teile, so aufnimmt, dass zwischen dem dabei Unterschiedenen Mittelgrößen entstehen, die das zuvor Getrennte verbinden. Was das für die menschliche Natur bedeutet, lässt sich im Blick auf die Schlusspartie des ersten Buches der *Nikomachischen Ethik* zeigen. Dort ist die erste binäre Unterscheidung innerhalb der menschlichen Natur die zwischen Leib und Seele. Innerhalb der Seele wird unterschieden zwischen einer »Vernunft besitzenden« und einer vernunftlosen Kraft. Innerhalb des vernunftlosen Teils werden vegetative und Nahrung verarbeitende Kräfte als ausschließlich naturhaft bestimmte von einem Strebevermögen (ὀρεκτικόν) unterschieden, das in Form von Triebimpulsen (ἐπιθυμητικόν) »allerdings irgendwie (πῇ) an der Vernunft« teilhat (*EN* I 13, 1102 b 13 f.), aber ›neben der Vernunft (παρὰ τὸν λόγον)‹ zugleich etwas anderes besitzt, das gegen sie wirkt (ebd. I 13, 1102 b 17 f.). Damit hat Aristoteles die Differenz von Unbestimmtheit und Bestimmtheit ins Spiel gebracht, mit der man innerhalb der Triebimpulse zwischen vernunftlosen und solchen mit einem zunächst unbestimmten, aber der Bestimmtheit fähigen Vernunftanteil unterscheiden kann. Umgangsprachlich wird die Kraft des Begehrens, die einen festen und bestimmten Vernunftanteil besitzt, als Selbstbeherrschung (ἐγκράτεια) bezeichnet. Als sichere Instanz affektiver Selbstkontrolle ist sie die Voraussetzung dafür, dass ethische Tugenden wie Tapferkeit und Besonnenheit (σωφροσύνη = temperantia), dem Begehren überhaupt etwas ›sagen‹ können – im Fall der Tapferkeit beispielsweise das, was zu fürchten ist und was nicht, oder im Fall der Besonnenheit, dass es für das Begehren grundsätzlich besser ist, Ziele umsichtig zu verfolgen als ihnen blind nachzugehen (*EN* I 13, 1102 b 27 f.).

Aristoteles bewegt sich mit seinen Überlegungen am Ende des 1. Buches der *Nikomachischen Ethik* auf zwei Ebenen, auf einer anthropologisch-psychologischen und auf einer begrifflich rekonstruierenden. Er rekonstruiert umgangssprachliche Bezeichnungen für menschliche Handlungskräfte aus der Perspektive eines begrifflichen Unterscheidungsverfahrens mit dem Ziel, die menschliche Natur als eine vernünftig steuerbare Kooperationseinheit verschiedener Kräfte zu beschreiben und diese Beschreibung so zu führen, dass ihr Sinn auch aus anthropologisch-psychologischer Perspektive nachvollzogen werden kann. Nur aus dieser Zielsetzung ist es zu verstehen, dass nach dem ›vernunftlosen‹ auch der ›vernunfthafte‹ Seelenteil einer analogen Zweiteilung unterzogen wird. Während die Zweiteilung des ›vernunftlosen Teils‹ die duale Zwischengröße eines Begehrens erzeugt, von dem ein Teil seinen unbestimmten Vernunftanteil zur Bestimmtheit steigern kann, soll die Zweiteilung des ›vernunfthaften Teils‹ die Zwischengröße eines Vernünftigseins erzeugen, das in den Bereich des für die Vernunft aufnahmefähigen Begehrens hineinwirken und so für eine umfassende, vernunftbestimmte Kooperation aller seelischen Kräfte sorgen kann. Man erkennt die Figur der mittleren Proportion, die zwei verschiedene Teile miteinander verbindet, schon an der sprachlichen Formulierung. Während der eine vernunftbestimmte Teil »Vernunft im eigentlichen Sinn und in sich selbst besitzt«, hat der andere Vernunft »in der Weise, dass er auf sie so hören kann, wie man auf den Vater hört« (*EN* I 13, 1003 a 1 ff.)[338]. Ebenso erhält der Teil des Begehrens, der für die Vernunft aufnahmefähig ist, seinen festen und bestimmten Anteil daran, indem er »auf sie hört«, wie auf »den Rat des Vaters oder der Freunde« (*EN* I 13, 1102 b 30–1103 a 3)[339]. Das Wirken der Vernunft erfolgt natürlicherweise von dem Teil der Seele aus, der Vernunft in sich selbst besitzt. Aber dieses Wirken ist das Gegenteil von Gewalt, die sich etwas anderes unterwirft, sondern ein der Vernunft immanenter Vorgang ›natürlicher‹ Selbsterweiterung, den Aristoteles metaphorisch am Affinitäts- und Erziehungsverhältnis von Vater und Sohn veranschaulicht. Die primär auf sich selbst bezogene Vernunft wird darin zur nach außen gerichteten Stimme, die dieses Außen zunächst in sich selbst hat, nämlich als eine für sich selbständige Zweitgestalt des Vernünftigen, die beim Bedenken von unbekannten Zusammenhängen, insbesondere solchen, die der Veränderung unterliegen, auf die ›Stimme‹ der originär auf sich selbst bezogenen Vernunft ›hört‹, wie der ›Sohn‹ die von ihm als wohlwollend und vernünftig eingeschätzte Rede seines ›Vaters‹ in sich aufnimmt. Die von Aristoteles verwendete Metapher will nahe legen, dass das Verhältnis zwischen der Erst- und der Zweitgestalt der Vernunft ein Verwandtschafts- und Fortpflanzungs- und damit ein auf ›natürliche‹ Weise hierarchisches Verhältnis darstellt, das aber insofern auf ›Gleichheit‹ angelegt ist, als beide Teile sich gegenseitig als ›wohlwollend‹ und ›vernünftig‹ einschätzen. Ihr Verhältnis ist deshalb das einer freundschaftlichen Kooperation. Entscheidend für die Erweiterung des Wirkungskreises der Vernunft ist, dass das ›Hören auf‹ nicht erst die Sache des Begehrens, sondern zunächst diejenige der Vernunft selbst ist und dass dieses sich im ›Hören‹ des begehrenden Teils der Seele auf die Rede der Zweitgestalt des Vernünftigen wiederholt. Man könnte deshalb auch sagen, dass ihre Zweitgestalt die selbstbezügliche Einheit des Vernünftigen in die Form einheitsbestimmter Zweiheitlichkeit übersetzt, weil das, was sie allein aus sich selbst ist, nur in dieser Form von der originär zweiheitlichen Instanz des Begehrens ›gehört‹ und beachtet werden kann. Vernunft ist also nicht nur in sich selbst fundierte Einheitlichkeit, sondern realisiert sich im eigenen Binnenraum als Interaktion von Reden und Hören wie es für das rhetorische *genus deliberativum* charakteristisch ist. In der Beziehung zum Strebevermögen tritt diese Binnenstruktur der Vernunft gleichsam nach außen und integriert damit die in sich ambivalente Wirklichkeit des Begehrens in ihre eigene Welt. Nur als Instanz ›natürlicher‹ Außenwirkung kann die Vernunft auf originär Zweiheitliches wie auf ein Gleichartiges wirken und darin zugleich an das zurückgebunden bleiben, was sie als selbstbezügliche Einheit ist.

Das Glück des menschlichen Lebens beruht offensichtlich auf dem Verbundensein zweier Wirklichkeitssphären, von denen die erste als Identität, Selbstbeziehung, Autarkie und Gleichheit mit sich und die zweite als Verschiedenheit oder Zweiheitlichkeit besteht. Im Zentrum der ersten steht mit dem νοῦς die beste menschliche Tüchtigkeit. Er bildet den Kern einer Wesenheit, die als ganze betrachtet aus Vielfältigem ›zusammengesetzt‹, aber aufgrund ihrer besten Kraft der göttlichen Natur und ihrer absoluten Einheit von Sein, Leben und Denken ähnlich ist. Das Leben der Vernunft ist in der menschlichen Seele die »am meisten kontinuierliche Wirklichkeit« und erhält sich in der lustvollen Beziehung auf sich selbst so weit, dass daraus mit der *vita contemplativa* das Kontinuum einer Lebensführung hervorgeht, die den Zusammenhang allgemeiner Formen des Seienden und der darin wirkenden Ordnungskräfte in sich hat. Das Leben der Theorie ist vollendete Reichhaltigkeit und benötigt deshalb keinen Bezug auf andere und anderes. In seiner sozialen Dimension kann es nur mit Gleichen geführt werden, so dass es auch dieser Hinsicht durch Gleichheit mit sich selbst charakterisiert ist[340]. Insofern der ›Weise‹ ein *Mensch* ist, bleibt sein Leben auf äußere Voraussetzungen angewiesen, auf den Umgang mit anderen Personen und auf das hinreichende Vorhandensein andersartiger Güter[341]. Insofern der Mensch ein ›*Weiser*‹ ist, steht die Dimension der Verschiedenheit allerdings der Form des Selbstbezugs so nahe, dass sein Leben aus der Perspektive der anderen leicht als Eskapismus oder gar als Ungerechtigkeit erscheinen kann. Dass Aristoteles dieses Problem nicht in dieser Weise anspricht, liegt äußerlich daran, dass philosophisches Wissen in seiner Welt ausschließlich die Angelegenheit freier Bürger gewesen ist, die das lebensnotwendige Arbeiten an Unfreie delegieren konnten. Es gibt dafür aber auch einen inneren Grund. Wie immer man das Glück der Theorie aus der Perspektive der anderen bewertet, es bedeutet wirkliche Übereinstimmung mit oder ein Ruhen in sich, das nichts mit Selbstgefälligkeit oder Trägheit zu tun hat, sondern ausschließlich darauf beruht, dass es im Denken »einen reichen Besitz an Gegenständen der Betrachtung« erschließt und in sich wirksam macht[342].

Als Kraft anspruchsvoller Verinnerlichung setzt das Denken als seine notwendige, aber unbeabsichtigte Nebenfolge der Dynamik des Verfolgens externer Handlungsziele enge Grenzen, insbesondere dem Streben nach knappen Gütern wie Macht, Geld und Ehre[343], das in der sozialen Realität vor allem in Situationen der Not leicht in die Destruktionsgestalt des bedingungslosen Gegeneinanders übergeht[344]. Das Glück des theoretischen Lebens heißt auch »Freundschaft mit sich selbst (τὸ φιλαυτόν = *amor sui*)«, die anders als die von Aristoteles ausdrücklich kritisierte Selbstliebe des Egoismus, die »alles sich selbst zuliebe« tut (*EN* IX 8, 1168 a 30 ff.), das Gute um des Guten willen verwirklicht (*EN* IX 4, 1166 a 13 f.). Als Liebe zum »Leben nach der Überlegung (τὸ κατὰ λόγον ζῆν)« ist das Leben der Theorie nicht nur die sicherste Form affektiver Selbstbeherrschung (*EN* IX 8, 1168 b 29–1169 a 6), sondern als vollkommene Freundschaft, die es als Glück des Einzelnen für sich allein nicht geben kann[345], ein vielfältiges Tun »um der Freunde und um des Landes willen« und dies, »wenn nötig«, mit dem Einsatz des eigenen Lebens (*EN* IX 8, 1169 a 18 ff.). Wäre Freundschaft mit sich in diesem normativ anspruchsvollen Sinn allgemeine Realität, würde aus ihr ein umfassender Wetteifer »um das Gute« hervorgehen, der »für jeden Einzelnen« wie »für die Gemeinschaft« den Besitz des Besten und der besten Ordnung zur Folge hätte (*EN* IX 8, 1169 a 8 ff.)[346].

Die soziale Welt ist so strukturiert, dass es in ihr weder relationsfreie noch rein selbstbezügliche, sondern nur die Form von Einheit gibt, die sich in Beziehung auf andere und anderes verwirklicht. Jede Bewegung, die sich in ihr durch Tüchtigkeit auszeichnet, realisiert deshalb der Form nach eine Einheit *in* der Zweiheit und prägt darin jeder ›unbestimmt‹ nach außen gerichteten Bewegung die Form zweiheitlicher *Einheit* auf. Dennoch ist die Einheitsform der sozialen Welt auf die ihr gegenüber bessere Einheitsform der Selbstbeziehung bezogen und damit auf die Form von Zweiheit, die von vornherein vollständig durch Einheit bestimmt ist. Man sieht das daran, dass Aristoteles die Lebensform der Theorie so konzipiert, dass sie mit der Lebensform der *vita activa* in zweifacher Weise verbunden ist. Sie ist einmal die Kraft, die ganz aus sich selbst heraus, also aus ihrer ›Ruhe‹, *die* Zweiheitlichkeit begrenzt, die dazu tendiert, sich ins Unbestimmte zu erweitern, und das andere Mal genetisches Prinzip einer Sozialität, die in *ihrer* Zweiheitlichkeit vollständig vom Einheitskern des menschlich Besten bestimmt bleibt. Hinter dieser Konzeption steht eine Überlegung, die Aristoteles dem Inhalt nach mit Platon teilt, der er aber eine weniger dramatische Fassung gibt. Bei Platon bedarf es der Reinigung des menschlichen Lebens von aller Zweiheitlichkeit, damit die überragende Kraft des Guten »jenseits von Wesenheit« Quellpunkt für eine Praxis werden kann, in der ›Zweiheit‹ insgesamt von der Idee des Guten ihre jeweilige Bestimmtheit erhält. So weit geht Aristoteles nicht. Einheit ist für ihn bereits in der göttlichen ›Wesenheit‹ einheitsbestimmte Zweiheit, nämlich diejenige der reinen Selbstbeziehung. Aber auch diese gegenüber Platons Idee des Guten abgemilderte Form der Einheit dominiert keineswegs alle anderen Formen in sich strukturierter Einheit, obwohl im Leben der Theorie ein Ähnlichkeitsverhältnis mit dieser Beziehung auch auf das soziale Leben einwirkt. Von daher kann man sagen: Aristoteles unterscheidet innerhalb des menschlichen Lebens eine Kernzone absolut verdichteter Qualität von einer wesentlich größeren Zone, die eine derartige Verdichtung nicht aufweisen und dennoch eine Wirklichkeit des Guten sein kann. Das Gute, das zu ihr gehört, ist deshalb die Angelegenheit einer möglichst umfassenden Kooperation von ethischen und dianoetischen Tugenden. Aristoteles beschreibt sie bezeichnenderweise so, dass auch in der sozialen Welt die Form der Einheit mitbestimmend bleibt, die dem Leben der Theorie zugrunde liegt. Aus diesem Grund sollten seine Ausführungen zu ethischer Tüchtigkeit nicht nur als Ensemble inhaltlicher Aussagen gelesen werden, denen man entnehmen könnte, was Tapferkeit, Besonnenheit oder Gerechtigkeit von sich her zu sein hätten. Was Aristoteles dazu inhaltlich sagt, ist nicht viel mehr als das, was jedermann über diese

Tugenden ohnehin schon weiß, so dass es niemanden gibt, der allen Ernstes erst bei ihm lesen müsste, dass Tapferkeit die ›Mitte‹ von Tollkühnheit und Feigheit ist. Man sollte deshalb versuchen, auf die Begriffsformen zu achten, mit denen Aristoteles einzelne ethische Tugenden, ihr Ensemble und ihr Verhältnis zu den dianoetischen Tugenden beschreibt. Das Ziel seiner begrifflichen Beschreibung besteht darin, die ethischen Tugenden als die Kräfte zu charakterisieren, die im Bereich von Handlungen, bei denen das jeweils richtige Maß in sich zweiheitlicher Einheit leicht verfehlt wird, Regeln der Selbstbeziehung und der kooperativen Einheit zur Geltung bringen. Strukturtheoretisch gesprochen: Sie verhindern die Freisetzung der Zweiheit ins Unbestimmte durch Regeln ihrer Begrenzung, so dass das Handeln auch in seiner Selbständigkeit gegenüber der Einheitsform reiner Selbstbeziehung für diese offen bleibt. Im Folgenden gebe ich für die Konkretisierung dieses Gedankens nur einige knappe Hinweise.

Die meisten unter den ethischen Tugenden sind dadurch definiert, dass sie eine Mitte (μέσον oder μεσότης) oder ein Gleichmaß (ἴσον) zwischen Extremen treffen, wobei es nicht möglich ist, diese Mitte arithmetisch zu berechnen. Dabei steht das eine Extrem für ein Zuwenig oder den Ausfall, das andere für ein Zuviel oder ein Übermaß von etwas. So ist die schon erwähnte Tapferkeit die Mitte zwischen Feigheit und Tollkühnheit, Besonnenheit die zwischen Empfindungslosigkeit im Sinne emotionaler Indifferenz (ἀναισθητόν) und Maßlosigkeit (ἀκολασία), Freigebigkeit die zwischen Geiz und Verschwendungssucht etc[347]. Das eine Extrem bezeichnet das, was jede Tüchtigkeit des Handelns von vornherein durch ein Untermaß verhindert, das andere das, was die Zusammenhänge, um die es jeweils geht, durch ein Übermaß zerstört. »Mitte« steht dann genau für die Stelle, von der aus eine Person oder eine Handlung ihre Tüchtigkeit auf Dauer stellen und deshalb *kontinuierlich* zum Ausdruck bringen kann. So sind der Feige, der Empfindungslose oder der Geizige überhaupt nicht imstande, den Raum menschlicher Interaktion zu betreten, während die Tollkühnen, Maßlosen oder Verschwendungssüchtigen sich nach kurzer Zeit selbst ruinieren und dann aus dem Raum stabiler Interaktion herausfallen. ›Mitte‹ und ›Gleichmaß‹ konstituieren also ein Kontinuum des Guten, das sich auf die handelnde Person, die sittliche Qualität der Handlung und auf den Handlungsraum bezieht, der möglichst intensiv von ethischen Tugenden durchdrungen sein muss, wenn er die Kontinuität des Guten nicht verlieren soll.

Die Gerechtigkeit ist deswegen die wichtigste unter den ethischen Tugenden, weil sie als *iustitia universalis* die in sozialer Hinsicht stärkste, weil die Polis insgesamt strukturierende Kraft darstellt und sich darin auf das Ganze und nicht nur auf einen Teil des menschlich Guten bezieht. Weil sie alles bestimmt, was zum Glück einer politischen Gemeinschaft beiträgt und somit auch »Taten des Tapferen«, des Mäßigen sowie der »anderen Tugenden« gebietet und das dem Entgegengesetzte verbietet, zielt sie auf »die vollkommene Gutheit des Charakters« einzelner Personen »in Bezug auf den anderen Menschen« (*EN* V3, 1129b 15–1130a 13). Zugleich ist sie als *iustitia particularis* ein *besonderer* Teil ethischer Tugendhaftigkeit, der für alle Bereiche des sozialen Lebens das jeweils angemessene und insofern variabel zu handhabende Maß an Gleichheit (τὸ ἴσον) begründet, bewahrt oder wiederherstellt und damit ein Zusammenleben gewährleistet, in dem Verletzungen, Störungen und Konflikte, die dort unvermeidlich vorkommen, nicht die Form eines Kontinuums annehmen. Verwirklichte Gerechtigkeit garantiert die Selbsterhaltungsfähigkeit sittlicher Gemeinschaften, indem sie ihre Zerstörung durch diejenigen verhindert, die für sich zu viel beanspruchen, und sie sichert die Integration derer, die, weil sie zu wenig an Gleichem besitzen, aus ihr herauszufallen drohen. Im Bereich des Handelns, in dem es um verschiedene Formen des »Umgangs miteinander« geht, wie die Befriedigung von Bedürfnissen, den Ausdruck von Affekten und Emotionen, um Vereinbarungen und Verträge, aber auch um Fragen der gemeinsamen Lebensführung, setzen die ethischen

Tugenden die Bewegungen, die sich in Form von Handlungen auf diese Zusammenhänge beziehen, so weit frei, wie dies sinnvoll ist, und setzen ihnen zugleich die Grenzen, die im Blick auf das, was für eine Gemeinschaft und ihre Mitglieder insgesamt gut ist, nicht überschritten werden dürfen.

In Text 43 b nimmt Aristoteles Überlegungen zu den ethischen Tugenden auf, mit denen er zeigen will, dass sie im Inneren einzelner Personen eine Interaktion von vernunft- und leibnaher Kraft begründen. Sie wird in Form einer ambitionierten Erziehung eingeübt, die in allen menschlichen Kulturen unabhängig von philosophischer Belehrung auftritt. Dabei geht es in einem ersten Schritt darum, die Kraft der Selbstkontrolle, die noch keine ethische Tugend, sondern nur ihre Voraussetzung ist, so stark wie möglich in der leiblichen Kraft des Begehrens zu verankern. Auf dieser Basis können dann in weiteren Erziehungsschritten Kooperationsformen von Affektivität (πάθος) und Rationalität (λόγος) ausgebildet werden, die als sittliche Gewohnheiten (ἦθος) unabhängig von expliziter Reflexion handlungssteuernd wirken. Eine in diesem Sinne erzogene ›Seele‹ wird dann notwendig zum Subjekt ethisch qualifizierter Handlungen, so dass sie in den verschiedenen Formen des »Umgangs« mit anderen »das jeweils Angemessene« trifft. Ethische Tugendhaftigkeit ist deshalb davon abhängig, dass die Besonnenheit (σωφροσύνη) das jeweils Angemessene für die Affekte der Lust und der Unlust festlegt und damit eine verlässliche Grundlage für die weitere Entfaltung charakterlicher Tüchtigkeit schafft.

Das Treffen einer nicht-arithmetisch bestimmbaren Mitte zwischen Extremen unterliegt immer auch der Unterscheidung zwischen ›richtig‹ und ›falsch‹. Da die Kompetenz der dianoetischen Tugenden darin besteht, »durch Bejahen und Verneinen Wahrheit zu verwirklichen« (*EN* VI 3, 1139 b 15 ff.), gibt es offensichtlich eine enge Beziehung zwischen beiden Grundformen menschlicher Tugend. Ihre Verbindungsstelle wird genauer im Blick auf die Urteilsvernunft (φρόνησις) erkennbar. Sie gehört in den Bereich der dianoetischen Tugenden, also zu einem Kontinuum des vernunftbestimmten Könnens, das sich auf dem Weg vom νοῦς zur φρόνησις Schritt für Schritt zur Dimension der Andersheit öffnet und dabei verschiedene Verhältnisse zwischen aktiv-vernünftigem Sprechen und passiv-vernünftigem Hören ausbildet. Nur der νοῦς ist ausschließlich aktives und autarkes Vernünftigsein. ›Weisheit‹ ist dies als Lebensform, die am Besten auch dann festhält, wenn die damit verbundene Autarkie einem härteren Belastungstest ausgesetzt ist. Die Wissenschaft ist primär aktives Vernünftigsein, muss sich aber vom νοῦς das Erste vorgeben lassen, von dem sie in ihrer diskursiven Tätigkeit ausgeht. Auch beim technischen Herstellen von Gegenständen hört der ›Künstler‹ auf das besondere Sein einer bestimmten Form und entwickelt im Blick auf sie alles, was nötig ist, damit ein ihr entsprechendes ›Werk‹ ins Dasein treten kann[348]. Die dianoetische Tugend der Klugheit ist dann diejenige, die im Unterschied zur sittlich indifferenten Wendigkeit[349] im Hören auf das, was der νοῦς in der Kooperation mit epagogischem und apodiktischem Wissen als den Vollkommenheitszustand der menschlichen Natur weiß, Besonderes und Einzelnes beurteilt. Die ethische Tugend der Besonnenheit (σωφροσύνη) hat demgegenüber die Aufgabe, das Wissen der ›Klugheit (φρόνησις)‹ im menschlichen Handlungsraum gegenwärtig zu halten (*EN* VI 5, 1140b 11 ff.), was nur unter der Voraussetzung möglich ist, dass die verschiedenen Arten des Tugendhaften auf gemeinsamen Grundlagen (ἀρχαί) beruhen und von daher beide mit den primär dem Leib verbundenen Seelenkräften des Begehrens kooperieren können. Wenn sich das vernunftbestimmte Zusammenwirken leiblicher und seelischer Kräfte zur vollständigen Wirklichkeit ethischer Tugendhaftigkeit entfaltet, dann bedeutet das den Zustand eines Glücks, das dem Menschen als Menschen zukommt, soweit seine Natur an die Form der Andersheit gebunden ist[350].

Aus den Überlegungen des X. Buches der *Nikomachischen Ethik* wird deutlich, dass es in der Sphäre der Andersheit nicht nur um diese selbst, sondern auch um darum geht, von ihr aus den Übergang in die Wirklichkeitssphäre der Identität zu ermöglichen. Zwischen der Welt reiner Selbstbeziehung und der Welt reiner Fremdbeziehung könnte es eine produktive Kooperation nicht geben. Ethische Tüchtigkeit macht aber in der Welt des menschlichen Handelns Formen der Selbstbeziehung geltend, ohne damit die ihr zugehörige Struktur der Verschiedenheit zu zerstören. Die Ethik kümmert sich zwar als Teil der praktischen Philosophie allein um menschliche Angelegenheiten, aber sie versteht den Menschen als ein Lebewesen, das in der Verwirklichung seiner ›Wesenheit‹ nicht, wie im Konzept der politisch-rhetorischen Vernunft, in die Handlungssphäre der Vielheit wie in eine Höhle eingeschlossen ist. Jeder Mensch wird zwar in diese Sphäre hineingeboren, so dass sie grundsätzlich der ›natürliche Ort‹ seines Lebens bleibt. Aber er kann dort sein Leben auch so führen, dass dies ein Verbundensein mit der göttlichen Wirklichkeit bedeutet. Von daher hat die praktische Philosophie immer auch die Aufgabe, die Voraussetzung dafür bewusst zu machen, dass die Praxis der Theorie im Kontext des menschlichen Lebens nicht nur aufkommen, sondern dort auch ihre Erfüllung finden kann[351]. Es gehört zum Wesen des Menschen, in der Beziehung auf andere und unter Mitwirkung leibnaher Impulse sittlich tugendhaft und dadurch glücklich sein zu können. Es ist aber ein noch größeres Glück, sich im Lebensvollzug von der Welt des Handelns so weit zu entfernen, dass das eigene Vernünftigsein die Lebensform der Theorie begründet, wobei die beschriebene Rückwirkung auf die Welt des Handelns in Analogie zur Wirkung des Unbewegten Bewegers auf die Wesenheit des Bewegten kein erklärtes Handlungsziel, sondern eine Nebenfolge ihrer Verwirklichung darstellt.

Nur aus der Perspektive seiner besonderen Form theologischer Prinzipienreflexion ist nachvollziehbar, dass für Aristoteles die nicht-einfache Wesenheit der menschlichen Natur ihre Vollkommenheit in einem Wechsel zwischen *vita contemplativa* und *vita activa* findet, wobei der Gedanke des Vorrangs der Theorie gegenüber dem Handeln mit dem einer strukturellen Affinität zwischen diesen beiden Grundformen des menschlichen Lebens verbunden ist. Es ist kein Zufall, dass man diesen zweiten Gedanken am deutlichsten in der *Politik* ausgedrückt findet. Dort definiert Aristoteles das gute Gelingen des Lebens überhaupt als eine Praxis, während er das gute Gelingen der *vita activa* als Verwirklichung in sich vielfältiger Schönheit bezeichnet[352]. Die *vita activa* ist im Zustand ihrer Vollkommenheit also von einem Gut bestimmt, das seinen Ursprung nicht im Handlungskreis der Verschiedenheit, sondern in der Welt selbstbezüglicher Identität besitzt[353]. Zugleich wird mit der Bestimmung der höchsten Vollkommenheit des theoretischen Lebens als »guter Praxis (*Pol.* VII 3, 1325 b 14 f.: εὐπραγία, ebd. b 21: εὐπραξία)« ausgeschlossen, dass »Praxis« grundsätzlich durch Vielheit charakterisiert ist. Das Denken begrifflicher Formen ist praktisch, wenn daraus Zwecke für das Handeln hervorgehen, die gegenüber der Praxis des Denkens äußerlich sind. Die Praxis des Denkens findet aber eine intensivere Verwirklichung, wenn sie die Grund- und Ordnungsformen aller Wirklichkeit in sich hat, ohne damit andere Ziele zu verfolgen. Diese Dualität des Denkens hat ihre Entsprechung in der Welt des Handelns. So findet die nach außen auf das Haus oder den Tempel gerichtete Praxis des Bauens ihre vollkommenere Verwirklichung im Denken eines Architekten, der für architektonische Formen insofern Baumeister ist, als er aufgrund ihrer begrifflich verarbeiteten Kenntnis frei über sie verfügt. Die beste Form menschlicher Praxis wäre dann ein Denken, das sich auf den Zusammenhang aller ›Wesenheitsformen‹ wie ein vollkommener Baumeister verhält, so dass es sie zwar nicht konstituiert, aber frei von besonderen Zwecken mit ihnen umgeht, weil es sie in sich hat. Die Praxis des selbstbezüglichen In-sich-Habens substantieller Formen enthält zugleich die Norm des Besten für die nach außen gerichtete Praxis. So wären unter den politischen Gemeinschaften diejenigen die besten, die »in Bezug auf sich selbst gegründet, so zu leben fest entschlossen sind« und sich in ihrem Handeln auf ›Teile‹ ihrer selbst richten, die bereits »durch viele Arten der Gemeinschaft untereinander verknüpft sind«. Die beste Politik ist danach die Arbeit einer Polis an sich selbst, die sich dafür genau an den Normen orientiert, die in ihrer Gründung als Polis schon zum Tragen gekommen waren. Diese Form einer ganz nach innen gerichteten Praxis (πρᾶξις οἰκεῖα), die auch das Leben menschlicher Individuen bestimmen kann, findet ihre umfassendste Realisierung im Kosmos und in der göttlichen Wirklichkeit (*Pol.* VII 3, 1325b 16–32). Wenn das richtig ist, dann ist das Sein insgesamt ein Zusammenhang, dessen Spitze von der Form selbstbezüglicher Praxis geprägt ist. Sie ist beim Gott und im Kosmos nicht mit nach außen gerichteter Tätigkeit verbunden. Dem folgt die Praxis der menschlichen Natur, die in ihrer individuellen und sozialen Dimension selbstbezügliche und nach außen gerichtete Praxis in der beschriebenen Weise miteinander verbindet.

Das Muster für die Übergänge, die im Rahmen menschlicher Praxis zwischen der Sphäre vernunftbestimmter Selbst- und der Sphäre vernunfbestimmter Beziehung auf Äußeres und Anderes möglich und sinnvoll sind, ist in formaler Hinsicht das Grundsein der ersten unbewegten göttlichen Wesenheit für die zweite Wesenheit ewiger Bewegung. Der Gott des Aristoteles ist nicht »jenseits von Wesenheit«, sondern deren beste Realisierungsgestalt. An ihm ›hängt‹ das gesamte Sein von Bewegung in der Weise, dass darin die Formen der Einheit und der Veränderung so miteinander verbunden sind, dass der Bewegung und ihren besonderen Formen die Maße an Selbständigkeit zukommen, ohne die es den Zusammenhang der physikalisch beschreibbaren Welt nicht geben kann. In ähnlicher Weise verwirklicht auch die menschliche Vernunft Übergänge zwischen dem Sein der Selbstbeziehung und dem der Beziehung auf Anderes. Glück bedeutet, dass die nach außen gerichtete Praxis des Vernünftigseins in ihren entscheidenden Teilen an der nach innen gerichteten Praxis des Vernünftigseins ›hängt‹ und dadurch Regeln der Kooperation und

Koordination realisiert, die das Sein der Verschiedenheit strukturieren und es in seiner an sich unbestimmten Wirkungsmacht begrenzen, ohne es dem Sein der Identität einseitig unterzuordnen.

Hans Joachim Krämer hat die aristotelische Konzeption von Prinzipienreflexion von der platonisch-akademischen folgendermaßen unterschieden[354]: »Um die Krise der griechischen Polis und ihrer sittlichen Normen aufzufangen«, hat Platon »die ontologische Tradition« im Sinne von Parmenides, Heraklit und Anaxagoras »für das konkrete geschichtliche Dasein des Menschen fruchtbar« gemacht »und so ... den Philosophiebegriff« ›gestiftet‹, der für die spätere Philosophie zum unerreichten Vorbild geworden ist.«[355] Dabei wird das Eins in der Orientierung am »Strukturmodell der mathematisch-gesetzmäßig geordneten Dimensionenfolge« (Zahl – Linie – Fläche – Körper) zum Prinzip aktiver Einheitsbegründung (318), das auf diese Weise »im Eins-Sein aller einzelnen Dinge« anwesend ist. Demgegenüber hat Aristoteles »die metaphysische Grundfrage nach Einheit und Wesen des Seienden bewusst beiseite« gesetzt und sich stattdessen auf die »Bestandsaufnahme und differenzierende(n) Zergliederung des Seienden und seiner Elemente« verlegt (564). Indem er sich auf die Selbstbekundung des Einsseins in den Bewegungsgestalten der Natur (317) und der menschlichen Praxis konzentriert, hält er das Konzept theologischer Prinzipienreflexion in einer Welt gegenwärtig, in der die Naturwissenschaften, aber auch selbständige Organisationsformen des politischen Lebens zu prägenden Faktoren des allgemeinen Bewusstseins geworden sind.

Aristoteles hat »die richtige Methode, um das Gute an sich selbst (τὸ ἀγαθὸν αὐτό) zu beweisen«, in der Tat als die Umkehrung der innerakademisch üblich gewordenen beschrieben. Die Akademie geht nach seiner Einschätzung »von dem aus, von dem nicht allgemein behauptet wird, es habe das Gute in sich«, um »das Sein dessen« zu beweisen, »von dem man darin übereinstimmt, dass es gut ist.« Die Platoniker beweisen deshalb »im

Ausgang vom Sein der Zahlen, dass Gerechtigkeit und Gesundheit gut sind, weil sie Ordnungszusammenhänge (τάξεις) und Zahlen sind, und zwar aufgrund der Annahme, dass Gutsein eine Eigenschaft von Zahlen und absoluten Einheiten (μονάδες) ist, insofern nämlich das absolute Eine (τὸ ἓν αὐτό) das Gute ist.« Demgegenüber will Aristoteles »mit den Dingen beginnen, von denen allgemein zugestanden ist, dass sie gut sind, beispielsweise Gesundheit, Stärke, Besonnenheit«, um im Ausgang davon »zu beweisen, dass das Schöne (τὸ καλόν) noch mehr in den unveränderlichen Dingen (ἐν τοῖς ἀκινήτοις) enthalten ist. Denn alles dieses, wovon allgemein zugestanden ist, dass es gut ist, besteht in Ordnung (τάξις) und Ruhe (ἠρεμία). Und deshalb gilt, wenn das so ist, dass die unveränderlichen Dinge in einem höheren Maße gut sind, denn sie besitzen auch mehr an Ordnung und Ruhe.«[356]

Da die von Aristoteles favorisierte Begründungsmethode, wie gezeigt, bereits bei Platon eine wichtige Rolle spielt, besteht zwischen den beiden wichtigsten Vertretern der klassischen griechischen Philosophie bei allem, was sie unterscheidet, kein prinzipieller Gegensatz[357]. Platon verwendet die im Sinne des Aristoteles ›richtige‹ Methode für den ›Weg hinauf‹ von ›naturhaft‹ gegebenen oder nicht schon durch ausdrückliche Reflexion gestifteten Formen der Ordnung zu den Prinzipien aller Ordnung. Er ergänzt sie ansatzweise auch in den *Dialogen* durch das von Aristoteles der innerakademischen Lehre zugeschriebene Verfahren mathematischer Vermittlung und verwendet sie dort vor allem für den ›Weg hinab‹ von der intelligiblen Ordnung zu den Phänomenen der wahrnehmbaren und sprachlich beschreibbaren Welt. Der im Einleitungsteil unseres Aristoteles-Kapitels schon herausgestellte Unterschied zwischen seinem und dem prinzipientheoretischen Konzept Platons verweist aber auch auf eine unterschiedliche Einschätzung der Situation des menschlichen Lebens. Mit der Bestimmung des ersten Prinzips aller Wirklichkeit als ›jenseits von Wesenheit‹ will Platon bewusst machen, dass die dem menschlichen Dasein immanenten Probleme Strukturfehler sind, die von der Gestaltungskompetenz menschlicher Vernunft kaum zu beheben sind: Nur in der Identifikation mit dem Guten ›jenseits‹ von Form als dem genetischen Prinzip aller Form lässt sich das Leben innerhalb von Form bewältigen, das von sich aus dazu neigt, das Gute ›jenseits‹ von Form nicht mehr in den Blick zu nehmen. Dass die im *Timaios* bildhaft beschriebene Konstitution des Kosmos als Zusammenhang lebendig vernünftiger Ordnung den sicheren Blick des Demiurgen auf die Idee des Guten voraussetzt, ist einer der deutlichsten Hinweise darauf, dass die Bedingungen für die Verwirklichung des Guten in der menschlichen Welt kaum zur Verfügung stehen[358].

Bei Aristoteles kennt das menschliche Leben natürlich auch den Unterschied zwischen dem, was naturgemäß und deshalb »auf schöne Weise« und dem, was »gegen die Natur (παρὰ φύσιν) und deshalb auf schlechte Weise« geschieht[359]. Das damit gegebene Problem kann aber dadurch bewältigt werden, dass die menschliche ›Seele‹ eine der Möglichkeit nach in ihr angelegte Kraft des Vernünftigseins zu der *energeia* entfaltet, die zwischen ihr und der göttlichen Natur ein substantielles Ähnlichkeitsverhältnis begründet. Auch wenn das menschliche Denken und Handeln die Zerstörungskraft der ›Zweiheit‹ soweit forcieren kann, dass der Mensch zum schlechtesten und gefährlichsten Lebewesen entartet, gibt der prinzipientheoretisch begründete Blick auf den Unbewegten Beweger und die an ihm ›hängende‹ Wesenheit ewiger Kreisbewegung der menschlich-vernünftigen Natur eine begrifflich nachvollziehbare, die eigene Wirklichkeit vielfältig prägende Regel für das Zusammenwirken von Einheit und Zweiheitlichkeit vor. Die menschliche Praxis des Denkens und Handelns bezieht sich dafür nicht auf Präzisierungsregeln der Mathematik, sondern auf die Regel des Angemessenen und Situationsgerechten, die nicht nur aus der Kunst der Rhetorik, sondern vor allem aus dem Leben des Übergangs vom ›Haus‹ in die Polis jedem Bürger hinreichend bekannt sind. Von daher ist das Denken des

Aristoteles eher auf die tatsächliche Realisierbarkeit des Guten gerichtet, während Platon dafür stärker die Gefahr des Scheiterns ins Auge fasst. Es wird die Sache des dritten Bandes der vorliegenden Darstellung sein, zu zeigen, in welcher Weise die Philosophen, die in der Spätantike den Versuch aufgenommen haben, den ›Anfang‹ aller Wirklichkeit zu denken, an Platon und Aristoteles anknüpfen und aus welchen Gründen und mit welchen Konsequenzen sie sich von deren Vorgaben distanzieren.

# ANHANG

## Anhang 1

Das Schema zu Platons Liniengleichnis: *Rep.* 509 d–511 (vgl. im vorliegenden Band S. 139 ff.) ist nach dem Modell der ›Systoichie‹ aufgebaut (vgl. dazu die Anm. 283). Auf der linken Seite stehen die verschiedenen Kräfte der Seele, mit denen sie sich auf ›Wirkliches‹ bezieht. Man könnte sie also die Subjektseite des Wissens nennen. Auf der rechten Seite stehen die ›Gegenstände‹, denen sich die Seele mit ihren Kräften des Wahrnehmens und Wissens zuwendet, so dass man sie als die Objektseite des Wissens bezeichnen kann.

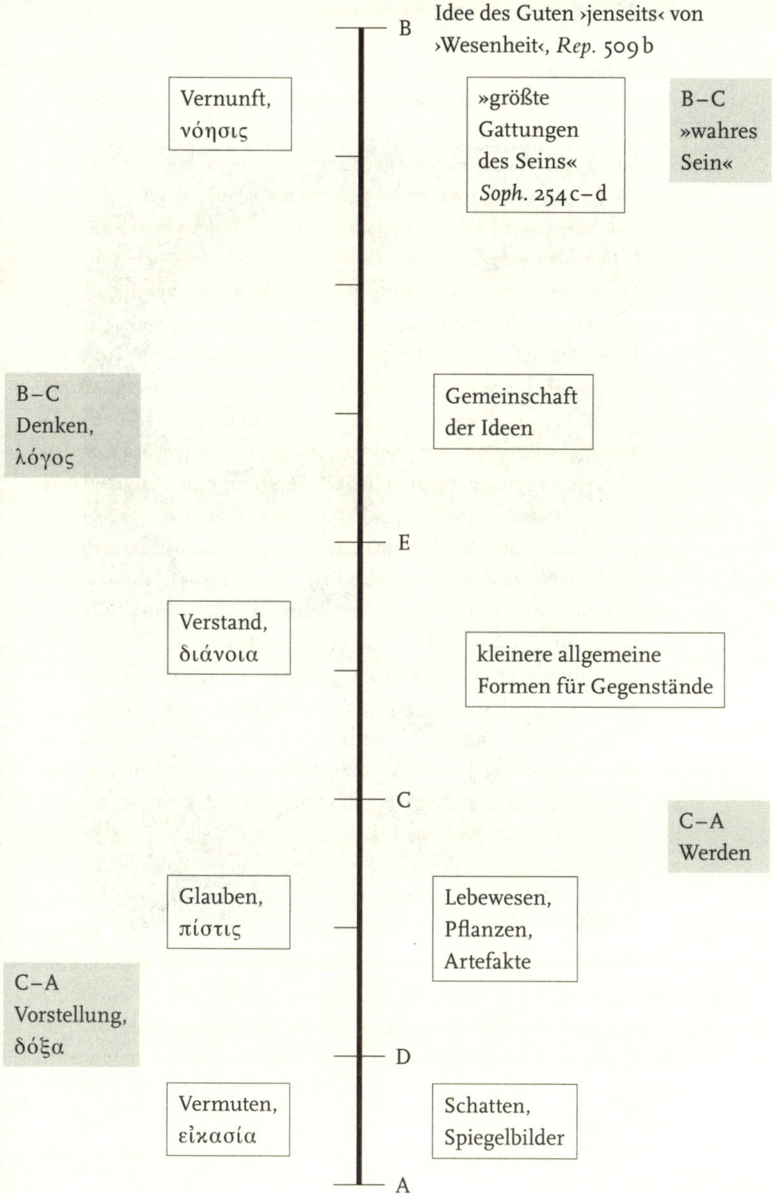

B
Idee des Guten ›jenseits‹ von ›Wesenheit‹, *Rep.* 509 b
Vernunft, νόησις
»größte Gattungen des Seins« *Soph.* 254 c–d
B–C »wahres Sein«
B–C Denken, λόγος
Gemeinschaft der Ideen
E
Verstand, διάνοια
kleinere allgemeine Formen für Gegenstände
C
C–A Werden
Glauben, πίστις
Lebewesen, Pflanzen, Artefakte
C–A Vorstellung, δόξα
D
Vermuten, εἰκασία
Schatten, Spiegelbilder
A

## Anhang 2

*Platon-Büste (Foto: Glyptothek, München)*

*Aristoteles-Büste (Foto: Kunsthistorisches Museum, Wien)*

## Anmerkungen

*Bibliographische Angaben zur Literatur, die nur einmal zitiert wird, sind den jeweiligen Fußnoten zu entnehmen. Für das spätere Wiederfinden sind die Personenregister hilfreich, die alle drei Bände abschließen. Nachweise für die Quellentexte und mehrfach erwähnte Literatur, auf die in den Fußnoten lediglich mit dem Nachnamen des Autors und der Jahreszahl der Publikation verwiesen wird, sind zusammen mit einer Aufschlüsselung der beim Zitieren verwendeten Abkürzungen und einer Erläuterung zur Zitierweise am Anfang des bibliographischen Anhangs im dritten Band zu finden. Alle Texte, die innerhalb von Zitaten in eckiger Klammer stehen, sind ein erläuternder Zusatz des Verfassers.*

1 Für den Versuch, hinter die Bilder von ihm zum ›wirklichen‹ Sokrates vorzudringen, vgl. Andreas Patzer, *Bibliographia Socratica*, Freiburg 1985, Ders. (Hrsg.), *Der historische Sokrates.* Wege der Forschung 585, Darmstadt 1987, Gregory Vlastos (Hrsg.), *The Philosophy of Socrates.* A Collection of Critical Essays, Berryville (Va) 1971 und Ders. *Socrates.* Ironist and Moral Philosopher, Cambridge 1991. Die antiken Zeugnisse zu Sokrates – mit Ausnahme der Texte Platons, Xenophons und der *Wolken* des Aristophanes – sind vollständig zusammengestellt in: *Socratis et Socraticorum Reliquiae.* Collegit, disposuit, apparatibus notisque instruxit Gabriele Giannantoni, 4 Bde, Neapel 1990. Diese Sammlung enthält nur Originaltexte. Für Übersetzungen vgl. die Angaben bei Döring (1998) 326; dort auch 155 f. zur historischen Glaubwürdigkeit der einzelnen Zeugnisse.

2 Platon, *Symp.* 215 a und 221 c–d. Vgl. dazu Text 27. Man könnte gegen die Berücksichtigung des Sokrates in der vorliegenden Darstellung einwenden, dass er zur philosophischen Prinzipientheorie im engeren Sinn keinen erkennbaren Beitrag geleistet hat. Wenn ihm dennoch ein Kapitel gewidmet ist, so liegt das einerseits an seiner unübersehbaren Bedeutung für das Philosophieverständnis der ihm nachfolgenden Zeit

und andererseits daran, dass sich in der Rezeptionsgeschichte seines Denkens unterschiedliche prinzipientheoretische Konzepte auf ihn berufen. Der Kampf um das Bild des Sokrates gehört deshalb zur Entfaltungsgeschichte dieser Denkform.

3 Vgl. dazu Bd. I, S. 54 f. mit Anm. 96.

4 Vgl. dazu Platon, *Apol.* 31 b: Sokrates als pflichtbewusstes Ratsmitglied und als gehorsamer Soldat in verschiedenen militärischen Aktionen des Peloponnesischen Krieges (ebd. 28 e). Vgl. dazu auch: Platon, *Laches* 181 a–b und *Symp.* 220 e–221 b. Sokrates verweist in diesem Zusammenhang auch auf seinen zivilen Ungehorsam: (1) auf seine Weigerung, dem unrechtmäßigen Todesurteil gegen die zehn Heerführer zuzustimmen, die nach der siegreichen Seeschlacht bei den Arginusen (406) die eigenen Gefallenen nicht bestatten konnten (Platon, *Apol.* 32 b und Xenophon, *Mem. Socr.* I 1, 17), und (2) auf die Weigerung, bei der Vollstreckung unrechtmäßiger Todesurteile unter der Tyrannis der Dreißig mitzuwirken: Platon, *Apol.* 32 c, Xenophon, *Mem. Socr.* IV 4, 1–3.

5 Vgl. dafür Platons *Kriton*.

6 Platon, *Apol.* 20 e–21 b, 21 e–22 a.

7 Vgl. dazu den Hinweis auf den Asebieprozess gegen Anaxagoras Bd. I, S. 80.

8 Für Herkunft und Bedeutung dieser Unterscheidung zwischen drei Arten der Theologie vgl. Bd. I, S. 81 mit Anm. 141.

9 Hegel (ed. 1832–1845) 18, 511 f., Glockner 18, 117. Für Hegel verkörpert Sokrates das christliche Prinzip der Moralität, nach dem »Gott ein Geist ist und, wenn man will, in einer gröberen, sinnlichen Form, dass Gott menschliche Gestalt anzieht.« Sokrates steht deshalb für die spezifisch christliche »Sorge für sich auf Kosten des Staats (ob ich ewig selig oder verdammt sei …)« (ebd. 470, Glockner 18, 73). Von daher gehört er zu den »Heroen in der Weltgeschichte«, durch die »eine neue Welt« ›aufgeht‹. Für ihre Gegenwart wirken sie »auflösend«, »gewaltsam, die Gesetze verletzend« und finden deshalb »individuell ihren Untergang«. Gerade dadurch aber »dringt« das von ihnen verkörperte Prinzip, »wenngleich in anderer Gestalt, durch und untergräbt das vorhandene« (ebd. 515, Glockner 18, 120).

10 Hegel (ed. 1832–1845) 18, 514, Glockner 18, 119.

11 Hegel (ed. 1832–1845) 18, 468, Glockner 18, 71.

12 Hegel (ed. 1832–1845) 18, 503, Glockner 18, 107.

13 Hegel (ed. 1832–1845) 18, 509 ff., Glockner 18, 114 ff. verweist als *literarisches* Gegenbeispiel auf die Antigone des Sophokles, die nach ihrer Verurteilung durch Kreon eigenes Fehlen eingesteht und durch das gegen sie ausgesprochene Todesurteil hindurch eine Stimme der Götter wahrnimmt (Sophokles, *Antigone* 925 ff.). Das *historische* Gegenbeispiel ist kein Geringerer als Perikles, ebd. 18, 511, Glockner 18, 116: »Gerade von denen, die sich im Volke erheben, muss es [das souveräne Volk] dieses Anerkanntsein sehen; so sahen wir den Perikles um die Aspasia, um Anaxagoras bei den Bürgern herumgehen und das Volk für sie bitten. Darin liegt nichts Entehrendes [...], denn das Individuum muss sich vor der allgemeinen Macht bücken; und diese reale, edelste, allgemeine Macht ist das Volk.« »Volk« ist hier natürlich nicht als ethnische oder gar rassische Größe und ebenso wenig als versammelte oder beliebig manipulierbare Masse zu verstehen. Hegel übersetzt mit diesem Begriff vielmehr den Begriff »populus«, der im Unterschied zu »plebs« die Bürgerschaft einer Polis oder »civitas« meint, die wesentlich durch die Gemeinsamkeit rechtlicher Normen definiert ist. Vgl. dazu die Charakterisierung der Polis bei Aristoteles wie Bd. I, Anm. 257.

14 Zum Prozess gegen Sokrates vgl. Döring (1998) 150 ff., Andreas Patzer, Die Platonische Apologie als philosophisches Meisterwerk, in: Martin Hose (Hrsg.), *Meisterwerke der antiken Literatur.* Von Homer bis Boethius, München 2000, 54–75 sowie Armin Müller, Platon, *Apologie* und *Kriton.* Nebst Abschnitten aus *Phaidon.* Eingeleitet und kommentiert von A. M., Münster [17]2008, Einleitung, 1–28 und im zugehörigen Kommentarband (4. verbesserte Aufl. 2009) insbes. 111 ff. zum Strafmaß, das Sokrates sich zuerkennt.

15 Friedrich Nietzsche, *Die Geburt der Tragödie* 15, KSA 1, 100. Vgl. dazu auch Ders. *Götzen-Dämmerung* II zum »Problem des Sokrates«: KSA 6, 67–73.

16 Vgl. dazu auch DL II 16 und 20 sowie Aristoteles, *Met.* I 6, 987 b 1–4 und *Part. an.* I 1, 642 a 2 ff.

17 Zu Xenophons philosophischer Position vgl. Bd. I, S. 137–145.

18 Vgl. dazu Platon, *Apol.* 24 b.

19 Vgl. Platon, *Apol.* 20 e und 23 a.

20 Ich notiere das folgende Schema der verschiedenen Formen des Wissens in dieser etwas schulmeisterlich erscheinenden Form, weil Xenophon dafür stillschweigend die dialektische Einteilungsform der Dihairesis verwendet, die bei der Darstellung platonischer Philosophie explizit zum Thema wird. Vgl. dafür S. 71 ff.

21 Vgl. dazu Xenophon, *Mem. Socr.* IV 7, 2–3: Geometrie »soweit erlernen [...], bis man imstande sei, [...] ein Stück Land richtig zu vermessen, zu übernehmen oder zu übergeben oder zu verteilen oder solche Vorgänge zu bezeugen«, aber nicht »bis zum Verständnis der schwierigen Figuren«, weil das »ein ganzes Menschenleben in Anspruch nehme und daran hindere, sich viele andere nützliche Kenntnisse anzueignen«; ebd. IV 7, 8: »Die Erlernung der Rechenkunst empfahl er [...] soweit es [...] nützlich war.« Zur Astronomie vgl. die folgende Anmerkung.

22 Vgl. Xenophon, *Mem. Socr.* IV 7, 4–7: »Er empfahl auch, sich mit der Sternkunde vertraut zu machen, [...] bis man die Zeiten der Nacht, des Monats und des Jahres zu erkennen vermöge, um bei [...] all den Geschäften, die [...] nächtlich, monatlich oder jährlich erledigt werden, eine Grundlage zu haben [...] Sie hingegen soweit zu erlernen, bis man auch *die* Himmelskörper kennt, welche sich nicht in demselben Kreislauf wie die anderen bewegen, [...] oder [...] nach ihren Entfernungen von der Erde, ihren Umläufen und deren Ursachen zu forschen, davon riet er nachdrücklich ab«, auch davon, »im Hinblick auf die Vorgänge am Himmel darüber nachzugrübeln, wie Gott alles eingerichtet habe (ᾗ ἕκαστα ὁ θεὸς μηχανᾶται); denn er glaubte nicht, dass dies für Menschen erkennbar (οὐκ εὑρητά) sei.« Es könne ›den Göttern nicht gefallen‹, »wenn jemand nach dem forsche (ζητεῖν), was jene nicht kundtun (σαφηνίσαι) wollten. Er äußerte außerdem, wer darüber nachgrüble, laufe Gefahr, Unsinn zu reden (παραφρονῆσαι)« wie exemplarisch Anaxagoras, »der sich besonders viel darauf zugute getan habe, dass er das göttliche Wissen erklären könne (τὰς τῶν θεῶν μηχανὰς ἐξηγεῖσθαι). Denn als er behauptete, das Feuer und die Sonne seien von derselben Art, bedachte er nicht, dass die Menschen wohl leicht ins Feuer sehen, die Sonne aber nicht anschauen können [...] Und als

er sagte, die Sonne sei ein glühender Stein, bedachte er nicht, dass ein Stein im Feuer weder leuchtet noch lange Zeit widersteht, die Sonne aber unaufhörlich im strahlendsten Licht verharrt.«

23 Vgl. Xenophon, *Mem. Socr.* I 1, 19: Sokrates »glaubte jedenfalls, dass die Götter sich um die Menschen kümmerten (ἐπιμελεῖσθαι), allerdings nicht so wie die meisten meinen; denn diese denken, dass die Götter manches wüssten, manches aber auch nicht. Sokrates aber glaubte, dass die Götter alles wüssten, sowohl was gesprochen und getan wie auch was stillschweigend geplant werde, dass sie überall gegenwärtig seien (πανταχοῦ παρεῖναι) und den Menschen über die menschlichen Dinge Zeichen zukommen ließen (σημαίνειν).«

24 Übersetzung Peter Jaerisch.

25 Zu diesem Ausdruck, der hier für die Vertreter der »vorsokratischen« Naturphilosophie steht, vgl. Bd. I, S. 149 f.

26 Für die folgende Liste metaphysisch-kosmologischer Aussagen vgl. Bd. I, Text 19 und S. 154 ff. Dass ein Denken, das sich auf Unzugängliches richtet, zur »Raserei« entartet, zeigt sich an der kontradiktorischen Gegensätzlichkeit der von ihm verfochtenen Behauptungen.

27 Parmenides und andere Vertreter der eleatischen Philosophie.

28 Anaximander, Anaxagoras.

29 Der ›Heraklitismus‹, aber auch Empedokles und die Atomistik.

30 Wiederum Parmenides und die ihm folgenden Eleaten wie Zenon und Melissos.

31 Die Atomistik. Vgl. dazu Bd. III, S. 61 ff.

32 Parmenides und die Eleaten. Absatz 15 ist ausgelassen.

33 ›Kalokagathie‹ als Ziel des menschlichen Lebens.

34 Zu dieser Formulierung vgl. Bd. I, S. 133.

35 Vgl. damit die Kritik des Sokrates an Anaxagoras bei Xenophon, *Mem. Socr.* IV 7, 6 ff. (wie in Anm. 22 zitiert).

36 Das Werk ist nicht in der aufgeführten Fassung des Jahres 423, sondern nur in einer späteren Bearbeitung überliefert, die auf der damaligen Bühne nicht präsentiert worden ist. Die für uns nicht rekonstruierbare Fassung des Jahres 423 hat nur den dritten Preis erhalten. Vgl. dazu die Ansprache des Dichters an sein Publikum in den Versen 518–562 der überlieferten Fassung. Sokrates war offensichtlich nicht nur bei Ari-

stophanes Gegenstand der komischen Dichtung. Vgl. dafür: Andreas Patzer, Sokrates in den Fragmenten der Attischen Komödie, in: Anton Bierl und Peter von Möllendorff (Hrsg.), *Orchestra.* Drama – Mythos – Bühne. Festschrift Hellmut Flashar anlässlich seines 65. Geburtstags, Stuttgart und Leipzig 1994, 50–81. Zum Sokratesbild der »Wolken« vgl. Ders. Die Wolken des Aristophanes als philosophiegeschichtliches Dokument, in: Peter Neukam (Hrsg.), *Motiv und Motivation*, München 1993, 72–93.

37 Neben dem Ausmessen der Sprungweite von Flöhen (145) und einer Antwort auf die Frage, ob ›die Schnaken durch ihr Mundwerk oder ihren Hintern singen‹ (158), geht es darum, »des Mondes Bahn und Wechsel« zu erforschen (172) und zu »suchen, was die Erde birgt« (188). Die Wissenschaften ›Astronomie‹ (201) und ›Geometrie‹ (202) werden ausdrücklich genannt. Ich zitiere die Übersetzung von Ludwig Seeger nach Aristophanes (ed. 1968).

38 Ich orientiere mich für meine Aristophanes-Interpretation an: Leo Strauss, *Socrates and Aristophanes*, New York und London 1966, 9–53.

39 Zur Prätention der Athener auf Autochthonie vgl. Thukydides I 2, 5 und II 36, 1, Isokrates, *Panegyricus* 24, *De pace* 49, *Panath.* 124 f. Auch Aristophanes spielt darauf an: *Vespae* 1076.

40 Vgl. Herodot 8, 55.

41 227 ff. Sokrates: »Wie könnt ich wahr das Überird'sche deuten, / wenn schwebend nicht des Geistes zarter Äther / mit dem verwandten Element sich mischte? / Umsonst vom Boden unten schaut ich auf / nach oben: denn die Erde zieht zu sich / unwiderstehlich des Gedankens Tau.«

42 Vgl. dazu Bd. I, S. 11 f.

43 Man könnte hier mit Aristoteles (*Cael.* II, 295 a 19 ff.) an Empedokles (VS 31 B 35, 3 f.) und die Atomistik (etwa DL IX 45 in Bezug auf Demokrit), aber auch an die Umdrehungsbewegung (περιχώρησις) des Anaxagoras denken, obwohl diese nicht als Prinzip für sich steht, sondern im Sein und Wirken des göttlichen νοῦς ihre Ursache hat (VS 59 B 12, vgl. Bd. I, S. 89). Sokrates mokiert sich in Platons *Phaidon* selbst über die Wirbeltheorie einiger Naturphilosophen, ohne dabei Namen zu nennen: »darum legt dann der eine einen Wirbel um die Erde und lässt sie dadurch unter dem Himmel stehen bleiben, der andere stellt ihr,

wie einem breiten Troge einen Fußschemel, die Luft unter.« (99 b) Eine nähere Ausführung zur »Fußschemeltheorie« findet man bei Aristoteles, *Cael.* II, 294 b 13 ff. Da diese Formulierungen inhaltlich weitgehend unverständlich sind, bieten sie sich als Komödienmotive geradezu an.

44 316 ff.: »[...] die himmlischen Wolken sind's, der Müßigen göttliche Mächte, / die Gedanken, Ideen, Begriffe, die uns Dialektik verleihen und Logik / und den Zauber des Worts und den blauen Dunst, Übertölpelung, Floskeln und Blendwerk.« Vgl. 331 ff.: Die Wolken als »Ernährerinnen« der Sophisten: »Sie füttern sie alle, das müßige Volk, das ihnen zu Ehren lobsinget.«

45 Da diese Dame als Nichte eines Megakles bezeichnet wird, der den Namen seines Vaters trägt (= »derjenige, der hohes Ansehen genießt«) (46 f.), mussten die zeitgenössischen Zuschauer an die Familie der Alkmaioniden denken, die sich auf einen Proto-Megakles als ihren Ahnherrn zurückführt (vgl. Herodot 6, 125). Zu dieser Familie haben auch Kleisthenes und Perikles gehört. Eine größere Mesalliance als die zwischen dem tölpelhaften Strepsiades und einer Frau aus diesem Geschlecht hätte es in Athen nicht geben können.

46 Vgl. dazu Bd. I, S. 141.

47 Vgl. dazu die Bewertung dieses Mentalitätswandels durch den konservativen Athener in Platons *Nomoi* (705 d–707 d), für den seine Mitbürger durch Salamis »aus standfesten schwerbewaffneten Landsoldaten zu Seesoldaten« mutiert sind, so dass ihre Tüchtigkeit nicht mehr in der entschlossenen Bereitschaft besteht, »vor dem Ansturm der Feinde standhaft zu sterben«, sondern darin, »häufig [von den Schiffen] aufs Land zu springen und sich dann im Laufschritt schnell wieder auf die Schiffe zurückzuziehen« (706 c). Dies führt seiner Auffassung nach zu einer Neudefinition des höchsten Ziels der Politik, das im machtpolitischen Überleben der Polis und dem darauf aufbauenden Wohlstand besteht und nicht mehr in der sittlichen Tüchtigkeit der Bürger (707 d).

48 Vgl. dazu Bd. I, S. 22 f.

49 1373 ff. Strepsiades: »Jetzt hielt ich mich nicht mehr und riss ihn fürchterlich herunter, / und schimpft ihn aus und schalt ihn derb: da gab nun, wie gebräuchlich, / ein Wort das andre, bis zuletzt er aufsprang, fest mich packte, / zu Boden warf und trat und schlug und fast zu Tod mich

würgte!«. Vgl. damit die Beschimpfung seines Sohnes als Vatermörder (1327).

50 1399 f.: »Was für ein herrliches Gefühl ist es, durch den vertrauten Umgang mit neuartigen und klugen Dingen in der Lage zu sein, auf die bestehenden Gesetze von oben herabzublicken. Als ich einzig und allein an Pferde dachte, konnte ich keine drei Worte herausbringen, ohne dabei Fehler zu machen, jetzt aber, nachdem dieser selbst [der eigene Vater] mich das hat aufgeben lassen, bin ich vertraut mit scharfsinnigen Gedanken, Worten und Grübeleien. Ich traue mir deshalb zu, lehren zu können, dass es Recht ist, den Vater zu schlagen.«

51 Eigene Übersetzung.

52 Vgl. dazu die Ausführungen zu Platons *Gorgias* S. 67 ff.

53 Vgl. dazu S. 3, Motto.

54 Das ist bei Aristoteles der Ort, an dem etwas die Essenz seines Wirklichseins erfüllt. Solange ein von Natur aus Seiendes diesen Ort noch nicht erreicht hat, bewegt es sich auf ihn zu und kommt erst dann zur Ruhe, wenn es in diesen Ort wie in seine eigene Form vollständig hineingewachsen ist. Vgl. Aristoteles, *Cael.* IV 3, 310 a 33 ff. Nach diesem Schema beschreibt Platon die Suche des Sokrates nach dem philosophischen Leben, das der Möglichkeit nach schon in seiner erotischen Disposition angelegt ist. *Locus classicus* für die Theorie des natürlichen Ortes ist der Anfang des vierten Buches der aristotelischen *Physik*.

55 Platon, *Phaedr.* 247 c.

56 Alle Platon-Texte sind in der Übersetzung von Friedrich Schleiermacher wiedergegeben.

57 Sokrates spricht von der naturhaft-affektiven Grundkraft seines Lebens (ἐπιθυμία), die im *Symposion* als »Eros« bezeichnet wird. Er umschreibt die Art, in der ihm dieses Begehren gegeben ist, durch das Adverb θαυμαστῶς (»auf seltsame Weise«), das etwas Ungewöhnliches oder Unerklärliches meint. Nietzsche knüpft daran an, wenn er die erotische Disposition des Sokrates als »Superfötation« der ›logischen Natur‹ charakterisiert (*Die Geburt der Tragödie* 13, KSA 1, 90 und *Götzen-Dämmerung* II 4, KSA 6, 69).

58 Das im Griechischen verwendete Wort ὑπερήφανος bezeichnet den, der vor anderen hervorleuchtet. Es scheint zu jedem qualifizierteren

Eros zu gehören, dass er sich von sich glaubt, er sei der beste und größte.

59 Zu dieser Formel vgl. Bd. I, Texte 7 und 8.

60 Vgl. dazu S. 32, 42 ff. und die Anm. 121.

61 Sokrates spricht vom Hin- und Herwenden (»mal hierhin, mal dorthin«) und verwendet dafür das Verb μεταβάλλειν, das den abrupten Umschlag einer Bewegung in ihre Gegenrichtung umschreibt, wie sie auch für erotische Unruhe charakteristisch ist. Indem er dieses Umschlagen durch die Formulierung »mal nach oben, mal nach unten« präzisiert, spielt er auf die beiden Sonderbereiche der Naturphilosophie an, die schon aus dem Sokrates-Portrait des Aristophanes bekannt sind: das Sein oberhalb und unterhalb des Erdbodens.

62 Vgl. Platon, *Phaed.* 96 c: »Nämlich was ich vorher auch ganz genau wusste, wie es mir und den anderen vorkam, darüber erblindete ich nun bei dieser Untersuchung so gewaltig, dass ich auch das verlernte, was ich vorher zu wissen glaubte von vielen anderen Dingen [...] .«

63 Man kann diese Sätze, wie die Kommentarliteratur einhellig zeigt, relativ leicht bestimmten Autoren zuordnen (Fäulnis des Warmen und Kalten als Entstehungsgrund des animalischen Lebens: Archelaos, VS 60 A 1 und 4, Blut als materielle Basis des Denkens: Empedokles, VS 31 B 105, Luft in dieser Funktion: Anaximenes, VS 13 A 23 und Diogenes von Apollonia, VS 64 B 5; das Motiv vom Feuer als Substanz aller Wirklichkeit, auch des Denkens verweist auf Heraklit; zur Bedeutung des Gehirns in Bezug auf Wahrnehmungen, Erinnerungen, Meinungen und Denken wird auf den Pythagoreer Alkmaion von Kroton verwiesen: VS 24 A 5). Für das Verstehen wichtiger ist die Form sprachlicher Verstörung, in der Sokrates diese Sätze so aneinanderreiht, wie jemand sie auch im Traum aussprechen könnte.

64 Vgl. dazu Bd. I, Text 12 und S. 86 ff.

65 Von daher bildet der Begriff »Ordnung (τάξις)« den Kern, von dem aus Platon das begriffliche Zentrum seiner Philosophie aufbaut. Er steht deshalb auch im Zentrum der Platon-Darstellung des vorliegenden Buches, die schon an dieser Stelle beginnt. Für Platon ist Sokrates als Theoretiker der Ordnung auch der Vollender der Naturphilosophie, die immer schon die Ordnung des Seienden hat klären wollen.

66 Vgl. Platon, *Rep.* 608b.

67 Der *Phaidon* ist zusammen mit dem *Symposion* der Flügel eines Diptychons, auf dem das Wesen der Philosophie als Einheit von *ars moriendi* und *ars amandi* dargestellt ist. Dass beide Aspekte zusammengehören, wird schon der Form nach dadurch angedeutet, dass im *Phaidon*, der die Philosophie vorrangig als *ars moriendi* thematisiert, an zentraler Stelle, wie unsere Textauszüge zeigen, das Thema der Philosophie als *ars amandi* auftritt. Zum *Symposion* vgl. S. 116ff., insbes. 129f.

68 Die meisten Kommentare konzentrieren sich zu stark oder ausschließlich auf die erste Bedeutung. Die zweite ist in einem der antiken Scholien zu dieser *Phaidon*-Stelle notiert. Für den Nachweis vgl. Monique Dixsaut, Platon, *Phédon*. Présentation et traduction, Paris 1991, 371ff.

69 Vgl. Paul Natorp, *Platos Ideenlehre.* Eine Einführung in den Idealismus. Zweite, durchgesehene und um einen metakritischen Anhang vermehrte Ausgabe, Leipzig 1921, 153ff.

70 Für den Begriff »Ursache« im *Phaidon* vgl. Gregory Vlastos, Reasons and Causes in the *Phaedo* (1969), in: Ders. (Hrsg.), *Plato.* A Collection of Critical Essays. Vol. I: Metaphysics and Epistemology, Notre Dame (Ind.) 1978, 132–166.

71 Der historisch bezeugte Chairephon ist als Anhänger des Sokrates zugleich ein »Freund« des Volkes gewesen. Er war im Jahre 404 von der Tyrannis der Dreißig vertrieben worden und konnte erst nach dem Ende ihrer Herrschaft nach Athen zurückkehren. Die Berufung auf Chairephon in der *Apologie* richtet sich gegen die verbreitete Einschätzung von Philosophen als Sympathisanten der antidemokratischen Partei.

72 Vgl. dazu Bd. III, S. 106ff.

73 Vgl. Cicero, *nat. deor.* I 11: »So ist diese Methode in der Philosophie, gegen alles zu sprechen (*ratio contra omnia disserendi*) und über nichts ein sicheres Urteil abzugeben, von Sokrates ausgegangen, von Arkesilaos wieder aufgegriffen und von Karneades gefestigt worden und hat ihre Kraft bis in unsere Zeit behalten.« Vgl. Ders. *De oratore* III 67f.: »Arkesilaos [...] griff erstmals aus den mannigfachen Büchern Platons und aus den sokratischen Gesprächen besonders den Gedanken auf, es gebe nichts Bestimmtes, das man mit den Sinnen oder dem Verstand erfassen könne (*nihil esse certi quod aut sensibus aut animo percipi pos-*

*sit*). Von ihm sagt man, er habe [...] als erster angefangen – dabei war gerade das ein sokratisches Prinzip –, nicht seine eigene Auffassung darzulegen, sondern jeweils den Standpunkt zu bestreiten, den ein anderer als den seinen vertrat. Damit begann die jüngere Akademie (*Academia recentior*), in der Karneades durch eine gleichsam göttliche Beweglichkeit des Geistes (*divina quadam celeritate ingenii*) und Ausdrucksfähigkeit (*copia dicendi*) hervortrat.« Zu Ciceros philosophischer Position vgl. die Hinweise Bd. I, Anm. 297.

74 Übersetzung nach der Ausgabe München und Zürich 1990.

75 Das Gesetz ist für Sokrates gegenüber dem Einzelnen das Bessere, weil es die Lebensweise einer Gemeinschaft widerspiegelt, der jedes Mitglied sein Dasein, seine Erziehung und seine besondern Lebensmöglichkeiten verdankt (vgl. Platon, *Crit.* 50a ff.), oder von Gott her besteht, der im Vergleich zum Menschen ohnehin das bessere Lebewesen ist.

76 Zur Konstellation Sokrates-Alkibiades vgl. auch Bd. I, S. 139 f.

77 Vgl. dazu S. 26 ff. und 35 f.

78 Vgl. dafür Platon, *Phaedr.* 244a–245b.

79 Vgl. Platon, *Phaedr.* 249d ff.

80 Der Silen oder Satyr Marsyas ist im Mythos der erste Meister des Flötenspiels, näherhin des Aulos, der Doppelflöte. Athene hatte sie verärgert zu Boden geworfen, nachdem ihr klar geworden war, dass derjenige, der sie spielt, wegen seiner aufgeblasenen Backen wie ein Verrückter aussieht. Mit ihrer Abwehrgeste gegenüber diesem Instrument, das in die Welt des Dionysos gehört, steht sie für die Kultur rationaler Selbstkontrolle, der sich ihre Stadt verpflichtet weiß. Marsyas, der die von Athene verworfene Flöte aufnimmt, fordert Apoll, den ›Erfinder‹ der Kithara, zum musikalischen Wettkampf heraus, in dem der Satyr unterliegt. Er muss es dafür hinnehmen, dass ihm der Sieger bei lebendigem Leib die Haut abzieht. Auch das ist ein Bild für das Überlegenheitsbewusstsein der von Athene und Apoll bestimmten Poliskultur des 5. Jahrhunderts. Wenn Alkibiades Sokrates mit Marsyas vergleicht, so beschreibt er damit zwar richtig die Distanz, die Sokrates gegenüber Athen einnimmt, obwohl Sokrates sich für seine Lebensführung auf Apoll beruft und den Raum der Polis nicht verlässt, während Alkibiades nach dem Bild, das sich die konservativen Zeitgenossen von

ihm machen, mit dem Plan der Sizilischen Expedition die Dimension des Hybriden und Exzessiven in die Politik seiner Stadt einführt und sie dadurch zerstört.

81 Vgl. damit das zentrale Gebot des Sokrates, zuerst für sich zu sorgen und nur durch eigenes Gut-Sein für andere nützlich zu werden (Platon, *Apol.* 35c; vgl. dazu auch den Dialog *Alcibiades maior*).

82 Wegen seiner Tapferkeit sprichwörtlich gerühmter, 422 gefallener Feldherr der Spartaner im Peloponnesischen Krieg.

83 Nestor und Antenor werden in der *Ilias* wegen ihrer Redegabe und ihrer Klugheit gerühmt.

84 Das müssen ineinander verschachtelte Silensstatuen aus Ton gewesen sein, die man ähnlich wie die uns bekannten russischen Puppen öffnen konnte.

85 Vgl. dazu vor allem Solons Eunomia-Elegie. Für eine Interpretation des ihr zugrunde liegenden politischen Konzepts vgl. Michael Stahl, *Gesellschaft und Staat bei den Griechen: Archaische Zeit*, Paderborn u. a. 2003, 228ff., insbes. 244ff.

86 Diese Formulierung ist bewusst im Blick auf die platonische Prinzipientheorie gewählt, in der diese beiden Begriffe eine zentrale Rolle spielen. ›Einheit‹ meint dabei ein Prinzip der Einheitsbildung und des alleinigen Bezugs auf sich. ›Zweiheit‹ hingegen, genauer ›unbestimmte Zweiheit‹, steht für ein dynamisches Prinzip der Mannigfaltigkeitserzeugung und damit für Pluralität und den Bezug auf Anderes. In der vorliegenden Darstellung bleiben die intrikaten Sachprobleme der ›ungeschriebenen‹ Prinzipientheorie Platons unbeachtet. Die durchgängige Orientierung an den Begriffen ›Einheit‹ und ›Zweiheit‹ soll aber die Bedeutung gegenwärtig halten, die Platons Prinzipientheorie, wie im Verlauf der Darstellung noch deutlich werden wird, keineswegs nur für ihn selber hat.

87 Zu dieser Lebensgemeinschaft vgl. Görgemanns (1994) 29ff.

88 Bis ins 18. Jh. hinein ist zwischen ›exoterischer‹ und ›esoterischer‹ Lehre nicht unterschieden worden. Die Favorisierung der Dialoge beginnt mit Friedrich Schleiermacher, der sie ins Deutsche übersetzt hat. Einige seiner Gegner haben darauf mit vergleichbarer Einseitigkeit die ungeschriebene Lehre bevorzugt. Für diese Auseinandersetzungen, die heute obsolet geworden sind, vgl. Wippern (Hrsg. 1972), insbes.

die Einleitung des Herausgebers VII–XLVIII. Für eine Aufwertung der ungeschriebenen Lehre hat sich im deutschsprachigen Raum vor allem die *Tübinger Schule* (Hans Joachim Krämer, Konrad Gaiser, Thomas Alexander Szlezák) eingesetzt. Die antiken Berichte (»Testimonien«) über die *esoterische* Lehre, allerdings nur in der Originalsprache, hat Gaiser (1963) 443–557 zusammengestellt. Die wichtigsten davon sind ins Amerikanische übersetzt bei Hans Joachim Krämer, *Plato and the Foundations of Metaphysics.* A Work on the Theory of the Principles and Unwritten Doctrines of Plato with a Collection of the Fundamental Documents, Albany (NY) 1990. Die Beachtung des gegenseitigen Unterstützungsverhältnisses von *esoterischer* und *exoterischer* Lehre liegt unabhängig von der *Tübinger Schule* der Platoninterpretation von John Niemeyer Findlay zugrunde: *Plato und der Platonismus.* Eine Einführung, Frankfurt am Main 1981 (Erstausgabe New York 1978). Dem Ansatz von Konrad Gaiser, *Protreptik und Paränese bei Platon.* Untersuchungen zur Form des platonischen Dialogs, Stuttgart 1959 und Krämer (1959) folgen Giovanni Reale, *Zu einer neuen Interpretation Platons.* Eine Auslegung der Metaphysik der großen Dialoge im Lichte der «ungeschriebenen Lehren», Paderborn ²2000 (italienische Erstausgabe Mailand 1984) und Thomas Alexander Szlezák, *Platon und die Schriftlichkeit der Philosophie.* Interpretationen zu den frühen und mittleren Dialogen, Berlin / New York 1985, Ders. *Platon lesen*, Stuttgart / Bad Cannstatt 1993 und *Das Bild des Dialektikers in Platons späten Dialogen*, Berlin / New York 2004. Eine Nachwirkung der Schleiermacherschen Favorisierung der Dialoge findet man bei Wieland (1982) und Ernst Heitsch, *Wege zu Platon*, Göttingen 1992, dem federführenden Herausgeber der von der Heidelberger Akademie der Wissenschaften in Auftrag gegebenen Neuübersetzung und Kommentierung der platonischen Dialoge. Gute neuere Einführungen in die platonische Philosophie sind: Görgemanns (1994), Michael Bordt, *Platon*, Freiburg im Breisgau 1999 und Erler (2006). Grundlegend ist Erler (2007). Um die vorliegende Darstellung mit Literaturhinweisen nicht zu überlasten, verweise ich generell auf diesen Band.

89 Die Hinrichtung des Sokrates ist der allgemein akzeptierte *terminus post quem.*

90 Vgl. dafür exemplarisch den Anspruch des Strepsiades aus den *Wolken* des Aristophanes (S. 16 ff.) und den des Gorgias (S. 70, Anm. 111).

91 Für die heute allgemein akzeptierte Reihenfolge der Dialoge vgl. die übersichtliche Darstellung bei Görgemanns (1994) 37–48.

92 Platon, *Rep.* 520 d: στασιάζειν = »Bürgerkrieg führen« Vgl. ebd. 521 a: »Denn wenn die Herrschaft in der Polis etwas ist, worum man sich reißt, so muss ein solcher einheimischer und innerer Krieg die Kriegführenden selbst und die übrige Polis verderben.«

93 Vgl. dazu Platons *Phaedr.* ab 274 c. Von der reichhaltigen Literatur zum Problem der Schriftlichkeitskritik sei insbesondere auf die Arbeiten von Thomas Alexander Szlezák verwiesen. Man findet die Angaben dazu sowie zum Thema insgesamt zusammengestellt bei Erler (2007) 629 ff.

94 Es war in der Antike üblich, Briefe oder andere Texte (z. B. Dialoge) im Namen eines bekannten Autors zu publizieren, um dessen Lehrmeinungen oder Einstellungen zu verdeutlichen oder sein Verhalten zu verteidigen. Der reale Autor stand dem fiktiven in der Regel nahe oder handelte sogar in dessen Auftrag.

95 Dies ergab sich aus der Herkunft Platons aus einer der ältesten und angesehensten Familien Athens. Vgl. Erler (2006) 15 f.

96 Es handelt sich um die gewaltsame Beseitigung der Demokratie durch die Tyrannis der Dreißig im Jahre 404. Sie war die Reaktion der oligarchisch-aristokratischen Gruppierung Athens und des siegreichen Sparta auf die den Demokraten angelastete Niederlage im Peloponnesischen Krieg. Aristoteles, *Ath. pol.* 35, gibt die Vorgänge im Detail etwas anders wieder, bestätigt aber die gewaltsame Tötung von etwa 1500 demokratisch orientierten Bürgern.

97 Aus der Familie Platons gehörten Charmides und vor allem Kritias zur Tyrannis der Dreißig. Als der führende intellektuelle Kopf dieser Gruppe hat sich Kritias durch besondere Gewaltbereitschaft hervorgetan.

98 Vgl. dafür auch den Bericht der aristotelischen *Ath. pol.* 34 zur Vorgeschichte der Ereignisse des Jahres 404. Für eine kurze Übersicht über die nur schwer rekonstruierbaren Einzelheiten vgl. Jochen Bleicken, *Die athenische Demokratie*, 4. Aufl. Paderborn u. a. 1995, 86 ff. Ausführlicher: Charles Hignett, *A History of the Athenian Constitution to the End of the Fifth Century B. C.*, Oxford 1952, 268–298.

99 Vgl. dazu Anm. 4.

100 Die Tyrannis der 30 dauerte nur wenige Monate des Jahres 404.

101 Vgl. dazu Thukydides III 82 f. (*Pathologie des Krieges*).

102 Vgl. dazu Anm. 4.

103 Schleiermachers soteriologisch aufgeladene ›Erlösung vom Elend‹ ist griechisch eher ein schlichteres ›Aufhörenmachen (λῆξις)‹ des ›Schlechten‹. Dasselbe gilt für die Parallelstelle *Rep.* 473 d–e: »Wenn nicht [...] entweder die Philosophen Könige werden in den politischen Gemeinschaften oder die jetzt so genannten Könige und Machthaber (δυνάσται) wahrhaft und gründlich philosophieren und also dieses in dasselbe zusammenfällt, die politische Gestaltungsmacht (δύναμις πολιτική) und die Philosophie, [...] eher gibt es kein Aufhören der Übel (κακῶν παῦλα) in den politischen Gemeinschaften, [...] und ich denke auch nicht für das menschliche Geschlecht.«

104 Vgl. dazu DL III 18–24 und exemplarisch Görgemanns (1994) 25 ff., 31 ff.

105 Vgl. dazu Kurt von Fritz, *Platon in Sizilien und das Problem der Philosophenherrschaft*, Berlin 1968.

106 Vgl. dazu Text 23.

107 Für eine historisch angemessene und aus philosophischer Perspektive allein vernünftige Interpretation dieses so häufig missverstandenen Anspruchs vgl. Hegel (ed. 1832–1845) 19, 34 ff., Glockner 18, 193 ff.

108 Vgl. dafür exemplarisch Platon *Gorg.* 503 d–504 a: »[...] der rechtschaffene Mann (ἀγαθὸς ἀνήρ), der um des Besten willen sagt, was er sagt, der wird doch nicht in den Tag hinein reden, sondern etwas Bestimmtes vor Augen habend, so wie auch alle anderen Künstler, jeder sein eigentümliches Werk im Auge habend (ἀποβλέπων πρός τι), nicht aufs Geratewohl zugreifend hinzufügt, was er hinzufügt [das Verb προσφέρειν steht für die πρόσθεσις im Sinne der ›elementatio‹; vgl. dazu Anm. 121], sondern damit jedem das, was er ausarbeitet, eine bestimmte Gestalt (εἶδός τι) bekomme. Wie wenn du die Maler ansehen willst, die Baumeister, die Schiffbauer, alle anderen Arbeiter (πάντας δημιουργούς), welche du willst, so bringt jeder jedes, was er hinzubringt, an eine bestimmte Stelle und zwingt jedes, sich zu dem anderen zu fügen, bis er das ganze Werk wohlgeordnet und ausgestattet mit Schönem darge-

stellt hat. So diese Künstler und so auch jene anderen, von denen wir eben sprachen, die Ärzte und Turnmeister, bringen doch so den Leib zu Ordnung und Anstand (κοσμοῦσι καὶ συντάττουσιν)«. Die strukturelle Parallele zur Tätigkeit des Demiurgen im *Timaios* ist nahezu mit Händen greifbar. Er realisiert im größtmöglichen Zusammenhang das a priori gültige Strukturgesetz aller ›Kunst‹.

109 Vgl. dazu Bd. I, S. 115 ff. Einiges von dem, was dort schon zur Definition der Rhetorik gesagt worden ist, wird im Folgenden zu wiederholen sein.

110 Vgl. dazu auch Platon, *Apol.* 41 a.

111 Es wird an dieser Stelle nicht diskutiert, warum und unter welchen Voraussetzungen die eigene Freiheit nur durch Herrschaft über alle anderen zu verwirklichen ist. Vgl. dazu S. 94 f. und 101.

112 Platons Regieführung ist polemisch gefärbt. Sokrates formt die situationsbezogene Aussage des Gorgias, dass jemand, der zufälligerweise das Rechtliche und seinen richtigen Gebrauch nicht kenne, auch dies dann bei ihm lerne, in die allgemeine Aussage um, die Rhetorik könne ihre Kraft nur aus einem *Wissen* des Gerechten und Ungerechten entfalten (*Gorg.* 460 a). Die Position des Gorgias ist allerdings nur unter der Voraussetzung zwingend, dass es in Bezug auf das Gerechte, Schöne und Gute kein allgemein wirksames Wissen gibt. Mit seinem situationsbezogenen Satz verlässt Gorgias also die Rahmenbedingung für die Plausibilität des Konzepts politisch-rhetorischer Vernunft und verliert damit das Recht, sein Protagonist zu sein. Er wird deshalb zu Recht von Polos in dieser Rolle abgelöst. Die Fragen, ob das von den Anhängern des Gorgias vertretene Konzept nicht genau an der Stelle seine Stärke hat (Wirkung auf eine Menge in kurzer Zeit), an der die Position des Sokrates schwach ist, und seine Schwäche dort, wo Sokrates stark ist (Wissen des Gerechten), und was dieses Wechselverhältnis von Stärke und Schwäche in systematischer Hinsicht bedeutet, werden nicht diskutiert.

113 Durch dieses Argument (vgl. *Gorg.* 448 c) qualifiziert sich Polos zum Protagonisten für das Konzept politisch-rhetorischer Vernunft. Vgl. dazu auch ebd. 462 a. Zur Sache vgl. Bd. I, Texte 18 und 20 sowie im vorliegenden Band Text 38 mit Anm. 210 und S. 176.

114 Für eine Interpretation dieses Konzept von Dialektik ist immer noch vorbildlich: Stenzel ([2]1931). Vgl. zur Konkretisierung auch die Anm. 121.

115 Das »richtige Vermuten (στοχάζειν)« gehört nach den Kunstregeln der Rhetorik zum *status coniecturae.* Vgl. dazu Bd. I, S. 132 f. Sokrates ordnet der rhetorisch agierenden »Seele« durch ihre Bezeichnung als »mannhaft« und »entschlossen zum Vermuten« in ironischer Form genau die Tüchtigkeiten zu, denen im Konzept politisch-rhetorischer Vernunft die Schlüsselrolle zukommt. Vgl. Bd. I, S. 126 f.

116 Auch hier spielt Sokrates auf eine Voraussetzung des Konzepts politisch-rhetorischer Vernunft an: Menschen, denen Wirkliches im Modus der Unklarheit entgegenkommt, müssen über eine besonders starke Natur (φύσις δεινή) verfügen, um dafür etwas Bestimmtes setzen zu können, das die schwächeren Naturen in ihrer Umgebung so beeindruckt, dass sie sich dieser Setzung bereitwillig anschließen. Vgl. dazu Bd. I, Text 16. Man erkennt, dass Sokrates genau weiß, womit er sich auseinandersetzt, aber auch, dass er seine Auseinandersetzung in polemischer Zuspitzung führt.

117 Vgl. dafür S. 30 ff.

118 Täuschende Nachahmungen von guten und richtigen Formen sprechen allein das Begehrungs- und Vorstellungsvermögen der Seele an, das alles danach beurteilt, ob etwas angenehm wirkt oder nicht. Zum Nachahmungsbegriffs (μίμησις, imitatio) bei Platon vgl. *Rep.* II, 382 b, III, 392 c f. und vor allem Buch X sowie *Soph.* 233 d–236 c, 239 d–240 e, 265 a–267 e. Zu den verschiedenen Funktionen und Kräften der Seele vgl. S. 134 ff.

119 »Unverstand« heißt griechisch ἄ-νοια und bezeichnet das Getrenntsein der Seele von ihrer besten Kraft, nämlich von der als νοῦς (intellectus) bezeichneten Fähigkeit, umfassende Zusammenhänge gedanklich richtig aufzubauen, sie zu beurteilen und im eigenen Verhalten zu beachten.

120 Die »unverständige Sache« ist hier diejenige, die keinen Logos hat. Νοῦς (vgl. die vorherige Anm.) und λόγος sind Schlüsselbegriffe für die Tätigkeit der Vernunft, die im weiteren Verlauf des Textes mit den Verben »sich eine Übersicht verschaffen« (καταθεωρεῖν = Synopsis,

Blick auf die Einheit eines Zusammenhangs) und »unterscheiden« (διακρίνειν = Dihairesis, Blick auf die Teile eines Zusammenhangs) als Verbindung aus zwei verschiedenen Funktionen bestimmt wird (*Gorg.* 465d).

121 Bei diesem Begriff des Einfachen handelt es sich um einen Fachterminus der mathematischen Analysis komplexer Größen. Für sie muss ein Einfachheitsteil oder die Grundform (τὸ ἁπλοῦν = esse simplex) gefunden werden, also das Element, das sich nicht mehr auf eine noch einfachere Grundform zurückführen lässt (= ἄτομον εἶδος = die nicht weiter teilbare Form). Jede komplexe Größe ist die Erweiterung einer Grundform durch eine oder mehrere Zusatzformen. Man findet die Einfachheitsform einer komplexen Größe, indem man in einer gedanklichen Operation die mit ihr verbundenen Zusatzformen (προσθέσεις) Schritt für Schritt entfernt (ἀφαίρεσις), bis man die Größe erhält, ohne die der zu analysierende Zusammenhang nicht mehr bestünde. In der Mathematik trägt diese Methode den Namen ›Stoicheiosis‹ (elementatio). Sie sucht nach dem πρῶτον στοιχεῖον (elementum primum) von etwas (= Analysis, resolutio) und fügt dem weitere ›elementa‹ hinzu, bis die komplexe Größe, um die es geht, vollständig rekonstruiert ist (Synthesis, compositio). In Handlungszusammenhängen ist das *elementum primum* das Primärziel, das letzte ›Worumwillen‹ der jeweiligen Handlung. Zu dieser Methode vgl. Burkert (1959). Zur Bedeutung dieser Analyseform bei Platon, ebd. 88ff. und 109, bei Aristoteles ebd.102ff. Zu ihrer Herkunft aus der Mathematik (Euklid) ebd. 101ff. Der Zusammenhang mit den Begriffen des Kontinuums (ebd. 106ff. mit Anm. 78: τὸ ἑξῆς, Platon, *Gorg.* 454c) und der Ordnung (τάξις) wird von Burkert (vgl. ebd. 94) deutlich herausgestellt. Vgl. in diesem Zusammenhang auch Krämer ([2]1967) 150f.

122 Vgl. Platon, *Gorg.* 476b: »Wenn jemand etwas tut, muss es dann nicht notwendig ein Leidendes geben von diesem Tuenden? – Mich dünkt. – Und zwar dasselbe leidend, was das Tuende tut, und auf solche Art, wie das Tuende tut?« Vgl. ebd. 476d: »Dieses nun zugestanden, ist das Gestraftwerden ein Leiden oder ein Tun? – Notwendig [...] ein Leiden. – Also von einem Tuenden – Wie sonst? Von dem Strafenden. – Und der richtig Strafende straft gerecht? – Ja. – Gerechtes daran tuend oder

nicht? – Gerechtes. – Also der Gestrafte, dem Recht widerfährt, leidet Gerechtes? – Offenbar. – Das Gerechte, aber, haben wir zugestanden, sei auch schön? – Allerdings. – Von diesen also, tut der eine Schönes, der andere aber, der Gezüchtigte, leidet es. – Ja. – Wenn aber Schönes, dann auch Gutes [...].«

123 Vgl. Platon, *Gorg.* 469 b. Die Antwort des Sokrates auf den Satz des Polos: »wer unrechtmäßigerweise sterben muss, ist bedauernswürdig und elend«, lautet: »Weniger als der ihn tötet [...] und auch weniger als der [, welcher] rechtmäßigerweise sterben muss.« Sie ist keine einfache Negation der Behauptung des Polos, sondern bestätigt den Satz, dass der zu Unrecht bestrafte Gute »bedauernswürdig und elend« ist, nur weniger »elend« als derjenige, in dessen Seele originär eine *causa mali* wirkt.

124 Zu dieser suboptimalen Variante der *actio boni* vgl. Platon, *Gorg.* 469 b: »nicht beneidenswert« mit ebd. 478 a: »Die aber auf rechte Art strafen, tun die es nicht mit einer gewissen Anwendung der Gerechtigkeit? – Offenbar.«

125 Archelaos, Tyrann von 413 bis zu seiner Ermordung im Jahre 399, war durch eine Serie von Verwandtenmorden zur Macht gelangt (vgl. Platon, *Gorg.* 470 d). Sein Hof in Pella war zeitweise Aufenthaltsort berühmter Künstler wie des Malers Zeuxis, des in Platons *Symposion* gefeierten Tragödiendichters Agathon und des Euripides. Sokrates hingegen soll die Einladung dorthin abgelehnt haben, was Seneca (*De beneficiis* V 6, 2–7) zu der Formulierung veranlasst hat: »Derjenige, dessen Freiheit die freie Polis nicht ertragen konnte, wollte nicht freiwillig ein Sklave sein.«

126 Gemeint ist das Geschlecht der Alkmaioniden, das in der politischen Geschichte Athens eine wichtige Rolle gespielt hat. Vgl. dazu Anm. 45. Wie die sich daran anschließende Formulierung »oder welches andere Geschlecht von den hiesigen du auswählen möchtest« zeigt, verkörpert es die allgemeine Gattung der politisch einflussreichen »Häuser« in Athen.

127 Dieser Gegensatz ist der Form nach so konstruiert, dass zwischen zwei Extrempositionen keine Mitte gefunden werden kann (»Zweiheit« als reine Gegensätzlichkeit) – bei Platon immer ein Signal dafür, dass damit

die »richtige« Form für die Klärung eines Zusammenhangs (»Zweiheit« als erweitere Einheit) noch nicht gefunden ist.

128 Platon, *Gorg.* 472 c: »Ist doch auch das, worüber wir streiten, nichts Kleines, sondern fast wohl dasjenige, welches zu wissen das Schönste, nicht zu wissen aber das Unschönste ist. Denn das Wesentliche (τὸ κεφάλαιον = der ›Kopf‹) davon ist doch entweder einsehen (γιγνώσκειν) oder nicht einsehen (ἀγνοεῖν), wer glückselig (εὐδαίμων) ist und wer nicht.«

129 Vgl. Platon, *Gorg.* 492 e–493 a.

130 Zur Kooperationsform vgl. die folgenden Ausführungen.

131 Platon, *Gorg.* 481 c–d: *Sokrates*: »O Kallikles, wenn nicht dem Menschen, einigen so, anderen so, dasselbige begegnete (πάθος τὸ αὐτό), [...] , so wäre es nicht leicht, einem anderen seinen [affektiven] Zustand zu bezeichnen. Ich sage dies aber, weil ich bemerke, dass wir beide, ich und du, uns jetzt im gleichen Zustande befinden. Wir lieben nämlich beide, jeder zwei, ich den Alkibiades, des Kleinias Sohn, und die Philosophie, du den athenischen Demos und den Sohn des Pyrilampes.« Der Demos Athens ist das ›Volk‹ in politischer Bedeutung. Demos hieß auch der Sohn aus der ersten Ehe des Pyrilampes, eines wegen seines Reichtums bekannten, offensichtlich ›demokratisch‹ gesonnenen Periklesanhängers, der durch seine zweite Ehe auch Stiefvater Platons war.

132 Zu beachten ist, dass Kallikles mit diesem Argument die Voraussetzungen der Mängelwesentheorie verlässt. Das Wissen des von Natur aus Seienden, das als Herrschaft des Starken über das Schwache besteht, ist lediglich der starken Natur zugänglich. Vgl. dazu Bd. I, S. 114 f.

133 Kallikles würde dem athenischen Machtpolitiker Kleon zustimmen, der im Jahre 427, also zur Handlungszeit des *Gorgias*, eine Rede über die Behandlung des geschlagenen, zuvor zu Sparta übergelaufenen Bundesgenossen Mytilene (Lesbos) mit den Worten beginnt: »Schon so oft und bei anderen Gelegenheiten habe ich erkannt, dass die Demokratie unfähig ist, über andere zu herrschen. Denn da ihr ohne Furcht und Tücke [d. h. kooperativ] im täglichen Leben miteinander verkehrt, betragt ihr euch ebenso gegenüber euren Verbündeten« (Thukydides III 37, 1 f.). Er plädiert deshalb für die Hinrichtung der Kriegsgefangenen und aller anderen Männer Mytilenes sowie für den Verkauf der

Frauen und Kinder in die Sklaverei (ebd. III 36, 2). Für die grundsätzlich tyrannische Struktur, zu der eine auf Stabilität bedachte Herrschaft im Raum durchgängiger Machtkonkurrenz zwangsläufig tendiert, vgl. ebd. III 37, 2: »und wann immer ihr [die Athener], verleitet von ihren [der Mytilener] Worten, Fehler begeht oder aus Mitleid nachgebt, da erkennt ihr nicht, dass diese Schwäche euch nur Gefahr, aber nicht den Dank der Verbündeten bringt, und seht nicht ein, dass ihr eure Herrschaft als Tyrannis ausübt, und zwar über lauernde und widerwillige Untertanen, die euch nicht wegen eurer Wohltaten [...] gehorchen, sondern nur insoweit ihr durch eure Macht [...] die Herrschaft errungen habt.« Die von Thukydides II 63, 1–3 wiedergegebene Rede des Perikles wäre in diesem Zusammenhang ebenfalls zu beachten.

134 In Platons *Politeia* lässt Sokrates die Polis aus einem unqualifizierten »Bedürfnis« und damit aus einer dynamischen Macht des Strebens nach Gütern hervorgehen, das von normativen Bindungen frei ist. Das dann unvermeidliche Streben »nach ungemessenem Besitz« wird deshalb zur Ursache des Krieges im Sinne eines *bellum omnium contra omnes* (*Rep.* 373 d–e). Vgl. dazu Alfons Reckermann, Die Einheit der Polis als philosophisches Problem. *Pensées de l'»Un« dans l'histoire de la philosophie.* Études en hommage au professeur Werner Beierwaltes, édité par Jean-Marc Narbonne et A. R., Paris, Saint-Nicolas (Québec) 2004, 26–48, insbes. 40 ff.

135 Vgl. Platon, *Gorg.* 515 d–519 b. Die Gegner des Perikles bekämpfen ihn mit Prozessen gegen ihn selbst und gegen Personen, die ihm nahe stehen (Anaxagoras, Phidias und seine Lebensgefährtin Aspasia). Kimon (ca. 510–450), konservativ-aristokratischer Politiker, Gegner des Themistokles und erfolgreicher Stratege im attischen Seebund, wurde 461 durch das Scherbengericht (Ostrakismos) des Landes verwiesen. Miltiades, der Marathon-Sieger und Vater Kimons, wurde wegen militärischer Misserfolge zu einer Geldstrafe verurteilt, was Platon drastischer als andere Quellen wiedergibt (*Gorg.* 516 d–e). Themistokles wird um 472 durch Ostrakismos des Landes verwiesen und wegen Kooperation mit Sparta als Hochverräter zum Tode verurteilt. Er stirbt als Lehnsmann des persischen Großkönigs, dessen Vorgänger er in Salamis so eindrucksvoll besiegt hatte.

136 Vgl. dazu die Rolle des Demos in den *Rittern* des Aristophanes.

137 Zum politisch konkretisierten Gegeneinander von *arithmetischer* und *geometrischer* Gleichheit vgl. exemplarisch Isokrates, *Areopag.* 20 ff. Vgl. dazu Gregory Vlastos, 'Ισονομία πολιτική, in: Jürgen Mau und Ernst Günther Schmidt (Hrsg.), *Isonomia.* Studien zur Gleichheitsvorstellung im griechischen Denken, Berlin 1964, 1–35, ebd. 27 f. mit Bezugnahme auf Platon, *Leg.* 756 e–758 c.

138 Vgl. dazu Platon, *Prot.* 331 d ff.: »Aber doch, sprach er (Protagoras), ist ja die Gerechtigkeit der Frömmigkeit ähnlich; denn auch jedes Ding ist jedem Dinge *gewissermaßen* ähnlich. Sogar ist *auf eine gewisse Weise* das Weiße dem Schwarzen ähnlich und das Harte dem Weichen, [...] so dass du auf diese Art auch das beweisen könntest, wenn du wolltest, dass *alles einander ähnlich* ist. Aber es ist nicht recht, Dinge, die *etwas* Ähnliches haben, *gleich* ähnlich zu nennen, und die, die *etwas* Unähnliches haben, unähnlich, auch wenn sie *wenig* Ähnliches haben. Darüber verwundert, sagte ich (Sokrates) zu ihm: Verhält sich denn bei dir das Gerechte und das Fromme so gegeneinander, dass es nur *wenig* Ähnliches miteinander hat? Nicht ganz so, sprach er (Protagoras), aber doch auch nicht so, wie du zu glauben scheinst. Ei nun, sprach ich (Sokrates), weil dir dies ungelegen zu sein scheint, wollen wir dieses nur lassen [...].«

139 Die Bedeutung der im *Protagoras*, aber auch schon im *Gorgias* (vgl. den Schluss des Textes 33) angesprochenen ›Messkunst‹ lässt sich nur aus der Perspektive der esoterischen Prinzipienlehre Platons richtig verstehen. Sie wirkt über den Begriff ›Messkunst‹ am auffälligsten in die exoterische Lehre hinein. Aus diesem Grund werden Anspielungen auf Verfahren der Größenschätzung und -bestimmung in der vorliegenden Darstellung auch dann besonders hervorgehoben, wenn dies beispielsweise im Zusammenhang ethischer Fragen eine Künstlichkeit zu sein scheint.

140 Vgl. dafür Platon, *Tim.* 27 e–28 a.

141 Dafür müssten die Spätdialoge ausführlich interpretiert und mit den Berichten über die esoterische Prinzipienphilosophie in Verbindung gebracht werden. Innerhalb der Dialoge ist besonders an folgende Stellen zu denken: *Soph.* ab 253 b. Stichworte sind: »Gemeinschaft (κοινω-

νία)«, »Verflechtung (συμπλοκή)«, »Zusammenstimmen (συμφωνία)« oder »Aneinander-Teilhaben (μέθεξις)« der Ideen; *Phil.* 14c–17e, 23c–26d. Stichworte: »Einheit (ἕν, μονάς, πέρας)« und »Unbestimmtheit (ἄπειρον)« als Grenzwerte, zwischen denen bestimmte Zahlen »in der Mitte« stehen. Zudem müsste neben dem *Politikos* (insbes. 285a ff.) auch der *Parmenides* herangezogen werden. Vgl. dafür Stenzel ([2]1931). Für eine systematisch orientierte Interpretation des platonischen *Parmenides* vgl. Halfwassen (1992) und Horn (1995a).

142 Vgl. dazu S. 14ff.

143 Apollodoros wird in der *Apologie* Platons (34e) und in seinem *Phaidon* (59a–b und 117d) als Schüler des Sokrates erwähnt. Aristodemos ist nach Xenophon, *Mem. Socr.* I 4, 2 ein ansonsten unbekannter Sokratesanhänger.

144 Vgl. dazu die ›Introduction‹ des Herausgebers zu: Platon, *Le Banquet*. Présentation et traduction inédite par Luc Brisson, Paris 1998, 12ff.

145 Wenn die von Sokrates erzählte Zeit deutlich vor Beginn des Peloponnesischen Krieges liegt und Diotima den Athenern durch bloße Fernwirkung »bei einem Opfer vor der Pest zehnjährigen Aufschub der Krankheit bewirkt hat« (*Symp.* 201d), die im Jahre 430 zusammen mit dem Krieg ausbrach, so unterstellt Platon, dass Diotima eine Kraft verkörpert, die Athens gegenwärtige Schwäche hätte verhindern können. Die strukturelle Ähnlichkeit zwischen Krieg und Pest ist ausdrückliches Thema bei Thukydides II 47–53 und III 82–83.

146 *Symp.* 202c–d: Alle Götter sind »glückselig und schön«, da sie »das Schöne und Gute besitzen«. 204a: »Kein Gott philosophiert oder begehrt weise zu werden, sondern ist es.«

147 Eleusis, worauf Diotima anspielt, kennt zwei Stufen der Einweihung. Die erste lehrt, dort »heilige Dinge« zu sehen, wo man sie zuvor nicht erblicken konnte, während die zweite die höchsten kultisch verehrten Geheimnisse (τὰ τέλεα καὶ ἐποπτικά) erfahrbar macht. Vgl. dazu Riedweg (1987). Der Anfang von Text 36 markiert den Übergang von der ersten zur zweiten Weihe (ab 210e). Die in Eleusis verehrten Gottheiten Demeter und Persephone verkörpern eine agrarisch und zugleich chthonisch geprägte vorpolitische Welt der unaufhebbaren Einheit von Leben und Tod. Athen hat nur im militärischen Sieg über Eleusis zur

Polis werden können, aber als Sieger die Welt von Eleusis in den Zusammenhang ihrer eigenen Kulte aufgenommen. Die ›kleinen‹ Mysterien wurden am Rand der Stadt, die ›großen‹ in Eleusis selbst gefeiert. Im Unterschied zu den Kulten der *theologia politica* geht es in Eleusis um die individuelle Heilserfahrung der Seele durch eine Erschütterung, die von der direkten Begegnung mit der Macht des Göttlichen in seiner exzeptionellen, Tod und Leben zusammenbindenden Gestalt ausgeht. Im eleusinischen Kult wird der Raum der Polis um des Heils der Seele willen verlassen. Dem Erleuchtungserlebnis folgt jedoch die Rückkehr in die Stadt. Insofern ist Eleusis ein Modell, an dem sich Platon für seine Bestimmung des philosophischen Lebens in seinem Unterschied zur politischen Welt orientiert. Diotimas Anknüpfung an die Sprache des Eleusinischen Mysterienkults verweist auf eine Gegenwelt zur Polis.

148 Der methodisch beherrschten kontinuierlichen Bewegung (A) folgt eine diskontinuierliche, methodisch nicht antizipierbare, sprunghaft-›plötzliche‹ Bewegung (B). (A) ist zwar Voraussetzung, aber nicht der Entstehungsgrund für (B).

149 Der Satz beschreibt die Gegeninstanz zur politischen Welt, die Platon *Gorg.* 521 c als die des Erleidens und des Zufalls beschreibt. Vgl. dazu S. 96 f.

150 Das gebirgige Arkadien im Inneren der Peloponnes war das Rückzugsgebiet der von der dorischen Wanderung verdrängten mykenischen Kultur, deren legendärer Gründer Minos, der Sohn des Zeus, bei Platon als gerechter Richter den Richtern Athens gegenübergestellt wird (vgl. dazu S. 68). Stadtstaaten haben sich in Arkadien nur spät und vorübergehend entwickelt. Für die Griechen des 5. Jahrhunderts war Arkadien zwar noch nicht die »geistige Landschaft« Vergils (vgl. dazu Bruno Snell, Arkadien. Die Entdeckung einer geistigen Landschaft, in: Ders. (1975) 257–274), aber doch ein Projektionsraum für Früheres und Andersartiges.

151 Vgl. Platon, *Phaedr.* 244 a–245 b. Im *Phaidros* wendet sich Sokrates aus der Perspektive einer Kultur des »des göttlichen Wahnsinns« gegen die ökonomisch geprägte Besonnenheitskultur, die zuvor in der Liebesrede des Lysias (230 e–234 c) und in der ersten, verhüllt gehaltenen, später widerrufenen Rede (237 a–241 d) des Sokrates zum Ausdruck kommt.

152 Platon, *Symp.* 202 b–c und 202 d. Innerhalb der Gattung dämonischer Kräfte kommt Eros die Stellung eines »großen Daimon« zu.

153 Vgl. Euripides, *Hiketiden* 238 ff.: »Drei Arten Bürger bilden eine Stadt: Die reichen Drohnen immer neuer Gier; Die nie Gestillten ohne Hab und Gut, Gefährlich, neidisch, immer hasserfüllt, [...] Das Volk der Mitte, jeder Polis Glück, das feste Ordnung gibt und treu beschützt.« Vgl. damit auch Euripides, frg. 21 (Nauck): »Meint ihr, ihr könntet auf Erden wohnen, wenn ein ganzes Volk von Armen seine eigene Stadt aufmacht ohne die Reichen? Edel und gering lassen sich nicht trennen, sondern für das Wohlbefinden bedarf es einer Mischung (σύγκρασις).« Vgl. dazu auch die Bemerkungen des Sokrates zum Zerfall einer Polis in die gegensätzlichen Städte der Armen und der Reichen: Platon, *Rep.* 422 e–423 c.

154 Für die Distanz zur anthropologischen Mängelwesentheorie und zur von ihr favorisierten Bewegung der Selbsterhaltung vgl. *Symp.* 205 e: »Denn nicht das Ihrige (τὸ ἑαυτῶν) lieben sie (ἀσπάζονται), [...] es müsste denn einer das Gute das Angehörige nennen und das Seinige (τὸ μὲν ἀγαθὸν οἰκεῖον καὶ ἑαυτοῦ), das Schlechte aber Fremdes (τὸ δὲ κακὸν ἀλλότριον). So dass es nichts gibt, was die Menschen lieben (ἐρῶσιν), als das Gute.«

155 Diotima unterscheidet zwischen einer Form der Identität, die in der Welt des Werdens wirksam ist, sich in der Zeit verwirklicht und ihre individuellen Teile durch ähnliche ersetzt, und der Form göttlicher Identität, die »durchaus immer dasselbe« ist (*Symp.* 208 a f.: τὸ αὐτὸ ἀεὶ εἶναι).

156 Vgl. dazu Text 37 mit Anm. 198.

157 Für analoge Formulierungen zur Bezeichnung des besonderen Seins der Ideen in Platons *Phaidon* vgl. S. 42. Vgl. damit auch Bd. I, S. 45 f.

158 Natürlich enthält auch die kategoriale Rede Negationen wie »x ist nicht an diesem Ort, nicht zu diesem bestimmten Zeitpunkt etc.«, während die »reine« Negation ihren ›Gegenstand‹ jeglicher Bestimmbarkeit durch kategoriale Prädikate entzieht.

159 Mit diesem Gedanken eignet sich Platon an, was bereits der Mythos (Hesiod), aber auch Heraklit und Parmenides als das Betreten und Überwinden der Schwelle zwischen Tod und Leben beschrieben ha-

ben. Auch die ›verwandelnde Erfahrung‹ im Sinne der eleusinischen Mysterienreligion hat damit zu tun. Vgl. dafür Burkert ([3]1994) 82 ff.

160 Vgl. dazu die Anm. 118.

161 Vgl. damit die Reflexion auf die Beziehung zwischen dem Schönen selbst als dem für uns »Hervorleuchtendsten« und der Idee des Guten als der Spitze des Vernünftigen (φρόνησις), von der uns kein so »helles Ebenbild dargeboten« wird, in Platons *Phaidros* 250 d. Damit ist die Bestimmung des Schönen als der »Wohnung« des Guten im *Philebos* zu vergleichen: Im Schönen ›wohnt‹ als ›Gemischtes‹, was im Guten ›ungemischtes Leben‹ ist (*Phil.* 61 b). Auch hier geht es wieder um das Verhältnis von absoluter Einartigkeit (Idee des Guten) und einer ganz auf sie bezogenen und deshalb reichhaltigen ›Zweiheitlichkeit‹, die als Idee des Schönen für alles, was aus ihr hervorgeht, wiederum ›Einartigkeit‹ ist. Als dritte Stelle nenne ich *Rep.* 509 a mit der Bestimmung des Guten als ›überschwänglicher Schönheit (ἀμήχανον κάλλος)‹.

162 Vgl. dazu Text 28, S. 63.

163 Zu Beginn des *Phaidros* spricht Sokrates über die »unendlich vielen und unbegreiflichen, wunderbaren Wesen« des Mythos (Kentauren, Gorgonen und Pegasen), die nicht auf eine einheitliche Gestalt zurückgeführt werden können, und nimmt von daher das Gebot des Delphischen Spruchs (»Erkenne dich selbst«) mit der Frage auf, »ob ich etwa ein Ungeheuer bin, noch verschlungener gebildet [...] als Typhon oder ein milderes einfacheres Wesen, das sich seines göttlichen und edlen Teils von Natur erfreut« (229 d–230 a). Diese Frage bezieht sich natürlich nicht allein auf Sokrates, sondern auf das allgemeine Wesen der menschlichen Seele, die das besondere Thema des *Phaidros* darstellt.

164 Vgl. dafür Platon, *Rep.* 369 b: »Es entsteht [...] eine Stadt, wie ich glaube, weil jeder einzelne von uns sich selbst nicht genügt, sondern gar vieles bedarf.« Die Polis entwickelt sich von diesem Anfang aus (369 c: ἀρχή) über eine daran kontinuierlich anknüpfende Mittelzone – die wichtigsten Markierungspunkte sind: ›notdürftigste Stadt‹ (369 d), ›noch nicht sehr groß, aber auch nicht mehr klein‹ (370 d–e), ›Zufuhr von auswärts‹ (370 e), ›wahre und gleichsam gesunde Stadt‹, ›üppige‹ und ›aufgedunsene Stadt‹ (372 e) und ›immer größer werdende Stadt‹ (373 b, d) – einen Endzustand erreicht, in dem sie »die Grenze des Notwendi-

gen überschreitend nach ungemessenem Besitz (κτῆσις ἄπειρος)« strebt.

165 Man erkennt hinter dieser Regel die Gestaltungskraft der *iustitia distributiva*, die sich an der Form *geometrischer* Gleichheit orientiert.

166 Mit der »Weisheit (σοφία)« als der »Einsicht (ἐπιστήμη)«, die den gerechten Handlungen »vorsteht«, wird auf das Wissen der Idee des Guten angespielt. Vgl. dazu die folgende Anm.

167 Platon, *Rep.* 505a–b: » [...] dass die Idee des Guten der wichtigste Gegenstand des Wissens ist (μέγιστον μάθημα), hast du schon vielfältig gehört, durch welche erst das Gerechte und alles, was sonst von ihr Gebrauch macht (τἆλλα προσχρησάμενα), nützlich und heilsam wird. [...] Wenn wir sie aber nicht kennen, weißt du auch wohl, dass, wenn wir ohne sie auch alles andere auch noch so gut wüssten, es uns doch nicht hilft, [...] Oder meinst du, es helfe uns etwas, alle Habe zu haben, nur die gute nicht? Oder alles zu verstehen ohne das Gute [...]?« Die Idee des Guten ist für Platon das *esse simplex* par excellence, so dass es aus sich als einartig Schönes im Sinne des *Symposion* wirkt. Das Gerechte und das Wissen sind seine wichtigsten Zusatz- oder Realisierungsformen. Seine Einheitlichkeit überträgt sich dadurch auf eine Zweiheitlichkeit, die vom Guten den »Gebrauch« macht, durch den das ihr Zugehörige (Gerechtigkeit, Wissen) »nützlich und heilsam« wird.

168 Zur Bedeutung des Zustands der Seele für ihr Wirklichkeitsverständnis vgl. im vorliegenden Buch die Darstellung der Auseinandersetzung zwischen Kallikles und Sokrates in Platons *Gorgias* S. 93 f. mit Anm. 131.

169 Das ist genau die Situation, die zu Beginn des Höhlengleichnisses beschreiben wird.

170 Vgl. dazu *Phaidon* 99e–100a (Text 25) und S. 41.

171 Platon, *Rep.* 511 e: Ordne die Teile der Linie und damit die ihnen zugewiesenen seelischen Zustände »nach dem Verhältnis, dass soviel das, worauf sie sich beziehen, an der [nicht dem Werden unterliegenden] Wahrheit teilhat, soviel auch jedem von ihnen an Gewissheit zukomme.«

172 Vgl. dazu S. 142 f.

173 Damit ist nicht die Wissenschaft der Arithmetik, sondern ein einfaches Herstellen von Beziehungen zwischen Verschiedenem gemeint, das

grundsätzlich auf zahlhafte Strukturen zurückgreift. Vgl. in diesem Zusammenhang auch die Ausführungen des vorliegenden Buches zum Voranschreiten ›von einem zu zweien und von zweien zu allem‹ in der Diotima-Rede des *Symposion* Text 36 und S. 119.

174 Vgl. dazu auch S. 48f. und Text 36 (211 d).

175 Sokrates bedient sich hier des Verbs ἐμποιεῖσθαι, das deutlich genug auf das insbesondere von Gorgias vertretene Konzept rhetorischer Vernunft verweist. Vgl. dazu Bd. I, Text 16.

176 Vgl. dafür Bd. I, S. 126 und 144.

177 Bei der Entwicklung vom »notwendigen (522e: μάθημα ἀναγκαῖον)« und insofern »kleinsten« oder »einfachsten« zum »größten Wissen« (505a, wiederholt 519c: μέγιστον μάθημα) muss das Wissen eine mittlere Ebene durchschreiten, und diese muss ein unproblematisch zugängliches Wissen enthalten, das die Seele »von dem Werdenden zu dem Seienden« ›zieht‹ (521d: μάθημα ψυχῆς ὁλκὸν ἀπὸ τοῦ γιγνομένου ἐπὶ τὸ ὄν).

178 Platon, *Rep.* 523c–d: In Bezug auf einen Finger, der als Finger wahrgenommen wird, ist es »ganz einerlei, ob man ihn in der Mitte sieht oder am Ende und ob er weiß ist oder schwarz, stark oder dünn und was noch mehr dergleichen; denn durch alles dieses wird die Seele der meisten nicht gezwungen, die Vernunft (νόησις) weiter zu fragen, was wohl ein Finger ist; denn nirgends hat ihr das Gesicht gezeigt, dass ein Finger auch das Gegenteil von einem Finger ist.«

179 Für die Definition der Philosophie als Maieutik vgl. Platon, *Theaet.* 150b ff. Die Lehre vom Wissen als Erinnerung ist das besondere Thema in den Dialogen *Menon* und *Phaidon.* Sie wird aber auch im *Phaidros* und in der *Politeia* vorausgesetzt. Für die wichtigsten Stellen vgl. Ludger Oeing-Hanhoff, ›Anamnesis‹, HWPh 1, 263–266.

180 Vgl. dazu S. 128ff.

181 Vgl. dafür das Sonnengleichnis Platon, *Rep.* 509b: »dass dem Erkennbaren nicht nur das Erkanntwerden von dem Guten komme, sondern auch das Sein und Wesen habe es von ihm, [...] .«

182 Zum Problem der der theologischen Bestimmung der Idee des Guten bei Platon vgl. Erler (2007) 464ff.

183 Für diese Formulierung bei Hesiod vgl. Bd. I, Text 2, Vers 46.

184 Es ist Ausdruck systematischer Notwendigkeit, dass Aristoteles die Bestimmung der Theorie im Zusammenhang der praktischen Philosophie (vgl. *EN* X 6–9 und *Pol.* VII 3), d.h. als Antwort auf die Frage nach der besten Form des menschlichen Lebens entwickelt. Er verwendet den Begriff πρᾶξις in vielfach nuancierter Bedeutung. Für uns ist wichtig, dass er damit einmal das menschliche Handeln im engeren Sinn bezeichnet, das Entschlusskraft (προαίρεσις) als seinen Grund voraussetzt, und das andere Mal den Lebensvollzug insgesamt. Es geht an dieser Stelle ausschließlich um diesen zweiten Begriff von Praxis.

185 Auch bei Aristoteles ist eine *exoterische* (hauptsächlich Dialoge in der Nachfolge Platons) von einer *esoterischen* Lehre zu unterscheiden. Daneben haben er und seine Mitarbeiter Material hauptsächlich für geographische, meteorologische, biologische, historische, philosophiegeschichtliche und politische Sachuntersuchungen gesammelt. Von den exoterischen Schriften konnte lediglich der *Protrepticus* im 19. Jh. rekonstruiert werden. Vgl. Ingemar Düring, Einleitung zu: *Der Protreptikos des Aristoteles*, Einleitung, Übersetzung und Kommentar von I. D., Frankfurt am Main 1969 (³1993), 7–20. Von den Materialsammlungen wurde 1879 die *Athenaion Politeia* bis auf ihren nur fragmentarisch erschließbaren Anfang vollständig wiedergefunden. Die Einteilung der Lehrschriften in die Themenfelder Logik, Ethik und Physik, die sich an spätantiken, insbesondere stoischen Schulzusammenhängen orientiert, geht auf den um 70 v. Chr. in Rom als Oberhaupt einer an Aristoteles orientierten Schule tätigen Andronikos aus Rhodos zurück. Für eine Übersicht über die Werktitel des Aristoteles und ihre Anordnung zum *Corpus Aristotelicum* vgl. Buchheim (1999) 175–178. Zur komplizierten Überlieferungsgeschichte der Texte: Düring (1966) 32 ff. und Flashar (2004) 178 ff. und 632 f. (zu Andronikos).

An Einführungen in die Philosophie des Aristoteles seien neben Düring (1966) und Flashar (2004) genannt: Walter Bröcker, *Aristoteles*, Frankfurt am Main 1964 (führt im Ausgang vom Begriff der Bewegung in einer gut nachvollziehbaren Weise in die Grundform des aristotelischen Denkens ein) sowie die neueren Darstellungen von Buchheim (1999), Höffe (1996) und Rapp (2001). Ein gutes Hilfsmittel für das Verständnis der aristotelischen Begrifflichkeit ist Höffe (Hrsg. 2005).

186 Aristoteles, in Stageira (Chalkidike) als Sohn einer promakedonischen Arztfamilie geboren, war als Siebzehnjähriger 368 in die Platonische Akademie eingetreten und hat ihr wahrscheinlich bis zum Tod ihres Gründers angehört. Nach Zwischenstationen bei dem Platonschüler Hermias (Tyrann der lydischen Städte Atarneus und Assos) und in Mytilene auf Lesbos wurde er 343/42 von Philipp II. von Makedonien zum Erzieher seines Sohnes Alexander berufen. Nach der Ermordung Philipps II. (336) ist Aristoteles erneut nach Athen gegangen. Dort hat er, nachdem Xenokrates als Nachfolger des Platon-Neffen Speusipp (340) zum Oberhaupt der Akademie gewählt worden war, im Gymnasion des Lykeion gelehrt und geforscht. Nach dem Tod Alexanders d. Gr. 323 hat er sich (wegen des befürchteten Ausbruchs antimakedonsicher Stimmungen oder wegen einer drohenden Asebie-Klage?) nach Chalkis auf Euböa begeben und ist dort etwa ein Jahr später gestorben. Zur Biographie des Aristoteles vgl. Düring (1966) 2 ff.

187 Vgl. dafür Jens Halfwassen, ›Substanz‹, HWPh 10, 495–507. Der Sprachgebrauch Platons wird so vorgestellt, dass man darin wesentliche Vorgaben für Aristoteles erkennen kann. Zum aristotelischen Substanzbegriff vgl. ferner Marx (1972) und Rapp (Hrsg. 1996).

188 Aristoteles, *Met.* XII 1, 1069 a 18.

189 Aristoteles verwendet zur Bezeichnung der οὐσία auch den Begriff τὸ ὑποκείμενον (»das Zugrunde-Liegende«) oder eigene künstliche Wortprägungen wie ὂν ᾗ ὄν (»Seiendes, insofern es seiend ist«; vgl. hier Text 37 = *Met.* IV 1, 1003 a 21 und 24) oder das unübersetzbare τὸ τί ἦν εἶναι (vgl. dazu die Diskussion von Übersetzungsvorschlägen bei Hermann Weidemann, Zum Begriff des *ti ên einai* und zum Verständnis von *Met.* Z 4, 1029 b 22–1030 a 6, in: Rapp (Hrsg. 1996) 75–103, insbes. 76–83). Der lateinische Begriff *substantia* übersetzt den Ausdruck τὸ ὑποκείμενον. Aristoteles verwendet diesen Begriff häufig zur Bezeichnung einer materiellen Substanz, so dass es von daher nahe liegen könnte, die substantielle Form als eine dinghafte Entität misszuverstehen. Die lateinische Normalübersetzung für οὐσία ist *essentia*. Wirkungsgeschichtlich setzt sich allerdings der Terminus *substantia* durch. Für eine erste Übersicht über die aristotelische Lehre von der οὐσία ist hilfreich: Düring (1966) 612 ff. Ich gehe in meinen Überlegungen nicht

darauf ein, dass Aristoteles auch das konkret existierende Einzelding als »Wesenheit« bezeichnen kann, um damit auszudrücken, dass ›Wesenheit‹ nicht nur einfach Grund, sondern Grund für Einzelnes ist, insofern es in gewisser Hinsicht ›letzte‹, nicht weiter reduzierbare Einheit ist. Vgl. dazu die Bestimmung des Kallias- und Sokrates-Seins als individueller Substanz in Text 38, 981 a 19 ff. Literatur dazu: Düring (1966) 613 und 621, Michael-Thomas Liske, ›ousia / Wesenheit, Substanz‹: Höffe (Hrsg. 2005) 410–419 und Christof Rapp, »Kein Allgemeines ist Substanz«, in: Ders. (Hrsg. 1996) 157–191 (zu Aristoteles, *Met.* Z 13, 14–16).

190 In einem Fragment aus dem verlorenen Dialog »Über das Gebet« hat Aristoteles ausdrücklich die Frage gestellt, ob Gott als das Erste und Beste im Seienden »Vernunft (νοῦς)« ist oder etwas »jenseits von Vernunft (ἐπέκεινά τι τοῦ νοῦ)«, Frg. 49 (Rose). Zur Interpretation Krämer ([2]1967) 135 f., 216 f., 376 ff. und Jean Pépin, Über das Gebet (1968), in: Paul Moraux, Hrsg., *Frühschriften des Aristoteles.* Wege der Forschung 224, Darmstadt 1975, 325–350.

191 Aristoteles, *Phys.* II 1, 192 b 13 ff. Vgl. auch *Met.* V 4, 1015 a 13 ff.

192 Vgl. dazu Ritter (1953) und Hans-Georg Gadamer, *Die Idee des Guten zwischen Plato und Aristoteles.* Sitzungsberichte der Heidelberger Akademie der Wissenschaften, Philosophisch-Historische Klasse; Jg. 1978, Abh. 3.

193 Die für uns in Form römischer Kopien erhaltenen Portraitbüsten, die schönste des Platon steht heute in der Münchener Glyptothek und die des Aristoteles im Wiener Kunsthistorischen Museum, gehen auf Bildnisstatuen zurück, die man möglicherweise bereits zu ihren Lebzeiten oder kurz nach ihrem Ableben in der Akademie bzw. im Gymnasion des Lykeion aufgestellt hat.

194 Vgl. dazu Paul Zanker, *Die Maske des Sokrates.* Das Bild des Intellektuellen in der antiken Kunst, München 1995, 70 ff.

195 Zum Titel »Metaphysik«, den Aristoteles selbst nicht kennt, der aber auf eine vielleicht schon von ihm eingeführte und von ihm aus auch philosophisch begründbare Anordnung seiner Lehrschriften für den Unterrichtszusammenhang zurückgeht, vgl. Hans Reiner, Die Entstehung und ursprüngliche Bedeutung des Namens Metaphysik (1954), in: Fritz-Peter Hager (Hrsg.), *Metaphysik und Theologie des Aristoteles.*

Wege der Forschung 206, Darmstadt 1969, 139–174 und Philip Merlan, Metaphysik: Name und Gegenstand (1957), ebd. 251–265 sowie Düring (1966) 591 f. Zu Aufbau und innerer Ordnung dieses Lehrvortrags vgl. Rapp (1996) 3 ff., Flashar (2004) 239 ff. und Bordt (2006) 10 ff.

196 Eigene Übersetzung.

197 Wie Platon verfährt auch Aristoteles in seiner Terminologie großzügiger als wir das gewohnt sind. Beiden liegt daran, das, was sie meinen, mit verschiedenen Ausdrücken zu umschreiben, um es so für andere besser nachvollziehbar zu machen. Aristoteles hätte an dieser Stelle auch den Begriff »Substanz (οὐσία)« verwenden können, erfindet dafür aber einen eigenen Kunstbegriff »Sein, insofern es seiend ist«, um die Selbstbezüglichkeit substantiellen Seins herauszustellen. Etwas später (a 27 f.) verwendet er dafür den Begriff φύσις, also einer »Natur«, die das Prinzip ihres Seins in sich selbst besitzt und sich darin auf sich bezieht. Der Begriff οὐσία wird 1003 b 6 verwendet. Alle diese Bezeichnungen werden mit den Begriffen des Einen (a 33: ἕν, vgl. b 13 und 15), des Ersten (b 16: τὸ πρῶτον), des Prinzips (b 6: ἀρχή, vgl. b 18) und der Ursache (a 31: αἰτία, vgl. b 18) verbunden, aber so, dass »höchste« und »erste Ursachen« (a 26 f. und 31) besonders herausgestellt werden. Im 5. Buch der Metaphysik werden diese Begriffe (*Prinzip*, *Ursache*, *Natur*, *Eins*, *Wesenheit*) genauer bestimmt. Die innere Entwicklungsgeschichte des aristotelischen Substanzbegriffs bleibt in im Folgenden außer Betracht. Vgl. dafür außer den in Anm. 187 und 189 genannten Lexikonartikeln: Höffe (1999) 175 ff., Buchheim (1999) 83 ff., Rapp (1996) und Ders., Substanz als vorrangig Seiendes (Z 1), in: Rapp (Hrsg. 1996) 27–40.

198 Es geht Aristoteles nicht nur um die Betonung der internen Pluralität von Aussageformen, sondern um deren Zuordnung zur Einheit *einer* bestimmten ›Natur‹ oder ›Wesenheit‹. Man kann das auch als Interesse am Vorrang der Kategorie der Substanz vor den anderen Kategorien bezeichnen. Vgl. dazu Marx (1972). Den Begriff ›Kategorie‹ gewinnt Aristoteles aus der Sprache des institutionalisierten Gerichtswesens. Er bezeichnet dort die Anklageschrift, die bestimmte Handlungen klassifizieren muss, damit sie korrekt beurteilt werden können (Was ist geschehen? Wer ist der Täter? Wo, womit, wann, warum, unter welchen

Umständen, mit welchem Ziel etc. ist etwas geschehen?). Für die am deutlichsten durchsystematisierte Darstellung der Kategorienlehre vgl. Aristoteles, *Cat.* 1b 25ff. und *Top.* I 9, 103b 20ff. Der Kategorie der Substanz folgen dort die der Quantität, Qualität, Relation, des Ortes, der Zeit, der Lage, des Habens sowie des Wirkens und Leidens. Zur Kategorienlehre des Aristoteles sind immer noch die folgenden Arbeiten wichtig: Ernst Kapp, *Die Kategorienlehre in der aristotelischen Topik* (1920), in: Ders., *Ausgewählte Schriften*, hrsg. von Hans und Inez Diller, Berlin 1968, 215–253, und Kurt von Fritz, Der Ursprung der aristotelischen Kategorienlehre (1931), in: Fritz-Peter Hager (Hrsg.), *Logik und Erkenntnistheorie des Aristoteles.* Wege der Forschung 226, Darmstadt 1972, 22–79.

199 Die Kursivierung soll auf eine Gedankenfigur hinweisen, die für Aristoteles zentral ist.

200 Dieses Betrachten heißt θεωρεῖν und ἐπισκοπεῖν (1003a 23) und meint den Blick auf einen Zusammenhang und seine interne Gliederung.

201 Wörtlich übersetzt: das, was ihm zugrunde liegt (1003a 21) oder mit ihm so eng ›zusammengegangen‹ ist (τὸ συμβεβηκός), dass es mit ihm als Einheit vorliegt (1003a 25).

202 Es ist eine alte Streitfrage, ob die aristotelische Metaphysik als *metaphysica generalis* aufzufassen ist, wofür diese Textstelle spricht (die formale Allgemeinheit des Seins als ihr besonderer Gegenstand), oder als *metaphysica specialis*, die sich dem Sein der besten Substanzen und insbesondere der göttlichen Substanz zuwendet. Man könnte hier auch von der Frage nach dem Verhältnis von Ontologie und Theologie sprechen. Sie bilden für Aristoteles eine notwendige Einheit, weil das Thema der allgemeinen Formen des Seins die Frage nach besonderen Arten und nach der besten Realisierung des allgemeinen Seins einschließt. Für eine Kurzdarstellung dieses Problems mit Blick auf die wichtigste Literatur vgl. Flashar (2004) 333ff.

203 Vgl. dafür S. 149f.

204 Vgl. dafür Burkert (1959).

205 *Met.* V 3, 1014a 26ff: »das, von dem her einem Etwas ein Erstes darin Enthaltenes zugrunde liegt, das der Art nach nicht weiter in etwas davon Verschiedenartiges geteilt werden kann.«

206 Die vier wichtigsten Bedeutungen von ›Ursache‹ sind (vgl. *Met.* V 2, 1013a 24–1014b 25): 1. die *causa efficiens* oder Wirkursache (der Hersteller von etwas), 2. die *causa formalis* (εἶδος oder γένος): das, was einer Sache eine bestimmte Gestalt verleiht, z. B. das Menschsein im Unterschied zum Tiersein, 3. die *causa materialis* (ὕλη): die Materie, aus der etwas besteht, und 4. die *causa finalis* (τέλος): das Ziel, das Worumwillen von etwas.

207 Vgl. dazu *Met.* IX 1–8 und hier S. 214f.

208 Vgl. dazu *Met.* VII 7, 1032a 12ff. und XII 3, 1070a 6f.

209 Übersetzung in Anlehnung an Hermann Bonitz.

210 Bezugnahme auf Platon, *Gorg.* 448 c.

211 *EN* VI 3, 1139b 14ff.

212 Vgl. Platon, *Prot.* 341e ff. mit Bezug auf den hauptsächlich als Chorlyriker tätigen Dichter Simonides von Keos (556–466), Frg. 5 (*Poetae lyrici graeci* ed. Bergk). Vgl. damit auch *EN* X 7, 1077b 32ff., wo Aristoteles den Rat verwirft, »als Mensch (nur) menschliche Dinge und als Sterblicher nur Sterbliches bedenken« zu sollen. Eine weitere Fundstelle für diesen Rat, der als Warnung vor dem Fehler des Übermaßes (ὕβρις) in den Kontext der Tragödie gehört, ist Sophokles, Frg. 590, ed. Pearson.

213 Ein keineswegs erst von Platon erfundener Satz; vgl. Solon, Frg. 21 (ed. Diehl).

214 Den Ausdruck »theologische Wissenschaft (ἐπιστήμη θεολογική)« verwendet Aristoteles *Met.* VI 1, 1026a 10–23 und XI 7, 1064a 33–1064b 6, also bezeichnenderweise im Zusammenhang der Diskussion über die Frage, welche unter den theoretischen Wissenschaften (Mathematik, Physik, Theologie) die beste ist. Vgl. dazu S. 207f. und Anm. 266. Die theologische heißt auch »erste Wissenschaft« (*Met.* XI 4, 1061b 30: πρώτη ἐπιστήμη, scientia prima) und »erste Philosophie« (*Met.* XI 4, 1061b 19: πρώτη φιλοσοφία, philosophia prima).

215 Das Streben nach Wissen (εἰδέναι oder γνωρίζεσθαι) wird durch die regelmäßige Verwendung des verbalen Ausdrucks γίγνεσθαι ἐκ ... (entstehen aus ...) als kontinuierliche Bewegung charakterisiert.

216 Weil »Ziel« im Griechischen τέλος heißt, wird diese Bewegung als teleologisch bezeichnet. Vollkommene Verwirklichung (ἐνέργεια) ist deshalb auch ἐντελέχεια (Entelechie): das im Ziel sein.

217 Die darin wirksame Intention muss keineswegs von einem planenden Bewusstsein abhängen, sondern kann auch Ausdruck einer natürlichen Regel sein. Im aristotelischen Streben nach etwas kann man eine Variante des allgemeinen Strebens nach Gutem erkennen, das schon bei Platon eine fundamentale Rolle spielt.

218 Vgl. dazu Bd. I, S. 131–135.

219 Der Begriff »Liebe zu« meint nicht mehr als »Interesse an«. Es könnte wie zuvor das »Streben nach Wissen« auch mit dem Substantiv ὄρεξις umschrieben werden. Von daher muss man den im Deutschen anspruchsvoller konnotierten Begriff »Liebe (ἀγάπησις)« etwas prosaischer im Sinne eines spontan auftretenden und deshalb »natürlichen« Interesses verstehen.

220 Man könnte zu Recht von einer Ordnung (τάξις) im Sinne des platonischen Sokrates sprechen, die zu jeder »Gattung« des Seienden gehört, die ihre Einheit über bestimmte »Arten« realisiert. Wenn man die »Art« dadurch findet, dass man zur Gattungsbezeichnung eine *differentia specifica* hinzufügt, wird die Gattung wie eine Grund- oder Einfachheitsform (»Wahrnehmung«) behandelt, die man durch Zusatzformen (»Gehörs-, Geschmacks-, Gesichtswahrnehmung« etc.) konkretisiert. Aristoteles orientiert sich für seine Analyseverfahren also an seinem Lehrer Platon und den von ihm in die Akademie eingeführten Üblichkeiten. Vgl. dafür S. 82 mit Anm. 121 sowie in Bezug auf Aristoteles insbesondere Krämer ($^2$1967) 140 ff.

221 Aristoteles thematisiert an dieser Stelle nicht die erkenntnistheoretische oder anthropologisch-biologische Bedeutung der Wahrnehmung (Einwirkung auf das Sensorium des menschlichen Körpers, deren Verarbeitung zur Einheit einer Wahrnehmung, ihre Präsenz im Bewusstsein etc.). Vgl. dazu Aristoteles, *De anima*, insbes. Buch II.

222 Auch hier verwendet Aristoteles regelmäßig den verbalen Ausdruck γίγνεσθαι ἐκ (entstehen, sich entwickeln aus ...). Vgl. Anm. 215.

223 Vgl. 980 b 29 f.: »Viele Erinnerungen an dasselbe schließen sich zur Wirkungskraft einer einzigen Erfahrung (δύναμις μιᾶς ἐμπειρίας) zusammen« – oder »finden ihr Ziel (ἀποτελοῦσιν) darin, dass sie als einheitliche Erfahrung wirken.«

224 »Wissenschaft (ἐπιστήμη)« und »Kunst (τέχνη)« sind die beiden ers-

ten und wichtigsten Realisierungsformen methodischer Kompetenz, die Aristoteles mit dem Begriff »Überlegung (λογισμός)« umschreibt.

225 In jedem »Gedanken (ἐν-νόη-μα)« sind bereits, zumindest latent, prägende Anteile des νοῦς als der höchsten Form des Vernünftigseins enthalten. Zu diesem Begriff vgl. S. 224ff.

226 Erfahrung ist grundsätzlich »Erkenntnis (γνῶσις) des Besonderen (981 a 16: τῶν καθ' ἕκαστον)«, »Erkenntnis« grundsätzlich eine Annahme, die Ähnliches zu einer Einheit zusammenfasst (981 a 6f.: μία περὶ τῶν ὁμοίων ὑπόληψις). Wissenschaft und Kunst sind der Erfahrung insofern ähnlich (vgl. 981 a 1f.), als auch sie mit Hilfe einer Annahme Ähnliches zu einer Einheit zusammenfassen, wobei diese Annahme auf einer *begrifflichen* Form beruht und damit eine *allgemeine* Regel festhält. Insofern kann Aristoteles »Wissenschaft« und »Kunst« auch als »Erkenntnis des Allgemeinen (981 a 16: γνῶσις τῶν καθόλου)« bezeichnen. Die »Annahme über Ähnliches« markiert die Grenze zwischen »Wahrnehmung« und »Denken«. Vgl. dazu: *An.* III 3, 427b 14ff.

227 Das gilt nicht für eine andere Art der Gattung »Wissenschaft«, die wie die Mathematik oder die Physik ausschließlich auf allgemeine Formen bezogen ist.

228 Vgl. dafür auch die Zusammenfassung am Schluss des ersten Abschnitts von Text 38: 981 b 30ff.

229 Man kann im Rückblick auf die Analysemethoden der platonischen Philosophie gut erkennen, dass Aristoteles seinen Gedanken in zweifacher Weise aufbaut. In der Orientierung am Subtraktionsverfahren der Dihairesis wird das allgemeine Streben nach Gütern als ein teilbares Ganzes gesetzt, von dem zunächst das Streben nach Wissen, von diesem das Streben nach dem Wissen von Ursachen und Gründen und davon wieder das Streben nach dem Wissen um seiner selbst willen abgetrennt wird. Zu demselben Resultat kommt ein Additionsverfahren, an dessen Anfang der erste Teil steht, der von der größeren Einheit des Strebens nach Gütern als erster abgetrennt worden ist, und der dann (= Streben nach Wissen) durch die Hinzufügung des Strebens nach dem Wissen von Gründen und nach dem Wissen um seiner selbst willen erweitert wird.

230 »Alle« bedeutet in solchen Zusammenhängen nicht »jeder Einzelne«, sondern die Allgemeinheit eines sozialen Zusammenhangs oder einer Kultur.

231 Dass Aristoteles sich bei seinen Überlegungen zur Dimension des Wissens nicht an spezifisch philosophischen, sondern an »allgemeinen Annahmen« orientiert, macht er an mehreren Stellen in Text 38 deutlich: 980a 31: νομίζομεν, 981b 10: ἡγεῖσθαι, b 19 und 29: ὑπολαμβάνεσθαι.

232 Vgl. dazu Text 9b).

233 Vgl. dazu die Unterscheidung zwischen dem ›Früheren‹ und dem ›Späteren‹ in Text 39.

234 Vgl. dazu S. 82ff. mit Anm. 121 und S. 139ff.

235 Die platonischen Vorgaben dieser Überlegung des Aristoteles sind mit den Händen zu greifen. Vgl. dafür S. 149ff.

236 Vgl. dazu die Vorgabe bei Platon, *Theaet.* 155d: » [...] gar sehr ist dies der Zustand (πάθος) eines Freundes der Weisheit, die Verwunderung; ja es gibt keinen anderen Anfang der Philosophie als diesen.« Vgl. ebenso Aristoteles, *Rhet.* I 11, 1371a 3: »Auch Lernen und sich Verwundern sind meistens angenehm, denn das sich Verwundern ist Begierde zum Lernen.«

237 In der Auseinandersetzung mit dem Wort des Dichters Simonides führt Aristoteles wie sein Lehrer Platon eine Auseinandersetzung mit einem Begriff des Wissens, der zum Konzept rhetorisch-politischer Vernunft gehört, aber auch zur Tradition delphischer Theologie sowie zum Wirklichkeitsverständnis der Tragödie. Vgl. dazu Bd. I, S. 115ff. und S. 119ff.

238 Explizit wird die Frage nach der Hierarchie menschlicher Lebensformen in der *Nikomachischen Ethik* aufgenommen. Vgl. dazu S. 243f.

239 Aristoteles bezeichnet dieses Ziel in der *Nikomachischen Ethik* mit dem Verb »unsterblich werden (ἀθανατίζειν)«, also das zu *werden*, was die göttliche Natur aus sich selbst heraus *ist* (*EN* X 7, 1177b 33). Im Unterschied zum Christentum bedeutet »Unsterblichkeit« bei Aristoteles nicht das ewige Leben nach dem Tod. Sie wirkt vielmehr im Leben selbst, insofern es dem Menschen möglich ist, aus der Kraft der allgemeinen Formen zu leben, die das Sein insgesamt strukturieren.

240 Platon, *Theaet.* 176a–b.

241 Vgl. für das Folgende *Met.* XII 8, 1074b 1–10.

242 Vgl. Aristoteles, *Cael.* II 13, 293 b 13 ff.: »Ehrwürdiger ist aber das Umgreifende (τὸ περιέχον) und das Begrenzende als das Begrenzte. Denn dieses ist die Materie, jenes die Wesenheit des Ganzen (οὐσία τῆς συστάσεως).«

243 Vgl. Aristoteles, *Cael.* I 3, 270 b 5 ff.: »Alle Menschen haben eine Vorstellung (ὑπόληψις) von den Göttern und alle weisen dem Göttlichen den obersten Ort zu, Barbaren und Griechen, soweit sie überhaupt an Götter glauben.«

244 Vgl. dazu exemplarisch Ritter (1953) und Ders., Aristoteles und die Vorsokratiker (1954), in: Ritter (1969) 34–56.

245 Übersetzung Eugen Rolfes. In diesem Fall ist es besonders wichtig, auf die folgenden Paralleltexte zu achten (vgl. ebenso S. 90 f.):

1) *Met.* V 11, 1018 b 29 ff.: »Dem Begriffe nach (κατὰ τὸν λόγον) ist nämlich das Allgemeine (τὰ καθόλου) früher, der sinnlichen Wahrnehmung (κατὰ τὴν αἴσθησιν) nach das Einzelne (τὰ καθ' ἕκαστα).«

2) *Met.* VII 3, 1029 b 2 ff.: »Denn das Lernen (μάθησις) geht bei allen so vor sich, dass sie durch das seiner Natur nach weniger Erkennbare (διὰ τῶν ἧττον γνωρίμων) zu dem seiner Natur nach mehr Erkennbaren voranschreiten (εἰς τὰ γνώριμα μᾶλλον); und wie es beim Handeln darauf ankommt, im Ausgang von dem, was für den Einzelnen gut ist, zu bewirken, dass das schlechthin Gute für den Einzelnen gut sei, so muss man beim Lernen von dem für den Einzelnen Erkennbaren ausgehend bewirken, dass das der Natur nach Erkennbare für den Einzelnen erkennbar werde. Freilich ist das, was für den Einzelnen erkennbar und [zeitlich] Erstes ist, oft an sich wenig erkennbar und enthält wenig oder nichts vom Seienden, wie es schlechthin aus sich selbst ist (μικρὸν ἢ οὐθὲν ἔχει τοῦ ὄντος).«

3) *Met.* IX 8 insgesamt und ganz besonders:

4) *Phys.* I 1, 184 a 10–184 b 14: Bei allem Wissen ergibt sich »ein Weg von dem (ἐκ) uns Bekannteren und Klareren zu dem (ἐπί) seiner Natur (φύσει) nach Klareren und Bekannteren. [...] Deshalb muss auf diese Weise vorgegangen werden: Von dem seiner Natur nach Undeutlicheren, uns aber Klareren hin zu dem, was der Natur nach klarer und bekannter ist. Uns aber ist zu allererst klar und durchsichtig das mehr Vermengte (τὰ συγκεχυμένα). Später erst werden daraus, wenn man

es auseinander nimmt (διαιρεῖσθαι), die Elemente (τὰ στοιχεῖα) und Prinzipien (αἱ ἀρχαί) bekannt.« Vgl. dazu Wieland (1970) 69 ff.

246 So Krämer (²1967) 130.

247 Zum XII. Buch der aristotelischen Metaphysik vgl. Bordt (2006), der auf die wichtigste Literatur verweist und in die intrikaten Probleme des Textes einführt.

248 Den Begriff »Fixsternhimmel« (*Cael.* I 3, 270 b 15: ὁ ἔσχατος οὐρανός = der äußerste Himmel; ebd. II 6, 288 a 15 und III 1, 298 a 24: ὁ πρῶτος οὐρανός = der erste Himmel; so auch *Met.* XII 7, 1072 a 23) übernimmt Aristoteles der Astronomie seiner Zeit, aber auch der normalsprachlichen Rede (vgl. *Cael.* I 3, 270 b 5 ff., ebd. I 8, 277 b 9 ff. sowie I 9, 278 b 11 ff.: »das Wesen der äußersten Peripherie des Alls oder der natürliche Körper, der sich in der äußersten Peripherie des Alls befindet«).

249 Vgl. dafür exemplarisch Krämer (²1967) 163 ff.

250 Zur Bedeutung des Kapitels 8 vgl. Bordt (2006) 130 ff. Dort auch zum wissenschaftsgeschichtlichen Hintergrund der Diskussion über die Anzahl unbewegter Beweger, die in der Akademie Platons von Eudoxos aufgenommen worden ist, während Aristoteles sie zusammen mit dem Astronomen Kallipos zu klären versucht hat. Zur Bedeutung der Astronomie für die ›erste theoretische Wissenschaft‹ vgl. Aristoteles, *Met.* XII 8, 1073 b 1–8. Weil sie anders als die anderen mathematischen Wissenschaften eine »sinnlich wahrnehmbare unveränderliche Wesenheit« zu ihrem Gegenstand hat, orientiert sich die Philosophie, wenn sie die Anzahl unbewegter Beweger bestimmen will, nicht an den mathematisch-spekulativen Deduktionen des Pythagoreismus, sondern an der Wissenschaft, ›die ihr unter den mathematischen am nächsten steht (ἡ οἰκειοτάτη φιλοσοφίᾳ τῶν μαθηματικῶν ἐπιστημῶν)‹. Vgl. dazu Klaus Oehler, Die systematische Integration der aristotelischen *Metaphysik.* Physik und Erste Philosophie im Buch *Lambda*, in: Ingemar Düring (Hrsg.), *Naturphilosophie bei Aristoteles und Theophrast*, Heidelberg 1969, 168–192.

251 So die Darstellung von Krämer (²1967) 140–149.

252 Zur Denkform der Analogie bei Aristoteles vgl. Krämer (1967) 345.

253 Eigene Übersetzung auf der Grundlage derjenigen von Hermann Bonitz und unter Berücksichtigung derjenigen von Michael Bordt.

254 Die anschließende Überlegung zum Verhältnis zwischen dem Grund für die kontinuierliche Kreisbewegung und dem Grund für die von ihr abweichende Bewegung des Werdens und Vergehens sowie zum Verhältnis eines derartigen Grundes zu sich selbst und zu einem von ihm Verschiedenen (1072 a 9–18) ist hier einmal wegen ihrer abbreviaturhaften Formulierung und dann auch deswegen ausgelassen, weil sie zum Verständnis dessen, was Aristoteles primär beweisen will, nichts Unentbehrliches beiträgt. Vgl. dafür Bordt (2006) 96 ff.

255 Im Griechischen sind die meisten passiven mit medialen Verbformen identisch, so dass man bei der Übersetzung beide Bedeutungen beachten muss.

256 Zum Begriff »Dihairesis« vgl. S. 71 und die daran sich anschließenden Überlegungen.

257 Wörtlich: Diese (Akkusativ: ταύτην = die Kreisbewegung) bewegt dieses (Nominativ: τοῦτο = das Unbewegte).

258 Zu dieser Form von Ursache vgl. Text 25 und S. 39 f.

259 Weil es nämlich selbst absolut Einfaches ist, das als solches keine Form des Nicht-Seins an sich haben kann.

260 Vgl. dazu Met. VII (= Z) insgesamt. Dazu Rapp (Hrsg. 1996).

261 Zu Beginn des Buches XII nennt Aristoteles als Hauptthema seiner Ausführungen die untersuchende Betrachtung (θεωρία) von »Wesenheit« insgesamt. Sie setzt zum einen fort, was »die Alten« bei ihrer Frage nach »Ursprüngen«, »Elementen« und »Ursachen« als das erste Sein im All angesetzt haben (*Met.* XII 1, 1069 a 19 ff.). Zum anderen knüpft sie an die begriffliche Analyse normalsprachlicher Aussagen an, die das offenkundige Sein bestimmter Qualitäten oder Quantitäten mit einem weniger offensichtlichen »einfachen« Sein verknüpfen und dieses als das Erste voraussetzen, an dem die Aussagen über das, was an ihm offenkundig ist, gleichsam »hängen«. Vgl. dazu Text 37, Teil 2.

262 Nachdem Aristoteles (*Met.* XII 2, 1069 b 24 ff.) die verschiedenen Formen des Wechsels (μεταβολή) erklärt hat, führt er in *Met.* XII 3 aus, was die Begriffe »Veränderung« bzw. »Entstehen« und »Vergehen« bei dieser Art von »Wesenheit« bedeuten. Vgl. dazu Bordt (2006) 49 ff.

263 Vgl. *Met.* VII 2, 1028 b 8 ff.: »Es scheint nun die Wesenheit am offenbars-

ten in den Körpern zu sein«, und zwar unabhängig davon, ob man sie für vergänglich oder unvergänglich hält.

264 In der Aristotelesforschung wird die Frage, ob sich der Ausdruck »welche alle anerkennen« im Satz *Met.* XII 1, 1069 a 31 nur auf die sinnlich wahrnehmbaren veränderlichen oder auch auf die sinnlich wahrnehmbaren unveränderlichen bezieht, kontrovers diskutiert. Vgl. dazu Bordt (2006) 27 ff. Allgemein anerkannt ist, dass auch die Himmelskörper »Wesenheiten« sind, aber nicht, dass sie sich durch Unvergänglichkeit von terrestrischen Körpern unterscheiden.

265 Für diese Möglichkeit wird sich die Stoa entscheiden. Vgl. dazu Bd. III, S. 18 ff.

266 Vgl. dazu als Parallele *Met.* XI 7, 1064 a 28 – b 6: »Da es eine Wissenschaft gibt vom Seienden, insofern dies seiend und selbständig trennbar ist (τὸ ὄν ᾗ ὄν καὶ χωριστόν), so muss untersucht werden, ob man diese für identisch mit der Physik oder mit einer anderen Wissenschaft zu setzen hat. Die Physik handelt von Dingen, die in sich selbst das Prinzip der Bewegung haben; die Mathematik dagegen hat zum Gegenstand ihrer Betrachtung zwar auch das Bleibende, das aber zugleich das Nicht-Trennbare (τὰ οὐ χωριστά) ist. Von dem Seienden also, das trennbar und unbeweglich ist, handelt eine von diesen beiden verschiedene Wissenschaft. [...] Und wofern es in dem Seienden irgendeine solche Wesenheit (φύσις) gibt, so wäre da auch wohl das Göttliche, und dies würde das erste und vorzüglichste Prinzip (ἡ πρώτη καὶ κυριωτάτη ἀρχή) sein. Es gibt also offenbar drei Gattungen betrachtender Wissenschaften: Physik, Mathematik, Theologie. Die betrachtenden bilden die höchste Gattung unter allen Wissenschaften, und unter ihnen ist wieder die zuletzt genannte die höchste; denn sie handelt von dem Ehrwürdigsten unter dem Seienden (τὸ τιμιώτατον τῶν ὄντων). Als ›höher‹ und ›niedriger‹ aber wird jede Wissenschaft nach dem ihr eigentümlichen Gegenstand bezeichnet.«

267 Für die Unterscheidung zwischen Zeit und Bewegung des Weltalls vgl. *Phys.* IV 10, 218 a 31 ff. Ebd. 11, 219 b 1 ff.: »Denn eben das ist Zeit: Die Messzahl der Bewegung hinsichtlich des ›früher‹ und ›später‹. Also: Nicht gleich Bewegung ist die Zeit, sondern soweit die Bewegung Zahl an sich hat, gehört sie zu ihr«.

268 Vgl. dazu *Phys.* VIII 9, 265 a 28 ff. Bei der Untersuchung der beiden einfachen Ortsbewegungen, nämlich der Kreisbewegung und derjenigen, die auf einer Geraden verläuft, zeigt sich, dass »auf der Geraden [...] Anfang, Ende und Mitte genau bestimmt sind, [...] so dass es etwas gibt, von dem aus das sich Bewegende beginnt und wo es aufhört. [...] Dagegen bei der im Kreis herumführenden Bewegung ist das unbestimmt«, denn auf ihr »ist doch jedes sowohl Anfang, Mitte als auch Ende, so dass es einerseits immer am Anfang und am Ende ist, andererseits auch nie;« ebd. 265 b 14 ff.: »Allein der Bewegung im Kreis eignet von Natur weder Anfang noch Ende, sondern diese sind ihr gegenüber *außerhalb* (ἐκτός).«

269 Für eine bloße Aufzählung von vier Bewegungsarten vgl. *An.* I 3, 406 a 12 f. Ableitende Begründungen für eine Unterscheidung zwischen insgesamt sechs Bewegungsarten sind das Thema von *Phys.* III 1, 201 a 9 ff. Vgl. dazu auch ebd. V 1, 225 b 5 ff. und 226 a 23 ff. Dabei werden einerseits die kategorialen Aussageformen und andererseits die modallogische Unterscheidung von »Möglichkeit« und »Wirklichkeit« in der Weise auf den Begriff »Bewegung« bezogen, dass daraus zunächst drei Bewegungsarten, nämlich (1) »Veränderung« (Kategorie der Qualität), (2) »Zunahme-Abnahme« (Kategorie der Quantität) und (3) Ortsbewegung abzuleiten sind. Wenn man »Zunahme« und »Abnahme«, da sie nicht mit *einem* allgemeinen Namen zu bezeichnen sind (ebd. III 1, 201 a 13, V 2, 226 a 30), voneinander trennt und zu den Bewegungsformen des Entstehens und Vergehens erweitert, (vgl. ebd. III 1, 201 a 14 f. und VIII 4, 255 a 24 ff.), erhält man die sechs Bewegungsarten aus *Cat.* XIV 15 a 13 f.

270 Zu den verschiedenen Arten der Ortsbewegung vgl. *Phys.* VIII 8. Zur Definition der Ortsbewegung als erster Bewegung (ἡ πρώτη τῶν κινήσεων) ebd. VIII 7, 260 a 24 ff.

271 Vgl. dafür Aristoteles *Cael.* I 3, 270 b 4 f.: »So scheint der Logos das Sein der Phänomene und das Sein der Phänomene das Sein des Logos zu bezeugen.« Die Astronomie bezieht sich auf ein Sein, das ihr wie jedem Nicht-Astronomen durch die sinnliche Anschauung in den Bewegungen und Bewegungskonstellationen bestimmter materieller Körper gegeben ist. Sie sucht in Bezug darauf nach Rechenmodellen, die sie der

Mathematik entnimmt, um die Ordnung dieser Bewegungen begrifflich darzustellen. Dabei thematisiert sie primär die Kreisbewegung des Fixsternhimmels, um von ihr aus das Maß für die übrigen Bewegungen der Himmelskörper zu bestimmen. Vgl. dazu Klaus Corcilius, ›astrologia / Gestirnslehre, Astronomie‹: Höffe (Hrsg. 2005) 84–87.

272 Vgl. dazu den Schluss der *An. post.* (II 19, 99 b 26 ff.), der den Anfangssatz dieses Lehrvortrags bestätigt: »Alles von der Vernunft bestimmte Lehren und Lernen geschieht aus einer vorangehenden Erkenntnis« (ebd. I 1, 71 a 1 f.).

273 Vgl. Anm. 268.

274 Im Rahmen der vorliegenden Darstellung kann das komplizierte Verhältnis des Aristoteles zur Ideenlehre Platons nicht eigens thematisiert werden. Vgl. dafür Flashar (2004) 343 f. mit Literaturhinweisen ebd. 456 f. und 473 ff. Innbesondere sei erwähnt Hellmut Flashar, Die Platonkritik, in: Höffe (Hrsg. 1995) 63–82.

275 Aristoteles überträgt damit die Überlegung zur geometrischen Flächenfigur des Kreises (vgl. Anm. 268) auf die Raumgestalt der Kugel und somit auch auf den Kosmos sowie den ihn umfassenden Fixsternhimmel.

276 Vgl. dazu auch *Met.* IX 8, 1050 b 8 ff.

277 Vgl. Bd. I, Text 1, Vers 125.

278 Auch für Anaxagoras ist, wie Aristoteles selber weiß, das »Zusammen von allem« nicht der Grund für das Sein des in sich geordneten Kosmos, sondern der νοῦς und damit ein Sein ›außerhalb‹ des materiellen Unbestimmtheitszustandes. Vgl. dazu Bd. I, Text 12 und S. 89 f.

279 Vgl. damit die Darstellung des naturphilosophischen Konzepts der Atomistik in Bd. III, S. 61 ff.

280 Für Platon ist nach dem *Timaios* der Grund für das Sein des bewegten Kosmos das Sein des Guten, das nicht als Bewegung besteht, sondern auf das der Demiurg als auf ein Ruhendes blickt, um dessen Qualität auf das Sein von Bewegung zu übertragen. Der *Timaios* vertritt auch nicht die These, die Bewegung des Fixsternhimmels oder die Ordnung des Weltalls seien in der Zeit entstanden. Was in einer Gleichnisrede als Zusammenhang zeitlicher Folge dargestellt wird, muss das nicht auch an sich selbst sein.

281 Auf diese Weise antizipiert Aristoteles die Trias »Sein-Denken-Leben«, die dem göttlichen νοῦς als Unbewegtem Beweger der Natur zukommt. Vgl. dazu S. 228 f.

282 Vgl. dazu Bd. I, S. 89 f.

283 Aristoteles bedient sich hier des schon in Platons Akademie praktizierten Verfahrens der ›Systoichie‹, d. h. der Bildung einer Doppelreihe aus gegensätzlichen »Elementen«, wobei jede einzelne dieser Reihen von dem ihr zugrunde liegenden »Element« durchgängig geprägt ist. Hier heißen die beiden Elemente ›Bewegung‹ und ›Ruhe‹. Vgl. dazu Krämer (1967) 343 ff. und Ders. (²1967) 150 ff. Für das Folgende sei vorweg gesagt, »Reihen« sind für Aristoteles begriffliche, keine ontologischen Größen. Ihre zweiheitliche Form (Systoichie) impliziert keinen Antagonismus zwischen dem, was in diesen Reihen einander gegenübergestellt ist. Es geht vielmehr um das Verstehen ihrer in sich differenzierten Einheit.

284 Zur Diskussion der damit verbundenen Probleme vgl. die Übersicht und den plausiblen eigenen Lösungsansatz bei Bordt (2006) 106 ff.

285 Für die Präsenz und Weiterbildung der platonischen Philosophie des Eros in der akademischen Diskussion (Xenokrates und Eudoxos) vgl. Krämer (²1967) 177 ff. und 181 ff.

286 Vgl. dazu S. 124–134.

287 Bordt (2006) 108 f. nennt dafür die beiden folgenden Belege: 1) Aristoteles, *Gen. corr.* II 10, 336 b 27 ff.: Der Übergang materieller Grundstoffe ineinander ist in formaler Hinsicht Nachahmung der Kreisbewegung des ersten Himmels, und 2) Cael. II 12, 292 a 18 ff.: Die Bewegungsform der Planeten, der Sonne und des Mondes haben Anteil an den teleologisch strukturierten Bewegungsformen ›Handlung‹ und ›Leben‹, obwohl sie nicht über das intentionale Strebevermögen einer »Seele« verfügen. In diesem Zusammenhang entwickelt Aristoteles eine Einteilung des Seienden in verschiedene, hierarchisch gegliederte Gattungen, die sich am Vielfältigkeitsmaß ihrer jeweiligen Praxis orientiert. Das beste Leben ist eine Vollkommenheit ohne nach außen gerichtete Praxis, das zweitbeste dasjenige, welches sein Bestes durch eine einzige Form seines Verhaltens erreicht, während das drittbeste für die Verwirklichung dieses Ziels auf eine zunehmende Vielfalt des eigenen

Verhaltens angewiesen ist. Der Zusammenhang des Seienden realisiert damit eine Ordnung, in der das Beste, nämlich das Sein von Einheit, nach der Regel geometrischer Gleichheit verteilt ist (für das platonische Vorbild dieses Konzepts vgl. S. 31 f. und Text 33 mit S. 98 f.). Einheit ohne Zweiheitlichkeit (= Vielheit) ist besser ist als jede mehr oder weniger an Zweiheitlichkeit gebundene Einheit. Vgl. dafür auch Aristoteles, *Cael.* II 12, 292 b 1–24: »Was das beste Leben hat, bedarf keines [nach außen gerichteten oder auf Mittel angewiesenen] Handelns. Handeln ist nämlich immer in zweien, sofern es dabei einen Zweck gibt und das Mittel zu diesem Zweck. [...] Also besitzt das eine [immer] das Beste und hat an ihm Anteil, das andere gelangt sofort zu ihm hin auf wenigen Wegen, wieder anderes auf vielen Wegen [...] Der erste Himmel erreicht ihn [den göttlichsten Ursprung und die mit ihm verbundene Einheit ohne Zweiheitlichkeit] sofort mit einer einzigen Bewegung, was zwischen dem ersten und dem letzten Himmel ist [die Planeten)], erreicht ihn zwar, aber durch eine Mehrzahl von Bewegungen.« Demgegenüber weist die menschliche Lebensweise ein Maximum an interner Vielfalt auf, kann aber dennoch auf Zeit die Lebensform rein selbstbezüglicher Einheit verwirklichen. Diese Zusammenhänge sind entscheidend für das Verständnis der praktischen Philosophie des Aristoteles (vgl. dazu den Abschnitt 4 des Aristoteles gewidmeten Kapitels).

288 Vgl. dazu die Aristoteleszitate in der vorhergehenden Anmerkung.

289 Vgl. dafür Text 37, Ende des 2. Teils und S. 161 f.

290 Für die Bedeutung dieser πρὸς-ἕν-Relation für das Denken des Aristoteles vgl. Krämer (1967) 337 ff.

291 Vgl. dafür Aristoteles, *An.* III 9, 432 a 15 ff.

292 Vgl. Aristoteles, *EN* VI 3, 1139 b 15 ff.: »Es sei angenommen, dass es [...] Verhaltensweisen (ἕξεις) gibt, mit denen die Seele durch Bejahen und Verneinen Wahrheit verwirklicht.« Im Zustand dianoetischer Tüchtigkeit ist das Wahre auch im Denken selbst ›Wirklichkeit‹, so dass Aristoteles diesen Zustand mit dem aktivischen Verb ἀληθεύειν (»Wahrheit verwirklichen«) umschreiben kann.

293 Aristoteles bezeichnet dieses Beweisverfahren als apodiktisch, weil es von (ἀπό) einem Allgemeinen zu dem Besonderen voranschreitet, von dem gezeigt (δείκνυμι) werden soll, was es ist.

294 Aristoteles, *An. post.* I 2, 72a 7ff.: »Prinzip des Beweises ist eine unvermittelte Voraussetzung, und unvermittelt ist eine solche, die keine andere vor sich hat.« Ferner *EN* VI 6, 1140b 31ff.: »Da die wissenschaftliche Erkenntnis (ἐπιστήμη) eine Annahme (ὑπόληψις) über das Allgemeine und Notwendige ist und es für alles Beweisbare sowie für jede Wissenschaft Prinzipien gibt [...], wird der Ausgangspunkt (ἀρχή) des Wissbaren weder die Sache der Wissenschaft noch des Herstellungswissens (τέχνη) noch der Klugheit (φρόνησις) sein. [...] Aber auch die Weisheit (σοφία) handelt nicht von den Prinzipien, denn es ist Kennzeichen des Weisen, dass er für einige Dinge einen Beweis hat. Wenn nun das, womit wir die Wahrheit realisieren (ἀληθεύειν), [...] Wissenschaft, Klugheit, Weisheit und Vernunft (νοῦς) sind, [...] dann bleibt nur übrig, dass die Vernunft für die Prinzipien zuständig ist.«

295 Vgl. Aristoteles, *EN* VI 3, 1139b 25ff.: Jede Wissenschaft und Lehre verwirklicht sich »teils durch Induktion (ἐπαγωγή), teils durch deduktives Schließen. Die Induktion führt zur Erkenntnis des Ausgangspunktes, d.h. des Allgemeinen, während der deduktive Schluss vom Allgemeinen ausgeht. Es gibt demnach Ausgangspunkte, die Prämissen von Schlüssen, aber keine Folgerungen aus Schlüssen sind; also werden sie durch Induktion gewonnen.« Das induktiv-epagogische Verfahren gehört zur dialektischen Praxis, die sich in der Prüfung vorgegebener und in der kritischen Erprobung eigener Wege vom Besonderen zum Allgemeinen bewährt. Vgl. dafür Wieland (1970) 58ff.

296 Vgl. dazu Wieland (1970) 62ff.: Im Blick auf das komplexe Zusammenspiel der verschiedenen Kräfte des dianoetischen Seelenteils lässt sich das Wissen des νοῦς als ›reflexiv vermittelte Evidenz‹ charakterisieren. Vgl. ebd. 68: Prinzipien sind durch ihre »Brauchbarkeit« für das Verstehen von etwas Besonderem definiert. Allerdings müssen sie in gewisser Hinsicht auch »durch sich selbst« überzeugen, manchmal sogar unabhängig (»trennbar«) sein von dem, wofür sie Prinzip sind (Aristoteles, *Top.* I 1, 100a 30ff.).

297 Vgl. dafür Text 29 und S. 72ff.

298 Vgl. dafür Aristoteles, *An. post.* I 2, 71b 9ff.: »Wir glauben, alles das schlechthin (ἁπλῶς) zu wissen, [...] wenn wir die Ursache, durch die es ist, zu erkennen glauben, und überzeugt sind, dass sie deswegen

die Ursache von jenem ist, weil es sich unmöglich anders verhalten kann.« Ebd. 72a 25ff.: »Da man aber etwas darauf hin glauben und wissen muss, dass man einen [syllogistisch aufgebauten] Schluss hat, den wir Beweis (ἀπόδειξις) nennen, und dieser darauf beruht, dass das und das ist, woraus er hervorgeht, so muss man zuvor seine ersten Prinzipien (τὰ πρῶτα) kennen, [...] und zwar in höherem Maße als den Schluss. [...] Da wir durch die ersten Prinzipien wissen und überzeugt sind, so wissen und glauben wir sie auch in höherem Grade, weil wir durch sie das Spätere wissen und glauben. [...] Denn man muss den Prinzipien mehr Glauben schenken als dem Schlusssatz.«

299 Für den Zusammenhang von Lust und vollkommener Wirklichkeit, das explizite Thema der *Nikomachischen Ethik*, vgl. Friedo Ricken, Wert und Wesen der Lust (VII 12–15 und X 1–5), in: Höffe (Hrsg. 1995) 207–228 mit Hinweis auf Aristoteles, *EN* VII 15, 1154b 25ff.: »denn wäre die Natur von etwas einfach, dann müsste für es immer dieselbe Daseinsweise (πρᾶξις) die lustvollste sein. Daher erfreut sich der Gott immer an einer einzigen und einfachen Lust. Denn es gibt eine vollkommene Wirklichkeit (ἐνέργεια) nicht nur der Bewegung, sondern auch der Unbewegtheit, und die Lust liegt mehr in der Ruhe als in der Bewegung. Nach den Worten des Dichters (= Euripides, *Orest* 234) ist hingegen Veränderung (μεταβολή) das Angenehmste von allem, (doch gilt das nur) aufgrund einer Schlechtigkeit. Wie nämlich ein schlechter Mensch sich leicht verändert, so ist auch eine Natur, die der Veränderung bedarf, schlecht, denn sie ist weder einfach noch vortrefflich.« Krämer ([2]1967) 161ff. verweist auf den innerakademischen Hintergrund für die Begriffe des Lebens (Platon, *Tim.* 39e f.) und der Lust, die Aristoteles an dieser Stelle einsetzt (ebd. 181ff. für Eudoxos von Knidos). Lust ist bei Aristoteles in ihrer vollkommenen Form »als ὅλον, d.h. als Monade gefasst« (ebd. 183). Epikur knüpft an diesen Lustbegriff an. Vgl. dafür Bd. III, S. 77f. und 85ff.

300 Dies ist der Grundgedanke von Aristoteles, *An.* III 4–8.

301 Vgl. dazu Bd. I, S. 36ff.

302 Übersetzung wie für Text 40.

303 Da ich mich in der vorliegenden Darstellung auf die Frage konzentriere, wie sich das besondere Sein der göttlichen ›Wesenheit‹ aus der

Perspektive des menschlichen Vernünftigseins erschließ, tritt die Frage nach dem besonderen Gegenstand des göttlichen Denkens wie in unserem Textauszug in den Hintergrund. Zum Gegenstand des göttlichen Denkens vgl. Krämer ($^2$1967) 159 ff. und Ders. (1967) 313 ff. sowie Flashar (2004) insbesondere 335 ff.

304 Dass beide Reihen weitere Teilungsmöglichkeiten enthalten, ist in diesem Zusammenhang nicht wichtig und kommt deshalb auch nicht zur Sprache. Zu diesem Analyseverfahren vgl. Burkert (1959) 97.

305 Die Unterscheidung von ›Herr‹ und ›Sklave‹ muss so tief im Selbstverständnis griechischer Kultur verankert gewesen sein, dass Aristoteles sowohl für die Reflexion auf die Tätigkeit des Denkens als auch für die prinzipientheoretische Bestimmung des ersten Grundes aller Wirklichkeit zur Veranschaulichung seiner Überlegungen auf sie zurückgreift.

306 Für das Selbstverhältnis der normalerweise auf Fremdes bezogenen Tätigkeit des Wahrnehmens vgl. die gute Zusammenfassung der dafür aussagekräftigsten Stellen aus dem Corpus Aristotelicum bei Hubertus Busche, ›aisthêsis / Wahrnehmung‹: Höffe (Hrsg. 2005) 10–14. Vgl. dafür auch die Anm. 310.

307 Zur Unterscheidung zwischen ethischen und dianoetischen Tugenden vgl. S. 249.

308 Vgl. dafür S. 138 ff.

309 Vgl. dafür Text 38 (981 a 31–b 9).

310 Vgl. dafür exemplarisch Aristoteles *De somno et vigilia* II, 455 a 13 ff.: Alles, was Wahrnehmung ist, ist durch die Fähigkeit der Selbstwahrnehmung Einheit, die sich in der bestimmten Vielfalt von Wahrnehmungsarten und in der unbestimmten Vielfalt einzelner Wahrnehmungen innerhalb dieser Arten realisiert. Vgl. auch Aristoteles, *An.* III 7, 431 a 19 f.

311 Wenn man 1074 b 25 und ebd. 32 f. miteinander verbindet, wird der Sinn dieser Überlegung deutlich. Auch der Verbrecher, der Schändliches denkt, bleibt potentiell ein Denkender. Und derjenige, der es liebt, verbrecherischen Handlungen zuzusehen, bleibt ein Sehender. Zugleich gibt es kein schändlicheres Denken, als das, was einer verbrecherischen Handlung Ziele vorgibt, und kein schändlicheres Sehen als das, was sich daran freut, Verbrecherisches zu sehen. Etwas anderes ist das Nachdenken über verbrecherisches Handeln, das verstehen will, was

das ist und was sein Grund ist. Weil das Schlechte dann von vorn herein als Schlechtes gedacht wird, ist das Denken darin primär auf das Gute bezogen, von dem aus es das Schlechte als solches erkennt. Es ist kein schlechtes Denken, den »Menschen ohne Tugend« und »abgetrennt von Gesetz und Recht« als »das gottloseste und wildeste aller Wesen« zu bezeichnen. Vielmehr ist dieser Satz Ausdruck der Tatsache, dass das Denken das Wesen des Menschen in sich hat und von daher weiß, dass er nur in der Bindung an Tugend, Gesetz und Recht »das beste unter den [endlichen] Lebewesen ist« (*Pol.* I 2, 1253 a 31 ff.).

312 Aristoteles, *Pol.* I 2, 1253 a 1 ff.: »Der Mensch ist von Natur aus ein politisches Lebewesen (ζῷον πολιτικόν)« und zugleich »das einzige, [...] das Vernunft besitzt (λόγον ... ἔχει).« Und die Vernunft dient dazu, »das Nützliche und Schädliche offen zu legen und so auch das Gerechte und Ungerechte.«

313 Vgl. Aristoteles, *Pol.* I 2 1253 a 31–37. Vgl. in diesem Zusammenhang die vorbildlich sorgfältigen Ausführungen von Eckart Schütrumpf im Kommentar zu Aristoteles, *Politik* Buch I, Berlin 1991, 223 f.

314 Aristoteles, *Pol.* I 2, 1253 a 6: πολέμου ἐπιθυμητής.

315 Vgl. dafür den Titel von Günther Patzig, *Ethik ohne Metaphysik*, Göttingen ²1983 und die Hinweise in der Einführung des Herausgebers in: Höffe (Hrsg. 1995) 4 f.

316 Ritter (1960) 184.

317 Um kritische Distanz zu einer Ethik aus abstrakten Prinzipien geht es in der maßgeblich von der Aristoteles-Interpretation Joachim Ritters geprägten ›Rehabilitierung der praktischen Philosophie‹. Eine ähnliche Auseinandersetzungsfigur bestimmt den ›kommunitaristischen‹ Ansatz zu einer Tugendethik, die sich an der Sittlichkeit konkreter Lebensverhältnisse orientiert. Vgl. dazu vor allem Alasdair C. MacIntyre, *Der Verlust der Tugend*. Zur moralischen Krise der Gegenwart, Frankfurt am Main 1981 (Erstausgabe: *After Virtue*. A Study in Moral Theory, London 1981) und für eine modernitätsfreundliche Fassung: Martha Craven Nussbaum, *The Fragility of Goodness*. Luck and Ethics in Greek Tragedy and Philosophy, Cambridge (Mass.) 1986, Dies. Non-relative Virtues. An Aristotelian Approach, in: Dies. und Amartaya Sen (Hrsg.), *The Quality of Life*, Oxford 1993, 242–276. Für den Versuch, das Unterneh-

men philosophischer Ethik aus dem Gedanken einer wechselseitigen Ergänzung von Aristoteles und Kant zu entwickeln vgl. Otfried Höffe, Ausblick: Aristoteles oder Kant – wider eine plane Alternative, in: Höffe (Hrsg. 1995) 277–303.

318 Das ist die nach meinem Verständnis relativierungsbedürftige Sichtweise von Joachim Ritter (1960) und in verschärfter Form diejenige von Günter Bien (1968/69).

319 Vgl. dafür Text 31 und S. 82 ff. sowie Text 34 mit S. 104 ff.

320 Bien (1968/69) 295.

321 Vgl. dazu *EN* VI 2, 1139 a 3 ff.: »Früher sagten wir, dass es zwei Bestandteile der Seele gibt, denjenigen Teil, der Vernunft besitzt, und den vernunftlosen Teil. Jetzt aber müssen wir bei dem Teil, der Vernunft besitzt, nach derselben Weise unterteilen. Und zwar sei zugrunde gelegt, dass es zwei Vernunft besitzende Bestandteile gibt, einen mit dem wir dasjenige betrachten, dessen Ursprünge nicht anders sein können, und einen, mit dem wir das betrachten, was das Anderssein in sich hat (τὰ ἐνδεχόμενα ἄλλως ἔχειν). [...] Der eine Teil heiße nun ›wissenschaftlich (ἐπιστημονικός)‹, der andere ›überlegend (λογιστικός)«, insofern ›überlegen‹ so viel wie ›beraten (βουλεύεσθαι)‹ bedeutet.

322 Vgl. dafür Anm. 287.

323 Dies ist das Thema der Teile der Ethik, in denen es um handlungsbezogene Tugenden oder um solche Zusammenhänge geht, in denen verschiedene Interessen miteinander in Beziehung gebracht werden müssen.

324 Das geschieht etwa in den Teilen der Politikpragmatie, die wie *Pol.* V 1–12 wegen ihres vermeintlichen Immoralismus oder Machiavellismus bis heute auf viele irritierend wirken. Vgl. dazu im Einzelnen Eckart Schütrumpf, *Die Analyse der Polis durch Aristoteles*, Amsterdam 1980 IX f., 185 ff. und 264 ff. Vgl. dazu auch die Anm. 245 (2)

325 In der Freilegung der prinzipientheoretischen Basis der aristotelischen Ethik folge ich Krämer (1959).

326 Wir übersetzen diesen Begriff gewöhnlich mit »Glück«. Das ist insofern missverständlich, als er weder ein ekstatisches Gefühl noch den bloßen Zufall bezeichnet, sondern das »gute Gelingen« im umfassenden Sinn, zu dem zwar äußere Faktoren wie Gesundheit oder Wohlstand

beitragen müssen, das aber im Kern auf eigener, der Wesenheit des menschlichen Lebens entsprechender Tugendhaftigkeit beruht. Aristoteles äußert sich dazu ausführlich *EN* I 8–12. Synonyma für εὐδαιμονία sind die verbalen Ausdrücke »gut leben (εὖ ζῆν = bene vivere)« oder »gutes Handeln (εὖ πράττειν)« sowie die davon abgeleiteten Substantiva: ebd. I 2, 1095 a 17 ff. In der Umgangssprache liegen die Begriffe εὐδαιμονία, das auch ›Wohlstand‹ meint, und οὐσία (›Reichtum‹, ›Besitz‹) nahe beieinander.

327 Vgl. dafür *Pol.* I 9 mit einer Kritik an den Formen des Gelderwerbs, die nicht mehr an die immanenten Ziele eines »Hauses« oder einer Polis gebunden sind.

328 Übersetzung Ursula Wolf

329 Da Aristoteles dennoch vom »Werk (ἔργον)« der menschlichen Natur spricht, muss dieser Ausdruck der Analogie nach verstanden werden, nämlich als das, worin sich zeigt, was etwas seinem Wesen nach ist. Dass Aristoteles sich bei dieser Fragestellung an einer innerakademischen Vorgabe orientiert, zeigt Krämer (1959) 118 ff. Erst in der Stoa, der Atomistik und in der Skepsis ist das vollkommene menschliche Leben das gleichsam ›technische‹ Herstellen des Guten.

330 Vgl. dazu *EN* VI 4, 1140 a 1 ff.: »Das, was das Anderssein enthält, ist teils Gegenstand des Herstellens, teils der Praxis. Herstellen (ποίησις) und Lebensvollzug (πρᾶξις) sind zweierlei. [...] Daher ist auch das mit Überlegung (λόγος) verbundene Verhalten des Lebensvollzugs verschieden von demjenigen beim Herstellen. Sie schließen sich daher auch nicht wechselseitig ein; denn weder ist der Lebensvollzug Herstellen noch das Herstellen Lebensvollzug.« Vgl. dazu auch *EN* VI 5 passim und *Pol.* I 4, 1254 a 5 ff.

331 Die *Nikomachische Ethik* folgt in ihrer Thematik dem I 2, 1095 b 10 ff. zitierten Spruch Hesiods: »Von allen der Beste (πανάριστος) ist, wer selbst alles bedenkt (νοήσῃ); gut (ἐσθλός) auch, wer auf den Rat eines anderen hört (πίθηται). Wer aber weder selbst denkt noch in seinem Mute (θυμός) hin und her bewegt, was er von einem anderen hört, ist ein unbrauchbarer (ἀχρήιος) Mann« (Hesiod, *Erga* 293–297). Dem Besten Hesiods entspricht bei Aristoteles die aktive Wirklichkeit des besten Denkens (νοῦς). Ihm sind die dianoetischen Tugenden und die

*vita contemplativa* zugeordnet. Dem, was für Hesiod ›auch gut‹ ist, entspricht die Vernünftigkeit eines Strebevermögens, das dem Denken des Besten ›gehorcht‹. Dazu gehören die ethischen Tugenden und die Lebensform der *vita activa*.

332 Die dianoetischen Tugenden, das besondere Thema von Buch VI, sind: 1. das Prinzipienwissen des νοῦς (= intellectus), 2. das überragende Wissen der Weisheit (= σοφία = sapientia), die sich nicht nur auf Prinzipien, sondern teilweise auch auf begriffliche Überlegungen stützt, 3. das begründende, diskursiv aufgebaute Wissen der ἐπιστήμη (= scientia sive ratio), 4. das methodisch aufgebaute Herstellungswissen der τέχνη (= ars) und 5. das Urteilswissen der φρόνησις (= prudentia), das sich auf Einzelnes und Besonderes bezieht.

333 Übersetzung wie Text 42.

334 Vgl. damit Text 42, *EN* 1098 a 15 ff.

335 Vgl. damit den Text 17 für Xenophons andersartige Bestimmung des sich selbst am meisten genügenden Lebens, auf die die Aristoteles an dieser Stelle gleichsam antwortet.

336 Von daher bin ich nicht von der These Michel Foucaults (2009) 241 überzeugt, dass Aristoteles im Kontext der gesamten antiken Philosophie, die die ›Sorge um sich‹ und die auf ihr eigenes Gutsein gerichtete Arbeit der Seele an sich selbst in ihr Zentrum stellt, »eine rätselhafte Ausnahme« darstellt. Dass Aristoteles diese ›Sorge um sich‹ sprachlich anders realisiert als beispielsweise Platon und die gesamte hellenistische Philosophie, hängt mit der Textgattung der Vorlesung zusammen. Das Thema muss also gattungsrecht angesprochen werden. Dass Aristoteles außerhalb dieser Textgattung die ›Sorge der Seele um sich‹ direkt anspricht, zeigen die wenigen Spuren, die von seinen Dialogen erhalten sind, und vor allem der *Protrepticus*. Das Folgende ist als Hinweis auf die für eine ›Vorlesung‹ vor philosophisch motivierten und unterrichteten Hörern angemessene Thematisierung der gekennzeichneten Arbeit der Seele an sich selbst zu verstehen.

337 Bezeichnenderweise nennt Aristoteles für die Göttlichkeit der besten Kraft des menschlichen Vernünftigseins verschiedene Gründe, die seine Zuhörer für sich selbst abzuwägen haben: Da das Denken ein Ähnlichkeitsverhältnis mit dem Gedachten voraussetzt, muss dies auch für das

Denken gelten, das sich dem Göttlichen zuwendet (vgl. *EN* 1177a 15ff.: ›die begriffliche Vorstellung über das Schöne und Göttliche‹). Es wäre unbegründet, dieses Ähnlichkeitsverhältnis im Sinne einer starken Identität aufzufassen (ebd.: ›ob es nun selbst Göttliches ist‹), da dies die Unterscheidung zwischen menschlicher und göttlicher Natur aufheben müsste. Es ist aber gut mit der ersten Begründung verträglich, wenn man den menschlichen νοῦς als die Tüchtigkeit charakterisiert, in der die Qualität der göttlichen Natur in dem Maße wirksam ist, wie es die menschliche Lebensführung zulässt. Insofern erweist er sich als ›das Göttlichste in uns‹ (ebd).

338 Vater und Sohn teilen ihre Sprache, die der Vater aktiv spricht und der Sohn hörend versteht, so dass er das, was die Stimme des Vaters an Vernunft enthält, in sich als etwas Vernünftiges aufnehmen und das eigene Verhalten daran orientieren kann. Im Sprechen zum Sohn akzeptiert ihn der Vater als ein potentiell vernünftiges Lebewesen, während der Sohn nur unter der Voraussetzung auf den Vater hört, dass er ihn als aktiv vernünftiges Lebewesen anerkennt.

339 Die normale Praxis des Ermahnens (νουθέτησις) mit ihren »Arten des Tadelns und Ermutigens«, sind ein Indiz dafür, dass der Satz, dass »das Vernunftlose auf gewisse Weise (πῶς) der Vernunft gehorcht«, kein besonderer Satz der Philosophen ist, sondern ein Gesetz festhält, das ›von Natur aus‹ im alltäglichen Lebensvollzug verankert ist. Das ›Hören auf‹ ist zudem eine Variante der Metapher des ›Hängens an‹, die Aristoteles im Zusammenhang seiner Theorie des Satzes einführt und prononciert bei der Darstellung des Verhältnisses der zweiten Wesenheit des ewig Bewegten zum göttlich Unbewegten verwendet.

340 In den verschiedenen Formen der Freundschaft ist mit der für sie grundsätzlich gegebenen Form der Gleichheit ein in sich variables Maß an Ungleichheit verbunden. Reine Gleichheit ohne Ungleichheit gibt es bezeichnenderweise außerhalb der Freundschaft zwischen ›Weisen‹ nur im politischen Zusammenleben der Bürger, wobei diese Gleichheit allerdings nicht auf absolut vollendeter, sondern auf bürgerlich-politischer Tugendhaftigkeit beruht. Sie findet in der Verfassungsform der *Politie* ihre institutionelle Verkörperung. Vgl. dazu *Pol.* I 7, 1255b 20 und III 4, 1277b 7–16 zur Grundform politischer Herrschaft und ebd.

IV 8–9, 11–12 zu ihrer Realisierungsform. Vgl. dazu Ottmann (2001) 1/2, 199 ff.

341 Vgl. dazu *EN* X 8, 1178 b 3 ff.: »Insofern er aber ein Mensch ist und mit vielen zusammenlebt, wünscht er, die Handlungen der charakterlichen Gutheit zu tun. Er braucht solche Dinge, um ein *menschliches* Leben zu führen (πρὸς τὸ ἀνθρωπεύεσθαι)«. Ebd. X 9, 1178 b 33 ff.: »Denn unsere Natur ist, was das Betrachten betrifft (πρὸς τὸ θεωρεῖν), nicht autark, vielmehr muss auch der Leib gesund sein, und es muss Nahrung und sonstige Pflege zur Verfügung stehen.« Vgl. auch *EN* X 9, 1179 a 1 ff.

342 Vgl. dazu *EN* IX, 4, 1166 a 26 f. Auch für politische Gemeinschaften bedeutet »Glück« in sich reichhaltige und nicht vehement nach außen gerichtete Tätigkeit: *Pol.* VII 2, 1324 b 41 ff.: »Gewiss kann eine einzelne Polis auch für sich allein glücklich sein, wenn sie eine gute Verfassung hat, nämlich ..., wenn ... irgendwo eine Polis existiert, die in der Beziehung auf sich lebt und ordentliche Gesetze hat, und der Aufbau der Verfassung nicht auf Krieg oder Sieg über Feinde berechnet ist.« Zu ›Gerechtigkeit‹ als ›innerer‹ Praxis bei Platon vgl. S. 137 f.

343 Aristoteles bezeichnet sie als »umkämpfte Güter (περιμάχητα ἀγαθά)«. Vgl. dazu *EN* IX 8, 1168 b 19 und 1169 a 21.

344 Vgl. damit die Überlegungen zu Platon S. 137 f. und die aristotelische Überlegung zu einer möglichen Entartung der menschlichen Natur durch das Erfülltsein von der »Begierde nach Krieg« (vgl. hier S. 238).

345 Vgl. hier S. 244 f.

346 Aristoteles scheint an dieser Stelle seine Antwort auf das Konzept des bürgerlichen Wettkampfs um sittliche Tüchtigkeit bei Isokrates und Euripides zu geben. Vgl. dafür Bd. I, Anm. 293.

347 Ich beziehe mich auf *EN* II 8. Dort wird auch deutlich, dass die strukturtheoretische Betrachtungsweise des aristotelischen Textes keine externe Künstlichkeit darstellt, sondern in ihm selbst angelegt ist. Insgesamt bewegen sich die hier vorgetragenen Überlegungen auf der Bahn von Krämer (1959), insbesondere 118 ff. und 244 ff.

348 Vgl. damit aber auch die Überlegungen zum ›Herstellen‹ von etwas, das auf ›Weisheit‹ beruht, auf S. 182.

349 Vgl. dazu S. 238 mit Anm. 313.

350 Auf die in sich zweiheitliche Natur des Menschen verweist Aristoteles besonders deutlich zu Beginn der Politik-Pragmatie. Vgl. dazu *Pol.* I 2. Zur internen Zweiheitlichkeit der individuellen Seele sowie der »aus Mehrerem zusammengesetzten Einheit« überhaupt ebd. I 5, 1254 a 28–1254 b 14.

351 Vgl. dafür auch den Duktus des Textes 38.

352 *Pol.* VII 3, 1325 a 32 ff.: »denn die Glückseligkeit (εὐδαιμονία) ist eine Praxis, und ebenso enthalten die Lebensweisen der Gerechten und der Besonnenen in sich viel Schönes als Ziel (ἔτι δὲ πολλῶν καὶ καλῶν τέλος ἔχουσιν αἱ τῶν δικαίων καὶ σωφρόνων πράξεις).« Vgl. dafür S. 268 mit dem in der Anm. 356 verifizierten Zitat.

353 Für weitere Konkretisierungen und Differenzierungen vgl. Friedo Ricken, ›autarkeia, Autarkie, Selbstgenügsamkeit‹: Höffe (Hrsg. 2005) 89–91.

354 Insbesondere Krämer ([2]1967) 127–191: Struktur und geschichtliche Stellung der aristotelischen Nus-Metaphysik. Für eine partiell anders akzentuierte Zusammenfassung vgl. Krämer (1967).

355 So Krämer (1959) 554. Die folgenden Zitate sind demselben Text entnommen. Die Seitenzahl ist jeweils in Klammern notiert.

356 Aristoteles, *EE* I 8, 1218 a 17–24. Vgl. dazu Krämer ([2]1967) 171 ff.

357 Krämer (1959) 13 spricht sogar von »zwei Spielformen desselben Platonismus«.

358 Vgl. dafür auch die Überlegungen zum Text 28.

359 Aristoteles, *Protr.* B 14.

# Personenregister

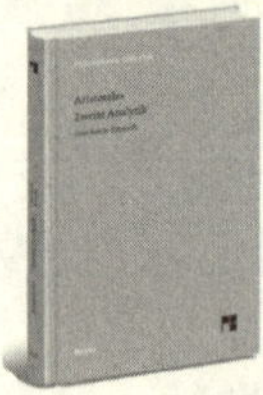